侯建新 主编

THE EVOLUTION OF
EUROPEAN CIVILIZATION

欧洲文明进程

地方自治 卷

陈日华 著

商务印书馆
创于1897 The Commercial Press

图书在版编目（CIP）数据

欧洲文明进程. 地方自治卷 / 侯建新主编；陈日华著. —北京：商务印书馆，2022
ISBN 978-7-100-21643-2

Ⅰ. ①欧⋯　Ⅱ. ①侯⋯ ②陈⋯　Ⅲ. ①欧洲—历史 ②地方自治—历史—欧洲　Ⅳ. ① K500 ② D750.32

中国版本图书馆 CIP 数据核字（2022）第 165584 号

权利保留，侵权必究。

本卷系国家社会科学基金重大招标项目
"欧洲文明进程研究"（批准文号：12&ZD185）最终成果之一

"十三五"国家重点图书出版规划项目

侯建新　主编

欧洲文明进程
地方自治 卷
陈日华　著

商 务 印 书 馆 出 版
（北京王府井大街36号　邮政编码100710）
商 务 印 书 馆 发 行
北京市十月印刷有限公司印刷
ISBN 978 - 7 - 100 - 21643 - 2

2022年12月第1版　　　开本 710×1000　1/16
2022年12月北京第1次印刷　印张 30

定价：145.00 元

《欧洲文明进程》
编委会

主　编　侯建新　天津师范大学　南京大学　教授
编　委（以姓氏笔画为序）
　　　　　王加丰　浙江师范大学　教授
　　　　　王亚平　天津师范大学　教授
　　　　　龙秀清　中山大学　教授
　　　　　刘景华　天津师范大学　教授
　　　　　沈　坚　华东师范大学　教授
　　　　　张殿清　河北大学　教授
　　　　　陈日华　南京大学　副教授
　　　　　陈晓律　南京大学　教授
　　　　　赵文洪　中国社会科学院　研究员
　　　　　顾銮斋　山东大学　教授
　　　　　钱乘旦　北京大学　教授
　　　　　徐　浩　中国人民大学　教授
　　　　　徐　滨　天津师范大学　教授
　　　　　程汉大　山东师范大学　教授
　　　　　谢丰斋　天津师范大学　教授
　　　　　R. N. Swanson　英国伯明翰大学　教授

总　序

侯建新

在课题组全体成员孜孜不倦的努力下，春风夏雨，十年一剑，《欧洲文明进程》（16卷本）终于面世了。这部多卷本著作，通过追溯欧洲文明诞生以来的历史进程，旨在探索回答几代中国人的问题——何谓欧洲文明？它从不同的侧面描述和阐释，跨语境地感知和感悟，希冀离真相再近一步！作为课题主持者，也是分卷作者，回顾走过的这段路程，我有如释重负的快乐且怀有由衷的期望，但愿我们不负前贤无愧来者，交上一份合格的答卷。

历史上的欧洲文明即于今的西方文明，又称北大西洋文明，是当今世界主要文明之一，也是我们必须与之打交道的重要文明。这部书已从16个方面对欧洲文明做了专题性论述；"总序"则力图横纵结合、通达遂晓，从总体上探讨它——诸如欧洲文明的时空维度；欧洲文明形成的条件；欧洲文明确立的标志，即"文明元规则"的生成；还有，欧洲文明对现代世界深刻而复杂的影响等。希望"总序"对这部书的完整性有所助益；同时方便读者阅读和理解全书。末了，再介绍一下这个课题的来龙去脉。

何为西方文明的核心内涵，或者说西方文明是什么？这是本序也是本部书要回答的主题。在开始我们的主题前，暂且把目光收回，回首一下近代中国人对西方文明的认知变化。对欧洲文明的认识，总有一个循序渐进、由浅入深、由表及里的过程。无论如何，前人的经验、认识及研究成果，是我们继续研究的基础；况且，中国命运始终是我们探索欧洲文明的动力。

一、回首：近代国人欧洲观嬗变

从16世纪到18世纪，以利玛窦（Matteo Ricci）、汤若望（Johann Adam Schall von Bell）、南怀仁（Ferdinand Verbiest）等为代表的耶稣会士来华传教，同时扮演了欧洲文明传播者的角色。虽然他们带来的欧洲历算知识、火炮技术等，曾经被明朝和清朝政府部分接纳，不过未能触动传统的华夷文明观。以鸦片战争为节点进入近代后，国人对欧洲的认知大致可以分为三个阶段：

从鸦片战争到甲午战争。1840年的鸦片战争，是中国与西方世界碰撞的开始，也是国人了解欧洲文明的标志性起点。战争失败后，魏源的《海国图志》、徐继畬的《瀛寰志略》等一批海外舆地著作相继出现。作者介绍了欧洲各国的经济、社会、文化及民情风俗等，并强调欧洲在世界文明格局中的中心位置。魏源对欧洲文明印象强烈，"欧列国万民之慧智才能高大，纬武经文，故新地日开，遍于四海焉"[①]；徐继畬《瀛寰志略》亦有积极评价。两次战争的失败，使中国人意识到欧洲并非中国周边的"蛮夷"可比，尤其关注西洋船坚炮利之"长技"。因此，不久洋务运动启动，一批军工企业开始建立，声光化电等西学著作相继出版，使中国人进一步认识到欧洲科技和物质成就。

国门逐渐打开，动摇了部分士大夫的华夷文明观，一部分人开始承认欧洲文明的先进性。冯桂芬是洋务派代表人物之一，可他对西方的认知不止于"器物"，他说，"人无弃材不如夷，地无遗利不如夷，君民不隔不如夷，名实必符不如夷"，故应"惟善是从"。[②] 19世纪70、80年代，近代第一位驻外公使郭嵩焘和广东青年士子康

[①] 魏源撰、陈华等点校注释：《海国图志》，岳麓书社1998年版，第1103页。
[②] 冯桂芬：《校邠庐抗议》，上海书店出版社2002年版，第49页。

有为，也体会到这一点。康有为1879年游历香港后"乃始知西人治国有法度"。不过他们的看法总体上未突破中体西用的框架。

对欧洲文明的认识，也存在明显误读，甚至不无荒诞。一部分人承认欧洲文明的可取之处，可是认为所谓"西学"不过源自古代中国而已：西洋人的技术发明，其原理早已由中国上古圣人阐发，诸如电线、西医、火轮汽机等，都能在经典古籍中找到，或者出于《易经》，或者出于《墨子》等。西洋政教风俗同样源于中国，即所谓"泰西近古"说，诸如"在上下之情通，君民之分亲……实有三代以上之遗意焉"。[①]

从甲午战争到五四运动。甲午战争的失败，对中国知识界是一次前所未有的打击，也引发了中国人学习西方的热潮。不少人认为，洋务运动只学了西学的皮毛，策中国于富强，非"西政"不可。这一时期，以进化论为代表的新哲学，以及自由、平等、主权在民、男女平权等新观念，政治、法律等社会科学知识，以及小说、音乐等文学艺术，都开始进入中国。来自海外的各种信息空前丰富，推动中国思想改良，中国人对欧洲文明也有了新认识。严复称，西方社会"身贵自由，国贵自主"。他说："中国最重三纲，而西人首明平等；中国亲亲，而西人尚贤；中国以孝治天下，而西人以公治天下；中国尊主，而西人隆民。"[②]1900年，梁启超发表《立宪法议》，将欧洲君主立宪制度视为最合理的制度，强调宪法的根本法地位，"盖谓宪法者，一国之元气也"。

总之，在追求制度变革的背景下，欧洲文明和中国文明的地位出现反转，孙中山《三民主义》一书指出：义和团失败后，中国人"便明白欧美的新文明的确是比中国的旧文明好得多……要中国强盛，要中国能够昭雪北京城下之盟的那种大耻辱，事事便非仿效外国不可，不但是物质科学要学外国，就是一切政治社会上的事都要学外国"。

[①] 王韬：《弢园文录外编》，上海书店出版社2002年版，第89页。
[②] 严复："原强""论世变之亟"，王栻主编：《严复集》第1册，中华书局1986年版，第17、3页。

民国初年新文化运动，给予西方文明前所未有的肯定，具有一定的理论色彩。新文化运动的先进知识分子赞扬西方社会的价值观，号召个性解放，建立自主自由的人格。陈独秀将欧洲文明特征概括为"人权说""生物进化论"和"社会主义"，他说："科学之兴，其功不在人权说下，若舟车之有两轮焉。"[①]后来人们将西方文明归纳为科学与民主。李大钊《东西文明根本之异点》认为，东西方道德区别在于，"个性灭却"和"个性解放"，"东方想望英雄，结果为专制政治，……西方倚重国民，结果为民主政治"。

五四运动后到抗日战争。第一次世界大战爆发并使欧洲经济凋敝，引起西方世界的文化反思和悲观情绪，斯宾格勒《西方的没落》即在这个时期面世。与此同时，东方文明救世论在国内兴起，直接影响了国人的欧洲观。1920年，梁启超游历欧洲归国后，出版《欧游心影录》一书，态度大变，他不再说"中国与欧洲之文明，相去不啻霄壤"[②]，而是认为西方物质文明没有给人类带来幸福，却将人类带入深渊，因此西洋文明已经破产，需要东方文明来拯救。当年曾高歌"欧西文明"的梁氏尚且如此，何况一般人乎？国人对西方认知基础之脆弱，不言而喻。1935年，王新命等人发表《中国本位的文化建设宣言》，倡导新儒家的文化立场，虽然承认学习西方的必要性，但比照以前大打折扣，强调西方文明为物质文明，中国文明为精神文明。

与新儒家相对立的，是坚持全面学习西方的人物，他们继续抱有清末以来一些知识人士对西方的热情。1926年胡适指出，不能将中西文明概括为精神文明和物质文明，凡一种文明必有物质和精神两个因子，而且西方精神发展程度，"远非东洋旧文明所能梦见"。[③]同时胡适也提倡"整理国故"，他解释说他不是主张"全盘西化"，

---

① 陈独秀："法兰西人与近世文明""敬告青年"，陈独秀著、王观泉导读：《〈独秀文存〉选》，贵州教育出版社2005年版，第45、44页。

② 梁启超："论中国与欧洲国体异同"，张品兴主编：《梁启超全集》第1册，北京出版社1999年版，第312页。

③ 参见欧阳哲生编：《胡适文集》（4），北京大学出版社1998年版，第6、10页。

而是充分现代化。另一位代表人物陈序经在《中国文化的出路》一书中认为，西洋文化是现代的基础文化，是现代化的主体。西方文化并非尽善尽美，但中国文化在根本上不如西洋。[①]

我们力求客观、简约地表述近代国人欧洲文明观的大致轨迹，难免挂一漏万。近代中国人对西方文明的认识经过了一个不断丰富和深化的过程，有高潮也有低谷。他们出于济世救国情怀而关注和评说西方文明，时有切中要害的智慧点评，也出现了一些专业性研究成果。例如，陈衡哲的《新学制高级中学教科书·西洋史》（1924年），被称为一部开山之作；还有高一涵的《欧洲政治思想史》（1926年）、蒋百里的《欧洲文艺复兴史》（1921年）、雷通群的《西洋教育史》（1935年）等。不过，总体来讲，一直到20世纪中期，中国大学很少设置世界史、欧洲史课程，教育基础薄弱，研究机构几近于无。其次，即使一般的认知也限于知识精英，与普通民众几乎无关，而且，知识精英层对西方的认识也没有达成广泛的共识。但无论如何，近代中国人关于西方文明的心路历程，于今仍具有重要价值。

19世纪中叶，当中国首次与西方世界交手并初识这个陌生文明的时候，西方却正在重新审视自己：欧洲文明如何创生，肇始于何时，其本质特征是什么？整个20世纪都是这一认识不断深化的过程，至今没有结束；令人遗憾的是，长期以来国内学界对这些动态信息所知极不充分。

二、欧洲文明的时空维度

先从西方文明的时间维度说起。

历史学家认为，最初的文明诞生于5000年到6000年之前，自此人类历史上曾先后出现数十种文明形态，上古时代基本独立形成的文明被称为"原生型文明"。随着时光的流逝，一些文明凋零了，

[①] 以上参阅了田涛教授"近代中国对西方文明的认识"授课讲义，谨致谢忱。

一些文明得以延续或再生，当今世界的主要文明不过七八家，其中再生文明居多，它们又被称为"次生型文明"。次生型文明采纳一种或若干种原生型文明的某些成分，但已然是不同质的文明。笔者认为西方文明是次生型文明，与古希腊罗马文明有本质不同，尽管与它们有着某种联系。

然而，西方学界长期将西方文明与古典文明混为一谈。欧洲人何以形成这样的观念，需要回放一下当时的历史画面。

15世纪初叶，处于中世纪晚期的欧洲人，一方面对强势的基督教教会及其文化深感压抑，希望获得更自由的空间；另一方面随着更多希腊罗马古籍的发现，被其典雅富丽的文风所吸引，希望早已衰败湮没的古典文化得以"复兴"，"文艺复兴"（Renaissance）因此得名。殊不知，此时已届中世纪的历史转捩点，面临着划时代的重要突破，岂是古典世界可比？！"他（但丁）是中世纪的最后一位诗人，同时又是新时代的最初一位诗人"①，正是指的这一特殊历史时期。远方地平线透出丝丝明亮，人们渴望更多的光明与自由。罗素说，他们不过企图用古典人的威信替代教会的威信而已。②这些一心改善现状的人文主义者，无限美化遥远的古典世界，认为罗马帝国崩溃后的历史进入千年愚昧与沉睡，直到现在理性精神才重新被唤醒，因此"黑暗时代"（Dark Ages）、"中世纪"（Medieval, Middle Ages）等话语，一时大行其道，形成一整套话语体系。"中世纪"概念，最先出现在15世纪意大利历史学家比昂多的著作中，其含义不难发现，指两个文化高峰之间的停滞期、低谷期，带有明显的贬义。另一方面，将人文主义者与古典文明绑定，结果自然而然地将中世纪以来的欧洲文明与古典文明并为一谈，似成不刊之论。

三百年后，当18世纪爱德华·吉本撰写巨著《罗马帝国衰亡史》时，他仍然拜倒在古典文明脚下，将中世纪史看成一部衰亡、

---

① 《马克思恩格斯选集》（第1卷），中共中央马克思、恩格斯、列宁、斯大林著作编译局编，人民出版社1972年版，第249页。

② 〔英〕罗素：《西方哲学史》（下卷），马元德译，商务印书馆1982年版，第7页。

阴暗的历史。一直到19世纪中后期，不乏欧洲历史学家仍认为中世纪理智处于昏睡状态中，称之为"死海之岸"。①

文艺复兴时期的话语高调持续数百年，临近20世纪才出现拐点，因此对西方自身以及对全球学界的影响不可小觑。中国史学界亦不能幸免。地理和文化相距越是遥远，越是容易留住对方长时段、高分贝释放的声音。例如，翻开几年前我国中学历史教科书，历时千年的中世纪史内容聊胜于无，寥寥几笔便进入文艺复兴话题。也有不同的声音。据我所知，国内学者最早提出不同观点的是雷海宗先生，他在20世纪30年代即指出：欧西文化自公元5世纪酝酿期开始直至今日，是"外表希罗内质全新之新兴文化"。②近年也有学者明确指出，欧洲文明不是古典文明主体的延伸，而是新生文明。③当下国际学界，传统看法依然存在，然而文艺复兴时期的话语不断被刷新，被颠覆！尤其进入20世纪后，越来越多的学者认为，欧洲文明与古典文明具有本质性区别。

对传统看法最先提出挑战的代表性人物，是活跃在19世纪中后期的基佐。弗朗索瓦·皮埃尔·基佐（1787—1874年），是法国著名历史学家和政治人物，他在《欧洲文明史》一书中，明确区别了欧洲文明与古典文明，而且做了不失深刻的分析。基佐敏锐地发现欧洲文明有着"独特的面貌"，不同于古典文明，也不同于世界上的其他文明。他认为，大多数古代文明都有一种明显的单一性，例如在古希腊，社会原则的单一性导致了一种迅速惊人的发展。"但是这种惊人的腾飞之后，希腊似乎突然耗竭了。"在埃及和印度，这种单一性使社会陷入一种停滞状态。社会继续存在，"但一动也不动，仿佛冻僵了"。欧洲不一样，它存在着多样性，各种势力处于不断斗争

---

① Philip Lee Ralph, *The Renaissance in Perspective*, New York: St. Martin's Press, 1973, p. 5.
② 雷海宗：《西洋文化史纲要》，王敦书整理导读，上海古籍出版社2001年版。
③ 参见侯建新："欧洲文明不是古典文明的简单延伸"，《史学理论研究》2014年第2期；侯建新："交融与创生：欧洲文明的三个来源"，《世界历史》2011年第4期；侯树栋："断裂，还是连续：中世纪早期文明与罗马文明之关系研究的新动向"，《史学月刊》2011年第1期；田薇："关于中世纪的'误解'和'正名'"，《清华大学学报》（哲学社会科学版）2001年第4期。

的状态，神权政治的、君主政治的、贵族政治的和平民政治的信条相互阻挠，相互限制和相互修正。基佐认为，欧洲的多样性为欧洲带来无限的发展机会。①

大约同时代的黑格尔，也表达了相近的观点。黑格尔认为，世界精神的太阳最早在东方升起，古希腊罗马文明是它的青壮年，最后，"太阳"降落在体现"成熟和力量"的日耳曼民族身上，实现了世界精神的终极目的。他特别指出，"在表面上，日耳曼世界只是罗马世界的一种继续。然而其中有着一个崭新的精神，世界由之而必须更生"②。黑格尔的"日耳曼世界"显然指中世纪开始的欧洲文明。不久，马克思在《经济学手稿》中，也将欧洲文明和古典文明明确作了区分。③

最早将这样的历史观引进职业历史学领域的，当数斯宾格勒（1880—1936年）和汤因比（1889—1975年），他们的作品《西方的没落》和《历史研究》，具有广泛的影响。斯宾格勒认为人类历史上主要有八种文明，其中"古典文明"和"西方文明"，都是独特的、等值的、自我本位的，都有不能抗拒的生命周期，虽然西方文明是最年轻的文明。这样的观点同样体现在汤因比的《历史研究》中，汤因比指出，古希腊罗马文明无疑已经完结，被两个接替者所取代，一个是西方文明，另一个是拜占庭文明。他特别指出，所谓神圣罗马帝国不过是一个幽灵，没有什么作用，不能因此便将西方历史视为罗马史的延伸。

对文艺复兴话语的致命冲击，来自20世纪以来中世纪研究的新成就。本来，从一定意义上讲，文艺复兴话语建立在贬损和虚无中世纪的基础上，人文主义者极力赞美的人文主义好像是从地下突然冒出来的，而不是中世纪发展的结果。随着原始文献解读和考古学

---

① 参见〔法〕基佐：《欧洲文明史》，程洪逵、沅芷译，商务印书馆1998年版，第20—40页。
② 〔德〕黑格尔：《历史哲学》，王造时译，上海书店出版社2001年版，第339—340页。
③ 参见《马克思恩格斯全集》（第30卷），中共中央马克思、恩格斯、列宁、斯大林著作编译局译，人民出版社1995年版，第465—510页。

发展，中世纪研究逐步深入，人们越来越不相信"黑暗中世纪"的传统描述；恰恰相反，中世纪是最不安分的、充满创生力的时代。

一批杰出的中世纪史学家，从实证到理论彻底颠覆了人们关于中世纪的认知。例如，梅特兰《英国宪制史》（1908年）、亨利·皮雷纳《中世纪的城市》（1925年）、费尔南·布罗代尔《地中海与菲利普二世时代的地中海世界》（1972年）、贝内特《英国庄园生活》（1938年）、马克·布洛赫《封建社会》（1935—1940年）、奥尔特"共同同意的村规"（1954年）、杜泰利斯《中世纪法国公社》（1978年）、雷诺兹《西欧王国与共同体，900—1300年》（1984年）、麦克法兰《英国个人主义的起源》（1978年）、弗朗西斯等《中世纪乡村生活》（1990年）、戴尔《转型的时代：英国中世纪晚期的经济与社会》（2005年）等。[①] 这些作品极大更新了人们头脑中中世纪生活的历史画面，令人震撼不已！

皮雷纳力主西方文明产生于中世纪，而且经历了漫长的过程。亨利·皮雷纳（1862—1935年）是著名中世纪学者，然而最终以其欧洲文明研究闻名于世，其论断被表述为"皮雷纳命题"（the Pirenne Thesis）。这位比利时学者认为古典文明是地中海文明，西

[①] F. W. Maitland, *The Constitutional History of England: A Course of Lectures*, Cambridge: Cambridge University Press, 1908; Henri Pirenne, *Medieval Cities: Their Origins and the Revival of Trade*, Princeton: Princeton University Press, First Printing, 1925; Fernand Braudel, *The Mediterranean and the Mediterranean World in the Age of Philip II*, Translated from the French by Siân Reynolds, New York: Harper and Row, First published in English, 1972; H. S. Bennett, *Life on the English Manor: A Study of Peasant Conditions, 1150−1400*, Cambridge: Cambridge University Press, 1938; Marc Bloch, *Feudal Society*, Translated from the French by L. A. Manyon, London and New York: Routledge, English translation, 1961, 1962; Warren O. Ault, "Village By-laws by Common Consent", *Speculum*, Vol. 29, No. 2 (Apr., 1954); C. E. Petit-Dutaillis, *The French Communes in the Middle Ages*, Amsterdam: North-Holland, 1978; Susan Reynolds, *Kingdoms and Communities in Western Europe, 900−1300*, Oxford: Oxford University Press, 1984; A. Macfarlane, *The Origins of English Individualism*, Oxford: Basil Blackwell, 1978; Frances and Joseph Gies, *Life in a Medieval Village*, New York: Harper and Row, 1990; Christopher Dyer, *An Age of Transition? Economy and Society in England in the Later Middle Ages*, Oxford: Clarendon Press, 2005. 20世纪上半叶中世纪史研究的经典作品还有：Norman Scott Brien Gras and Ethel Culbert Gras, *The Economic and Social History of an English Village, Crawley, Hampshire, A.D. 909−1928*, Cambridge: Harvard University Press, 1930; G. G. Coulton, *The Medieval Village*, Cambridge: Cambridge University Press, 1925; R. H. Tawney, *The Agrarian Problem in the Sixteenth Century*, London: Longmans, 1912, 等等。

方文明终结了古典文明,不过文明交替并非随罗马帝国崩溃而实现,而是及至750年到800年,欧洲文明才逐渐确立。[1]皮雷纳格外关注伊斯兰扩张对西方文明形成的影响,甚至说"没有穆罕默德,就根本无法想象查理曼"云云[2],似乎有些夸张了,不过他从更广阔的视野分析罗马帝国与西方文明的消长,将历史时间要素和空间要素有机结合,颇富学术魅力。不止皮雷纳,不少学者都看到了伊斯兰世界对西方文明形成的刺激作用,如《西方文明简史》作者杰克逊·斯皮瓦格尔指出:"在700年到1500年之间,与伊斯兰世界的冲突帮助西方文明界定自身。"[3]

哈佛大学法学家伯尔曼(1918—2007年)史论并茂地论证了西方文明诞生于中世纪。他集四十年心血写成的《法律与革命》,是一部探究西方法律传统形成的鸿篇巨制,明确界定了西方文明内涵和外延。伯尔曼指出,人们习惯上将西方文明与古典文明视作一脉相承,实为一种误读:西方作为一种文明,不仅区别于东方,而且区别于以色列、古希腊和古罗马。它们是不同质的文明。西方文明与它们之间存在着某些联系,然而,主要的不是通过一个保存或继承的过程,而是通过采纳的过程,它有选择地采用了它们,在不同时期采用了不同部分。他认为西方文明成形于11世纪到12世纪,"虽然直到美国革命时才贡献了'宪政'一词,但自12世纪起,所有西方国家,……法律高于政治这种思想一直被广泛讲述和经常得到承认"[4]。

在当代政治学家中,塞缪尔·亨廷顿(1927—2008年)因其世界文明研究而名动一时,他阐述了相似观点:随着罗马帝国崩溃,古典文明"已不复存在",如同美索不达米亚文明、埃及文明、克里特文明、

---

[1] 参见 Henri Pirenne, *Mohammed and Charlemagne*, New York: Meridian Books, 1959, pp. 17, 144, 285。

[2] Henri Pirenne, *Mohammed and Charlemagne*, p. 234.

[3] Jackson J. Spielvogel, *Western Civilization: A Brief History*, Vol. I, Wadsworth: Cengage Learning, 2010, preface, p. xxiv.

[4] 参见〔美〕哈罗德·J. 伯尔曼:《法律与革命(第一卷):西方法律传统的形成》,贺卫方等译,法律出版社2008年版,第2—3、9页。

拜占庭文明、中美洲文明、安第斯文明等文明一样不复存在。他认为西方文明成形于8世纪和9世纪,是次生型文明。①

20世纪中叶以后,这样的观念走进历史教科书,这是一个标志性的转变,1963年布罗代尔推出的《文明史纲》是代表作。费尔南·布罗代尔(1902—1985年),法国年鉴学派即20世纪最重要史学流派的集大成者,以其一系列奠基性研究成果蜚声世界。他指出,欧洲文明发展成形于5—13世纪,其中封建制确立和推行对欧洲文明形成意义重大,以至可称早期欧洲为"封建文明"。他认为:封建主义(Feudalism)打造了欧洲。11、12世纪,"欧洲达到了它的第一个青春期,达到了它的第一个富有活力的阶段"。这种统治是一种"原创性的政治、社会和经济秩序"。②关于封建制与欧洲文明内涵的关系,年鉴学派的另一位代表人物布洛赫在其享誉世界的名著《封建社会》中也做过经典论述。

问世于20世纪中叶亦广受欢迎的教科书《欧洲中世纪史》,开篇标题醒目而明确:"欧洲的诞生,500—1000年"。作者认为新的欧洲文明在公元1000年左右臻于成熟,西方"是中世纪的产品",欧洲文明与古罗马文明有着亲属关系,然而却是"迥然不同"的文明。③该书由美国历史学会主席C.沃伦·霍利斯特等著,至2006年该书已再版10次,成为美国数百所大学的通用教材。

布莱恩·蒂尔尼等在其六次再版的大学教材中指出,中世纪欧洲与罗马时期的社会图景完全不同,"'罗马帝国的衰亡'不仅仅可以被视为一种古代文明的终结,而且还可以视为一种新文明的开端","在11和12世纪,一种新的、独特的西方文化开始萌芽"。④

---

① 参见〔美〕塞缪尔·亨廷顿:《文明的冲突与世界秩序的重建》,周琪等译,新华出版社1998年版,第29、35页。
② 参见〔法〕费尔南·布罗代尔:《文明史纲》,肖昶等译,广西师范大学出版社2003年版,第294、296页。
③ 参见〔美〕朱迪斯·M.本内特、C.沃伦·霍利斯特:《欧洲中世纪史》(第10版),杨宁、李韵译,上海社会科学院出版社2007年版,第5—7页。
④ 参见〔美〕布莱恩·蒂尔尼、西德尼·佩因特:《西欧中世纪史》(第六版),袁传伟译,北京大学出版社2011年版,第2、131页。

正如广为中国读者熟知的《全球通史》的作者斯塔夫里阿诺斯强调，欧洲中世纪是崭新独特的生活方式，有几种新的罗曼语取代了拉丁语，服装、宗教、谋生之道等都发生深刻变化。他说，古典文明被永久湮没，被一种崭新的东西所代替。

至于"欧洲"一词进入欧洲人的实际生活，已到中世纪末期，此前只见于零星记载。据奥地利历史学家弗里德里希·希尔考证，"欧洲"这个概念在罗马帝国后期开始形成，"最初，它只是用以表明一种区别"。人们发现在罗马皇帝的军队中，来自帝国西部的"欧罗巴人"与东方的"叙利亚人"有显著不同。甚至到5世纪初，历史学家还交替使用"欧罗巴人"和"欧罗巴人军队"这两个词。据悉，这是"欧洲"一词能查阅到的最早的文字记载。[①]随着蛮族入侵，先后出现了一系列蛮族王国，法兰克是蛮族王国的主要代表，其加洛林王朝开始正式使用"欧洲"这个概念。

布罗代尔认为，751年建立的加洛林王朝就是第一个"欧洲"，标示为"欧罗巴，加洛林王朝统治"（Europa, vel regnum Caroli）。加洛林王朝的著名统治者查理大帝，被其后的宫廷诗人赞誉为"欧洲之父"（pater Europae）。后来十字军东征，在与阿拉伯穆斯林的冲突中，"欧洲"概念也曾浮出水面。不过，总的看，这个词在中世纪很少被使用，到文艺复兴时期，在但丁笔下还难得见到，不过彼特拉克、薄伽丘等人已一再地使用它。"欧洲"一词进入欧洲人的实际生活并且较频繁地出现在欧洲所有的语言中，则是15、16世纪的事情了。

显然，一个多世纪以来，西方学界关于欧洲文明时间维度的认知，取得了显著进展。可惜，对于这一不断变化的、内容丰盛的百年学术史，国内的介绍既不及时也不充分，更缺乏深入的研讨和分享。

欧洲文明的空间维度，似乎更加复杂。所谓欧洲，基本是文化意义上的欧洲，所以伯尔曼说，西方是不能借助罗盘找到的。地理上的边界有助于确定它的位置，但是这种边界时常变动，依从文化

---

① 〔奥地利〕弗里德里希·希尔：《欧洲思想史》，赵复三译，广西师范大学出版社2007年版，第1页。

内涵而具有时间性。这里说的欧洲是以西欧为代表的,中世纪以来即如此。南欧、中欧和北欧也属于这个文明圈,其地理与文化是重叠的,涵括大约从英格兰到中欧和从丹麦到西西里的诸民族。一部分东欧国家以及俄罗斯,虽然地处欧洲却不被认为属于这个意义上的欧洲国家。西欧某个特定时期的个别地区也是这样,罗伯特·罗伊指出,中世纪的西班牙被穆斯林统治了七百多年,其间西班牙的穆斯林统治者从不认为自己是欧洲人。[①]

显然,所谓欧洲,有一条看不见的文化边界,近代以来更加明显。"大航海"后欧洲移民在美洲和大洋洲建立起来的国家,如美国、加拿大、澳大利亚和新西兰等被认为是西方国家,虽远离欧洲本土,依然同根相连,叶枝相牵。西方文明的空间维度有一定的时间性和迁动性,未必与自然地理上的欧洲合一。

三、欧洲文明的形成:采纳、改造与创生

以往,我们习惯于将欧洲近代思想之源头,一则上溯于古希腊罗马,二则归因于17世纪自然权利观的出现,竟至低估了中世纪的贡献,低估了日耳曼人关键性的突破。欧洲文明诞生于中世纪,它与古典文明之间不是衣钵传承关系,而是拣选、采纳为其所用的过程。而且,欧洲文明采纳和改造的对象不单单是古典文明,还有日耳曼(Germanic)文化、基督宗教(Christian)、以色列文化等。事实上,入主欧洲的日耳曼人是创生欧洲文明的主体,对该文明形成具有能动的主导作用。所以萨拜因指出:"在6世纪和9世纪之间,欧洲的政治命运永远地转移到了日耳曼侵略者之手。"[②]

日耳曼人是征服者,他们带着其世世代代生活方式的记忆,以

[①] 参见 Robert Royal, "Who Put the West in Western Civilization?", *Intercollegiate Review* (Spring 1998), p. 5.
[②] 〔美〕乔治·霍兰·萨拜因著、托马斯·兰敦·索尔森修订:《政治学说史》(上册),盛葵阳等译,商务印书馆1986年版,第242页。

不同程度的部落形式整体进入欧洲，开创新生活。在这样的过程中，他们与不同的文化相遇，并从不同的文明中吸取"灵感"，然而日耳曼诸蛮族没有变成吸取对象本身。他们与采纳对象之间的位格也不一样。如果说欧洲文明是一座大厦，古典文明、以色列文明和基督宗教等文化元素不过是石块、砂砾等建材，西欧民族才是建筑师。关于中世纪政治经济制度，人们总是争论罗马因素还是日耳曼因素更多，而忽视谁是创造欧洲文明的主体。后者是有意志、有能动性的人，他们不是古罗马人，更不是古希腊人，而是中世纪西欧诸民族。12世纪罗马法复兴运动中，意大利波隆那大学是重要策源地，那里的罗马法学家们不是古罗马人；文艺复兴运动的代表人物伊拉斯谟不是古希腊人。

西方文明并非由古典世界一直延续下来。相反，罗马文明在西罗马帝国灭亡前就已经被蛮族文明替代，高度发达、极其精致的罗马法律体系与日耳曼民俗法差异极大，距罗马最后一位皇帝被废黜很早以前，罗马文明在西部就已经被哥特人、汪达尔人、法兰克人、萨克森人以及其他日耳曼人的原始部落文明所取代。伯尔曼平实而贴切地描述了这种状况，他说，西方文明与古典文明的关系，"主要的不是通过一个保存或继承的过程，而是通过采纳的过程，即：西方把它们作为原型加以采纳。除此，它有选择地采用了它们，在不同时期采用了不同部分"[1]。

即使日耳曼传统文化本身，也要经过拣选和改造。显然，欧洲文明不是任何一个文明的复制品，它所采纳的其他文明有关部分也不是如法炮制，而是经过极其复杂的交汇、嫁接和改造，所以文明创生的主体性作用不可忽视。从这个意义上讲，"罗马因素"和"日耳曼因素"这样陈旧的话语模式可以被超越，也应该被超越。

日耳曼人来自欧洲北部多雾的海边，分为不同的部落，却有大致相近的传统、惯例和制度，最重要的是马尔克（Mark）村庄共同

---

[1] 〔美〕哈罗德·J. 伯尔曼：《法律与革命（第一卷）：西方法律传统的形成》，贺卫方等译，第2—3页。

体制度。如何理解他们的共同体（Community）呢？一方面日耳曼人的个体不够强大，不得不依附部落群体；另一方面，他们有着共同的观念，通过共同的行为来追求共同的目的。比较罗马法和日耳曼法就会发现，罗马家长权主要取决于一家之主的"意志"（will），相对应的日耳曼家庭父权制度主要取决于"关系"（relation），作为基本概念，指的是一种保护和依从关系。①因此，成员之间没有根本的隶属和支配关系，识别他们的标准是自治和自律。

村民大会和协作轮耕制是其典型标识。马尔克传统在日耳曼人的全部生活里扎下了根，不少学者认为，在整个中世纪里，在大部分欧洲土地上，它是一切社会制度的基础和典范，浸透了全部的公共生活，这并非溢美之词。村社组织并非"残余形式"，而是实际的存在，乡村实行庄园-村庄混合管理结构。②即使在农奴制下，村庄也没有丧失集体行为，一些村庄共同体还有自己的印章，甚至有旗帜。中世纪的庄园法庭，明显地保留了日耳曼村民大会的古老遗风。一切重大的安排、村民诉讼以及与领主的争端，都要由这样的法庭裁决。在乡村公共生活中，"村规"（by-laws）享有很高的权威，长期保持旺盛的生命力，受到乡村社会的高度认同。③再一个标志性遗产是著名的"敞田制"，强制性轮耕制和放牧制带有明显的"均平"主义色彩。

村民带着这种观念建立的中世纪城市，就是一个城市共同体。他们有自己的法律和法庭，享有一定自治权。一些法兰西和意大利城镇还自称为"城市公社"。城市手工业行会，简直就是村庄组织的翻版，商会亦然。大学被称为"中世纪最美丽的花朵"，人们仍然可以从其教师行会身上看到马尔克共同体的影子。

---

① 参见 Roscoe Pound, *The Spirit of the Common Law*, Francestown: Marshall Jones Company, 1921, pp. 26-27.
② 参见侯建新："西欧中世纪乡村组织双重结构论"，《历史研究》2018年第3期。
③ 参见 Zvi Razi, "The Struggles between the Abbots of Halesowen and Their Tenants in the 13th and 14th Centuries", in T. H. Astonetal, eds., *Social Relations and Ideas: Essays in Honour of R. H. Hilton*, Oxford: Oxford University Press, 1983, pp. 151-167。

上层统治架构也深受日耳曼传统的影响。按照日耳曼人的观念，政府的唯一目标就是保障现存的法律和权利，地方习惯法往往成为王国法律的基础。德国学者科恩指出，中世纪的政治思想与其说是中世纪的，不如说是古代日耳曼的，后者也是欧洲封建制得以创建的重要政治资源。[①] 即使法律本身也导源于日耳曼传统，生活中的惯例在法律中具有排他性和独占性。不难发现，不论是乡、镇基层还是上层政治架构，日耳曼的法律、制度与传统文化为早期西方提供了社会组织胚胎。

基督教是塑造欧洲文明的重要力量，欧洲文明甚至被称为基督教文明，其实基督教本身也必须经过中世纪的过滤和演化。一个平凡的事实是，同为基督宗教，在这边是天主教和改革后的加尔文新教，在拜占庭和俄罗斯等地就变成颇有差异的东正教。经过中世纪的采纳与认同，基督教潜在要素才得以显现。首先，它以统一的一神信仰，凝聚了基督教世界所有人的精神，这一点对于欧洲人统一的身份意识、统一的精神归属意识，具有无可替代、空前重要的意义。而这样的统一意识，对于欧洲人的身份自觉、文明自觉，又发挥了重大作用。布罗代尔指出，在欧洲的整个历史上，基督教一直是其文明的中心，它赋予文明以生命。

其次，它为欧洲人提供了完整的、具有显著的文明高度的伦理体系。基督教早期是穷人的宗教，其博爱观念在理论上（在实际上受很多局限）突破了家庭、地域、身份、种族、国家的界限。耶稣的殉难，以及他在殉难时对迫害他、杀死他的人的宽恕，成为博爱精神极富感染力的象征。博爱精神既为信徒追求大的超越、神圣、实现人生价值、生命意义提供了舞台，也为信徒践行日常生活中的道德规范提供了守则。当基督教出现之后，千百年来折磨人、迫害人、摧残人、杀戮人的许多暴虐传统，才遭遇了从理论到实践的系统的反对、谴责和抵制，以对苦难的同情为内容的人道主义才开始

[①] 参见 Fritz Kern, *Kingship and Law in the Middle Ages*, New York: Praeger Publishers, 1956, Introduction, p. xviii.

流行。它广泛分布的教会组织，对中世纪动荡、战乱的欧洲社会秩序重建，对于无数穷苦人苦难的减缓，起过无可替代的作用。

最后，它关于上帝面前人人平等的观念，无论高贵者还是低贱者皆有"原罪"的理念，导致对世俗权力的怀疑，为以后的代议制度孕育预留了空间。权力制衡权力的实践在罗马时代已出现，但基督教的原罪说才提供了坚实的理论依据，开辟了真正广阔的前景。在上帝救世说中，个人是"原罪"的承担者，而灵魂得救也完全是个人行为，与种族、身份、团体无关；个人的宗教和道德体验超越政治权威，无疑助益个体和个体观念的发展。这是古典世界所不曾发生的。

中世纪基督教会的消极影响也无可讳言，它在相当长的时间里、相当严重的程度上用愚昧的乌云遮蔽了理性的阳光，诸如猎杀女巫运动，对"异端"的不宽容，对"地心说"的顽固坚持，等等。更为严重的问题是，随着教会世俗权力的膨胀，教会也不能幸免自身的腐败。作为近代早期欧洲宗教改革的重要成果，基督教会逐渐淡出世俗，完全回归到心性与精神领域。

古希腊罗马文明是欧洲文明选择、采纳其元素为己所用的另一个重要对象，当然它也要以自己的方式予以改造。古典文明的理性思考，对中世纪神学、经院哲学和对自然科学产生深刻影响。雅典无疑开创了多数人民主的先河，不过我们也应清楚地看到，雅典民主有以众暴寡的倾向，不具备现代民主的气质。说到底，古典时代没有独立的个体，缺乏现代民主的基础。

古罗马对于欧洲文明最重要的贡献是罗马法。罗马法法律体系最初不为蛮族所接受，随着蛮族的成长，12世纪他们重新发现罗马法，采纳了罗马法一些"概念"和"范式"，并重新诠释，结果气质大变，与其说罗马法复兴，不如说再造。人们可能看到，12世纪意大利比萨自由市的法律制度，采用了许多罗马法的规则，可是，相同的准则具有极不同的含义。教会法学家们热衷于解读罗马法，表面上他们在不停地辨析和考证罗马法，试图厘清本意；实际上在不断输入当时的社会共识，表达一种全新的见解。中世纪法学家最杰出的贡献，甚至是唯一成就，就是他们对罗马法中"IUS"概念的重新解读和改造，逐渐彰显自然权利和个体权利，开拓了一种新的文明源泉，为建构欧洲文明框架提供了基本元素。

倘若对中世纪与古典文明有较为深入的把握，就不难发现二者基本气质如此不同，人们对国家和权力的心理，对超自然力量的态度，还有社会组织方式、城乡布局等，都不一样。古典时代没有独立个体或半独立个体，看不到个人权利成长的轨迹，个人融于城邦整体中，最终融于帝国体制中；城邦公民的自由限于参政的积极自由而没有抵御公权侵犯的消极自由。梅因指出，"古代法律"几乎全然不知"个人"，它所关心的不是个人而是家族，不是单独的人而是集团。①在这种情况下，他们只得依附于城邦，当庞大帝国形成时则依附于帝国，如同基佐指出，臣民那么容易地接受帝国的专制政治信仰和感情，对此我们不应感到惊奇。②尽管古典文明达到相当的高度，但是最终还是与其他古代文明一样，未能摆脱谋求强大王朝和帝国的宿命。

无论如何，罗马帝国覆亡以后，不同文明诸种元素熔于一炉，或者一拍即合，或者冲撞不已，更多则是改造和嫁接，形成了一种新的文明源泉。8世纪封建制的确立进一步推进了这一历程。欧洲文明形成要比通常认为的时间晚得多，其过程也漫长得多，正是在这看似无序的过程中，文明元素逐渐更生，至中世纪中期，欧洲文明的内核基本孕育成形。

学者们试图对西方文明核心内涵做出概括性阐释。例如，亨廷顿认为西方文明的主要特征是：古典文明的遗产、天主教和新教、欧洲语言、精神权威和世俗权威的分离、法治、社会多元主义、代议机构和个人主义。西方文明所有重要的方面，他几乎都涉及了，不过这些"特征"没有逻辑关系，甚至因果混淆，未能揭示西方何

---

① 〔英〕梅因：《古代法》，沈景一译，商务印书馆1996年版，第146页。
② 参见〔法〕基佐：《欧洲文明史》，程洪逵、沅芷译，第27、28页。

以成为西方的根本所在。

梅因的研究值得关注。他的目光回溯到文明早期,他承认每一种文明都有其不变的根本,他称之为"胚种",一旦成形,它的规定性是穿越时空的。他发现当下控制着人们行为的道德规范形式,都可以从这些"胚种"中找到根由。[①]也就是说,虽然欧洲文明不断变化,然而也有不变的东西,它所具有的原始特征,从初始到现今,反复出现,万变不离其宗。

无独有偶,著名的欧洲思想史学家希尔指出了同样的道理,他称不变的东西是欧洲精神版图上铺开的"重叠光环"。这些主题在欧洲历史中反复出现,直到今天还未失去它们的意义。下句话说得更明了:如果哪位读者首次看到它们时,它们已经穿着现代服装,那么我们不难辨认它们在历史上早已存在,虽然穿着那时的服装。[②]不论希尔的"重叠光环",还是梅因的"胚种",这些杰出学者的文明研究,都在探求特定文明的原始、不变的根本元素,颇似中华先贤屈原上下求索中发出的"人穷则返本"之呼唤!

四、欧洲文明确立的标志:"元规则"生成

笔者认为,12—14世纪形成的自然权利,标志着欧洲文明的确立,它是欧洲文明不变的内核,大概也就是梅因所说的"胚种"。自然权利在一定意义上相当于主体权利,[③]只是角度不同而已。关于自然权利的起源,人们通常认为自然权利观念如同内燃机一样,是现代社会的产物。所幸国际学界近几十年的研究成果不断刷新传统结论,越来越多的学者认为,自然权利观念起源于中世纪,而且逐渐在西方学术界占据了主流地位。

欧美学者将自然权利观追溯至中世纪教会法学家的贡献固然重

---

① 〔法〕梅因:《古代法》,沈景一译,第69页。
② 〔奥地利〕弗里德里希·希尔:《欧洲思想史》,赵复三译,"前言",第1页。
③ 参见侯建新:"主体权利与西欧中古社会演进",《历史教学问题》2004年第1期。

要，不过还应同时关注观念背后的社会生活，关注12世纪社会条件的变化。一种文明的诞生不会凭空而降，必须具备与之相应的个体与群体，特定的社会共识，相应的社会环境。再好的种子落在石板上，也不会发芽成长。

不难发现，到中世纪中期，个体发展与社会发展已经超越了古典时代，本质上不同于古希腊罗马。早在8世纪，欧洲封建制确立，创建一种原创性的政治社会秩序；同时，也是欧洲个体成长的一个重要节点。领主附庸关系蕴藏的信息相当丰富复杂：一方面领主与附庸关系是等级关系，是一种人身依附关系；另一方面领主与附庸双方都必须履行相应的权利和义务，并受到封建法保护。倘若一方没有履约，另一方可以解除关系，也就是说，领主可以抛弃违约附庸，附庸也可以离弃恶劣的领主，因此封建关系中的契约因素不言而喻。这不是说低贱者不受压迫和奴役，这里仅仅是说，他已根据某个法律体系取得了一种不可剥夺的权利——尽管是一种等级权利、低级权利，他却有条件坚持这种权利，从而获得某种程度的保护。耐人寻味的是，这样的法律条款也是封建法的一部分，几乎同时为统治者和被统治者承认，达到相当程度的社会共识。

封建法中的"准契约关系"，深刻影响了中世纪的经济社会生活。在社会上层，按照规定，附庸服军役责无旁贷，然而服役的天数受到严格限制，否则会遭到附庸质疑和抵抗。英国大宪章运动的根本起因，是男爵们不能忍受约翰王破坏封建法，一再额外征召兵役。在社会下层，在采邑里，领主不能随意提高地租，即使在通货膨胀的情况下也很难，所以"习惯地租"几乎成了固定地租的代名词。可见，不论封臣还是普通农民，虽然等级不同权利也不同，然而都有不可剥夺的权利，一种保护自己不被过分压迫和侵夺的权利。正是因为臣民手里有权利，才有维护权利的法庭博弈。

因此人们不难看到，因某个采邑的归属，一个伯爵可以与国王对簿公堂，理直气壮，声称是为了正义和法律的荣誉。同理，一个佃农，即使农奴，为了他的土地权利也可以依据习惯法与领主周旋于庄园法庭。所以中世纪很少发现农民保有地被无故侵夺的案例。实际上，一个农民同时具有三种身份，他是领主的佃户，同时也是村庄共同体成员和教会的教民，这种多元身份也是农民权利保障的重要条件。中世纪城市是封建领地的一部分，市民也有不可剥夺的权利，而且更多一些，颇有吸引力。如果农奴被迫逃亡城市，有被领主追回的危险，但是度过101天后，依据城市法逃亡者便成为一个合法市民，任何人不能威胁他，他在一个新的共同体里再次获得一种权利。

中世纪的乡、镇居民固然不是现代社会意义上的独立个体，然而与其以前世界中的自我相比，与其他文明如古典文明中的自我相比，已经发生了突破性的变化。是否称之为"准独立个体"，才能更恰当、更充分地解释他们呢？这样的个体是中世纪走向现代社会不可或缺的角色，其中坚力量注定是最不安分的、最富有创新精神的人，是不竭动力的源泉。

"准独立个体"出现的历史意义不可低估。一个具有不可剥夺权利的人，一个不可任意奴役的人，一个能够依法自卫的人，一定会产生新的观念和新的语言，炼出新的品质，创造出新的社会关系和一个新的天地。古典世界是杰出的，但是毕竟没能做出本质性的突破，走向现代世界的突破是西欧民族做出的。个体和个体权利的成长，是欧洲千年发展史的一条主线，整个中世纪都可以理解为个体及个体权利成长的历史。正是在这个意义上，弗兰克·梅耶指出，在人类过去数千年的诸多伟大文明中，西方文明是独特的，不仅与古典文明有所区别，与其他所有文明都有所区别，而且是一种本质性的区别。[①]个体以及个体成长史，是欧洲观念、规则等产生的原点，也是欧洲文明产生的原点。

与古典文明及其他古代文明一样，欧洲中世纪不曾有独立个体（individual）；不过，还须看到变化的一面，大约中世纪中期，欧洲

---

① 参见 Franks S. Meyer, "Western Civilization: The Problem of Political Freedom", *Modern Age* (Spring 1968), p.120。

已然出现形成中的独立个体，发展中的独立个体——"准独立个体"。历史从这里分流。

实际上，已经有学者用实证的方式描述这种个体的发展足迹。剑桥大学人类学家艾伦·麦克法兰将英国个人主义（Individualism）追溯到1200年；戴尔则认为英国自中世纪中期就启动了社会转型，开始从共同体本位逐渐转向个人本位。[①]正如布洛赫所描述的那样，在12世纪，"自我意识的成长的确从独立的个人扩展到了社会本身。……从民众心灵深处产生的观念，与神职人员虔诚追求交汇在一起"[②]。基于多元的文化交流和灵动的现实生活，在上至教皇、教会法学家、中世纪思想家，下至乡镇普通教士踊跃参与的讨论中，欧洲社会形成了颇有系统的权利话语及其语境，阐明了一系列权利观念，其中自然权利概念应运而生，被称为一场"语义学革命"（semantic revolution）。[③]一扇现代社会之窗被悄悄地打开。

欧洲学者首先将自然权利的渊源追溯到14世纪，这主要是法国哲学家米歇尔·维利（Michel Villey）等人的贡献，半个世纪后，即20世纪中叶，以布赖恩·蒂尔尼为代表的历史学家则追溯得更远，认为自然权利观念产生于12世纪。[④]彼时，一位意大利教会法学家格拉提安（Gratian），将罗马法学家注释学成果以及数千条教会法规汇编成书。为了纪念他的杰出贡献，后人称该书为《格拉提安教令集》（Decretum of Gratian，简称《教令集》）。在这部《教令集》中，格拉提安重新解释了罗马法中ius的概念，启动了这一概念中主体、主观的含义。继而，12世纪若干教会法学家不断推进，鲁菲努斯（Rufinus）是自然权利概念发展的关键人物，他指出，"ius

---

[①] 分别参见A. Macfarlane, *The Origins of English Individualism*; Christopher Dyer, *An Age of Transition? Economy and Society in England in the Later Middle Ages*。

[②] Marc Bloch, *Feudal Society: The Growth of Ties of Dependence*, Vol. I, London and New York: Routledge, 1989, pp. 106-107。

[③] Takashi Shogimen, *Ockham and Political Discourse in the Late Middle Ages*, Cambridge: Cambridge University Press, 2007, p. 154。

[④] 参见Brian Tierney, *The Idea of Natural Rights: Studies on Natural Rights, Natural Law and Church Law, 1150-1625*, Cambridge: Scholars Press, 1997。

naturale"是一种由自然灌输给个人的力量，使其趋善避恶。另一位学者休格西奥（Huguccio），被称为12世纪最伟大的教会法学家，也指出ius naturale是一种行为准则，其最初的意义始终是个人的一种属性，"一种灵魂的力量"，与人类的理性相联系。至此，自然权利概念逐渐清晰起来。

进入14世纪，著名学者奥卡姆的威廉（William of Ockham）明确将罗马法中的ius阐释为个体的权能（potestas），并将这种源于自然的权利归结于个体，正是在这个意义上，自然权利又称为主体权利，奥卡姆被誉为"主体权利之父"。他说，这种权利永远不能被放弃，实际上它是维持生命之必须。[①] 自然权利（nature rights）和主体权利（subjective rights）的出现，第一次确认了在实在法权利（positive rights）之外还有位阶更高的权利，突破了以往单一的法律体系。它们不是法庭上实际运用的权利，而是"天赋权利"，是所有时候都应该承认的权利，具有极其重要的引导和感召作用，成为欧洲深层次的社会规则系统生成的思想源泉。

生活中的实际存在，反复出现的个体与群体的行为，以及观念与话语，必须上升到抽象、系统的概念和理论表述，才能沉淀下来，存续下去，从而成为社会秩序的灵魂，也就是文明的核心要素。自然权利如同欧洲文明之胚种，埋下胚种，就要生根发芽、开枝散叶，12、13世纪的法学家们创造出许多源于自然权利的权利，发展出一种强有力的权利话语体系，衍化成相应的元规则，构成欧洲文明内核。

"元规则"（meta-rules）的定义是：某种特定文明首要、起始和关键的规则，决定规则的"规则"，被社会广泛认同并被明确定义，成为社会生活的基本准则。欧洲文明元规则内涵高度稳定，以至于渗入法律和政治制度层面，从而奠定西方文明基础，使西方成为西方。这个体系大致包括五个方面的基本内容，即"财产权利""同意权利""程序权利""自卫权利"和"生命权利"。它们源自自然，不

[①] 参见 Brian Tierney, *The Idea of Natural Rights: Studies on Natural Rights, Natural Law and Church Law, 1150-1625*, p. 122。

可剥夺，也不可让渡；它们是应然权利，是消极自由权利，却深刻影响着社会走向。五项元规则简述如下：①

1.财产权利（rights to property）。随着罗马法复兴，教会和法学界人士掀起了一场财产权讨论，而方济各会"使徒贫困"的争论第一次将财产权与自然权利概念联系在一起。

方济各会创建于1209年，宣称放弃一切财产，效仿基督，衣麻跣足，托钵行乞，受到历届教宗的鼓励。可教宗约翰二十二世在位时，却公开挑战"使徒贫困"论的合理性，他认为方济各标榜放弃一切所有权是不可能的。显然，教宗只是从实在法权利角度评判"使徒贫困"，而放弃了自然权利意义上的财产权。奥卡姆从"人法""神法"以及"自然权利"等大量权利概念分析入手，结合基督教经典教义，论证了他的复杂的主体权利思想。

奥卡姆承认方济各会士没有财物的实在法权利，然而他们来自福音的自然权利却不可剥夺，是无需任何契约认定的权利，而且位阶高于实在法权利。②结果，奥卡姆彰显了财产观中的自然权利，从而成功地捍卫了方济各会的合法性。

中世纪自然权利观念深刻地影响到社会的财产权利观。《爱德华三世统治镜鉴》（*Speculum Regis Edwardi III*）强调这样一个原则：财产权是每个人都应当享有的权利，任何人不能违背他的意志夺走其物品，这是"一条普遍的原则"，即使贵为国王也不能违反。社会底层人的财产权最易受到侵害，所以王室官员强买贫苦老农妇的母鸡是更严重的犯罪，"必将受到现世和来世的惩罚"。作者排除侵权行为的任何华丽借口，"不存在基于共同福祉就可以违反个人主体权利的特殊情况"。③

---

① 关于欧洲文明元规则论述，详见侯建新："中世纪与欧洲文明元规则"，《历史研究》2020年第3期。

② 参见Brian Tierney, *The Idea of Natural Rights: Studies on Natural Rights, Natural Law and Church Law, 1150-1625*, pp.121-122。

③ Cary J. Nederman, "Property and Protest: Political Theory and Subjective Rights in Fourteenth-Century England", *The Review of Politics*, Vol. 58, No. 2, 1996, pp. 332, 343.

13世纪初叶《大宪章》的大部分内容，都关涉到臣民的财产权利。依附佃农的财产权利也并非缺位，他们依照惯例拥有一定的土地权利并受到习惯法保护，权利是有限的却是很难剥夺的。有一定保障的臣民财产权，有利于社会财富的普遍积累。

2. 同意权利（rights to consent）。"同意"作为罗马法的私法原则，出现在罗马帝国晚期，进入中世纪，"同意"概念被广泛引申到公法领域，发生了质的变化，成为欧洲文明极为重要的元规则之一。

首先，"同意"概念进入了日常生活话语。按照日耳曼传统，合法的婚姻首先要经过父母同意，但至12世纪中期，年轻男女双方同意更为重要，并且成为一条基督教教义。同意原则甚至冲破了蛮族法的传统禁令，可见日耳曼传统也要经过中世纪社会过滤，此乃明证。教会婚姻法规定只要男女双方同意，即使奴隶与自由人之间的婚姻也是有效的，奴隶之间的婚姻亦然。

其次，同意原则成为公权合法性的重要基础。教会法学家认为，上帝授予人类拥有财产和选择统治者的双重权利，因此，不论世俗君主还是教宗，都要经过一定范围人士同意，才能具有足够的权威和足够的合法性。日耳曼诸蛮族入主欧洲，无论王国颁布新法典，还是国王加冕，无不经过一定范围的协商或同意。英王亨利一世加冕后写给安塞姆主教的信中说："承蒙你和其他人的忠告，我已经向自己与英格兰王国人民做出承诺，我是经过男爵们普遍同意而加冕的。"[①]

乡村基层社会亦如此，庄园领主不能独断专行，必须借助乡村共同体和村规，否则很难实行统治。这些"村规"被认为是"共同同意的村规"（Village By-laws by Common Consent）。庄园领主宣布决定或法庭判决时，一定宣明业已经过佃户全体同意，以彰显权威，而这些过程确实有佃户的参与。

最后，值得关注的是，在确立同意原则的同时，提出对"多数

---

① Austin Lane Poole, *From Domesday Book to Magna Carta 1087-1216*, Oxford: Oxford University Press, 1993, p. 10.

人同意"的限制。多数人的表决不是天然合理。其表述相当明确：民众的整体权利不比其个体成员的权利更高，对个人权利的威胁可能来自统治者，也可能就来自共同体内的多数派。显然他们已然意识到并直接排拒"多数人暴政"，中世纪即发出这样的警示难能可贵。13世纪初，特鲁瓦教堂多数派教士发动一场"财政政变"，试图强占少数派的葡萄园，结果，多数派的这一做法遭到教宗英诺森三世的否定，他的批示是：多数票决不能剥夺教士共同体中少数派的个人权利。可见，同意原则与古典时代判然不同，是民主程序，更是个人自然权利，后者不可让渡。同意原则不仅在观念上被广泛接受，在实践上也得到一定范围、一定程度的实施。

3. 程序权利（rights to procedure justice）。中世纪法学家把坚持正当程序看作一个具有独立价值的要素，在他们的各种权利法案中，程序性条款占据了法律的中心地位，法律程序地位的高低被认为是法治与人治之间的基本区别。正当审判程序原则最早见于1215年英国《大宪章》：对于封臣，如未经审判，皆不得逮捕、监禁、没收财产、流放或加以任何其他损害。还决定推举25名贵族组成委员会，监督国王恪守《大宪章》并对其违规行为实施制裁。这些高度权威性的法条，从程序上明确规约政府公权力，使臣民免于被随意抓捕、监禁的恐惧，体现了程序正义的本质，筑起法治的基石。

实行陪审制的英国普通法，更有利于"程序正义"要素的落实，他们认为刑事审判属于"不完全的程序正义的场合"，即刑事审判的正当程序不一定每次都导致正当的结果，于是，"一种拟制的所谓半纯粹的程序正义"陪审制成为必要的弥补。陪审团由12人组成，与被告人身份相当，即"同侪审判"；犯罪性质全凭陪审团判定，且须陪审员一致通过，陪审团是真正的法官。判决后的案例（case）即成为此后类似案件审理的依据，所以他们不仅是法官而且还是创造律条的法学家！陪审制使得一部分司法权保留在社会手中，减少了司法权的官僚化和法律的僵硬化。

在欧洲大陆，审判程序也趋向严格和理性化，强调规范的诉答和完整证据,即纠问制(inquisitorial system)。13世纪以后逐渐产生了代表国王行使公诉权的检察官制度,理由是刑事犯罪侵害个人同时威胁公共安全。另一个重要发展是,不断出台强化程序的种种限定,以防止逮捕、惩罚等权力的滥用。如遇重要犯罪判决,还要征求庭外一些资深人士意见。由于僵硬的证据要求,为获取口供以弥补证据不足,刑讯逼供往往成为法官的重要选项,纠问制法庭的暴力倾向明显。

近代以后,英国普通法法系与大陆法系有逐渐接近的趋向。"程序正义"从程序上排拒权力的恣意,强调"看得见的正义""最低限度的正义"以及"时效的正义"等;对当事人而言则是最基本的、不可让渡的权利。人们往往热衷于结果的正义,而真正的问题在于如何实现正义以及实现正义的过程。

4. 自卫权利(rights to self-defense)。又称为抵抗权(rights to resist),即防御强权侵害的权利,在中世纪,指臣民弱势一方依据某种法律或契约而抵抗的权利。抵抗权观念主要萌芽于日耳曼人传统中,那时人们就认为,他们有权利拒绝和抗拒违规的部落首领。进入中世纪,他们认为,国王和日耳曼村社首领之间没有天壤之别,仅仅是程度上的差异。抵抗权利观念可谓中世纪最有光彩的思想之一。欧洲封建制的领主附庸关系,被认为是一种准契约关系,这不是说欧洲封建制没有奴役和压迫,而是说奴役和压迫受到了一定的限制。倘若一方没有履约,另一方可以解除关系,即"撤回忠诚"(diffidatio)。"撤回忠诚"是从11世纪开始的西方封建关系的法律特性的一个关键。

由于抵抗权的确立,国王难以掠夺贵族,贵族领主也难以掠夺农民,从而有利于生产和经营,有利于社会财富的良性积累,成为英国、荷兰等西欧国家农业经济突破性发展的秘密。人们不难发现,国王与某贵族对簿公堂,国王未必胜诉。在一桩土地权利诉讼案中,被告席上的伯爵这样表示:"如果我屈从于国王意志而违背了理性,……我将为人们树立一个坏的榜样:为了国王的罪恶而抛弃法律和正义。"①可见，如果受到不公正的对待，附庸可以反抗，理直气壮地反抗！

同时，国王不能侵害封臣领地，封臣完成规定的义务外，国王不能从封臣采邑中拿走一个便士。"国王靠自己生活"，即国王只能依靠王室领地收入维持王室生活和政府日常开支，只有在战争时期才能向全国臣民征税。在相当长一段时期内，西欧的国王或皇帝没有固定的驻地，他们终年在其所管辖的领地之间巡行，称为"巡行就食"，因为把食物运到驻地的成本过于昂贵。法兰克国王、盎格鲁-撒克逊国王、诺曼诸王、金雀花诸王无不如此。欧洲没有、也不可能有中国那样的"漕运"②。德皇康拉德二世1033年的行程是：从勃艮第巡行到波兰边境，然后返回，穿过香槟，最后回到卢萨提亚。直线距离竟达1 500英里左右！即使在王室领地上，国王的消费——所收缴租税的折合，也受到习惯法限制，国王随行人员数量、停留天数等都有具体规定。

同理，不论在王室庄园还是一般领主庄园，佃农的习惯地租基本是不变的。地租固定可以保证领主的收入，另一方面防止领主的过分侵夺。习惯地租被称为保护农民经济的"防波堤"（dyke），有助于土地增值部分流进农民口袋，促进小农经济繁荣。以英国为例，有证据显示，农业资本主义的成功是以小农经济的普遍繁荣为基础的。在二三百年的时间里，地租基本不变，佃户个体可以积累资金、扩大土地和经营规模，形成富裕农民群体（well-to-do peasantry），从中产生租地农场主或新型地产主，从而改变乡村社会结构。

人们普遍接受这样的理念——领主不能为所欲为，许多表面看来似乎只是偶然的起义，其实基于一条传统深厚的原则：在国王或领主逆法律而行时，人们可以抗拒之，甚至暴力抵抗之，这并不违背封建道德。附庸的权利得到法律认定，逻辑上势必导致合法自卫

---

① Fritz Kern, *Kingship and Law in the Middle Ages*, pp. 88-89.
② 漕运，指中国皇权时代从内陆河流和海运将征缴的官粮送到朝廷和运送军粮到军区的系统。漕运被认为是王朝运转的命脉，因此中国历代皇权都开凿运河，以通漕运。

权。附庸可以离弃恶劣的领主，是欧洲著名"抵抗权"的最初表达，被认为是个人基本权利的起点。自卫权没有终结社会等级之间的对抗，然而却突破了单一的暴力抗争模式，出现了政治谈判和法庭博弈，从而有利于避免"零和游戏"的社会灾难，有利于社会良性积累和制度更新。

英国贵族抵抗王权的大宪章斗争，最终导致第一次议会召开，开创政治协商制度的先河。近代美国1776年《独立宣言》、法国《人权宣言》等欧洲重要国家宪法文件，都不断重申抵抗的权利。人们不断地溯源，因为在这里可以发现欧洲文明的原始特征，布洛赫说："西方封建主义虽然压迫穷人，但它确实留给我们西方文明某些至今仍然渴望拥有的东西。"①

5. 生命权利（rights to life）。 生命权之不可剥夺是近代启蒙学者的重要议题，然而该命题同样产生于中世纪。教宗英诺森四世和尼古拉斯三世等，都同情方济各会士放弃法定财产权利的修为，同时支持会士们继续获得维持生命的必需品。他们同声相应，都在为生命权利观背书。进入14世纪，教会法学家更加明确指出，人们可以放弃实在法权利，但不可放弃源自上帝的自然权利，这是人人皆应享有的权利，方济各会士有权利消费生活必需品，不管是否属于他所有。②

出于上帝面前人人平等的理念，基督教对待穷人有一种特殊的礼遇。无论多么边缘化的人，在上帝的眼中，没有什么根本区别。甚至，可以原谅因贫穷而犯下的过错。他劝诫富者捐赠穷人，提倡财物分享，那样才是"完全人"。③12世纪《格拉提安教令集》就有多篇文章为穷人权利声张，法学家休格西奥宣称，根据自然法，我们除保留必需之物外，余裕的部分应由需要的人分享，以帮助他人

---

① Marc Bloch, *Feudal Society: Social Classes and Political Organization*, Vol. II, London and New York: Routledge, 1989, p. 452.

② 参见 Brian Tierney, *The Idea of Natural Rights: Studies on Natural Rights, Natural Law, and Church Law, 1150-1625*, pp. 121-122。

③ 《新约·马太福音》19：21。

度过饥荒，维持生命。当近代洛克写下"慈善救济使每个人都有权利获得别人的物品以解燃眉之急"的时候，生命权观念在欧洲已经走过了若干世纪，并且为社会捐献和贫困救济提供了最广泛的思想基础。

1601年，欧洲出台了现代历史上第一部《济贫法》，它不是教会也不是其他民间组织的慈善行为，而是政府颁布的法律文件，不仅济贫而且扶助失业劳动者。生命权元规则已外化为政府职能和政策，普遍、系统的社会福利制度得到极大发展，没有广泛和深入的社会共识是不可想象的。而它肇始于中世纪，其基本规则也确立于中世纪，被认为是中世纪向现代国家馈赠的最重要的遗产。

在极端需要的情况下穷人可以拿走富人余裕的物品，此之谓"穷人的权利"，由此生命权也是穷人革命的温床。13世纪教会法学家提出穷人在必要时有偷窃或抢劫粮食的"权利"，同时提出穷人索取不能超过必需的限度，否则即为"暴力掠夺"。在极端饥寒交迫的情况下，蒙难者采取非常手段获得维持生命的物品，如果腹的面包，或者几块取暖的木头是可以原谅的。可是，在实践中如何分辨"必要索取"与"暴力掠夺"？另一个悖论是，穷人的权利主张在现实生活中未必行得通，因为它们往往与法庭法律发生冲突。穷人为生存可以抢劫，这是自然权利使然；但按照实在法他们就是犯罪，要受到法庭制裁。中世纪法学家似乎给予自然权利更神圣的地位，他们认为，在法官眼里抢劫者是一个盗贼，可能被绞死，但在上帝眼里他仍然可以被原谅，如果他因生活所迫。

也就是说，即使法律禁止，主体权利本身仍然不可剥夺。[①]生命权利内含的平等观竟如此坚韧！欧洲是资本主义的策源地，殊不知它也是社会主义的故乡，发源于欧洲的空想社会主义思想的核心就是平等。不难看出，"元规则"对西方文明的影响既深远又复杂。

以上，并未详尽无遗地列出西方文明的所有元规则，这些元规

[①] 参见 Bede Jarrett, *Social Theories of the Middle Ages 1200-1500*, Westminster: The Newman bookshop, 1942, p. 123。

则也并非无一出现于其他文明之中，不过每个元规则皆植根于自然权利，而且自成体系，约束公权，笃定个体，激发社会活力，的确赋予西方文明以独有的秉性。自然权利、主体权利是欧洲文明之魂。越来越多的学者认识到，西方文明是独特的，不是普遍的，正是这些独特的内在规定性，使该文明有别于世界其他文明。经过几百年的发展，欧洲率先进入现代社会：英国1688年发生政权更迭，史称"光荣革命"，确立了君主立宪制；接着，美国、法国、意大利、德意志等也先后发生政治转型。经济上，欧洲培育出人类历史上第一个以工业为主要生产方式、城市为主要生活舞台的文明，彻底地改变了整个人类生产和生活模式。

"元规则"还有一个显著特征，它保持了足够的开放性。我们发现，欧洲文明是一条大河，在西欧诸民族主导下，凝聚了基督教世界所有人的基督教信仰，古典文明和以色列文明元素，还有他们自己的颇具个性的日耳曼传统文化，不断为它注入丰沛的水量，到中世纪中期形成了一种新的文明源泉。中世纪绝非"空档期"，恰恰相反，它是不同文化的汇通期、凿空期，更是开拓期，孕育确立新文明，循序趋近新纪元。正是在这样的基础之上，西方文明才形成近代以来浩瀚汹涌、汪洋恣肆、奔腾向前的大河景象。西方文明的发展历程雄辩地证明，一个文明要有伟大、持久的生命力，就要不断地从不同文明吸收营养，不断地自我革命，不断地开拓创新。

列出欧洲文明初创期确立的五项元规则，不意味着这些元规则总是存在并总是通行于西方社会。实际上，一些元规则所涵盖的基本权利最初只在有限的人群范围内和有限的程度上实行，虽然享有这些基本权利的人群范围在不断扩大。中世纪有农奴制，大部分农民丧失了一定的人身自由，那是领主对佃农的奴役。还有国王对臣民的奴役，基督教信徒对非基督教信徒的奴役，男人对女人的奴役，无论其范围大小、程度轻重，作为曾经长期存在于西方历史上的现象，无疑是消极、阴暗的。进入近代，还有殖民者对殖民地人民的暴行和奴役等等，不一而足。显然，欧洲文明元规则没有使西方变成一片净土。

此外，这些元规则本身也存在深刻的内在矛盾。例如，多数人权利与个人权利的关系、平等与自由的关系等，长期得不到妥善解决，反而随着民粹主义和民族主义的泛滥而更加复杂化。又如，依照"生命权"元规则，政府建立健全社会福利制度，全民温饱无虞而广受褒奖；另一方面，低效率、高成本的"欧洲病"[①]等问题又随之产生。生命权与财产权的抵牾之处也是显而易见的。欧洲文明其他元规则也出现不少新情况、新问题，它们的积极作用同样不是无条件的。"生活之树长青"，即使"天赋人权"旗帜下的主体权利，也不是推之百世而不悖的信条，历史证明，过度放纵的社会和过度压抑的社会，同样是有害的。

五、关于本书：《欧洲文明进程》（16卷本）

一个时期以来，有关"文明"的研究受到国内外学界的广泛关注，进入21世纪该因素越发凸显出来。欧洲文明是世界文明的重要组成部分，是欧美等发达国家的核心文化，是我们不可回避的一种外来文明。分析、评估欧洲文明利弊得失并消化其积极因素，乃是鸦片战争以来我国几代人的夙愿，也是我国学界不可推卸的一份责任。

"周虽旧邦，其命维新。"中华文明自古以来就以海纳百川、兼容并蓄的胸怀闻名于世，正是由于不断地汲取其他文明的精华才使我们得以生生不息，文脉永续。走自己的路，却一刻不能忘怀先贤"开眼看世界"的遗训。我们相信，西方文明是一个必须直面的文明，也是一个值得花气力研究的文明，无论这个文明之花结出的累累硕果，还是其行进过程中吞下的历史苦果，都值得切磋琢磨，化作我们"为往圣继绝学，为万世开太平"的有益资源。

就地域和文化差异而言，欧洲文明是距离我们较远的异质文明，

[①] "欧洲病"，指西方国家由于过度发达的社会福利而患上的一种社会病，其结果是经济主体积极性不足，经济低增长、低效率、高成本，缺乏活力。

是经过第二次或第三次发酵的再生文明，一种相当复杂的文明，理解、研究起来有一定难度，绝非朝夕之功。需要笃定不移的专业精神，代代相承的学术积淀，因此还需要长期安定、宽容、鼓励创新精神的社会环境。可惜，相当长一个时期，这些条件的供应并不充分，甚至短缺。鸦片战争以后的漫长岁月里，中国多灾多难，饱受内忧外患和战乱之苦，后来又有各种政治冲击，以至于"偌大国土放不下一张平静的书桌"。

前辈先贤的筚路蓝缕之功不能忘怀。令人欣慰的是，欧洲史乃至世界史研究，自20世纪80年代已有明显起色。在改革开放春风吹拂下，国门渐开，社会宽松，思想活跃，人心向上，尽管生活清贫，还是让老一代学者回归学术，更是吸引了一代年轻学人，追寻真知，潜心向学。经过改革开放四十年，他们已经成为这个领域承上启下的中坚力量。由于他们特殊的经历，对社会环境有着特殊的体验，因此他们格外感恩自己生命的际遇。毫不溢美地说，经过几十年的积累，我国的欧洲文明史研究取得了突破性进步，开土拓荒，正本清源，极大更新了以往的知识体系。为了夯实继续前行的基础，薪火相传，是否应该及时梳理和小结一下？

新世纪初年，我产生这个念头，并与学界和出版界几位朋友讨论，大家的看法竟是出乎意料的一致。更令人欣喜的是，当按照理想人选组成课题组时，所邀之士无不欣然允诺。当时没有什么经费，也没有任何项目名头，所邀者大多是繁忙非常的一线教授，可是他们义无反顾，一拍即合。本课题组成员以改革开放后成长起来的学人为主体，大多为"50后"和"60后"。雁过留声，用中国人自己的话语和方式，留下这一代人对欧洲文明的认知记录，以学术反哺社会是我们共同的梦想。2008年这个课题已经启动，2012年全国社科规划办公室批准为国家重大招标项目，则是四年以后的事了。

我们的学术团队是令人骄傲的，主要成员都是欧洲史研究不同领域的优秀学者。以天津师范大学欧洲文明研究院为依托，集中了国内外12个高校和学术机构的力量，他们来自北京大学、中国社会科学院、中国人民大学、南京大学、山东大学、山东师范大学、华东师范大学、浙江师范大学、中山大学、河北大学和英国伯明翰大学。这个项目颇具挑战性，因为每卷即是一个专题，承担者要打通传统断代分野，呈现来龙去脉，所以被称作"自讨苦吃"的项目。每个子课题大纲（即每个分卷大纲），在数次召开的课题组全体会议上，都要反复质疑和讨论方得通过。从每卷的主旨目标、框架结构，到重要概念，时常争论得面红耳赤，此情此景，令人难忘。"一年好景君须记，最是橙黄橘绿时"，此时此刻，我谨向团队学人同道致以由衷的敬意和感谢！

《欧洲文明进程》（16卷本）是中国学者撰写的第一部多卷本欧洲文明研究著作，分为16个专题，涵盖了政治、法律、经济、宗教、产权、教育以及乡村和城市等欧洲文明的主要方面。我们试图突破一般文明史的叙述方式，采纳专题史与年代史相结合的编写体例。每一卷就是一个专题，每个专题都要连贯地从欧洲文明肇始期讲到近现代；同时，各个专题之间相互补充，相辅相成，让读者通过不同的侧面逐渐丰富和加深对欧洲文明的总体认知。我们的原则是局部与整体结合，特定时段与历史长时段结合，历史细节与文明元规则结合。这是我们的愿望，效果还有待于读者诸君检验。

16个专题，也是欧洲文明16个重大问题，它们是：

1. 欧洲文明进程·民族源流 卷
2. 欧洲文明进程·农民地权 卷
3. 欧洲文明进程·司法与法治 卷
4. 欧洲文明进程·政府 卷
5. 欧洲文明进程·赋税 卷
6. 欧洲文明进程·基督教 卷
7. 欧洲文明进程·自由观念 卷
8. 欧洲文明进程·大学 卷
9. 欧洲文明进程·大众信仰 卷
10. 欧洲文明进程·地方自治 卷

11. 欧洲文明进程·生活水平 卷
12. 欧洲文明进程·贫困与社会保障 卷
13. 欧洲文明进程·市场经济 卷
14. 欧洲文明进程·城市与城市化 卷
15. 欧洲文明进程·工业化 卷
16. 欧洲文明进程·贸易与扩张 卷

2008年着手课题论证、体系策划和组建队伍，这样算来我们走过了十几个年头。自立项伊始，朝斯夕斯，念兹在兹，投入了可能投入的全部精力和时间，半日不得闲。蓦然回首，年华逝去，多少青丝变白发。眼下，课题结项，全部书稿杀青，《欧洲文明进程》（16卷本）即将由商务印书馆出版。感谢张椿年先生，他是中国社会科学院荣誉学部委员、世界历史研究所原所长，他满腔热忱地鼓励本课题的论证和立项，时常关心课题的进展。可惜椿年先生不幸溘然离世，未看到该成果面世。我们永远怀念他。感谢著名前辈学者、中国社会科学院原常务副院长、德高望重的丁伟志先生，他老人家数次与我长谈，提出许多宝贵的指导性意见，那几年常有书信电话往来，受益良多，至为感激。感谢天津师范大学原校长高玉葆教授，他信任我们并最早资助了我们，使本项目得以提前启动。感谢三联书店原副总编潘振平先生，他参加了本课题早期创意和策划。感谢商务印书馆原总经理于殿利的支持，感谢郑殿华主任、陈洁主任和杜廷广等编辑人员；感谢天津师范大学陈太宝博士以及欧洲文明研究院的其他同仁，他们为本成果的出版付出了辛勤的劳动。还有许多为本成果问世默默奉献的人士，我们心存感激，恕不一一。

2021年，春季，于天津

目 录

前言 ……………………………………………………………… 1

第一编 封建时代的中央与地方关系（500—1500年）……… 3

第一章 中央与地方关系研究的理论与方法 ………………… 5
一、中央与地方关系的理论流派 ……………………………… 5
二、"地方自治"的概念与内涵 ……………………………… 12
三、思想家们对中央与地方关系的论述 …………………… 16
四、演变的历史阶段 ………………………………………… 30
五、欧洲中央与地方关系的特点 …………………………… 38
六、研究方法 ………………………………………………… 45

第二章 封建王权与贵族分权 ……………………………… 51
一、欧洲封建王权的有限性质 ……………………………… 51
二、贵族割据与分权 ………………………………………… 77

第三章 村庄共同体与封建庄园 …………………………… 89
一、村庄共同体 ……………………………………………… 89
二、封建性质的领主庄园 …………………………………… 97
三、王室庄园的管理 ………………………………………… 107

第四章 自治性质的封建城市 ……………………………… 110
一、中世纪城市起源的理论 ………………………………… 110

二、特许状及领主的权力 ·················· 117
　　三、城市的管理机构与机制 ················ 128
　　四、城市的治理 ······················ 137

第五章　郡共同体自治　165
　　一、郡的起源与发展 ···················· 165
　　二、郡官员与治理机制 ·················· 168
　　三、郡共同体的形成 ···················· 175
　　四、王室森林法：地方与国王之间的博弈 ········· 178

第二编　民族国家维度下的中央与地方关系
　　　　（1500—1800 年） ··················· 189
　第六章　民族国家的形成与发展 ·············· 191
　　一、近代国家的形成与发展 ················ 191
　　二、常备军的逐步建立 ·················· 209

　第七章　地方自治的发展 ················· 213
　　一、地方自治制度的延续 ················· 213
　　二、乡村共同体的延续 ·················· 219
　　三、地方社会中的贵族与乡绅 ··············· 233

　第八章　变迁社会中的地方试验 ·············· 241
　　一、地方政府的济贫实践 ················· 241
　　二、地方政府改善卫生的努力 ··············· 254
　　三、监狱制度的改革试验 ················· 260

第三编　19 世纪以来的中央与地方关系 ··········· 265
　第九章　工业化与民主化 ················· 267
　　一、产业革命 ······················ 267
　　二、民主化历程 ····················· 275

　第十章　19 世纪的"政府革命" ·············· 281
　　一、19 世纪英国"政府革命" ··············· 281

二、新济贫法：国家对济贫事务的干预 …………………… 288
　三、公共卫生法：国家对大众健康的关注 …………………… 291
　四、工厂法案：国家对企业道德伦理的干预 ………………… 294
第十一章　地方政府的实践与改革 ………………………………… 308
　一、思想界的准备与论证 …………………………………… 308
　二、地方政府的实践 ………………………………………… 319
　三、英国地方政府改革 ……………………………………… 328
　四、其他国家地方政府的改革 ……………………………… 340
第十二章　现代国家视野下的地方治理 …………………………… 350
　一、多元化的地方治理 ……………………………………… 350
　二、英国中央与地方的冲突 ………………………………… 352
　三、法国地方分权的演变 …………………………………… 359
　四、欧洲一体化背景下的地方自治 ………………………… 367
附录一　1200年伊普斯维奇地方自治政府成立记录 …………… 372
附录二　约书亚·图尔明·史密斯论地方自治与中央集权 …… 377
附录三　《欧洲地方自治宪章》 …………………………………… 401

参考文献 ……………………………………………………………… 408
索引 …………………………………………………………………… 430

前　言

《地方自治卷》阐述了欧洲中央与地方关系演变的历史过程。本卷在揭示其呈现出的地方自治特征的基础上，同时又强调中央集权的必要性与根本价值，即从相互关系的视角，论述两者的辩证统一性。

中央与地方之间的关系就像冬天里两个互相取暖的刺猬，离得太远会感到寒冷，离得太近又会相互伤害。这个比喻形象地说明了中央与地方之间复杂且充满张力的特征。

中央与地方关系涉及的是国家权力的纵向分配。中央政府首先要关注的是国家的统一与稳定，如果没有强大统一的中央政权，地方自治就是"无源之水，无本之木"。在此基础上，地方自治为地方社会带来活力与效率，众多地方共同体的联合体能够有力地支撑统一的中央政府。简而言之，中央政府代表的是国家大共同体的利益，地方政府代表的是社区小共同体的利益。

在不同的历史时期，欧洲主要国家中央与地方关系呈现出各自的内容与特点，这与历史传统、封建制度、民族国家、工业化与民主化、福利国家的形成等因素密切相关。在各具特色的基础之上，欧洲主要国家的中央与地方关系又呈现出一些共性，体现出欧洲文明发展进程的一般规律。我们粗略地划分为三个阶段：第一阶段是封建时代的中央与地方关系；第二阶段是民族国家时期的中央与地方关系；第三阶段是19世纪以来的中央与地方关系。这种划分依据的是欧洲历史发展的不同阶段，具有一定的模糊性和延伸性。这样的划分有助于读者和研究者理解，在欧洲文明发展进程中，中央与地方关系呈现出何种特征，以及这种关系从本质上来讲体现了欧洲文明的何种内涵。

在探讨欧洲中央与地方关系时，我们应该摆脱传统的"两分法"理论模式。所谓"两分法"理论模式是指，在研究中央与地方关系的时候，研究者通常纠结于集权与分权的概念，似乎中央集权就必须管死地方社会，不给地方社会自由发展的空间，而地方自治就简单地意味着分权甚至割据。我们认为，首要的问题是界定中央与地方政府之间权力的界限，如果在各自的权限范围之内，中央政府权力的加强与地方自治政府权限的扩张并不是一个矛盾的现象，恰恰是两者健康发展的体现。同时还应该注重从权利的角度来解释欧洲地方自治，即把地方自治放在中央与地方利益博弈的背景中，既描述地方社会的自治，又强调中央集权的意义和价值，避免"非此即彼"的两分法。

从本质上讲，地方自治体现的是小共同体的权利，它对应的是国家这个大共同体。当我们的研究视野聚焦到地方共同体时，就会发现，对应地方共同体的是生活在社区内的芸芸众生。制度是抽象的，普通人的生活是鲜活的，我们的研究基于经济社会史的视角，关注制度下普通民众的生活与实践。假如民众不是相对独立的个体，没有属于自己的主体权利，只是空洞的人，无自主性、无辨别力、无反抗性，就如任人宰割的绵羊，那么就不会有真正意义上的地方自治。

再有一个问题，似乎还没有得到现在学术界的重视，即众多的现代化理论中，缺乏对地方政府地位和作用的系统探讨与研究。塞缪尔·亨廷顿的"强大政府论"，在众多的发展理论中，给人以耳目一新的感觉。但是，我们需要追问的是，强大的权威性政府就只是指首相、总统等，或者以他们为首的中央政府吗？探寻一国特别是大国的现代化历程，如果仅从中央政府的角度来探讨，而不涉及数量众多的地方政府，特别是那些与公民日常生活息息相关的基层政府，我们很难想象中央的决策是如何得到实施的。

欧洲的国家治理有成功的经验，也有现实的教训，这些都需要我们客观全面地加以认识。

第一编　封建时代的中央与地方关系
（500—1500年）

第一章　中央与地方关系研究的理论与方法

一、中央与地方关系的理论流派

中央与地方关系涉及的是国家权力的纵向分配：一是中央政府能否有效地管理与控制地方社会，相应的是，地方政府能否代表地方共同体的利益诉求，在维护国家统一与稳定的前提下，具有多大程度的独立性与自主性，具有何种自治权限；二是中央与地方之间的权力博弈以何种方式进行，是按照历史传统还是存在着明确的法律界定，抑或其他方式。一国特别是大国的治理是一项相当复杂与艰巨的工程，涉及国家、社会、各种共同体、个人等不同的行为主体，包括政治、经济、社会、文化、历史、环境等不同的领域。如何成功实现对国家与社会的治理，需要处理与协调诸多的关系，其中中央与地方之间的关系体系就是关联且承接着众多利益主体的核心制度之一。从某种意义上讲，中央政府代表的是国家大共同体的利益，地方政府代表的是地方小共同体的利益。在管理国家与社会公共事务的过程中，这两者既有联系，又存在着冲突的可能。处理得恰当，国家与地方负责各自的事务，都能够受益，两者和睦相处，国富民强；处理得不当，双方都受害，要么中央严密控制地方，地方式微缺乏活力，要么中央空虚而地方割据，军阀混战，民不聊生。张千帆认为："如果可以用人体来比喻政体，那么中央与地方关系在一个国家的地位和作用就相当于人的'脊柱';这条'脊柱'上通大脑中枢,下达各部分肢体脉络。中央和地方关系确实将中央、地方和人民联系起来,关涉国家宪政中几乎所有的重要问题,也在很大程度上决定着中央政府、地方官员和普通老百姓的行为方式乃至整个国家的社会效率和资源流向。"[1]这一比喻形象很恰当,彰显了中央与地方关系研究的重要性。

国家权力的纵向分配既与一国的政治体制有关,又涉及社会、历史、传统等不同的方面。由此,这项研究涉及的领域包括宪法学、政治学以及行政学、社会学等学科,也是历史学关注的内容,存在着众多的理论流派,我们在此做一个初步的归纳。

从国家结构形式上来看,中央与地方关系表现为联邦制国家与单一制国家类型。联邦制国家类型以成员国形式划分内部组成。联邦制模式具有以下的特征:第一,存在两套政府,一套是联邦中央政府,一套是联邦各成员政府;第二,中央政府与各成员政府之间存在着明确的权力(立法权、行政权和财政权)划分;第三,具有一部刚性的联邦成文宪法;第四,联邦政府是一个有限的宪法性政府;第五,联邦中央政府和地方政府都不得违反宪法中关于它们各自应享有的权力和所处地位的条款,从而侵入另一方的权力范围;第六,各成员政府可以在联邦宪法所规定的权利范围内,制定适合本成员国的宪法和法律,并自主决定和管理本成员国事务;第七,联邦公民同时也是某一成员国公民;第八,各成员政府下属的地方政府,实行地方自治,其自治权受法律保护,成员政府不能直接干涉下属地方政府的事务。[2]由此可见,地方自治在联邦制下是一个顺理成章的权利,也是联邦制度内在的特征。以德国为例,德国联邦宪法规定:国家的立法权主要归联邦所有,而州行使绝大部分的行政权和

---

[1] 张千帆:《国家主权与地方自治——中央与地方关系的法治化》,中国民主法制出版社2012年版,前言第1页。

[2] 参见熊文钊:《大国地方——中国中央与地方关系宪政研究》,北京大学出版社2005年版,第6—7页。

司法权。①具体到立法权，比如德国联邦政府与各州的立法权事实上分为三方面：其一是联邦政府独有的立法权，这由联邦基本法规定，主要包括外交、国防、货币、度量衡、历法、邮政、通讯等方面，体现的是主权国家所必须拥有的权力，是垄断性质的；其二是州政府拥有的立法权，这也是由联邦基本法规定其范围，主要表现在文教、环保、地区规划、地方公共安全等领域；其三是联邦与州政府"共有的立法权"，顾名思义，就是联邦政府与州政府对某些特定的事务都具有一定的管辖权，这类事务是比较难以处理的，因此必须要明确联邦与州政府之间的具体权限，以免两者发生矛盾与冲突。我们认为联邦制形态下的地方自治蕴含两个层次：一是联邦成员在联邦体系内的自治，这种自治具有国家法意义上的"国家性质"②；二是联邦成员管辖下地方政府的自治，这种自治是我们通常理解的地方自治的含义，它对于普通民众来讲，具有直接的意义和现实的影响。更为重要的是，在联邦制下，地方自治有着法律的保障，这一点对于地方政府和地方共同体来讲至关重要，而且它又为公民参与政治活动提供了现实的可能。如德国的《联邦基本法》第28条第1款规定，各州宪法制度必须符合基本法所规定的法治国家的原则。具体而言，在州、县、乡（镇），必须成立经由普遍、直接、自由、平等和秘密选举产生的机构代表人民。联邦基本法对于以乡（镇）为代表的基层民主与自治权利的保障最为充分，第28条第2款规定，必须充分保证各乡（镇）在法律范围内拥有自己的负责处理一切地方公众事务的权限，这是乡（镇）享有的一种固有权利。与之形成鲜明对比的是，高一级的县或者乡镇联合体，虽然也享有一定的自治权利，但是它们必须由法律授权，确定一个行使职权的活动范围，而这种权利与乡（镇）所享有的自治权的性质是不同的。而且联邦基本法对地方自治的规定是制度性的保障，它只为地方政府提供这样的宪法保障，其他法人团体都不能享有这样制度上的保障。正是

---

① 参见童建挺：《德国联邦制的演变：1949—2009》，中央编译出版社2010年版，第71页。
② 同上书，第65页。

在这一基础之上，尽管随着时间的推移和社会的变迁，地方政府需要处理的地方公共事务会发生很大的变化，但是核心内容不变，并且这一核心内容是有关宪法的。

如果说地方自治是联邦制国家中的应有之义，那么单一制类型国家呢？在单一制国家类型下，中央政府对地方政府享有绝对的权力。地方政府的权限来源均是中央政府，其特征就是以中央政府权威为核心，并以此形成中央与地方关系。归纳起来，单一制国家具有三个特点：第一，全国只有一部宪法，一个中央政府；第二，各个行政单元和自治单位都接受中央的统一领导，没有脱离中央的独立的权力；第三，不论中央与地方的分权达到什么样的程度，地方的权力都由中央通过法律文件予以规定或改变，地方权力没有宪法保障。①

有一个有趣的现象，实行联邦制的国家占据世界版图的面积最大，实行单一制的国家占据世界人口的比例最大，这显然与国家行政的实际运行有密切的关系。世界上大多数国家采用的是单一制，这是由于这种国家类型在操作上比较实用或者说简单，不需要太复杂的管理制度。从地方分权的角度来讲，似乎单一制国家中的地方社会几乎没有自治的空间，因为从宪法角度来讲，就没有赋予单一制国家下的地方政府独立的空间。情况果真如此吗？国家的行政不仅仅是简单的概念所体现的，它还需要考虑到现实的社会生活以及深厚的历史传统。因此，从中央与地方关系角度来讲，单一制国家又存在着中央集权与地方分权两种类型。单一制国家的中央集权表现为中央政府对地方拥有最高的权威，对地方政府显示出主导的性质，地方政府的官员直接由中央政府任命，中央政府也控制着地方政府的经济、社会、文化、教育、卫生、住房等各个方面，即使不是直接地控制这些领域，也实际上拥有最终的决定权。在集权体制之下的地方政府更多地表现出中央政府代理人的角色，需要忠实地

---

① 参见熊文钊：《大国地方——中国中央与地方关系宪政研究》，第5页。

执行来自中央的命令与要求,体现中央政府的意志。单一制国家的地方分权是另一种形式,它需要中央政府让渡一部分权力给地方,从而使得地方具有一定程度的自治,这种让渡可能由于历史的传统,也可以以法律规定的方式体现。在这种情况下,地方政府的官员由地方社会自己选举产生,地方政府在处理有关社区事务时,具有较大的独立性与自主性。如果中央政府认为地方政府有过失等行为而需要干涉时,需要通过法律程序。在这种形式下,地方民众对地方政府具有重要的意义,因为地方官员的选举与任命需要民意的支持,地方官员既是中央政府的代理人,又得承担地方利益的守护者的角色。单一制国家形态下的地方分权表明,中央与地方关系可以处于一种既紧张又合作的状态,这也表明集权与分权并不是相互矛盾相互冲突,而是相互依赖相互促进。张千帆指出:"就中央和地方分权的现状来看,联邦制和单一制之间并不存在任何不可逾越的鸿沟。"[①]此言甚佳!他澄清了我们对集权和分权常见的认识误区。喻希来也指出,近年来,西方国家的地方自治呈现出新的趋势,其中之一就是联邦制国家和单一制国家在实行地方自治方面的趋同。[②]传统的观点认为分权是对集权的消解,特别是对单一制国家而言,地方的分权意味着分裂与割据,意味着中央政府权力的式微,也意味着国家即将走向动荡与不安。殊不知,随着社会的发展,社会结构愈加复杂,不同层次的政府需要承担各自的责任。宏观的领域与事关国家安全的事务需要强大的中央政府负责,而具体的日常的社会生活,地方政府则可以提供更加因地制宜的管理与服务。在这样的情况下,抽象地讨论集权与分权只具有形而上的价值,不能够解决现实的社会生活所面临的问题与困境。从这一认识出发,联邦制与单一制、集权与分权只是表面的现象,隐藏在这背后的是如何促进国家的统一与安定、社会的进步与经济的发展、普通人日常生活状况的改善,这才是政治体制框架最终的目标与价值。

---

① 张千帆:《国家主权与地方自治——中央与地方关系的法治化》,第33页。
② 参见喻希来:"中国地方自治论",《战略与管理》2002年第4期。

从行政学的角度来看，中央与地方之间的关系分为三种主要类型：中央集权制、权力下放制以及分权制。这样的论述会与前面的内容有一定的重叠，但出于论述的全面，在此还是有必要再赘言。在中央集权制度下，地方团体没有自己的独立性，没有独立的法律人格，它只是作为中央政府的代理人与派出机构。当然这只是理论的情况，在实际的国家政治生活中，中央政府不可能做到一切事务皆由中央决定与处理，因此也会或多或少地赋予地方权限，只不过这种权限没有法律的保障，随时都可能会收回。因此地方政府的权力实际上是一种消极获得权力。权力下放制其实是中央集权制的另一种表现，即上级政府把某些或者特定的权力转移给地方政府，地方政府会对这些事务具有决定权。从实际的运作来看，这种方式可以有效地减轻中央或者上级政府的负担，从而使得行政效率得以很好地提高。当然在这种情况下，最终的事务处理权仍然是上级政府机关。相比于集权制下地方政府的权力获得，权力下放具有一定的积极性获得色彩。分权制是指中央与地方分别承担相应的行政功能，国家以及中央政府对于地方政府只有按照法律规定的监督权，而没有决定权，除非地方政府的行为违法，在这种情况下，中央政府才会采取法律的手段对地方政府的行为予以剥夺。分权制比较明显地体现了地方政府的主体性，它界定了中央政府与地方政府的权力领域，并以法律作为保障。客观地讲，这是中央与地方关系发展的高级阶段和形式。徐正戎对此有过概述，可供参考。他指出："地方分权制度"又称为"分割性地方分权"，是国家将其治权的一部分赋予地方政府，中央政府仅仅处于监督地位的一种制度；至于另一种看似相近实则迥然不同的制度，即所谓"权力下放"，是在维持中央行政体系制度之下，对于中央派驻地方机关赋予较多的行政权限，所以又称为"分工性地方分权"。因此，"地方分权"制度是中央与地方政府之间权力分配的一种方式，与"中央集权"是两个相对立的体系与观念。而"权力下放制度"是就中央行政体系内部权力从中央转移到地方派驻机关的现象，与"地方分权"之间有着本质的差异。①

在此以外，还有诸多的划分类型，简要叙述如下。中央与地方的关系也可以分为以下三个类型：相对自治型、代理机构型以及相互作用型。"相对自治型"是指在承认中央政府存在的情况下，认为地方政府具有相对独立性，享有法律规定的职权和义务范围内的行动自由。在这一类型下，中央与地方关系主要由立法确定，中央政府对地方政府的控制有限。"代理机构型"是指地方政府被视为执行中央政府政策的工具，中央政府通过法律、行政、财政等手段实现对地方政府的控制与支配。"相互作用型"是指中央政府与地方政府相互影响相互作用，这种关系类型通常通过双向委托或共同商议计划、项目来解决问题，因此不易划清中央政府与地方政府各自的行动领域。约翰·格林伍德将中央与地方关系分为"代理机构型""合作关系型"和"实力-依赖关系型"。②"代理机构型"意味着地方政府是中央政府在地方上的代理机构，地方政府在执行国家政策时没有自由处理权，地方政府不仅随时会受到中央政府的法规的限制，而且在财政上也没有独立自主权。"合作关系型"认为地方政府与中央政府是合作性的关系，它们在国家中的地位处于平等的地位。"实力-依赖关系型"模式认为中央与地方政府都有办法对付对方，它们之间的关系由各自的实力决定。这一理论的代表人物是英国学者罗斯。他认为无论是中央还是地方，都试图调动其所掌握的资源使其影响最大化，并将对对方的依赖降低到最低程度，但是没有任何的一方能够完全掌握实现其目标所需要的宪法、法律、财政、政治等资源。因此，大多数的政府组织都是以相互依赖为特征，资源交换是相互依赖的结果。③ J. A. G. 格里菲斯归纳中央-地方关系的三种类型：第一是不干涉主义，即中央政府应该尽量少干预地方政府，因为地方政府从中央政府的错误中

---

① 参见徐正戎："法国地方制度之剖析"，《东吴大学法律学报》2001年第1期。
② 〔英〕约翰·格林伍德、戴维·威尔逊：《英国行政管理》，汪淑钧译，商务印书馆1991年版，第159—164页。
③ R. A. W. Rhodes, *Control and Power in Central-Local Government Relations*, Farnborough: Gower, 1981.

学到的要比它们被中央政府纠正中学到的多得多。第二是中央采取促进态度，为了使地方顺利贯彻执行中央的全国性政策，中央政府可以采用说服和促进的办法。第三是中央政府干预地方，这主要是为了确保在服务方面的全国统一标准，中央政府不得不强迫地方执行中央的政策。①

不同理论流派的表述各不相同，但是基本的思路相近，都涉及"地方自治"这一概念。

二、"地方自治"的概念与内涵

"地方自治"的概念与内涵具体是什么呢？许多百科全书与辞典对此都有所阐述，但是由于侧重点与学科不同，叙述的差别较大，下面列举主要的观点。

《中国大百科全书》定义地方自治（local autonomy）："在一定的领土单位之内，全体居民组成法人团体（地方自治团体），在宪法和法律规定的范围内，并在国家监督之下，按照自己的意愿组织地方自治机关，利用本地区的财力，处理本区域内公共事务的一种地方政治制度。地方自治最早出现于古罗马时代。当时，意大利人组成一种自治邑，享有地方自治权力。英国从盎格鲁-撒克逊时代起，将筑有城堡自卫或有市场的地方称作自治市，发展了自己的特权。自治市有自己独特的习惯、特权和法院。诺曼底人入侵之后，根据国王和其他贵族的'特许状'而建立的自治市，发展了自己的特权，并且编纂独具特色的习惯法。现代地方自治制度分为英美法系国家的地方自治制度和大陆法系国家的地方自治制度：（1）英美法系国家的地方自治制度以'人民自治'理论为基础。认为自治的权利是天赋的，是人民所固有的，先于国家而存在。原始社会由自由个人结合的自由公社便具有自治权。国家出现后，这种固有的自治权仍

---

① 参见胡康大：《欧盟主要国家中央与地方的关系》，中国社会科学出版社2000年版，第20页。

然存在，国家不但不能干涉，而且应予保护。这一理论又称'保护主义'。英美法系国家的地方自治机关行使由法律确认的自治权时，中央政府一般不加过问，地方自治机关形式上独立于中央政府之外。自治机关的官员直接或间接地由当地居民选举产生，他们只具有地方官员的身份，中央政府不得撤换他们。中央政府对地方自治机关的监督以立法监督为主，一般避免对其发布强制性的指示。如果地方自治机关逾越法定权限，中央政府可诉请司法机关加以制止。（2）大陆法系国家的地方自治制度以'团体自治'理论为基础。认为地方自治的权利不是天赋的，不是地方人民所固有的，而是由主权国家所赋予的，国家可随时收回这种权利。这一理论又称'钦定主义'。因此，大陆法系国家的地方自治权具有委托性质，中央政府对于自治事务有最终决定权。地方官员不论为中央直接任命或为地方居民选出，都同时兼具中央官员和地方自治机关官员的双重身份，中央政府有权随时撤换他们。中央政府对地方自治机关的监督以行政监督为主，中央政府可随时向地方机关发出强制性指示，地方机关必须执行；否则，中央政府可采取强制性措施。"[1]解读《中国大百科全书》的论述，可以看出，这一解释侧重于城市自治的历史意蕴。在罗马社会走向帝国的过程中，自治城市成为一种行之有效的、充满活力的地方基层行政制度。詹姆斯·汤普逊写道："……罗马帝国是由各城市或各城邦有机地汇合而成的一个大联合。各城市宛如人体里的细胞，是最小的，可是最有活力的有机体。在罗马世界里乡土观念远远地强于我们的时代。但民族情绪却不存在。种族感觉也不显著。帝国除了它地方上接触民众的机构以外，是一个抽象的东西。罗马人的爱国心，只是在对自己的城市或乡土的爱护和忠诚方面表达出来。"[2]自治城市制度在以后的岁月中，历经了各种转变与

---

[1] 《中国大百科全书》（政治学），中国大百科全书出版社1992年版，第56—57页。《中国大百科全书》（第二版）对以上论述进行了精炼，但是基本的观点是一致的，参见《中国大百科全书》（第二版），第5卷，中国大百科全书出版社2009年版，第39页。

[2] 〔美〕汤普逊：《中世纪经济社会史》（上册），耿淡如译，商务印书馆1997年版，第64页。

升华，进而成为欧洲文明的特质之一。客观来讲，《中国大百科全书》的论述并不全面，它忽略了其他类型的地方自治形式与形态。

《不列颠百科全书》（国际中文版）有两处涉及地方自治。"地方自治"（home rule）指"中央或地方政府给予其所属政治单元的自行治理的有限权力。在多民族的帝国或国家，这曾是普遍现象。最著名的如古罗马帝国和英帝国。它在一定程度上承认当地的生活方式，允许其在一定程度上进行自治，但其居民必须在政治上忠于中央政府"①。还有一处是有关"自治市镇"（borough）的，"在英国，指享有特权的区或城镇，有权选举一个议会议员。中世纪的英国自治市镇是一个城市中心，持有享受特权、自治权和后来准予合并的特许状。从16世纪起，自治市镇作为地方政府单位的重要性虽降低了，但作为议会选区却增加了新的重要性。1835年市机构的改革使英国的自治市镇有了一个统一的法规，使之成为现代地方政府的单位。1888年的地方政府法建立了郡自治区，它们不同于市自治市，被赋予不受郡政府支配而独立行动的权利。但1974年英国政府改组地方政府时，废除了郡自治区"②。这一论述亦强调城市的自治特征。

《布莱克维尔政治学百科全书》中也有几处涉及地方自治的。在"地方政府"（local government）条目中写道："长期以来一直有一个传统，在西欧尤为明显，这就是允许城镇（towns）有一定限度的政治自主权。例如英国的一些城市就有一个未曾打破过的自治传统，这个传统是从中世纪君主们的特许状开始的。"③另外是"地方主义"（localism）词条。地方主义有许多意思："首先，它可被用来描述一种对地方公民、地方利益、地方政治和地方政府有好感的政治文化。从这个意义上讲，它只是与地方民主相联系的、并支持地方民主的许多题目之一。第二，有时它被用来表示国家政策，

---

① 《不列颠百科全书》（国际中文版），第8卷，中国大百科全书出版社1999年版，第137页。
② 同上书，第3卷，第51页。
③ 〔英〕戴维·米勒、韦农·波格丹诺（英文版主编），邓正来（中译本主编）：《布莱克维尔政治学百科全书》（修订版），中国政法大学出版社2002年版，第452页。

这些政策不是被赋予改进实施状况的地方特点，就是把责任推卸给地方政府和地方政治家，以使中央政府摆脱令人困惑的潜在问题。这就是'来自上面'的有利于行政效益和政治裨益的地方主义。第三，地方主义一词被用来描述政党政治的一种独特形式……这样，作为一个概念，地方主义被注进入其他一系列主题中：地方民主、国家政策实施，以及政党政治。从广义上定义的话，其共同的主题是中央与地方的关系。"①而 self-government 一词在《布莱克维尔政治学百科全书》中，则在更加广泛的意义上被解释。"自治"（self-government）"指某个人或集体管理其自身事务，并且单独对其行为和命运负责的一种状态。……自治最终可追溯到古希腊人对政治自由或自主的崇尚，因此在实践中这种理想允许有各种各样等级的自治。在最低层次上，人们的注意力局限于文化自主……第二个层次则是法律的自主和权利……第三个层次是内部政治自主或本土管辖，即由共同体代表们来控制本共同体的经济、社会和政治事务；虽然这种自治不包括防务、法律和秩序以及外交事务，但是本土管辖使各种族成员能在很大程度上控制共同体的资源和社会政策。最后，自治在单独一个共同体组成国家的形态上，等同于永久性的独立，因此是民族国家……"②

1985年签署并于1988年生效的《欧洲地方自治宪章》认为：地方自治系指地方公共团体在法律范围内的权利和有效能力，从而地方公共团体在其权责之下和出于当地居民的利益支配和管理公共事务的重要部分；该权利应由委员会或大会行使，委员会或大会之成员应基于自由、秘密、直接、平等和普遍原则选举产生，并得设置一个对其负责的执行机关。③

综合以上的论述，虽然各自的表达并不相同，但是有一共同点，

---

① 〔英〕戴维·米勒、韦农·波格丹诺（英文版主编），邓正来（中译本主编）：《布莱克维尔政治学百科全书》（修订版），第457页。
② 同上书，第745页。
③ 参见王建学：《作为基本权利的地方自治》，厦门大学出版社2010年版，第246页。

即都承认西方社会中的城市自治。我们还需要思考的是：其他类型的地方政府是否具有自治性质呢？假如其他类型的地方政府也具有这些特征，它们与城市自治有何种联系？再有就是《布莱克维尔政治学百科全书》对自治的定义。从某种程度上来讲，自治体现的是欧洲文明的一种特征，即从个人主义到地方自治到民族国家这几个层次的自主性。一个不以个人权利为基础的地方自治就不可能成为真正的地方自治。如张千帆指出的："如果没有民主选举所带来的政治压力，政治和行政权力得不到民主监督，那么制度设计本身就可能出问题，何况设计得再好的制度也会在实施中走样。当然，上级政府在一定程度上可以监督下级的所作所为，但是我们很快会发现自上而下的监督注定是很有限的；没有自下而上的民主监督，中央和地方权力安排难免有漏洞。……事实上，如果没有地方民主自治作为基础，如果在中央和地方之间失去了关键的主体——选民，也就不可能存在真正意义上的中央和地方关系。"[①] 这一论述无疑是精辟的。另一方面，地方自治政府的存在为个人权利的成长提供了适度的空间。因此，如要完整地理解地方自治的概念与内涵，研究者就不应该局限于此，应该放在更为广阔的空间中进行阐述。

三、思想家们对中央与地方关系的论述

中央与地方之间的关系不是简单的有关行政体制与地方治理，从深层次上讲，这种关系折射出统一与分裂、自由与集权、民主与专制等政治内涵。不同时代的欧洲思想家对之均有深刻的论述，譬如19世纪的基佐、托克维尔和20世纪的冯·哈耶克。

法国思想家、历史学家弗朗索瓦·基佐（1787—1874年）从文明进程的视角论述了集权与分权之间的紧张关系。在基佐看来，欧洲的政治制度史大体上可以分为四个时期，在这些时期内，社会是

[①] 张千帆：《国家主权与地方自治——中央与地方关系的法治化》，第264页。

按照特别明确的方式与形式来治理的。①第一个时期是日耳曼人蛮族国家建立到 11 世纪。这一阶段由于没有一个强大的中央政权存在，特别是查理曼帝国瓦解之后，欧洲面临着外族的入侵，中央权威都几近消亡。基佐写道："那时并不存在一个普遍的政治制度体系；无从发现一个大的主导性势力；一切都是地方性的、个体性的、混乱的和模糊的。众多的原则和力量，偶然混杂而起作用，为了破解一个人们全然不知的问题和只有上帝才知晓的秘密而纠缠不休。这个问题就是：从所有这些彼此密切联系的不同因素中所产生的是一个什么形式的政府。"②在《欧洲文明史》一书中，基佐也谈到这一阶段，这涉及封建制度的普遍建立。"开始时，人们只把它看作是混乱状态的胜利。一切统一性、一切普遍的文明都消失了。人们在各方面都看到社会在解体，代替它的是一些小范围的、情况不明的、零散而不相关连的社会在建立起来。在当时的人看来，这好像是一切都化为乌有，成了普遍的无政府状态。虽然如此，它是一个新的、真实的社会即封建社会的开端，是先前状况的惟一可能的后果……"③第二个时期是封建制度时期。在这一时期，封建贵族的等级制度和联盟制组织将其作用延伸至人和土地，统治权几乎被完全瓦解，该权力转移到所有能够行使并保护它的封建所有者手中，由此导致了王权的衰弱和君主政体同一性的破灭——君主政体的同一性几乎和国家统一一样完全消亡。这一体制一直流行到 13 世纪。第三个时期是已经拥有王权的封建领主觊觎王族的封号。统治权趋向于集中，自由趋向于扩散；当君主政体的统一开始出现的时候，国家统一也开始形成。第四个时期从 17 世纪一直到基佐生活的时代。在这一历史阶段，英国是代议制政府的发展，欧洲大陆是君主制的发展。在欧洲大陆国家，原来的地方特权、对政治秩序具有强大影

---

① 参见〔法〕弗朗索瓦·基佐：《欧洲代议制政府的历史起源》，张清津、袁淑娟译，复旦大学出版社 2008 年版，第 13—14 页。其中，中译本把"日耳曼"翻译为"德国"，应属误译。

② 同上书，第 22 页。

③ 〔法〕基佐：《欧洲文明史》，程洪逵、沅芷译，商务印书馆 2005 年版，第 69 页。

响的司法制度以及这些机构的残存部分,现在仅仅限于某几个省份,并且几乎全部局限于行政管理事务。

在基佐看来,人类文明的进程既包括对个人自由的保护,也蕴含着集权的趋势,这是因为离个人较远的中央权力会显得更加公正无私,更加以正义和理性为主要的导向。其次,集权与分权之间会发生一定的转换。按照基佐的理论,"当中央制度获得了绝对优势时,社会就开始觉察到一个大厦的内在缺陷,即它脱离了它所立基的土壤。社会就会按照以前的模式建造一个与现在的模式完全相反的大厦;就会集中关注于社会所赖以构成的私人和地方利益;及时地觉察到它们的要求和权利;把曾经撤走的官员重新送回到各个地方,实现权力的恰当分布"①。法国大革命的历程就清楚地表明了这一点:大革命把古代的地方制度破坏殆尽,导致了法国的集权化,这使得法国人民深受其害;历经了大革命之后,法国又开始倾向于恢复地方自主性与地方的自由。在基佐看来,"像这样的大波动,是人类社会生活和文明史的一部分"②。

此外,基佐还从欧洲文明要素的角度论述了地方自治——主要是城市的自治运动。他认为欧洲文明包括三个内容:一是罗马文明留给欧洲的地方自治以及罗马法,二是基督教会,三是日耳曼蛮族人,这包括蛮族的情操和军事依附制度。关于地方自治,基佐写道:"先生们,我们已将文明的两大因素,封建制度和教会的历史导入了12世纪。现在我们还必须把基本因素中的第三个,即自治市镇,追踪到12世纪,讨论也只限于讨论其他两个因素时所定下的范围。"③基佐认为,罗马帝国灭亡之后,从5—10世纪,欧洲的市镇状况既不是奴役也不是自由。市镇平民的自治开始于11世纪,当然在市民成功之前,他们已经付出了无数的努力与牺牲,前期的尝试为11世

---

① 〔法〕弗朗索瓦·基佐:《欧洲代议制政府的历史起源》,张清津、袁淑娟译,第36页。
② 同上。
③ 〔法〕基佐:《欧洲文明史》,程洪逵、沅芷译,第130页。

纪的大反抗铺平了道路。在经过了艰苦的斗争之后,平民与领主之间缔结了和平条约,即自治城市特许状。尽管经历过许多的起伏与挫折,市镇自治在12世纪才大功告成。整个欧洲,尤其在法国,经过了整个世纪的普遍反抗后,或多或少都享受到了自治。自治权已经确立,这是普遍的事实。关于城市自治的意义,基佐写道:"市镇自治所引起的这些社会和精神效果在12世纪还没有充分发育,只有在以后的几个世纪中才清楚显露。然而,可以肯定,种子已经播下,就播在市镇的原始状态中、在获取自治权的方式中以及市民从此在社会占有的地位中。"①

从基佐的论述中,我们看到,他敏锐地意识到地方自治是欧洲文明的一个重要特质,他辨析了集权与分权的辩证关系,尤为启示后人的是,他在地方自治与代议制之间建立了相应的联系,成为后来研究者研究的基础。基佐理论的不足在于,他只认识到城市自治的重要意义,缺乏从地方行政整体把握地方自治制度的意识。但是不管怎么样,他的思想为后来的思想家所借用,如约翰·斯图亚特·密尔、托克维尔等。1828年,基佐以历史学家的身份开设了一系列讲座,这些讲座内容包括欧洲与法国文明史,其渊博的知识与精辟的思想吸引了众多的旁听者,托克维尔就是其中的一员,他还做了大量的笔记。

作为19世纪数一数二的政治思想家,托克维尔(1805—1859年)对地方自治的认识和论述是从两个方面展开的。首先,他对民主与地方自治之间的关系进行了深刻的阐述;其次,在他生命的最后一段时间,他反思了中央集权的危险。

由于生活在旧制度阴影与残余影响下的法国,托克维尔对新兴国家美国的民主制度与政治实践颇感兴趣。通过对美国九个月的考察之后,1835年,托克维尔在他的成名作《论美国的民主》一书中阐述了美国的民主与地方自治——特别是乡镇基层地方自治——之

---

① 〔法〕基佐:《欧洲文明史》,程洪逵、沅芷译,第145页。

间密不可分的关系。他指出:"在各种自由中最难实现的乡镇自由,也最容易受到国家政权的侵犯。全靠自身维持的乡镇组织,绝对斗不过庞然大物的中央政府。"①但是也就是这种乡镇自治与权利——其实就是指自身成长的基层自治与民主——却是最为重要的,因为一旦它成长起来,就会具有强大的生命力与延续力。在美国,乡镇权力机关的权力来自于民众,特别是在基层乡镇这一层面。在19世纪,美国的新英格兰地区立法与行政并没有采用通常的代议制,而是采用类似于古典时期希腊雅典城邦的直接民主形式,乡镇的公共事务大众参与,基层官员接受民众的直接监督,因此各级行政机关与各类政府官员需要听从地区民众的意见,体现人民的心声与利益。在《论美国的民主》一书中,托克维尔对美国的乡镇地方自治大加赞扬。"然而,乡镇却是自由人民的力量所在。乡镇组织之于自由,犹如小学之于授课。乡镇组织将自由带给人民,教导人民安享自由和学会让自由为他们服务。"②"新英格兰居民之爱慕乡镇,并不是因为他们生于那里,而是因为他们认为乡镇是一个自由而强大的集体。他们是乡镇的成员,而乡镇也值得他们经心管理。"③可见基于基层和内生性的乡镇自治,实实在在地把地方民众与其生活的社区紧密地联系起来,而这种对于本地区的热爱和自豪又会扩展到对更大区域的情感,最终成为美国爱国主义的源泉。托克维尔其实在此隐约地解释了个人主义与自由主义盛行的美国,民众还同时具有强烈的爱国主义情怀,其缘由就在于基层的地方自治与权利。"我最钦佩美国的,不是它的地方分权的行政效果,而是这种分权的政治效果。在美国,到处都使人感到有祖国的存在。从每个乡村到整个美国,祖国是人人关心的对象。居民关心国家的每一项利益就像自己的利益一样。他们以国家的光荣而自豪,夸耀国家获得的成就,

---

① 〔法〕托克维尔:《论美国的民主》(上卷),董果良译,商务印书馆2007年版,第66—67页。
② 同上书,第67页。
③ 同上书,第74页。

相信自己对国家的成就有所贡献，感到自己随国家的兴旺而兴旺，并为从全国的繁荣中获得好处而自慰。"①由此可见，个人主义、自由主义、地方自治与爱国主义并不矛盾，而是相辅相成且辩证统一。假如没有这种基层权利的基础，又会出现何种情形呢？托克维尔深刻地指出："在没有乡镇组织的条件下，一个国家虽然可以建立一个自由的政府，但它没有自由的精神。片刻的激情、暂时的利益或偶然的机会可以创造出独立的外表，但潜伏于社会机体内部的专制也迟早会重新冒出于表面。"②恐怕托克维尔的言下之意，这种国家就是指他的祖国法国吧！

托克维尔的另一个贡献是对两种类型集权的论述与辨析。集权虽然是常用的一个词，但是人们总是泛泛地使用该词，而没有精确的定义。托克维尔指出，事实上存在着两种类型的集权，一是政府集权，二是行政集权。所谓"政府集权"，是指涉及全国性法律制定和本国与外国关系问题等，是与国家利益相关的集权。所谓"行政集权"，是指把涉及地方事务的权力收归中央的集权，这是剥夺地方自治权利的集权。假如这两种形式的集权融合起来，就会产生无限大的权力。其结果也是很可怕的。"这样，它便会使人习惯于长期和完全不敢表示自己的意志，习惯于不是在一个问题上或只是暂时地表示服从，而是在所有问题上和天天表示服从。因此，它不仅能用自己的权力制服人民，而且能利用人民的习惯驾驭人民。它先把人民彼此孤立起来，然后再个个击破，使他们成为顺民。"③在托克维尔看来，单纯的中央集权并不一定是件可怕的事情，因为只有强大的政府集权才会使得国家生存下来，并且实现繁荣富强。托克维尔指出："在现代，英国政府的权力也很大，政府集权达到了它可能达到的最高点：国家就象一个单独的人在行动，它可以随意

---

① 〔法〕托克维尔：《论美国的民主》（上卷），董果良译，第105页。文中的着重号为原文所有。
② 同上书，第67页。
③ 同上书，第96页。

把广大的群众鼓动起来,将自己的全部权力集结和投放在它想指向的任何地方。五十年来完成了如此伟大事业的英国,并没有实行行政集权。"①因此中央集权与剥夺地方自治的行政集权结合在一起,才是最可怕的事情。因为没有地方上自治,行政集权会使得民众萎靡不振,进而消磨民众的公民精神与参政意识,从而使得民主丧失源泉与原动力。需要指出的是,在其他的地方,托克维尔的论述又有所不同,缺乏对这一问题严密与延续的认识。②他说:"一句话,中央集权长于保守,而短于创新。当它激起社会发生巨大动荡,或加速社会的前进步伐时,它便会失去控制的力量。只要它的各项措施有求于公民的协助,这架庞大机器的弱点马上就会暴露出来,立即处于无能为力的状态。"③事实上,过度的中央集权常常处于悖论的状态,一方面它看似无所不包又无所不能,另一方面,真正遇到外敌入侵时又人心涣散,毫无斗志。这是因为过度集权的本质是它以权力作为国家与社会的黏合剂,本质上是一盘散沙。托克维尔以总结性的口吻写道:"在美国,我发现有人暗自打算破坏本国的民主制度;在英国,我发现有人大声疾呼反对贵族制度。但在这两个国家,没有一个人不认为地方自由是一件大好事。在这两个国家,我看到人们把国家的弊端归咎于许多原因,而唯有地方自由不在其内。我听到公民们说他们国家的强大和繁荣有一大堆原因,但他们在列举优点时都把地方自由放在首位。……只有地方自治制度不发达或者根本不实行这种制度的国家,才否认这种制度的好处。换句话说,只有不懂得这个制度的人,才谴责这个制度。"④在此,托克维尔以略带夸张的口气高度评价了地方自治与地方权利的价值与意

---

① 〔法〕托克维尔:《论美国的民主》(上卷),董果良译,第97页。
② 董果良也指出,托克维尔的《论美国的民主》一书结构不够完整,且多有重复,前后不相衔接,有时候一些基本概念含义也不尽相同。参见《论美国的民主》一书的序言。在我个人看来,这其实也是法国思想家一个通病,也是法国思想家的一个特点,在我们阅读孟德斯鸠以及其他法国思想家作品时也会遇到。
③ 〔法〕托克维尔:《论美国的民主》(上卷),董果良译,第101页。
④ 同上书,第108页。

义，可供我们参考。《论美国的民主》一书的意义还在于，它为后来的研究者研究地方治理与地方自治提供了一种新的方法。该书没有遵循传统的研究思路，即空泛地探讨19世纪的资本主义民主制度，而是主张国家的制度与民主的原则应该根植于具体的实践——特别是基层的实践，应该从政治实践和政治生活衍生出政治的思想与理念。新兴的美国就是这一自治实践与试验的典型代表。美国新英格兰地区的乡镇制度来源于英国的村庄自治传统，但是在新的环境之中，它迸发出新的活力。乔治·卡斯帕·霍曼斯指出："当建立新英格兰村镇的民众把他们的政府交给了由选举产生的人手中时，他们其实沿袭着母国村庄的古老传统。"[1] 奥托也指出：殖民者们带着他们儿时就熟悉的理想来到新大陆。他们中的一些人来自伦敦以及英格兰南部和西部的城镇。早期新英格兰地区人们的耕作与社会生活方式是他们英国经验的反映。[2] 在欧洲文明的视野下，叙述新英格兰的自治特色反过来有助于我们认识欧洲的自治传统。托克维尔的这种研究方法为我们历史地研究欧洲的地方自治制度提供了支撑。另一方面，他的研究不是就美国民主论美国民主，而是希望这样的调查研究为自己的祖国——法国——的中央与地方关系提供有益的借鉴。

在《旧制度与大革命》（出版于1856年）一书中，托克维尔反思了集权的危害性。旧制度下的法国，唯命是从于国王的总督拥有全部的统治权，整个王国实际上是由若干个总督统治的，地方治理的好坏全在于这些总督。总督出身布衣，与所统治的外省毫无关系，他要想保住自己的官位，或者想继续上升，就必须依靠中央政府，唯中央马首是瞻。为了加强对地方的控制，这些中央的代理人到处插手地方事务，使得地方的独立性几乎完全丧失。托克维尔指出：虽

---

[1] George Caspar Homans, *English Villagers of the Thirteenth Century*, Cambridge: Harvard University Press, 1942, pp. 336-337.

[2] 参见 W. O. Ault, *Open-field Farming in Medieval England: A Study of Village By-laws*, London: Allen and Unwin, 1972, pp. 77-78。

然独立的地方当局依旧存在,但是它们很少有所作为,或者全无作为。在公共工程方面,都是由中央政权的代理人决定与领导。修一条从一个城市通向另外一个城市的道路,制订规划的是御前会议,指挥工程的是总督,工程的实施由总督代理人负责,地方当局完全插不上手。在各省治安与赈济方面,情况也是如此,御前会议事无巨细地管理着地方事务。"大革命前40年间,无论经济社会或政治组织方面,没有一部分不经御前会议裁决修改。"[1] 当封建领主不再为穷人的救济承担责任时,中央政府直接承担起这一社会责任,但是距离普通民众日常生活如此遥远的中央政府,是无法真正满足民众的实际需要的。"御前会议有时意欲强迫个人发家,无论个人有否这种愿望。强迫手工业者使用某些方法生产某些产品的法令不胜枚举;由于总督不足以监督所有这些规定的贯彻实行,便出现了工业总监察,他们来往于各省之间进行控制。御前会议有时禁止在它宣布不太适宜的土地上种植某种作物。有的判决竟命令人们拔掉在它认为低劣的土壤上种植的葡萄,可见政府已由统治者转变为监护人了。"[2] 这种大家长式的统治方式看似温情脉脉,无微不至,实际上剥夺了地方社会的自我锻炼与修复的能力,使之成为一个丧失独立性与主体性的温驯的绵羊,但是这样的地方社会是集权政体所期望的。"在旧制度下,像今天一样,法国没有一个城市、乡镇、村庄、小村、济贫院、工场、修道院、学院能在各自的事务中拥有独立意志,能够照自己意愿处置自己的财产。"[3] 这就是集权体制的后果:中央政权摧毁了所有的中间治理机构,个人与中央政权之间存在着巨大的空白地带,看似中央政权可以解决一切问题,提供一切服务,实际上却无能与堕落。事实上,集权体制看似强大,实质却是软弱无能,即所谓"外强中干"、"色厉内荏"。托克维尔说,如果谁要通过法律汇编来判断旧制度下的政府,"就会陷入到最可笑的谬误之中"。他总结旧制度的特点:

---

[1] 〔法〕托克维尔:《旧制度与大革命》,冯棠译,商务印书馆1992年版,第82页。
[2] 同上书,第83页。
[3] 同上书,第93页。

"条规强硬严峻,实行起来软弱松弛"。①一语中的,非常精辟!

罗伯特·E.戈定主编的《牛津比较政治学手册》对托克维尔的思想进行了中肯的评价。对民主传统的研究是一种以国家权力为中心的、民族国家范围内的民主观。"托克维尔和他同时代的自由主义者不同,他运用美国的经验挑战了欧洲传统的国家观,并且把关注的焦点从全国范围内的民主和以国家为中心的概念转向地方民主。……它们发现,民主并不仅仅是某种自上而下的过程,它同时也意味着自下而上的自我管理。"②托克维尔对民主理论的一个重要贡献就是他扩展了民主的内容,把地方民主的基因融入到民主的概念中。"作出宪法或者制度选择的主体并不仅限于国家统治者、政府或者制宪会议,而且也包括在不同范围内通过集体行动,以获得未来的物品或者解决特定政策问题为目标的个人。"③总之,托克维尔以美国和旧制度下的法国为例进行的研究,他的落脚点是对法国集权体制的反思与批判,从一个独特的视角为后人理解集权与民主提供了思考的空间。

冯·哈耶克在1960年出版的《自由秩序原理》一书中,对地方政府有过简单的论述。"在无从依赖私人企业提供某种服务的场合,从而亦在需要采取某种集体行动的场合,人们有极充分的理由认为,地方政府的行动一般可以提供次优的解决方案(the next-best solution),因为地方政府的行动具有私有企业的许多优点,却较少中央政府强制性行动的危险。地方政府之间的竞争或一个允许迁徙自由的地区内部较大单位间的竞争,在很大程度上能够提供对各种替代方法进行试验的机会,而这能确保自由发展所具有的大多数优点。尽管绝大多数个人根本不会打算搬家迁居,但通常都会有足够的人,尤其是年轻人和较具企业家精神的人,他们会对地方政府形

---

① 〔法〕托克维尔:《旧制度与大革命》,冯棠译,第108页。
② 〔美〕罗伯特·E.戈定主编:《牛津比较政治学手册》(上),唐士其等译,人民出版社2016年版,第346页。
③ 同上书,第346—347页。

成足够的压力，要求它像其竞争者那样根据合理的成本提供优良的服务，否则他们就会迁徙他处。"①此论述属于哈耶克对其他学者的转述，阐述了地方政府具有的优点，以及这些优点产生的原因，即地方政府之间的竞争因素。关于地方政府之间竞争的意义，有必要赘言几句。对此问题最详细的论述来自于蒂伯特。1956年，蒂伯特发表了《一个关于地方支出的纯理论》一文。在该文中，他用竞争的视角和方法来分析公共产品的供给，认为公共产品的供给可以由不同的供给者提供，通过他们之间的相互竞争从而实现平衡，即所谓的"蒂伯特模型"。②这些公共产品的提供者就是地方政府，也就是说通过地方政府之间的竞争，可以实现最优化。这一观点其实质就是自由竞争的再发挥。哈耶克在《自由秩序原理》一书的另一处论述福利国家的住房与城镇规划事务时，也涉及他对地方政府的认识。通常在涉及城镇建筑规划与管理时，一般的民众大多数都会主张建立全国统一的建筑标准与模式，然后再由各个地方政府根据地方的具体情况，对这些统一的标准与模式进行适当的修改，以便符合本地区的实际与特点。但是哈耶克出于地方政府之间竞争优点的偏爱，仍然主张由地方政府自己决定该项事务。他写道："然而，从一般的意义上讲，如果由地方当局来决定建筑管理规章，那么较之那种通过法律为整个国家或某一大区域而统一制定这些建筑管理规定的做法，地方当局之间的竞争能更为迅速地根除那些起阻碍作用且不合理的限制。"③总体看来，哈耶克从自由主义的视角出发，对地方政府的论述更多的是强调地方政府之间的竞争，以及这种竞争所具有的长处与优点，其实这种竞争体制的优点是自由主义者对市场经济中个人竞争关系表述的一种延续。

哈耶克更为重要的论述体现在他对中央集权的批评。在1945年，

---

① 〔英〕弗里德利希·冯·哈耶克：《自由秩序原理》（下册），邓正来译，生活·读书·新知三联书店1997年版，第16—17页。

② 参见汪伟全：《地方政府竞争秩序的治理：基于消极竞争行为的研究》，上海人民出版社2009年版，第24—25页。

③ 〔英〕弗里德利希·冯·哈耶克：《自由秩序原理》（下册），邓正来译，第135页。

第一章　中央与地方关系研究的理论与方法

他指出："19世纪，亦即当上述中央集权的趋势第一次变得明显可见的时候，反对中央集权制的问题便成了个人主义哲学家所关注的主要问题之一，我相信，这种情况并不会令人感到惊讶。反对中央集权趋势的观点在两位伟大的历史学家托克维尔和阿克顿勋爵的论著中表现得特别明显……这两位伟大的历史学家乃是19世纪真个人主义的主要代表人物。……在一些较大的国家中，中央集权这一致命的进程正在日益加速，而且现在对其加以阻止也已为时过晚了，因为这些国家正在步向上文所说的大众社会，而在这种大众社会中，独裁制度将成为它们最终且惟一的拯救之道。"① 在此，哈耶克一针见血地指出了19世纪欧洲中央集权的趋势与不可避免性。在另外一处，哈耶克也指出了中央计划的缺陷与不能为之处。"据此我们可以得出这样两个结论：第一，以统计信息为基础的中央计划，因其性质的缘故而无力直接对这些具体时空中的情势进行考虑；第二，中央计划者将不得不去发现某种其他的方法，从而使'当事者'或'现场的人'（man on the spot）能够根据具体时空中的情势进行决策。"② 以上论述也从另外一个角度阐述了地方政府所具有的优势，以及其存在的可能性与合理性。到1960年，哈耶克又论述了无限权力的危害性。"在今天，并不是民主议会（democratic assemblies）所可能有效行使的权力，而是它们授予那些负责实现特定目标的行政官员的权力，构成了对个人自由的威胁。由于我们赞同应当由多数来制定我们在追求个人目标时须服从的规则，所以我们会渐渐地发现自己越来越受制于多数之代理者的命令和专断意志。最为重要的是，我们发现，大多数'无限民主'（unlimited democracy）的倡导者很快变成了专断意志的捍卫者，而且也成了关于我们在决定何者将有益于社会共同体的问题时应当笃信专家观点的捍卫者；……如果说现代经验在这些问题上向我们揭示了什么的话，那就是：一旦为

---

① 〔英〕F. A. 冯·哈耶克：《个人主义与经济秩序》，邓正来译，生活·读书·新知三联书店2003年版，第38页。
② 同上书，第125页。

了实现某些特定目标而将宽泛的强制性权力授予了政府机构，那么民主议会就不可能再有效地控制这些权力。如果民主议会自己并不决定所应采用的手段，那么它们的代理者就此所做的决定便将或多或少是专断性的。"[1]在论述欧洲大陆国家的中央集权时，哈耶克提出了另一个两难选择的问题。"欧洲大陆的自由主义者所面对的这一新的因素，就是由君主专制制度建构起来的强有力的中央集权式的行政机构（powerful centralized administrative machinery），亦即后来成为人民的主要统治者的一大批职业行政人员。这种科层机构（bureaucracy）对人民的福利及需要的关注，远比盎格鲁-萨克逊世界的有限政府所能够做的或被期望做的更多。"[2]这其实看起来是一种悖论，对当事人来讲是一种艰难的选择。有限的政府所掌握的资源与可以操作的权力是受到诸多的限制的，它不可以任意地无端地动用国家与纳税人的金钱，那么它能够为民众所提供的福利就在形式上少，这就是民主制度的代价；相反，官僚科层制度下的中央集权体制却不会受到如此多的限制与制约，在某些时候它还显得相当有效率。但是这种制度是以民众的自由为代价的，从长远来讲是不可靠的福利表象。但是这些对于现实中的一般民众来讲，显得遥远与陌生。对于大多数的人来讲，或许更容易选择中央集权。其实这也是哈耶克的著作中一再强调与提醒大家注意的问题。

综观哈耶克的相关论述，作为一位自由主义思想大家，他对此问题阐述是从自由、法律与权利的视角来考察的。哈耶克指出："唯一一个成功守成了中世纪的传统并将现代的法律下的自由（liberty under the law）观念建立在中世纪所获致的诸'自由权项'（liberties）之上的国家乃是英国。"[3]他又认为："阻止英国在此后像欧洲大陆国家那样发展的力量，就是那个根深蒂固的普通法传统，因为英国

---

[1] 〔英〕弗里德利希·冯·哈耶克：《自由秩序原理》（上册），邓正来译，第142—143页。
[2] 同上书，第244—245页。
[3] 〔英〕弗里德利希·冯·哈耶克：《法律、立法与自由》（第一卷），邓正来等译，中国大百科全书出版社2000年版，第131页。

人当时认为普通法并不是任何个人意志的产物，而毋宁是对一切权力（包括国王的权力）的一种限制——爱德华·科克就是为了捍卫这一传统而与詹姆士一世和弗朗西斯·培根展开斗争的，而马休·黑尔于17世纪末在反对托马斯·霍布斯的过程中所精彩重述的也正是这个传统。"[1]在这里，哈耶克将法律（普通法）与自由（权利）之间建立了联系，正是由于普通法的独特性使得中世纪的自由（权利）传统得以在英格兰继续。如果我们再把这种自由传统细化的话，则可以导出英国的地方自治制度很大程度上受益于普通法的独特传统。哈耶克的分析为历史学的研究提供了一个广阔的思路。再读哈耶克的《法律、立法与自由》一书，我们发现，哈耶克其实对地方政府这一论题很感兴趣，但是由于论述主题的缘故，他颇感遗憾地省略了这一问题。他写道："我们实际上是认为，如果我们想为提供集体产品的问题确立一项令人满意的制度性安排，那么我们就必须在很大程度上把这项任务委托给地方当局去承担。颇感遗憾的是，在本书讨论的范围内，我们几乎没有机会对政府集权（centralization）与分权（decentralization）或单一制政府（unitary government）与联邦制（federalism）政府所涉及到的全部问题进行探讨。因此，我们在这里强调指出，尽管我们强调强制必须由政府垄断，但是这却未必意味着这种强制性权力应当完全集于中央政府一身；相反，把所有能够以地方为单位行使的权力都授予那些只拥有地方性权力的机构，很可能是确使人们为政府行动所缴纳的费用与他们从政府行动中所获得的益处达致大体平衡的一种最佳方法。"[2]以此为脉络，再结合哈耶克的思想，我们可以认为，他是典型的地方自治派。

---

[1] 〔英〕弗里德利希·冯·哈耶克：《法律、立法与自由》（第一卷），邓正来等译，第131页。

[2] 〔英〕弗里德利希·冯·哈耶克：《法律、立法与自由》（第二、三卷），邓正来等译，第337页。

四、演变的历史阶段

在叙述欧洲中央与地方关系演变的历史阶段之前,我们对欧洲文明作一个简要的说明。

基佐写道:"我用了欧洲文明这个词语,因为十分明显,存在着一个欧洲文明,在欧洲各国的文明中普遍地存在着一种一致性;虽然在时间、地点和环境方面千差万别,但这个文明最初都起源于那些几乎完全相似的事实中,到处都是根据同样的原则向前发展,并几乎到处都会产生相似的结果。因此,存在着一个欧洲文明,而我要请你们注意的正是这个集合而成的文明这一主题。再者,十分明显,这个文明我们不能追溯到头,它的历史绝不可能来源于任何单个欧洲国家的历史。如果说,一方面,它的明显特征是简短的,而另一方面,它的多样性却是十分惊人的。它不是在任何个别的国家里发展完善的。它的面貌的特征分散在各地,我们必须有时在法国、有时在英国、有时在德国、有时在西班牙寻找它的历史的诸因素。"[①]

哈罗德·J.伯尔曼在论述西方法律传统形成时也论述了西方文明的特点。他写道:"本书中所说的'西方'(the West)是一种特殊的历史文化或文明,它的特征可从许多不同的方面来概括,这取决于该种概括的目的。它习惯上被称为'西方文明',被认为包括继承古希腊和罗马遗产的全部文化,与'东方文明'相对,后者主要包括伊斯兰、印度和'远东'。"[②]以上观点也代表了大多数学者一般的认识,伯尔曼其后的论述就显得更为深刻了,他道出了西方文明的中世纪渊源,而不是我们通常所熟悉的古典文明渊源。"西方作为一种历史文化和一种文明,不仅区别于东方,而且区别于在'文艺复兴'各个时期所曾'恢复'的'前西方'文化。这种恢复

[①] 〔法〕基佐:《欧洲文明史》,程洪逵、沅芷译,第2—3页。
[②] 〔美〕哈罗德·J.伯尔曼:《法律与革命:西方法律传统的形成》,贺卫方等译,中国大百科全书出版社1993年版,第1—2页。

和复兴是西方的特征。它们并不混同于自己曾从中吸取灵感的模式。'以色列'、'古希腊'和'古罗马'变成西方文明的精神原型，主要的不是通过一个保存或继承的过程，而是通过采纳的过程，即：西方把它们作为原型加以采纳。"① 也正因为如此，"从这个观点出发，西方不是指古希腊、古罗马和以色列民族，而是指转而吸收古希腊、古罗马和希伯来典籍并以会使原作者感到惊异的方式对它们予以改造的西欧诸民族。"② 这一论述无疑具有震撼力和启发性。是的，欧洲文明在诸多的方面来源于古典的希腊、罗马以及希伯来文明，民主、共和、个人主义、罗马法传统、圣经等，都来源于古典文明，但是是否就可以说，古典文明是西方文明的源泉呢？事实上，现代的欧洲文明最直接的来源是中世纪的社会与政治，希腊人、拉丁人不再是主宰西欧社会的统治者，是中世纪侵入罗马帝国的日耳曼人的各个部落最终成为西欧社会的主宰者，他们以及他们的子孙后代在借鉴古典文明以及基督教因素的基础上，从混乱纷争之中逐渐地发展出来一个崭新的文明形态。开始的时候，这种新的文明显得粗俗、简陋甚至野蛮，但是这种文明是一个具有顽强生命力，也是充满活力的文明，它经历了中世纪的血雨腥风的洗礼，经历了外族的入侵，经历了对外族入侵的反入侵，最终以民族国家的形态出现在人类历史的舞台之上。从16世纪开始，他们开始对外探索和扩张，并使得这种文明的诸多因素成为人类文明共同的因素。从这层意思上来说，是中世纪文明成为西欧文明形态的基础。也正因为如此，基佐在论述欧洲文明史时写道："我们将从探索欧洲文明初始时期，即罗马帝国覆亡时，欧洲文明的一切因素开始，我们将细致地研究建立在那些著名废墟上的简陋的社会。"③

在不同的历史时期，欧洲主要国家中央与地方关系呈现出各自的内容与特点，这与历史传统、封建制度、民族国家、工业化与民

---

① 〔美〕哈罗德·J.伯尔曼：《法律与革命：西方法律传统的形成》，贺卫方等译，第2页。
② 同上。
③ 〔法〕基佐：《欧洲文明史》，程洪逵、沅芷译，第19页。

主化、福利国家的形成等因素密切相关。在各具特色的基础之上，欧洲主要国家的中央与地方关系又呈现出一些共性，体现出欧洲文明发展历程的一般规律。出于研究的需要，我们可以粗略地划分为三个阶段：第一阶段是封建时代的中央与地方关系；第二阶段是民族国家时期的中央与地方关系；第三阶段是19世纪以来的中央与地方关系。这种划分依据的是欧洲历史发展的不同阶段，具有一定的模糊性和延伸性。我们也希望这样的划分有助于读者和研究者理解，在欧洲文明发展历程中，中央与地方关系呈现出何种特征，以及这种关系从本质上来讲，也体现了欧洲文明的内涵。

首先是第一阶段，从公元500年到1500年，是传统意义上欧洲的封建社会，王权羸弱与贵族割据分权是这一时期（特别是公元1000年之前）欧洲社会的主要特征。476年，罗马帝国瓦解之后，欧洲统一的国家政权不复存在。随着蛮族各部落的入侵与定居，西欧大地上建立了众多的蛮族国家，东哥特王国、西哥特王国、汪达尔王国、伦巴第王国、法兰克王国等，纷纷在原来罗马帝国的疆域内建立，但是这些分散的政权无法抵御外族的入侵。虽然有查理大帝在9世纪初称霸欧洲，但是这只是短暂的统一和暂时的和平。当查理曼去世之后，法兰克国家陷入了内乱之中，父子相争、兄弟相残以及贵族叛乱。如汤普逊所言："各种事情已变为地方性的了，没有全国性的事情了。"① 他进一步指出："在第九世纪历史的纷乱实验室里，喀罗林国家的要素分解为分子，而分子再分解为原子。各种东西——政府、法律、制度、社会——都是有着几乎无限的地方分化和分裂主义的倾向。"②

公元1000年之前，欧洲处于乱战与割据的状态之中，受到来自三方面的入侵与攻击：北面是诺曼人的进攻；南面是穆斯林的进攻；东边是匈牙利人的威胁。首先是来自穆斯林的威胁。马克·布洛赫认为，在这三股势力中，危险性最小的敌人是穆斯林，因为这时候

---

① 〔美〕汤普逊：《中世纪经济社会史》（上册），耿淡如译，第302页。
② 同上书，第315页。

的伊斯兰文明远远先进于欧洲文明。① 亨利·皮朗则持不同的看法，他提出著名的"皮朗命题"，即没有穆罕默德就没有查理曼，正是由于穆斯林封锁了地中海，使得法兰克成为一个内陆国家。穆斯林进攻欧洲主要有三个方向：一是意大利南部地区；二是西班牙；三是对欧洲内陆的抢劫与掠夺。东部的危险来自于匈牙利人的进攻，直到955年，东法兰克王国的国王奥托大帝在莱希河平原大败匈牙利人，并建立军事性质的边区，才基本稳定了形势，抑制了匈牙利人的攻势。来自北方的威胁是诺曼人的进攻。这些诺曼人主要是指丹麦人、哥塔尔人、瑞典人和挪威人。大约从公元800年开始，诺曼人就开始侵扰欧洲大地，不同的诺曼人倾向的地区各异。丹麦人热衷于不列颠，851年，他们在不列颠度过第一个冬天，由此开始了永久定居的活动。

在这种形势之下，封建主义应运而生，成为组织国家与社会的基本政治制度。封建制度大概是历史学研究中最为复杂最具争议的一个概念了，我们在此无意进行辨析，只是涉及它基本的内涵。封建制度是特定历史时期建构社会秩序的方式与手段。9、10世纪形成的封建制度之所以能够在欧洲大陆发展起来，是由于它适应了历史与社会发展的需要。以贵族为代表的领主阶层一方面通过效忠建立自己与国王之间的附庸关系，以提供军役的方式获得国王分封给他的土地，由此贵族在自己的封地内享有司法、行政、社会、经济等各方面的权力，具有独立抵御外族入侵和管理领地的手段。另一方面，贵族再依据封建制度进行分封，以骑士为代表的等级也通过提供军役的方式获得小块的土地。在面临外族入侵之时，这些地方性的领地是唯一有效的地方政府，它保护着领地内农民的安全。10—11世纪，西欧领主土地所有制从以服兵役为条件的终生享用的采邑转变为可以世袭的封土。领主土地所有制是由于统治阶层各个等级层层占有而形成的中古等级制度，国王在理论上是全国的最高

---

① 参见〔法〕马克·布洛赫：《封建社会》（上卷），张绪山等译，商务印书馆2004年版，第38页。

领主，国王把土地分封给公爵、男爵、主教与大修道院的院长，这些封臣成为主要的封臣；然后主要封臣又把自己的部分土地再分封。西欧的这种分封制度形成了两种相互联系又互不干涉的格局：一是在国王、公爵、伯爵、男爵与子爵等之间形成了相互隶属的等级制度，形成了"封臣的封臣"与"封土的封土"的层层分封；另一方面则是因为分封而造成的政治权力的分散并由此形成间接的统治。国王理论上是全国最大的领主，在许多情况下，实际上不过是最大领主中的一员。他的权力与统治范围有限，国王在许多情况下不能够直接行使对所有臣民的统治权力。同时由于封土制度，地方社会中的大贵族和主教分割了国王的一些权力，公爵、伯爵这些大领主名义上是国王的封臣，但是在实际政治生活中，他们有着自己独立的地位，在所领有的地区是行使各种权力的主体。在许多情况下，国王不得不承认贵族与教会领主在其领地内行政、司法、经济与军事的权力，领主的领地俨然是一个独立的王国。在法兰西，这种情况尤为典型。987年，加洛林王朝气数已尽，卡佩王朝登上法兰西历史的舞台。在卡佩王朝早期，王室控制的领地是巴黎附近的一片地区，俗称"法兰西岛"。法国其他地区分属于众多的大领主，包括诺曼底公国、布列塔尼公国、安茹伯爵领地、阿基坦公国、勃艮第公国、图卢兹伯爵领地、加斯科尼公国、佛兰德斯伯爵领地、香槟伯爵领地、巴塞罗那伯爵领地以及朗格多克等。这些大领主一方面不断地扩展自己的势力范围，通过联姻与战争兼并附近小的领地，另一方面像勃艮第公爵等大领主在自己的领地范围内拥有类似法国国王的权威，掌握司法、行政、税收等权力。朱迪斯·M.本内特认为："……卡佩王朝的国王们依然只在理论上执掌大权而并无些许实权，法国也不是一个真正的王国，而是许多公国和伯爵领地的拼合体。"[①] 中古西欧的政治制度以潜在的权利与义务关系和有限的王权为基础，孕育了西欧各国地方自治主义的萌芽。

---

① 〔美〕朱迪斯·M.本内特，C.沃伦·霍利斯特：《欧洲中世纪史》，杨宁、李韵译，上海社会科学院出版社2007年版，第144页。

第二阶段是民族国家形成与发展时期，大概从1500年左右形成的民族国家开始，结束于1800年左右欧洲旧制度的终结。地方共同体在经历了封建时代的洗礼之后，现在面临的是民族国家的兴起，它是一个更大的、更强有力的命运共同体。《牛津比较政治学手册》叙述道："这些分散的权力中心最终汇集为一个由主权实体构成的体系，主权实体的一个基本特征，就是在确定的领土范围内享有排他性的管辖权。"[1] 何为主权实体，就是民族国家。对于欧洲民族国家的形成，西方学术界有许多的理论模式。第一种观点认为近代民族国家的形成与战争的频率和模式有关。随着军事领域的发展，它对传统的封建军事组织制度提出了挑战，近代早期的战争需要更为有效的征税与官僚体制。作为地域性的政治组织，民族国家具有强大的行政能力，它克服了封建社会效率低下、权力分割的缺点。在这种情况下，国王与领主之间的平衡逐渐打破，以国王为象征的民族国家成为提供最有效安全保护的主体，这是韦伯所定义的以垄断暴力为特征的国家。这种观点的代表者是查尔斯·梯利。第二种观点强调经济上的变化标志着封建制度的结束，持这样观点的主要是新马克思主义者和新制度主义者。他们认为欧洲经济上的变化早于军事革命，从11世纪开始，就有许多的因素侵蚀封建制度的经济基础，促进了早期商业资本主义的发端，而商业和贸易的发展以及城市的兴起又促使原先的封建社会结构逐渐解体，由此，地区性的国家诞生。在新制度主义者看来，主权性民族国家的优势在于有效地降低了交易成本与信息成本，并且能够提供基本的公共产品。第三种观点关注于意识形态的作用，把主权性地域组织视为一种观念建构，在这一派理论中，社会学和人类学者占主导地位。他们强调近代国家的诞生意味着对封建集体意识的抛弃，基于个人主义形成的国家是一个政治共同体，而不是一个宗教性质的欧洲帝国，本质是

---

[1] 〔美〕罗伯特·E.戈定主编：《牛津比较政治学手册》(上)，唐士其等译，第219页。

地域性特征取代了其他性质的特征。① 由于民族国家的发展所要消除的是封建贵族割据，它势必与掩藏于封建社会形态下的地方自治传统发生冲突，如何阐述这一充满张力的关系值得探讨。事实上，这一充满张力的关系体现了欧洲中央与地方关系新的发展趋势，即地方自治的曲折发展。在法国，随着路易十一（1461—1483年在位）逐渐地统一法兰西，法国的民族国家渐趋成形，再经过波旁王朝君主们的努力，特别是路易十四的统治，法国成为欧洲绝对主义国家的典型代表。在这种情况下，法国依旧存在着分权与地方主义的倾向。如高等法院一方面体现了王权的要求，另一方面，由于大量的长袍贵族进入到高等法院，它又成为新兴资产阶级限制王权的工具。再如传统的贵族，虽然经过国家不断的打击与改造，不再享有直接的统治权力，但是至少在18世纪之前，他们仍然在国家政治生活中发挥着重要的作用。在地方上，三级会议在大多数省份仍然存在，直到1789年大革命，朗格多克与布列塔尼的三级会议依旧扮演着重要的地方社会治理角色。对于英国而言，乡绅阶层在这一时期的地方政治生活中一直处于活跃的状态，在面对社会转型时，积极地处理有关济贫、地方治安以及公共卫生等事务。由于英国王权几乎不干涉地方事务，这段时期英国的地方自治达到了鼎盛阶段。就基层社会而言，整个欧洲地方社会仍然处于前工业化的历史阶段，乡村共同体依旧是社会治理的主体。

第三阶段是19世纪以来的历史时期，分权、地方自治与地方民主成为时代的发展趋势，它们在单一制和联邦制不同的国家内，又有着各自的表现形式。19世纪之后，随着工业化与民主化的进程，欧洲各国的中央与地方关系进入到新的发展阶段，特别是"二战"之后，有关地方自治的内涵又有新的发展。从19世纪开始，欧洲各国纷纷制定通过"地方政府法"，从法律层面界定中央与地方关系以及地方政府的权限。1835年，英国颁布《市镇法》，开启了地方

---

① 参见〔美〕罗伯特·E.戈定主编：《牛津比较政治学手册》（上），唐士其等译，第213—218页。

政府改革的序幕，随后在1888年、1894年以及1899年又通过了有关地方政府改革的法案，并由此奠定了现代民选地方政府的基础。1849年，丹麦通过第一部宪法。该宪法第96条规定：法律保障地方政府在中央政府的监督下自主管理地方事务的权力。这时候宪法的规定只是原则性的，没有规定地方事务的具体领域与范围，也没有对地方政府的组织形式进行具体的明确。1837年，瑞典通过了《地方政府法》，规定地方政府为郡政府以及自治市政府。为了沟通中央与地方，中央政府在各郡、自治市都设有地方办公室，但是中央设在地方上的机构并不能对地方自治政府产生直接的干涉。关于1837年设立的地方政府性质，学者们认为其具有两重性："一方面，地方政府对某些特殊的事务负有职责——开始时主要是对绝大多数贫困人群提供教育和救济……另一方面，地方政府也有权利从事一些其他团体所没有权利做的活动，或者是在法律法规中被明确禁止活动。这个规定通常被看作是对地方权力的一种消极或有保留的划分，这种规定暗含着地方政府有一种实质上的自治权。"[①]

"二战"之后，欧洲中央与地方关系得到新的发展，这主要与福利国家的建立有着密切的关系。福利社会意味着政府需要承担普通民众从摇篮到坟墓的诸多事情，这是欧洲社会发展到这一阶段的必然趋势。但是在实际生活中如何实现，考验着中央政府与地方政府的智慧，即这两者之间如何分配权力，如何界定职责？在中央与地方博弈的过程中，分权以及权力下放是一个大的趋势，因为地方政府在处理福利事务方面，更具有效率和执行力。这一趋势显而易见，另一发展趋势国内的研究者却鲜有提及，即权力下放给民众，这与选举制度的发展相关。在地方社会特别是基层社区，普通的民众有意愿参与社区的治理，体现个人的价值。喻希来指出，近年来，西方国家地方自治出现的一个新趋势是，在全球地方化进程中对社区

---

① 〔丹麦〕埃里克·阿尔贝克等：《北欧地方政府：战后发展趋势与改革》，常志霄、张志强译，北京大学出版社2005年版，第136页。

自治的重视。[①]韦农·波格丹诺也写道："地方主义已经成为当代的流行语。主要政党都声称信奉地方主义。其实，他们所信奉的不是简单的'地方主义'，而是一种'新地方主义'。新地方主义主张权力不仅下放给地方政府，而且下放给人民，即所谓的'双重下放'。新地方主义认为，真正的地方主义应当赋予人民自己决定地方事务的权力。"[②]这表明，地方自治进入到一个崭新的发展阶段——即使在许多情况之下，可能是一种发展的趋势与愿景。

五、欧洲中央与地方关系的特点

以"相互关系"的思维界定中央与地方之间的关系

美国明尼苏达大学历史学教授 A. B. 怀特在研究英国民主起源时，提出了"国王命令下的地方自治"（self-government at the king's command）这一命题，用以定义 13 世纪早期英格兰司法行政发展的特点。一般的观点是，地方自治制度显示的是民众的主动性与能动性，意味着民众希望自己管理自己。怀特在研究 12、13 世纪英国民主时指出：这一时期英国宪制史中一个显著特征却是，国王需要依靠民众来实现对国家和社会的治理，并且国王几乎不付或者给予很少的报酬。他写道：众所周知，中世纪英国国王们在公共事务中较多地利用各阶层民众的无偿服务。它困扰着征服者威廉，他不得不把执行末日审判的调查委任给官员们。威廉使用复杂的措施防止被欺骗，信息的获取绝大多数是通过民众宣誓获得的。后世的国王也表现出相同的不信任，郡守处于被监督之下，一系列的措施限制他们，开始是验尸官，最后是典型的治安法官。[③]事实上，

[①] 参见喻希来："中国地方自治论"，《战略与管理》2002 年第 4 期。
[②] 〔英〕韦农·波格丹诺：《新英国宪法》，李松锋译，法律出版社 2014 年版，第 307 页。
[③] 参见 A. B. White, *Self-government at the King's Command: A Study in the Beginnings of English Democracy*, Minneapolis: University of Minnesota Press, 1933, pp. 1-2。

第一章　中央与地方关系研究的理论与方法

在中古早期的欧洲社会，由于各国行政机构——特别是中央官僚机构——不完善，欧洲各国的国王无法实现对社会有效的统治与直接的控制，统治者要获得统治所需要的信息，得需要地方民众的配合，其中一个很有效也很常用的手段就是召集陪审团。通过对本地区民众的直接询问，王室法官进而获得相关的信息，并以此为依据，实现对地方社会的管理。在这一过程中，中央政府与地方社会之间建立了一种相互的关系。从这层含义上说，民众参与地方社会的治理，本质上是一个被动参与的过程。正如怀特所指出的，尽管"国王命令下的地方自治"看起来矛盾，却符合中世纪早期英国的历史现实。霍尔特亦表达了类似的看法。他写道："在最终的意义上，被统治者也是统治者。……安茹政府的效率很大程度上是由于有组织的调查：根据特殊和一般委任，法官调查王室权利、地方行政的效率和国王官员的行为。他们在当地法院从当地土地所有者那里获取信息；1170年，正是'郡的贵族、骑士和自由民'回应了郡长调查的条款，导致了亨利二世许多地方代理人的免职。这种调查主要意在保护国王的利益，但同样能用于保护他的臣民防止掠夺成性的官员。"[①]

"怀特命题"比较鲜明地体现出欧洲封建社会中"相互关系"的特征：一方与另一方之间的关系是双向度的，而不是单向度的。亦如汤普逊所言，封建政府的基本原则是相互的负责，国家是一个松懈的契约性的社会有机体。[②]这种"相互关系"在地方社会的治理中，表现为国王（或中央）与地方之间的相互依存关系。我们认为，封建制度留给欧洲的政治遗产之一就是，当事双方以基于权利与义务为基础的"相互关系"来对待对方。强势政治与社会地位的确立不是以另一方的弱小为前提；弱势方状况的改变亦不是以强势一方的消失为代价，弱势与强势双方在相互的博弈中形成具有张力的均

[①]〔英〕詹姆斯·C.霍尔特：《大宪章》（第二版），毕竞悦译，北京大学出版社2010年版，第41页。

[②]参见〔美〕汤普逊：《中世纪经济社会史》（下册），耿淡如译，第331页。

39

势，这是一个此涨彼涨——而并非是此消彼长或此消彼消——的过程。在欧洲封建社会中，不论是领主还是庄园农奴、国王还是他的封臣、中央政府还是地方社会，他们各自的功能都需要对方的存在才得以发挥。这种相互关系的起点是基于土地保有而形成的严格意义上的封建关系。梅特兰认为："在中世纪，地产权法是一切公法的基础。你可能已经注意到了土地保有体制是如何为国王提供军队和财政收入的——民众因为保有土地而向国王提供军事义务，他们因为保有土地而向国王支付协助金、土地继承金和免服兵役税，国王也因土地保有而获得了财源丰厚的监护权、婚姻监护权和土地复归权——他是全国最高的和最终极的领主。但土地保有的影响并不止于此，司法制度和议会制度也受到土地保有制的深刻影响。"[①] 领主对农奴拥有属于自己的权力，同时也必须尽保护农奴的义务。同样地，农奴作为领主的臣属，他需要向领主缴纳各种税赋并服诸多的劳役，但是，同时他也拥有属于自己的权利，这种权利的获得可以使得农民实现自我的发展。罗斯科·庞德指出："……在这里，问题不在于他已经承担了什么或已做了什么，而在于他的身份是什么。地主有权有求佃户，反之亦然。佃户有服侍、尊敬、效忠地主之责，地主对佃户则有提供保护、保证之责。这些权利义务的存在是因为一方为地主，另一方是佃户。权利义务因此关系而定。无论何时，只要一方是地主、另一方是佃户的关系存在，相应的权利义务就作为法律后果而存在……这种封建关系认为：权利、责任、义务的法律概念的出现，并非来自明确的约定、交易条件或者故意的不当或犯罪行为，而只是一种关系使然。"[②]

以这一理论思维为基础，我们在探讨欧洲中央与地方关系时，可以跳出传统的"两分法"理论模式。所谓"两分法"理论模式是指，

---

① 〔英〕梅特兰：《英格兰宪政史》，李红海译，中国政法大学出版社2010年版，第27页。

② 〔美〕罗斯科·庞德：《普通法的精神》，唐前宏等译，法律出版社2001年版，第13—14页。

在研究中央与地方关系的时候，研究者通常纠结于集权与分权的概念，似乎中央集权就必须管死地方社会，不给地方社会自由发展的空间，地方自治就简单地意味着分权甚至割据。我们认为：首要的问题是界定中央与地方政府之间权力的界限，如果在各自的权限范围之内，中央政府权力的加强与地方自治政府权限的扩张并不是一个矛盾的现象，恰恰是两者健康发展的体现。中央政府的权力范围包括传统意义上的国防、外交、军事以及国内的统一和公平环境的建立，避免出现各地发展差异过大的情况。先贤们对此早有涉及。有学者就曾经指出，在基佐的文明观中，文明的进步其实是隐含着集权化的趋势。[①] 地方政府的权限包括自由地处理本地区经济、社会、文教、卫生、地区安全等领域的事宜。为了促进国家的安全和社会的公平而导致的权力加强并不表明中央极权的产生；同样为了促进本地区民生的发展，扩大地方政府的权限也不意味着简单的分权。斯蒂芬·贝利也指出，集权和分权并不是截然对立的，相反，它们实际上是彼此联系的。即使是成文宪法也可能会在地方政府自治方面进行调整已做出新的解释和条款。通常，政治分权化的程度可以通过以下四种方法加以衡量：（1）地方政府根据其自身能力而不是作为中央政府的代理机构所承担的职能范围和重要性；（2）地方政府自治的法律基础；（3）必要的政府支出中地方政府系统所承担的公共支出比例；（4）地方政府对于中央政府所提供的政府间财政补贴的依赖程度。[②]

地方自治的基础

从本质上讲，地方自治体现的是小共同体的权利，它对应的是国家这个大共同体。而当我们的研究视野聚焦到地方共同体时，就会发现，对应地方共同体的是生活在社区内的芸芸众生，假如广大

[①] 参见〔法〕弗朗索瓦·基佐：《欧洲代议制政府的历史起源》，张清津、袁淑娟译，第37页。

[②] 参见〔英〕斯蒂芬·贝利：《地方政府经济学：理论与实践》，左昌盛等译，北京大学出版2006年版，第41页。

的民众不是相对独立的个体，没有属于自己的主体权利，只是空洞的人，无自主性、无辨别力、无反抗性，就如任人宰割的绵羊一样，那么就不会有真正意义上的地方自治，而是由国家的地方代理人或者权贵控制地方，与集权的中央政府直接统治地方本质无异，抑或危害更甚。因此，我们认为，厘清地方共同体内民众的性质，对于我们真正理解地方自治具有重要的价值与意义。欧洲文明中的个人与个人权利不是从一开始就存在的，它是一个历史现象，随着社会的发展逐渐地明晰与确定。概括地讲，它得益于日耳曼人的传统，经过封建制度的锤炼，进而发展为近代意义上的个人主义。学界对近代意义上的个人主义研究得很多，因此我们主要对之前的阶段作一简要的梳理。

从5世纪后半叶开始，主宰欧洲社会的族群变成了原先居住在罗马帝国边陲的日耳曼人，日耳曼人大批涌入西欧大地，建立众多的蛮族国家，成为这片土地的新主人。因此，日耳曼因素是构成欧洲文明的三个要素之一，有必要对之进行相应的分析。日耳曼人各部落入主罗马帝国之前，还保留着部落社会原始民主制度的遗风，他们召开自由民大会，自由民大会拥有最终决定的权力。塔西佗的《日耳曼尼亚志》记载道："日耳曼人中，小事由酋帅们商议，大事则由全部落议决。"[1]会议的日期是固定的，开会时的具体情形是这样："在聚合了相当多的人以后，会议便开始……祭司们宣布肃静，在这个时候，他们有维持秩序的权力。于是在国王或酋帅们之中，或以年龄、或以出身、或以战争中的声望、或以口才为标准，推选一个人出来讲话；人们倾听着他，倒并非因为他有命令的权力，而是因为他有说服的作用。"[2]这种开会形式与以后郡法庭的开会方式颇为相似，在政治生活中可见个人的身影。在解读《日耳曼尼亚志》一书中所描述早期日耳曼人掷骰子的故事时，庞德指出："日耳曼

---

[1]〔古罗马〕塔西佗：《阿古利可拉传 日耳曼尼亚志》，马雍等译，商务印书馆1959年版，第60页。

[2] 同上书，第61页。

人严肃地对待掷骰子,不惜押上他们的自由;如果输了,就心甘情愿地接受奴役并耐心地等待拍卖。……英美法一开始就孕育着严格法所具有的个人主义。"①李秀清从法律史的角度进行过阐述,她指出:"在传统习俗中,日耳曼人注重人的个性,这反映到政治上就是早期的日耳曼人并没有中央集权的政府。"②显然这样的个人色彩与自主的身份对于每个个体来讲是严峻的,有时候甚至显得残酷,但是这就是成长所需要的代价,只有经过锤炼的个人,他才能能动地决定自己的前途与未来。

如果说日耳曼人社会的早期特征决定了相对独立的个人色彩,那么封建制度的确立与发展进一步保护与提升了这一色彩。当然我们必须指出,这一时期的个人不是现代意义上的个人,而是个人权利的雏形。西欧封建社会的特征是什么呢?侯建新认为,中世纪晚期与近代早期西欧社会转型的原因有三个方面,分别是社会财富的积累机制、产品与要素市场的流通机制、经济活动的法律保障机制,这三种机制密不可分且相互依赖,而保障机制又是至关重要,蕴含着英国及西欧社会最深层、最典型的特征。③法律保障机制最终体现的是西欧封建社会中存在的"主体权利"。何谓"主体权利"?侯建新认为:主体权利是中世纪个人权利等相关权利的表述,毕竟个人权利是近代资本主义社会以来的概念,中世纪是隐隐约约地存在着这样的个人权利的雏形,这种个人权利可以表达为"主体权利"。其一,主体权利既包括中世纪的个人权利,又包括某个等级或团体的集体权利,比如村社的权利、行会的权利、市民的权利、贵族的权利、地方共同体的权利等;其二,主体权利在中世纪不等同于近代意义上的个人权利或个人基本权利,中世纪主体权利的实质是一种身份权利或等级权利,或者称之为原始个人权利;其三,作为主体的人的权利,它是中世纪西欧法律和法律结构向近代变化的重要

---

① 〔美〕罗斯科·庞德:《普通法的精神》,唐前宏等译,第13页。
② 李秀清:《日耳曼法研究》,商务印书馆2005年版,第103页。
③ 参见侯建新:《社会转型时期的西欧与中国》,高等教育出版社2005年版,第12页。

标志，包括自然法向自然权利的转变，客观法律为中心向个体权利为重心的转变，而且后者是客体法律的依据。①

艾伦·麦克法兰从经济与社会的角度，探讨了英国个人主义的起源，其观点更具有颠覆性与挑战性。传统的观点认为，16世纪是欧洲社会转型时期，农业社会逐渐地解体，在此基础之上，诞生了第一个工业化国家。持这一观点的包括马克思、韦伯等众多的大家。如韦伯认为：中世纪欧洲与其他农业文明在本质上并没有差异，转折点是16世纪。在韦伯看来，存在着两种不同的体系：一个体系贯穿于15世纪以前的农业文明；另一个体系出现于16世纪的西北欧，逐渐地发展成为工业文明。英格兰就是一个极佳的例证，在16世纪时，英格兰最早逐渐地从农业文明过渡到资本主义文明。②但是，麦克法兰通过对13—15世纪英格兰财产所有权、经济和社会等方面独特的研究之后认为：至少从13世纪开始，英格兰的大多数平民百姓就已经是无拘无束的个人主义者了，他们在地理和社会方面是高度流动的，在经济上是"理性"的、市场导向的和贪婪攫取的，在亲属关系和社交生活中是以自我为中心的。③麦克法兰的观点在学术界引起了极大的反响，赞成者有之，反对者更多。坦率地讲，有关个人主义的议题不是本文能够解决的，哪怕是一小部分都不可能，但是对于它的涉及，能够使我们意识到，在研究地方共同体自治的时候，应该进一步关注小共同体内个体的性质，以及个体与小共同体之间的紧密联系。在《英国个人主义的起源》一书的"致中国读者"部分，麦克法兰指出：个人并非独立的原子，而是属于不同的"社团"，这些社团赋予个人的生命以意义和力量，它是国家与个人之间的中间体。在麦克法兰看来，"……总之，个人在一定程度上融入了某种大于自己的东西，反过来社团则将其丰富的资源与力量呈献给个

---

① 参见侯建新：《社会转型时期的西欧与中国》，第128页。
② 参见〔英〕艾伦·麦克法兰：《英国个人主义的起源》，管可秾译，商务印书馆2008年版，第2章。
③ 同上书，第215页。

人。更广义地说,这正是'民主'的基石,有形的民主制就建立在这块基石上"。虽然研究的是经济与社会,但是麦克法兰清楚地认识到:个人主义的形成得益于高度分权化的行政体系,即不同的政治势力之间保持着平衡,没有任何一种政治势力占据支配地位。①

良性的中央与地方关系的构建不单纯是地方自治或者地方分权这么简单的事情,而是建立在共同体与个人以及中央与地方这双重关系基础之上。这种建立在相互权利基础之上的个人—地方—中央关系才是真正的良性的地方—中央关系,做到国家、地方以及个人协同发展,才可以应对工业化(乃至后现代化)的社会发展的需要。

六、研究方法

本卷主要的研究方法是历史研究法,即注重史料的收集与历史事件的描述,从历史演变的角度叙述,避免从概念到概念的抽象推导,避免只见制度不见人的研究误区。史料使用方面,我们在国内外学者研究专著的基础之上,既强调对中央政府法令与议会档案的解读,又开创性地适当引用地方志,以期兼顾中央与地方两个方面。本卷还注重从基于权利的关系角度,来解释欧洲地方自治,即把地方自治放在中央与地方利益博弈的背景中,既描述地方社会的自治,又强调中央集权的意义和价值,避免"非此即彼"的两分法。

首先是历史研究法。戴维·威尔逊与克里斯·盖姆解释了为什么要研究地方政府的历史发展。他们写道:"为什么我们要在研究当代地方政府的书中安排一章不可缺少的历史章节呢?为什么我们不是像第五章那样集中关注当前的体制和结构?答案很简单,如果不了解现在的制度是从哪里来的、如何发展的、与过去有什么不同,我们就很难正确地理解现在的制度。对任何一个国家都是如此,

---

① 参见〔英〕艾伦·麦克法兰:《英国个人主义的起源》,管可秋译,"致中国读者",第3—4页。

对英国尤其是这样。因为英国的地方政府制度同其他制度一样，是经过几个世纪不间断地逐渐演变和发展而来的，这个过程从没有被可能形成的正式宪法制度或暴力革命打断过。在英国，没有成文的宪法文件来规定地方政府的权力、责任以及同中央政府之间的关系，相反，几百年来，在回应环境的变化过程中，形成和发展出了一套制度和实践，有些郡的边界可以追溯到盎格鲁-撒克逊时代。在最近关于地方政府重组的争论中，许多人明确表示不愿意使原来的地方政府被新的单一的地方议会所替代。有许多历史城市，像布利斯托尔、牛津、纽卡斯尔、诺里奇、阿伯丁和邓迪都是在12世纪被授予自治权的，而且它们确实是自治地方政府的中心，一直到20世纪70年代早期，在地方政府重组中才被迫整合进各自的郡和地区。早在14世纪，地方行政官和治安法官作为王权的代表机构而被任命，这个时间几乎比政党的产生早五百年。这就可以理解为什么中央政府在现代警察机关问题上坚持派出自己的独立代表。出于此意，琼斯和斯图尔特用'新行政官'来描述非选举地方政府机构。过去地方政府涉及的主要问题常常是财产税的税率问题，这个问题起源于1601年的伊丽莎白《济贫法》。显然，在1988年保守党政府废除财产税之后，人们普遍认为新的社区有一个显著的优点，那就是很少征收地方费，到后来财产税几乎逐渐都被废弃的时候，实际上以市政税的形式出现了。所以，这种历史起源以及历史连续性是重要的。……"[①]戴维·威尔逊与克里斯·盖姆的论述在一定程度上解释了从历史学的角度对此问题研究的价值与意义。下面再从对其他学科论述的评价佐证历史研究的重要性与价值。首先是对思想家论述的认识。以大卫·休谟为例，其阐述地方政府的出发点是理想共和国，这种论述具有空想的色彩，无法考虑到英国地方社会的具体情况与特例，因而在实践中无法实现。托克维尔的论述结合了作者在美国考察的实践，参照了法国社会的现实，比较具有现实感。其缺点也

---

① 〔英〕戴维·威尔逊、克里斯·盖姆：《英国地方政府》（第三版），张勇等译，北京大学出版社2009年版，第54—55页。

是明显的，即对地方自治制度缺乏理论的分析，作者的论述更多地是从情感与直观的角度，因而对于我们认识变迁社会中地方政府角色的转变缺乏启示。约翰·密尔从代议制的角度对地方政府职能的阐述，对于我们认识地方政府的作用具有较大的借鉴价值。他指出了中央政府与地方政府分别具有的优点与弱点，并以此界定两者所应该具有的权限。冯·哈耶克对地方政府的阐述更多是从批评中央集权的角度出发的，更多是概念的抽象，他的论述给读者思想的启示更多些。制度史学者的研究侧重于机构与官职的演变，可以给我们提供基本的历史线索。如韦伯夫妇的作品就详细地勾勒出英国地方政府从1688年到1835年之间历史的演变。戴维·威尔逊的作品侧重于地方政府当下的情况，涉及的内容包括地方政府职能的方方面面，对于中国研究者来讲是很好的参照。宪制史的研究强调地方自治对国家宪制的影响与作用，强调具体的政治文献如《大宪章》与《牛津条例》等的价值，强调政治事件如诺曼征服对英国政治发展的作用。这种宏大的叙事手法以及大事件对历史的影响自20世纪后半期以来，越来越受到新兴史学思想的冲击与批判。以法国年鉴学派和英国学者E.P.汤普森等为代表的新史学强调社会与经济之间的互动，强调"从下看历史"。以约翰·斯梅尔为代表的学者又提出要关注中产阶级的形成问题，也应该引起中国学者的关注。[①]

其次是基于权利关系的概念。欧洲文明一个非常显著的特征就是以权利为基础，强调对立双方之间的关系，并且这种关系是双向互惠的。庞德认为，关系概念对于理解法律文明特别是英美法律文明特别重要。他写道："大陆法学家认为，代理是一种行为，一种意愿的表示，由此，一人授予另一人以代表权，是一种根据授权者意愿而引起的法律后果的权力，因此需要委托合同。而普通法学家则认为代理是本人与代理人之间的关系，权力、权利、责任和义务

[①] 参见〔美〕约翰·斯梅尔：《中产阶级文化的起源》，陈勇译，上海人民出版社2006年版。

不是因当事人意愿所致，而是为这种关系所附带和包含。"①这种个人之间的关系概念也表现在国家政治领域。著名的《大宪章》就是这种关系典型的代表，它规定了国王与贵族之间相互的权利与义务，这种属于封建性质的关系从基础上奠定了欧洲国家的政权性质。庞德写道："我们的公法，也是围绕着同样的关系的概念而建立的。大宪章被视为英美公法之基石。亚当斯教授指出，作为一个法律文件，大宪章主要是英王对其直辖地承租人的法律关系中所涉及的责任的概括。在中世纪，国家主权和财产权混淆不分，当地主就是国王时，他很容易按照国王规范其与臣民的关系来规范其作为地主与承租人的关系，令后者承担起如同臣民对国王般的责任。"②更为重要的是，这种关系概念是以权利作为基石，侯建新称这种关系为"原始契约性贵族等级制"。"很久以来，人们就看到了西欧中世纪存在着多元而非一元化的政治体制。人们发现，在社会活动的主体之间，包括统治者和被统治者之间，尤其在王权和其他社会力量之间，存在着既紧张又合作的关系，或者说某种程度的契约关系。"③这种契约关系不同于启蒙运动时期所宣扬的"契约"概念，它不是构想出来的，也不是虚无缥缈的，它是中世纪社会实实在在存在着的。那么，这种契约关系的核心是什么呢？"以潜在的个人权利为核心的主体权利，是契约关系的基础与前提。一定程度的契约关系总是与一定程度的独立的个体联系在一起，西欧中世纪是个人财富和社会财富以及社会生产力逐渐积累和发展的历史，同时也是个体和个人权利及其观念不断发展的历史。"④由此，我们的研究以权利作为支点，赋予个人、地方、国家不同的但是又相互联系的权利界限，探讨中央与地方之间的关系，阐述国家权力的纵向分配对于一国发展的重要价值。我们将在叙述欧洲地方政府发展脉络的前提下，通过欧洲

---

① 〔美〕罗斯科·庞德：《普通法的精神》，唐前宏等译，第14页。
② 同上书，第17页。
③ 侯建新：《社会转型时期的西欧与中国》，第136页。
④ 同上书，第139页。

历史的具体事件来探讨这种权力分配机制的意义与作用。

再有一个问题，似乎还没有得到现在学术界的重视，即众多的现代化理论，缺乏对地方政府地位和作用的系统探讨与研究。下面以塞缪尔·亨廷顿的"强大政府论"为例进行说明。塞缪尔·亨廷顿认为："各国之间最重要的政治分野，不在于它们政府的形式，而在于它们政府的有效程度。"① 在他看来，虽然世界政治舞台上存在着资本主义和社会主义国家，这两种类型的国家由于意识形态的差异，给普通大众和研究者的影响通常是"截然不同"的感觉。但是从现代化研究角度来看，意识形态的差别远没有"政治发达"国家与"政治衰朽"国家之间的实质性差别那么大。亨廷顿指出，对于许多现代化的国家来讲，美国的基本公式即政府应该建立在自由和公正的选举之上是无济于事的，因为两者的国情相差太大。对第三世界的发展中国家而言，"首要的问题不是自由，而是建立一个合法的公共秩序。人当然可以有秩序而无自由，但不能有自由而无秩序。必须先存在权威，而后才谈得上限制权威。"② 因此第三世界国家要实现现代化必须要建立强大的权威的政府。塞缪尔·亨廷顿的"强大政府论"在经济学界也有相似的表达。虽然不能确定他们是否有直接的联系，但是基本的观点是相似的。爱泼斯坦（S.R.Epstein）在批评新制度经济学的产权理论时，强调强有力的中央集权政府也是近代经济革命的决定性制度变量。他指出："近来，学界再次流行认为，从专制政府中解放出来的自由是前现代社会经济增长的主要机制性先决条件。1688年英国光荣革命确立的自然权利、议会宪政与普通法独特的结合，以及由城市共和国和荷兰联合行省所享有的自由是导致他们经济成功的原因。这些议会的和共和国统治国家的经验，与像西班牙和法国等独裁的大陆性政体进行对比，在西班牙和法国，横征暴敛，再分配的经济政策以及统治者独

---

① 〔美〕塞缪尔·亨廷顿：《变化社会中的政治秩序》，王冠华、刘为译，上海人民出版社2008年版，第1页。

② 同上书，第6页。

断的奇想，导致政治的奴役和经济的停滞。"[1] 但是，爱泼斯坦并不认可这些解释。通过对18世纪前欧洲历史的分析之后，爱泼斯坦认为："在18世纪晚期之前，在欧洲政治舞台上，不断地超越所有竞争对手的是英格兰，这不是由于其独特的个人自由，而是由于该国早熟的制度统一，尽管在英格兰，团体自由相对软弱，使得人们容易想象个人的自由。"[2] 在新制度经济学理论强调产权的基础上，爱泼斯坦进行了进一步的阐述，加入了国家主权制度。在他看来，欧洲国家从封建制度过渡到资本主义体系，"……既要建立绝对的产权，也要建立绝对的主权，这就是说，清晰的单个自治国民的权利与单个自治的主权实体相结合。资本市场和个人产权的建立需要政治主权的中央集权，同时废除建立在社会等级和特权基础上非中央集权的寻租，换句话讲，即建立明确的国家产权。与自然权利和自然市场理论相反，建立在自治和自我所有权基础上的现代个人主义，与在所有民众前法律与市场平等的主要前提是现代国家的产生……这些关键机制性改变的获得，在英格兰是从17世纪后半期，在欧洲其他地方是从18世纪到19世纪早期这一阶段。"[3] 无论是"强大政府论"，还是爱泼斯坦的理论，都给人意犹未尽的感觉。坦率地讲，以上的解释都富有启示性，特别是塞缪尔·亨廷顿的"强大政府论"，在众多的发展理论中，给人以耳目一新的感觉。但是，我们需要追问的是，难道强大的权威的政府就只是指首相、总统等，或者以他们为首的中央政府吗？探寻一国特别是大国的现代化历程，如果仅从中央政府的角度来探讨，而不涉及数量众多的地方政府，特别是那些与公民日常生活息息相关的基层政府，很难想象中央的决策是如何得到实施的。

---

[1] S. R. Epstein, *Freedom and Growth*, London: Routledge, 2000, p. 12; 参见〔美〕S. R. 爱泼斯坦：《自由与增长：1300—1750年欧洲国家与市场的兴起》，宋丙涛、彭凯翔译，商务印书馆2011年版，第17页。

[2] S. R. Epstein, *Freedom and Growth*, p. 12.

[3] Ibid., pp. 173-174.

第二章　封建王权与贵族分权

一、欧洲封建王权的有限性质

探讨西欧封建社会中央政府的性质——具体来讲，就是探讨封建王权的性质，因为封建时代的"中央"更多地体现为王权与王室政府的含义——，是界定这一时期中央与地方关系的前提条件。在西欧各国历史发展过程中，不管是相对强大的英国王权，还是逐渐走向权威的法国王权，以及由相对强大到逐渐式微的德意志王权，它们的发展历程都显示出欧洲封建王权的有限性、受限制性和非制度性。顾銮斋认为："关于西欧中古王权，很多问题都存在争议。但在中西比较视野中，西欧王权总体上呈现软弱应该是不争的事实。"[1]所言极是。

"巡食王权"与早期地方治理

11世纪之前的西欧王权可以简要地概括为"巡食王权"（Itinerant Kingship）。[2]何谓"巡食王权"，它是这样一种政体，即国王通过定期或者不断地巡视领地的方式，以此执行所有治理的功能和象征

---

[1] 顾銮斋主编：《西方宪政史》（第一卷），人民出版社2013年版，第215页。
[2] 在国内研究者中，侯树栋翻译为"巡游王权"，参见侯树栋：《德意志中古史》，商务印书馆2006年版，第87页。我个人认为，"巡游"一词显得过于诗情画意，不如"巡食"一词生动形象。

性的统治。[1]"巡食王权"的出现有其客观性与必然性。一方面是早期建立的蛮族国家首领不适应城市的生活。以墨洛温王朝的克洛维为例,克洛维虽然在巴黎设立了所谓的行宫,但是墨洛温王朝的国王们仍然经常居住在乡间的住所,如诺让、吕埃伊等地,巴黎等城市不过是他们的避难所或者墓地。另一方面也是经济压力的驱使。由于奉行"国王靠自己生活"的原则,为了维持所谓的政府机构,国王需要不断地从自己的一个庄园转移到另一个庄园,因为一个庄园的物资供应无法满足王室长时间的消耗,因此国王需要"巡食"。马克·布洛赫曾经举例说,德国皇帝康拉德二世在1033年的例行巡程中,依次从勃艮第到波兰边境,然后再到香槟,最后返回卢萨提亚。康拉德及其随从人员不断地从领地的一处转移到另一处,不仅仅是为了更有效地管理这些地产。对他来说,必须就地消耗每一领地的产品,因为要把产品运送到某一个中心,既不方便也相当昂贵。[2]中世纪早期的国王没有固定的首都,在德国,即使到"红胡子"腓特烈时期(1152—1190年在位),仍然没有固定的首都。与此同时,国王的权威只限于他周围的人。随着时间的推移,这些蛮族首领也仿照罗马君主初步建立自己的宫廷,如有一些人管理王室的马厩,后来成为王室的总管,再后来成为元帅。国王所带的官员、侍从、家眷与仆人等实际上组成了当时的"中央政府",这样国王临时驻扎的地方就是"中央政府"所在地。在11世纪之前,欧洲各国的行政制度都非常不完善,一个不"巡食"的国王无法有效地管理自己的国家。地方上的芸芸众生只有看到自己的国君,才能够确信他究竟是谁的臣民。早期的法兰克王国的国王们,如"虔诚者"路易、"秃头"查理以及"虔诚者"罗贝尔(996—1031年在位)等,都需要不断地"巡食"国王的领地,以实现自己的权威。

当然,国王还可以借助"巡按使制度",实现对王国的基本

---

[1] 参见 John W. Bernhardt, *Itinerant Kingship and Royal Monasteries in Early Medieval Germany, c. 936-1075*, Cambridge: Cambridge University Press, 1993, p. 45.

[2] 参见〔法〕马克·布洛赫:《封建社会》(上卷),张绪山等译,第126页。

管理。巡按使是国王派往王国各地的王室使者，他们的任务有二，一是告知地方国王敕令的内容，二是监督王室敕令的执行情况。在中世纪早期，王室敕令具有行政的效用；到了中世纪中后期，王室敕令才具有行政与法律的功效。现存一份加洛林王朝时期的敕令，它由巡察使前往地方伯爵辖区进行传达。"……汝等应尽力维护皇帝的权力，一如皇帝口头和文字均已确定之，因汝等就此负有重责……应予教会、寡妇、孤儿充分、正确、不偏不倚之公平……若遇不顺从不服从之行径，若有人拒不接受汝等依司法而作之决定，记录在案，呈报吾等……若汝等对此敕令之部分段落存有疑义，不必迟疑，当迅速遣特使往吾处，以听从吾之解释。"①在英格兰，这种敕令逐渐地发展成为令状制度，以体现国王的权威与尊严。令状的发展有一个过程。刚开始的时候，令状由国王签发，类似信件，内容主要是要求地方官员做或者不做某种行政事情，因此这时的令状具有临时行政命令的色彩。到安茹王朝的亨利二世统治时期，逐渐地将具有行政命令色彩的令状司法化，其目的就是为了扩张王室的司法权力。这时国王颁布的令状命令，将不法行为当事人传唤到王室派遣的法官面前进行诉讼，并由王室法官着手进行审理与裁决。

王室的收入与支出

王室的收入与支出等财政情况反映了王权的经济基础以及它的权力所及的范围。11、12世纪之后，随着社会的安定与经济的发展，国王们不再需要经常"巡食"了，欧洲各主要国家的王室收支开始趋向固定化。

1066年诺曼征服后，征服者威廉把欧陆的土地分封制度"移植"到英国，并根据当时的具体情况进行了一些改变，由此建立了具有英国特色的封建制度。这一时期，英国王室的财政收入主要包

---

① 〔法〕乔治·杜比主编：《法国史》（上卷），吕一民、沈坚、黄艳红等译，商务印书馆2010年版，第249页。

括如下几个方面：王室领地（Crown Lands）收入、作为封君的封建性收入、司法收入、国王临时征收的特别税等。其中，王室领地收入是这一时期英国国王最重要的财政来源。12世纪中后期，英国王室的财政收入发生一定的变化。这表现为盾牌钱和塔利税等封建性收入成为国王财政收入的重要补充。其次，这一时期对全国臣民征收了动产税，如金雀花王朝时期征收的萨拉丁什一税（Saladin Tithe）。[①] 但是总体看来，王室领地收入仍然是国王主要的财政来源，占到总收入的一半以上，如此项收入再加上封建性收入，则占国王总收入的80%以上，因此此时的王室财政依然是封建性质的。财政收入结构发生重大转变的是在爱德华一世（1272—1307年在位）统治时，爱德华一世开创了关税制度。封建时代的关税，实质上是国王代表国家向贸易商品征收的税收，如英国出口到国外的羊毛，以及从欧洲大陆进口的葡萄酒等。此外，爱德华一世多次征收动产税，并使之逐渐地制度化。从爱德华一世到都铎王朝时，动产税税率基本确立为：城镇与王室领地为1/10，乡村为1/15。1290年爱德华一世征收的1/15税总额有11.6万英镑，这是巨额的财政收入了！由此，关税与动产税逐渐超过其他收入，进而成为王室财政的最重要来源。更为重要的是，中古后期英国国王征收的关税和动产税需要得到议会的批准。"从1297年开始，议会正式确立了赋税批准权。而且，在15世纪以前，批准赋税构成议会的主要职能，尤其是与立法职能相比，这一点更为突出。"[②] 相比于前面论述的王室领地收入与封建性收入等，我们称需要得到议会批准的收入为"议会授权税收"，这是制约王权收入无限制增长的重要制度性因素。顾銮斋指出："英国都铎王朝的建立虽也使王权空前强大，却未足以引起议会君主制政体的实质性变化。所以税权仍由议会执掌，而国王在征税、用税

---

① 参见 A. L. Brown, *The Governance of Later Medieval England 1272-1461*, Stanford: Stanford University Press, 1999, p.70.
② 刘新成：《英国议会研究》，人民出版社2016年版，第121页。

等问题上也就不得不屈从，受制于议会。"①

下面简述王室的开支。封建时代英国王室财政支出包括王室日常支出与国家公共开支两个部分，王室日常支出属于国王"私人"消费，而主要以军费为代表的开支属于国家的公共支出。王室日常消费的"性质"取决于王室的功能。威尔森归纳了王室的四大功能：一、王室能满足国王家庭在饮食、衣服、居住、娱乐以及重要的政治仪式方面的需求；二、王室是一个政府中心机构，是王国政治的中心，其中国王的秘书处，负责发出书面或口头的法令（order），维护中央权威；三、王室具有财政管理职能，设有负责接收、保管、分发现金的专门机构，这些机构在中世纪的大部分时间里，实际控制着国家财政；四、王室具有军事功能，王室服务人员平时负责保护国王的安全，在战争期间则为国王作战，他们构成国王军队的核心。②上述功能表明，王室不仅为国王个人服务，还能行使一些公共权力，在某种程度上就代表中央政府。由此，中世纪的政府被称为王室政府（Household Government）。基于王室的这一性质，若用现代的话语表述，王室的日常消费兼具"公"和"私"两种属性。但在中世纪，这种消费通常被视为国王的"私"事，封建制度设计伊始就已规定了这种消费的收入来源，将其划为国王分内私事。诺曼征服后，威廉一世在伦敦的威斯敏斯特、温切斯特建造了规模较大的王宫，这两处王宫成为王国的政治中心，每逢圣诞节、复活节等重要节日国王都要在此与贵族相聚。由于当时的王室需随国王在各领地巡游，不具备建立完整档案的条件，为此早期的王室档案缺乏支出的记载。后来随着社会发展，王室机构逐渐健全，财务署、中书令、王室法院等相继脱离巡游状态，在伦敦有了固定的办公地点，使得王室消

---

① 顾銮斋：《中西中古税制比较研究》，社会科学文献出版社2016年版，第252页。关于这一问题，学界有着不同的认识。刘新成认为：我们应当把中世纪议会的批税权理解为国王所代表的国家统治权力的延伸和扩展，也就是说，批税权体现的是议会作为权力主体的方面。参见刘新成：《英国议会研究》，第122页。

② 参见 Chris Given-Wilson, *The Royal Household and the King's Affinity: Service, Politics and Finance in England 1360-1413*, New Haven: Yale University Press, 1986, pp. 1-2。

费有据可查。封君封臣制规定王室消费要"量入为出",须遵循国王自理原则。国王自理原则是指拥有王室领地的国王应主要靠其领地收入以及封建法所允许的其他收入维持自己的生活。关于国王财政自理原则确立的时间,沃尔夫认为,该原则的文字出现在14世纪。[①] 但"话语是观念的外在表现,所以一般说来,观念的形成要早于话语的出现"[②],据此,笔者判定,早在14世纪以前,"国王靠自己生活"的观念就应该形成了。它的历史可以追溯到征服者威廉时期。由威廉确立的征收全民性税收必须经"贵族大会议"授权的原则,就是"国王靠自己生活"原则存在的有力证据。这种意识存在的另一有力证据就是《大宪章》。由于《大宪章》只是"确定了古老的权利或者那些被认为属于古老权利的东西"[③],否认国王财政自理原则的存在,就无法解释《大宪章》中"非封建法规定的收入必须经全国一致同意"条款确立的依据。实际上,该原则是地道的封君封臣制度的产物,它贯穿于整个中世纪的英格兰,只是到了14世纪,因国王频繁使用伙食征发与劳役权(purveyance),议会为了与国王抗衡,才将先前限制国王敛财的斗争观念文本化、理论化了而已。而且到了15世纪"国王自理原则观念在社会中已经根深蒂固"[④]。"亨利四世和亨利六世时期,国王自理原则成为议会对抗国王征税的口号"[⑤]。1472年的议会上,爱德华四世宣布严格遵守国王财政自理原则,不向臣民征收过多的赋税,减轻他们的负担。国王自理原则要求王室必须在可支配收入中,平衡常规必要消费和国王的喜好等非常规消费。常规必要消费中,饮食占比最大,服饰次之。饮食消费关乎王室人员的生理需求,需严格保障,数量巨大。例如1360—

[①] 参见〔美〕迈克尔·V. C. 亚历山大:《英国早期历史中的三次危机》,林达丰译,北京大学出版社2008年版,第17页。

[②] 侯建新:《社会转型时期的西欧与中国》,第134页。

[③] 〔英〕沃尔特·白哲特著、保罗·史密斯编:《英国宪制》,李国庆译,北京大学出版社2005年版,第134页。

[④] S. K. Mitchell, *Taxation in Medieval England*, Hamden Archon Books, 1971, p. 16.

[⑤] James H. Ramsay, *A History of the Revenue of the Kings of England*, Oxford: Oxford University Press, 1925, p.5.

1413年的每年饮食消费如下：2 250夸脱小麦、1 000吨酒、1 600头小牛、20 000只羊。有时候还要高于这一标准，例如1395—1405年的消费。[①]服饰和建筑消费取决于饮食消费后的结余，财政充裕才能有余力购买奢华的服饰和大兴土木。亨利三世曾花费2.8万英镑建造王宫。[②]相比王室消费的稳定，军事开支的不确定性大大增强。威廉一世推行封建制度时，规定封臣从国王领取封地后，要履行自备装备随国王征战40天的义务。这种制度足以应对国内战事，但不能满足在大陆长期作战的需要，因此催生了大量雇佣兵和契约士兵。国王与雇佣兵之间的关系需用现金维护。12—15世纪，每年的军事开支在5 000英镑至10万英镑之间。1335—1337年和1344—1347年，英格兰在大陆作战，故而军费开支巨大，分别占到总开支的66%和76%。此外，偿还债务支出也应列入战争费用之内，因为王室借款通常都用于战争，加上这笔款项，军事开支高达90%以上，1347—1349年处于和平，降到了60%之下。与战争费用大幅变化相比，王室消费则稳定在10 000—13 000英镑之间。总体而言，从1066年到1272年，王室财政收入发生了一些变化，其中最主要的表现就是国王不仅大力挖掘封建体制内部的增收机制，还谋求体制外向全体臣民征收的财产税。但这一变化并没有引起财政收入的根本性改变。到了13世纪末期，英格兰王室的财政还是以领地收入、法庭收入、空缺主教的宗教地产收入、协助金、继承金、监护金、婚姻捐、盾牌钱和塔利税等王室正常收入为主，丹麦金、卡卢卡奇税和动产税等特殊收入为辅，依然具有浓厚的封建性财政收入的性质。此后随着关税和直接税征收力度的加强，王室封建性收入比重不断下降。这表明英格兰的统治基础发生了重大变化。但王室支出在结构上一直以王室消费和战争支出为主，表现得异常稳定，没发

---

① 参见Chris Given-Wilson, *The Royal Household and the Kings Affinity: Service, Politics and Finance in England 1360-1413*, p. 41。

② 参见John Steane, *The Archaeology of the Medieval English Monarchy*, London and New York: Routledge, 1999, p. 13。

生质的变化。

中世纪法国王室财政收入结构与英国大致相同，也可分为两部分：一部分是王室正常收入，另一部分为经过代议机构同意收取的赋税。王室正常收入"是王室古老的、传统上，任何人没有权利对其提出异议的收入"[1]。它主要包括王室自己的领地收入及来自法庭罚款、国玺津贴、通行税、铸币费和铸币税的收入。[2] 到了中世纪晚期，随着法国王室政府功能的日趋复杂，财政支出也随之增长迅速，致使正常收入远远不能满足王室需求。为了解决财政困难，国王向臣民征收各种赋税。王室财政收入结构的上述变化，可以从13世纪早期和晚期王室财政收入的比较中得到直观反映。

1202—1203年王室财政预算有两笔主要收入。一笔是法官（prevots）和地方官员（baillis）的交费。在扣除一定数目的地方收费后，该项收益大约为6万里弗尔。该款项来源于王室森林、农庄、耕地的收益，司法、市场的利润以及牧师的特别税等。另一笔是国王得到的与突发战争相关的特别收益。它包括国王下属和非贵族人士为免除兵役而缴纳的免役费，王室领地上征收的塔利税，王室领地上城镇、教堂和犹太高利贷商人缴纳的特别税。该款项总计约6.3万里弗尔。[3] 在以上的两笔收入中，大部分还是来自封建王权附加权利带来的收益以及小领主应履行的各种封建义务，这说明此时君主的大部分收入仍旧来自传统渠道。虽然当时法国战事连连，急需大量军费，但该年度所征赋税的比重与中世纪末期赋税常占的比重相形见绌。13世纪末的菲利普四世时期，王室的财政收入结构与早期相比发生了很大变化。菲利普在位期间，"王朝无

---

[1] 〔美〕詹姆斯·W.汤普逊：《中世纪晚期欧洲经济社会史》，徐家玲等译，商务印书馆1996年版，第91页。
[2] 同上书，第141页。
[3] 参见〔英〕M.M.波斯坦等编：《剑桥欧洲经济史》（第三卷），王春法主译，经济科学出版社2002年版，第256页。

休止地侵犯邻国土地，反对教皇，反对法国新贵的传统特权"[1]，因而需要大量钱财的支持。为此他试图建立全面的直接税收体系，遂开辟了一些新税种——财产税或动产税、灶户税、不同阶级和市镇的军事代役税，他还废除贵族的免税权，将他们纳入封建捐助的范围之内。这些措施给王室带来可观的收入。1295年，包括灶户税和动产税的补助金为35万—36万里弗尔，1304年则达到了70万里弗尔。上述数字显示，菲利普四世的财政收入出现了新变化，灶户税和动产税等新税种的出现，表明王室对赋税依赖的程度加深。菲利普四世以后的国王们继承和发展了他的筹款方法。到了14世纪末期，灶户税、商品交易税和盐税成为王室财政收入的三大支柱。灶户税（fouage，hearth tax）是一种由户主承担的税种。它并非新设税种，此前很久就以人头税的形式存在了，只是当时还未形成定制。它以灶户数为征收单位，规定五口之家为一户，税额为10个苏，每五年征收一次。这项税收实际上是人头税，是一项对王室有利可图的税收。但因为它按照人口而不是财富状况来征税，不受民众欢迎，而且该税收不能缓解社会危机，反而会加剧社会分化，到1380年，该税被取消。

此后，相继出现了一些新税种——塔利税、盐税和商品交易税。塔利税是一种和灶户税极为相似的税种。此税因征税区域、征税方法的不同，又可细分为两种。法国北部的塔利，仍然按照以前灶户税的标准和方法征收，根据人头来确定，是一种人头税。但在南部，这种征收的方法于15世纪被中止了，之后以牛和土地为基础征收塔利税。1480年，因以牛和土地为标准的征收办法操作方便，不动产成为唯一的纳税标准，使南部的塔利税成为一种财产税。自15世纪中叶起，塔利税的征收额度迅速增长，至查理七世统治的末年，年征税额已达120万里弗尔。查理七世的岁入总额为180万里弗尔，其中塔利税约为120万里弗尔；1462年的塔利税为120万里弗尔；

---

[1] 〔美〕C.沃伦·霍莱斯特：《欧洲中世纪简史》，陶松寿译，商务印书馆1988年版，第267页。

1474年为270万里弗尔；1481年为460万里弗尔；1483年为390万里弗尔；1484年为655万里弗尔；1498年为700万里弗尔。[1]路易十一世时期，这种税收占其岁入的83%。盐税（gabelle）以盐为征税对象，是一个历史上延续下来属于资源税性质的税种。由于食盐是人生理和腌制肉类的必需品，每个家庭都得必备，对其征税不得人心。因而，在路易十一把它作为一种特别税来征收之前，"该税销声匿迹已近千年了"，就连"贪得无厌的菲利普四世也不敢恢复。"[2]但迫于财政压力，为了筹措钱财，国王引进西班牙的阿拉贡的做法，实行食盐专卖。1341年3月16日的王室法令规定，政府垄断盐的制造和销售，产盐区成为王室的直接管辖区域。这引起人们强烈的反抗。为了平息臣民的愤懑，在1346年召开的等级会议上，菲利普六世表示盐税并非永久税，而是暂时的战争税。[3]因此，即使在财政匮乏的情况下，菲利普六世以及其后的约翰、查理五世只能阶段性地征收盐税。1380年后，由于王权的短暂衰落，国王被迫取消此项税收。但不久，于1383年王室又重征盐税，并且使之成为定制，从此盐税成为中世纪晚期法国王室最重要的财政收入之一。路易十一时期的盐税收入为16万里弗尔，超过王室领地的收入。路易十二认为，盐税是最容易、最简便、可行的税收。1523年的盐税为4.6万里弗尔，1576年达到9.2万里弗尔，1600年为600万里弗尔，1641年为2 000万里弗尔。[4]商品交易税可分为对内贸商品征收的商品消费税和对外贸商品征收的贸易税。商品消费税（aide）是菲利普四世即位后设立的战争特别税。该税始为临时性商税，税率为每出售价值一镑的商品需缴税一便士。菲利普六世统治时期，这种临时税变为常税，称为商品交易税，税率由每镑一便士上升为四便士。查理七世将税率进一步提升到5%。对外贸易也被征收特别税。

---

[1] 参见〔美〕詹姆斯·W.汤普逊：《中世纪晚期欧洲经济社会史》，徐家玲等译，第634页。
[2] 同上书，第144页。
[3] 同上。
[4] 参见沈汉、王建娥：《欧洲从封建社会向资本主义社会过渡研究》，南京大学出版社1993年版，第322页。

但由于法国边界较长，不易控制走私，征收成本较高，菲利普四世和他的继任者发现，出售商品出口许可证，敛财更方便。1321年，王室财政部门根据正常的关税数额，出售商品出口许可证。这样既节省征税成本，又获得了一定的收入。由于缺乏像英国羊毛那样的大宗出口商品，法国出售出口许可证所获的收入不能与英国相提并论。例如，1322—1323年的收入为5.5亿里弗尔，仅占该年国库收入的5%。塔利税（灶户税）、盐税和商品交易税是14世纪法国王室的最重要收入。到了15世纪后期，这些新增赋税的收入占据了王室收入的90%以上，[1]奠定了旧制度下法国政府的财政基础。路易十一时期某年王室收入的情况可以充分说明这一特点。当年王室领地收入为10万里弗尔，协助金为53.5万里弗尔，盐税为16万里弗尔，塔利税103.5万里弗尔。[2]

法国君主提出新税伊始，就遭到臣民反对。这是因为受国王自理传统的限制，在一般情况下，国王没有权力在王室领地以外的地区征税，甚至不经地方议会的批准，在诺曼底、朗格多克等王室领地上也不能随意征税。在三级会议上，代表们经常对这些附加税提出异议。例如，1346年在法国北部的（朗格多埃尔）的等级会议和在南部（朗格多克）的等级会议就宣称，盐税和四便士商品销售税是暂时税，还要求废止塔利税、盐税和商品贸易税。1380年，11岁的查理六世就位后，国内政局动荡，为了安抚民众，摄政者被迫取消了塔利税、盐务税和补助金。王室政府又重新依靠王室领地的收入。地方贵族的反对使国王在征收赋税时必须小心从事，在征收中要考虑照顾大贵族、享有许多特权的高级教士和特权城市的利益，削减甚至放弃部分针对贵族和城市征收的一些附加税。虽然按照王室的意图，附加税的税率和征收方式是统一的，但实际征收时却要依据国王、贵族和城市三方的协商而定。这就造成法国缺乏统一税收制

---

[1] 参见〔意〕卡洛·M. 齐波拉主编：《欧洲经济史》（第一卷），徐璇等译，商务印书馆1988年版，第276页。

[2] 参见 P. J. Helm, *History of Europe 1450-1660*, London: Bell & Hyman, 1961, pp. 46-47。

度，不同地区的税率不同。在多数情况下，国王将征税方式的决定权交由地方掌管。取得征税方式决定权的贵族和城市趁机要求王室确认他们的特权。法国的税收混乱，可从盐税略见一斑。中世纪晚期，法国的盐税征收情况复杂，全国不一。在法国的中部与北部产盐区，自从14世纪就征收"国家大盐税"。这些地区所生产的盐全部上交王室仓库，在确保国王和商人的利润后制定盐的价格。从路易十二开始，征收方法发生改变，改为由国家买进所有食盐，再加税之后出售。然而，东南部的朗格多克、普罗旺斯和多费内等省份则征收"国家小盐税"。而在控制较弱的布列塔尼地区，王室不能征收盐税；而在王权强大的普瓦图等地区，盐税税率高达25%，在其他地方价值一里弗尔的盐税，在此要被征五个苏。①

综上所述，在中世纪晚期的法国王室财政收入中，正常收入所占比重呈缩减态势，而曾为临时税的附加税则变得日益重要，并且呈现经常化的倾向。这说明王权开始严重依赖原则上须经代议机构同意才能征收的赋税。如果三级会议像英国议会一样牢牢地控制征税权，法国的宪制发展也许会走向另外一种发展道路。尽管法国也存在一种通过税收限制王权的力量，但这种力量只是来自地方主义的干扰。这种限制不仅没有促进宪制发展，反而进一步刺激王权加强财政控制。在法国，对王室岁入的限制，与其说来自于宪法的约束，不如说由于王室本身确确实实无力征收。②

在14世纪，"无纳税人同意不得征税"这句格言在法国和在英国似乎同样牢固确定下来。人们经常提起这句话：违反它相当于实行暴政，恪守它相当于服从法律。③但法国君权发展过程中，在一系列的"偶然"事件后，国王可以任意征收税款。这就使法国走上了与英国不同的宪制发展之路。三级会议的衰落就是一个标志。

---

① 参见 B. Guenee, *States and Rulers in Late Medieval Europe*, Oxford: Basil Blackwell, 1985, p. 100.
② 参见〔英〕R. B. 沃纳姆编：《新编剑桥世界近代史》（第3卷），中国社会科学院世界历史研究所组译，中国社会科学出版社1999年版，第182页。
③ 〔法〕托克维尔：《旧制度与大革命》，冯棠译，第136页。

法国的三级会议制度始于1302年,菲利普四世在巴黎圣母院召开由教士、贵族和市民代表等三个等级的代表参加的会议,开了三级会议的先河。早在此之前,就有国王召集贵族代表征求建议的先例。这可以追溯到987年,贵族们推选于格·加佩为国王。1213年,菲利普·奥古斯都为寻求贵族们支持其进攻英格兰,召集了男爵会议。[①]此外,法国自治城市的市民和工匠们也喜欢集会,集体讨论各种经济问题。贵族和市民阶级已经习惯集体议政与议事,三级会议的出现是传统进一步发展的结果。虽然国王召集贵族商讨国事是三级会议的前身,但二者存在本质区别:三级会议的代表不局限于贵族内部,第三等级开始现身;而且三级会议不是针对贵族集团内部的问题,而是针对反对教宗、维护法兰西民族利益的全民性问题。三级会议从某种意义上讲,是14世纪王权与教宗争夺财产的产物。因与英格兰争夺佛兰德斯,菲利普四世的王室财政陷于困境。为筹措钱财,他决定向法国教士征收十分之一税。由于中世纪教会人员免交世俗税,按照惯例,世俗君主必须得到教宗的许可才能向教职人员征税,此次征收遭到当时的罗马教宗博尼法斯八世的强烈反对。菲利普四世为对抗教宗,需要借助全民的力量,于是他召开具有广泛代表性的三级会议,以全民的名义征税。与会代表一致支持国王对教会征税,否认教宗在法国的权威。该会议推动了法国王权的发展。尽管此次三级会上,大贵族没有参加,出席会议的主要是中小骑士代表,而且第三等级中也没有农民代表,这次三级会议还不能完全代表全国各阶层,但它的召开标志着法国等级君主制的形成。菲利普四世也因创立这一制度,被称为法国"君主制的组织者"。国王召开三级会议的主要目的在于征税。1314年,菲利普四世再次召集三级会议,要求在现有税收之外征收补助金,用以支付佛兰德斯的战争费用。代表们起初反对,但最后满足了他的要求。1369年5月至12月,查理五世在连续召集三次三级会议后,最终获得征收为期六年的附

---

① 参见 Maetin Scott, *Medieval Europe*, New York: David Mckay Company Inc, 1964, p. 289。

加税的权利。1439年查理七世在奥尔良召开三级会议,以取得御用金征收权。此次议会还同意国王按户征收军役税(灶户税),用作对外作战的军队费用。1484年,三级会议限制查理八世仅能从其领地上获得经常收入,但同时却批准他享有每年征收附加税的权利。

  三级会议除了在外交和财政上支持王权外,还在稳固王室领地方面起到重要作用。王室领地简称王领,是指国王直接控制、租给佃户耕种的土地。[①]封建制度中一切政权都以土地所有权为基础,所以拥有一定数量的领地是君主统治的物质基础。为了保持王室领地的数量,防止其被分封出去,1329年12月至1330年1月,菲利普六世召开三级会议,讨论王室领地"不可转让"的问题。1468年,路易十一召开三级会议,同与会代表达成诺曼底不可转让的共识。这些措施使法国疆域在法兰西岛的基础上,随着王室领地的不断扩充而逐渐扩展,有力地促进了法兰西民族国家的形成。三级会议与王权的合作大多满足了国王的需求,偶尔,三级会议也会强硬限制王权。1356年普瓦提埃惨败后,法王约翰被英军俘虏。为了赎回国王,筹措军费,王储在1356年10月17日召开由800多名代表参加的等级会议。会议趁机从三个等级的成员中选出80人,组成一个委员会,来审查政府过去的政策,并要求罢免约翰的朝臣。等级会议还要求由4名高级教士、12名贵族和12名市民阶级代表组成的委员会管理政府。这意味着终止王储的权力和废除政府的君主政体。虽然王储在盛怒之下,解散了此届会议,但后来为形势所迫,于1357年再次召集三级会议。这次会议被巴黎商会会长艾蒂尔·马塞尔控制。会议做出以下决定:如果政府不满足等级会议提出的审查和控制税务的要求,会议只答应承担短期税款,拒绝承担任何普通税务。王储被迫颁布《三月赦令》,规定"三级会议定期召开,享有批准赋税、监督政府的权力等"。1358年2月等级会议再次召开,要求以法律的形式废除各省议会,确立等级会议每年在巴黎召开的制度,

---

 ① 参见 B. P. Wolffe, *The Crown Lands 1461 to 1536: An Aspect of Yorkist and Early Tudor Government*, London: George Allen and Unwin Ltd., 1970, p. 19。

王储被迫接受条件。

　　上述事件是三级会议发展史的个例。纵观三级会议的历史就会发现，尽管三级会议有限制王权的愿望，但效果却不尽如人意。这主要表现为三级会议在征税问题上总是缩手缩脚。在1346年召开的等级会议上，代表抗议国王菲利普六世征收盐税。为了安抚代表，菲利普六世表示，他无意使盐税成为一项永久性的税收，它不过是一种战争税。① 代表们听信了国王的话，同意休会。但盐税并没有随战争结束而取消，反而被保留下来。对此，三级会议未能采取任何有效的反对措施。1484年的三级会议上，代表们谴责征收人头税和其他赋税，批评国王不应将这些因战争而设的税种，改成和平时期的永久税，而查理八世对此未予理睬，代表们也就不了了之。上述情况表明，三级会议在征税问题上，一般都恭顺地满足了国王的要求，主动放弃了批准征税的权力。

　　三级会议在征税方面的软弱与会议代表的构成有很大关系。贵族是三级会议的领导阶层，在咨议活动中扮演举足轻重的角色。由于他们在13—14世纪获得了免交灶税的特权，15世纪又获得了免交人头税的特权，王室征收财产税不损害他们的利益，所以他们不会因其他阶层的利益，在税收问题上违背君主意愿。而市民与士绅在三级会议中始终处于从属贵族阶层的地位，没有真正的参政机会。这就使三级会议不再关心国王征税事宜。当三级会议将征税权拱手让给国王之后，国王们也曾数次召开三级会议，但基本上没有起到限制王权的作用。因为百年战争的胜利大大提高了法国王权的威望，国王趁势进一步加强王权，以国王为中心的专制机构逐渐扩大，三级会议在法国政治生活中的作用明显减小。1614年后，国王干脆停止了召开三级会议。虽然法国三级会议没有成长为现代的代议机构，但它也不像有人认为的那样，"这些会议（三级会议）丝毫不限制国王的权力"②。因为它毕竟在法国历史发展中存在过一段时间，并

---

① 参见〔美〕詹姆斯·W. 汤普逊：《中世纪晚期欧洲经济社会史》，徐家玲等译，第144页。
② 〔法〕皮埃尔·米盖尔：《法国史》，蔡鸿滨等译，商务印书馆1985年版，第108页。

且还曾有过短时期控制王权的辉煌，所以在民众心目中它仍是限制王权的一个有力工具，因此，1789年在法国专制统治面临严重危机的情况下，国王路易十六召集已经多年不开的三级会议，力图通过它克服危机。但此时的三级会议已经无法起到力挽狂澜的作用，它没有随社会的发展而调整自己的功能，无法被第三等级当作限制王权的工具。在这种情况下，资产阶级抛开三级会议单独开会，宣称自己是代表全体国民的国民议会，有权制定宪法，限制王权。至此，法国三级会议退出了法国的历史舞台。

封建国王的军事力量

界定欧洲封建王权的性质还涉及王权的暴力性特征，这里的研究视角是王权与军队的关系，这是一个被忽视而又是一个极为关键的问题。如果封建王拥有强大的军事力量，那么在与地方自治甚至贵族割据势力的较量中，国王必定占据压倒性的优势，进而削弱地方社会的自治倾向。因此厘清封建王权与国家军事力量之间的关系，是我们理解中古西欧王权性质重要的切入点。西欧封建国王召集军队的方式经历了以下的演变过程：从中古全盛时期主要由封臣提供的骑士队伍，到绝对主义国家时期开始建立的常备军。封建国家军事力量的组成发生了重大的变化，国王控制军队的程度也得到了较大的加强，但是这种控制程度受到各种各样因素的影响与制约，国家军队并没有成为国王的私人武装，它也没有完全侵蚀西欧各国的地方自治主义传统。

从军队的来源与构成来看，西欧国王召集军队主要有三个途径：骑士性质的军队、雇佣军和民团。这三种不同性质的军事力量在西欧各国军事体制中，所处的地位和所发挥的作用各不相同。

其一是贵族率领的骑士。法国是欧洲大陆骑士制度形成与发展的典型国家。通过土地的层层分封，法国形成了国王、公爵、伯爵、男爵、子爵与骑士等各个等级的领主阶层。在法国的分封制度下，领主对其封臣的封臣没有直接的管辖权，即所谓"我的封臣的封臣不是我的封臣"。乔治·杜比这样概括封建制度：在各种封建结构中，首要的一点是某个社会集团所具有的完全的优越地位——组成这个集团的成员因其军事职业和出身而享有被认可的特权，特别是有权依靠地位低贱者的劳动而生活在闲暇中。此外，他们负担的义务只是分封契约和采邑责任所要求的。封建制度还意味着权力碎化成诸多独立的细胞。在每个细胞中，主人即领主，以其私人名义掌握指挥权和惩罚权；他行使这种权威就像利用自己的一份世袭家产一样。[①]正如乔治·杜比所言：封建制度意味着权威的碎化和解体，它的发展以削弱王权为基础。分封制度的推行使得中央权力的分割成为事实，国王与世俗和教会领主共同承担起抵御外来侵略的责任。国王在名义上享有世俗社会的最高统治权力，在军事行动中，国王是当然的最高统帅，但是他所召集的军队是由各个贵族领主所带领的骑士组成的。军事性是中古欧洲各级领主最主要的社会属性，相应地，贵族就是以战争为职业的土地所有者阶层。由于权力分割的性质，法国各个贵族领主在各自领地内有很大的权限，他们可以组织自己的军队，法国国王在面对外族入侵时，动员军队并组织抵抗得仰赖于这些大小贵族的协助。885 年诺曼人进攻巴黎，首先组织抵抗的是巴黎伯爵厄德和巴黎主教戈林。这两位领主在塞纳河的支流修建了坚固的桥头堡，率领巴黎的军队抵御诺曼人长达近一年之久的围攻。而后来赶到增援的国王胖子查理的军队则不堪一击，先遣部队与诺曼人刚一接触即遭大败，此时法国国王自己的军队还比不了地方领主的军队。卡佩王朝初年，法国国王拥有的权力仍然很有限，相比之下，世俗与教会领主的实力却很强。11—13 世纪是西欧庄园制度发展的全盛时期，随着生产力的发展，法国各地的政治与经济联系逐步加强，客观上为法国的统一与国王权力的加强提供了有利的条件。法国国王在加强中央政府机构建设的同时，也采取了许多措施，力图加强对军队的控制。在路易九世（1226—1270 年

[①] 参见〔法〕乔治·杜比主编：《法国史》（上卷），吕一民、沈坚、黄艳红等译，第 313—314 页。

在位,俗称"圣路易")统治期间,他招募士兵,对军队进行正规的组织与训练,国王所掌握的军事力量有所增强。不过这时候国王自己拥有军队的数目仍然很小,占据主导地位的仍然是由贵族们所率领的骑士性质军队。百年战争的初期,法国军队的组成仍然主要是贵族所率领的骑士军队。麦尼尔指出:"当百年战争(Hundred Years War,1337—1453年)开始时,法国国王仍然主要依靠王国的封建骑士团来迎战和击退英国侵略军,虽然到了克雷西战役(Battle of Crécy,1346年)时,他已经采取了谨慎的措施,以从热那亚雇来的弩弓手作为骑士团的补充,希望以此来和英国军队中雇佣的大弓手相抗衡。"①在克雷西战役中,法国的骑士队伍大败,法军有1 500名骑士阵亡。又如1356年的普瓦提埃战役,法国军队的主力亦是由法国国王约翰二世率领的贵族与骑士军队。由于战争的持续以及法国军队的不断失利,从查理五世(1364—1380年在位)起,法国国王注重了军事改革。与此同时,在世界军事领域,也发生着巨大的变革。军事装备方面,由于技术的进步,热兵器开始取代冷兵器。1326年佛罗伦萨制造出用火药作为原料的火炮,不久火炮经过改造具有了很大的威力。另一方面由于阵法的改进,原来的骑士作用开始减弱。西欧中古全盛时期,重装骑兵的装备比较昂贵,只有少数富裕之人才能够装备得起,其他人只是重装骑兵的辅助力量。随着形势的发展,轻骑兵由于具有战斗的灵活性,开始取代以前的重装骑兵。再以后,由于阵法的改进以及训练的演进,步兵在军队中的比重逐渐加强。针对军事领域出现的新变化,查理五世开始建立步兵部队,组织炮兵,改组海军,并且修建针对英国骑士军队的防御工事。但是应该看到,这些军事改革并没有使得法国国王拥有强大的私人武装,也没有改变国王依靠贵族军事力量的状况。查理七世(1422—1461年在位)统治时期,在重新收复法国北方诸省后,国王促成了地区三级会议的召开,地方行政机关获得了财政与司法

---

① 〔美〕麦尼尔:《竞逐富强:西方军事的现代化历程》,倪大昕、杨润殷译,学林出版社1996年版,第89页。

大权，贵族继续分享着统治国家的权力，而此时法国国王掌握的军事力量仍然较弱。佩里·安德森指出："中央国家的暴力机器、财政机构的规模依然很小。查理七世的正规军从未超过1.2万人——这样一支武装力量根本不足以辖制1 500万国民。因此，贵族凭借自己的佩剑保留了地方自治权，整个社会结构的稳定有赖于此。"[①]法国贵族在地方社会的统治权一直沿袭到路易十一时代，贵族掌握着各省行政与司法权力，地方上出现了许多高等法院，他们在本地区拥有最高的司法权。

英国国王与军队的关系具有自己的特点，然而英国同样没有形成常备军体制，国王掌控的军事力量很弱小。诺曼征服之前，国王可以利用的军事力量主要是由各地贵族提供的武装力量。"英格兰社会就从一开始存在着军事贵族，他们很可能具有某种领地。但在最初的几个世纪里，国王的扈从及'塞恩'与国王的联系比他们与土地的联系还要紧密些。他们要伴随在国王的左右，作为国王的军事活动的见证，在国王的王宫里生活。如果有必要，为国王战斗，万死不辞。贵族的生涯有着强烈的公社色彩：国王的大殿成了满足酒足饭饱的乐土，这是一个充满危险的世界里的人间天堂，这种景色充溢在盎格鲁-撒克逊人的作品之中。"[②]当面临外敌入侵时，国王召集贵族会议，共议御敌大事，明确各自的职责。1066年诺曼征服后，征服者威廉一世确立了自己为英国最高领主的地位，幸存下来的原盎格鲁-撒克逊贵族必须向自己效忠。在土地分封方面，威廉一世的直接封臣共有约1 400人，包括180名高级封臣和1 200名骑士。接受分封的封臣，特别是那180名高级封臣，绝大多数是威廉一世的诺曼近臣与亲随。伴随着土地分封的是，各个封臣应该根据自己所领有土地面积的大小，向封君提供相应数量的骑士。凭借

---

① 〔英〕佩里·安德森：《绝对主义国家的系谱》，刘北成、龚晓庄译，上海人民出版社2001年版，第84页。

② 〔英〕肯尼迪·O.摩根：《牛津英国通史》，王觉非译，商务印书馆1993年版，第71—72页。

着对世俗贵族和教会贵族的分封，英王威廉一世拥有骑士性质的武装力量约有5 000—7 000人。[①]在战时，直属封臣自然地担任所辖骑士的首领（captain）。封臣提供的军事义务包括：听从国王的命令进行征战，平叛地方的叛乱，担任国王的城堡与要塞的守卫等。在和平时期，骑士每年用于训练的时间应有40天；在战争时，骑士服役的期限是两个月，这时骑士的装备与战争的费用由骑士自己承担；超过两个月的战争费用得由国王来承担，这可以从王室的薪水册中看出。总的看来，一方面是英王的军事力量相对于单个领主或者几个领主来讲，他的军事实力强大；另一方面，相比于整个贵族阶层来说，国王的军事实力相形见绌，1215年的男爵叛乱即是例证。再有，受封建法的制约，英国国王不能够无限期地延长骑士服役时间，这会遭到贵族们的抵制。普尔指出："由于理查一世在其晚年不断地召集军队，男爵和下级的封臣都不愿意花费如此长的时间用于海外的征战——尽管逐渐地采用定额分配制，即只有部分的封建主被要求去服役。"[②]如果战争的时间太长，士兵们会撤离战场。普瑞斯特威奇写道："在1197年，理查一世需要300名骑士到法国作战一年，但是六周时间内，就有大群的士兵逃亡了。"[③]在约翰王统治后期，英王与贵族们已经达成了妥协——海外的征战应局限于诺曼底与布列塔尼。自12世纪开始，受次级分封、继承、没收、强占等因素的影响，欧洲封建制度所形成的土地产权形态逐渐地发生变化，再加上商品经济的发展，建立在分封制度基础上的骑士制度开始松动。日益频繁的对外战争也使得国王感到骑士制度不能够满足新形势的需要，建立一种新的征兵方式势在必行。从英王亨利一世（1100—1135年在位）开始，国王开始对大封臣征收盾牌钱，这一做法在亨利二世时继续推广。为了更加准确地征收盾牌钱，亨利二世在1166

---

① 参见 A. L. Poole, *From Domesday Book to Magna Carta*, Oxford: Clarendon Press, 1958, p. 15.
② Ibid., p.16.
③ Michael Prestwich, *Armies and Warfare in the Middle Age*, New Haven: Yale University Press, 1996, p.68.

年进行了著名的土地调查，①目的就是明确直属封臣应该向国王负担多少的军役。经过1166年的调查，亨利二世厘清了自威廉一世分封之后，英国领主土地的流转、转让、再分封、继承以及实际持有等客观状况，并依此征收盾牌钱。直到16世纪，骑士性质的军事力量在战争中仍然占据重要的地位。1536年英王镇压"求恩巡礼"运动（Pilgrimage of Grace）时，骑士性质的军队仍然是主要的依靠力量。弗兰克·塔内特指出：到16世纪40年代，70%的英国贵族都参加过战争。②

其二是雇佣军。雇佣军的出现是为了弥补军事力量的不足，这在世界历史上是一个常见的现象。随着盾牌钱的推广以及国家财政收入的增加，国王也逐渐地使用雇佣军，以满足日益频繁的对外战争的需要。但是，能否有效地控制并管理雇佣军是一个大问题。雇佣军中士兵的成分复杂，有没落的贵族，有流亡的农民，也有地痞与无赖。在战争间隙，这些雇佣军就在乡村与城市到处游逛，寻衅滋事，甚至打家劫舍，给普通民众带来极大的恐惧。安德森指出："但是，这些军队的形式和功能与后来的现代化中产阶级国家特有的军队大相径庭。它们并非是在全国范围内征募来的军队，而是常常由外国雇佣军起主导作用的一群乌合之众。"③1444年，查理七世颁布法令，把一些在法国国内滋事生非的雇佣军纳入皇家的军事体系，同时把其他的雇佣军强制解散。在意大利，各城邦国家使用雇佣军的现象更为普遍。中古时期的意大利，大贵族纷纷自立武装；再加上意大利各个城邦国家商品经济比较发达，割据的大贵族完全有足够的财力来支付雇佣军的费用。另一方面，德意志国王对意大利的历次征战留下了一些外国的骑士，以及14世纪从东方撤退下来的十字军残留人员，他们成为意大利雇佣军的重要来源。这些人从前以战争为生，

---

① 参见 A. L. Poole, *From Domesday Book to Magna Carta*, p.13。
② 参见 Frank Tallett, *War and Society in Early-modern Europe 1495-1715*, London: Routledge, 1992, p. 101。
③ 〔英〕佩里·安德森：《绝对主义国家的系谱》，刘北成、龚晓庄译，第15页。

现在又没有固定的经济收入，只要有人组织，给他们以报酬，他们随时听命于任何雇主。在意大利，雇佣军首领是一个势力很大的群体。布克哈特说："这一时代的显著特征是许多雇佣兵队长企图建立他们自己的独立王朝，人们不管传统的评价而只注意事实和事物的真正利害关系。"[①] "1495 年，当查理八世的战争把意大利搞得天翻地覆的时候。布雷西亚的雇佣兵队长维多韦罗试了一试他的力量。"[②] 在英格兰，斯蒂芬王朝的内战时期，以易普内斯的威廉为首的雇佣军，就曾经以俘虏的罗切斯特伯爵换回斯蒂芬国王。亨利二世时，1159 年的远征图卢斯和 1174 年的平定叛乱中，国王的雇佣军都发挥过一定的作用。在百年战争中，英法两国的军队中也有雇佣军的影子。雇佣军最突出的一个优点是无役期的限制，雇佣军的装备由士兵自己负责，伙食由国王提供，按日计薪，薪金数额并没有定制。雇佣军的缺点也是显而易见的。他们都是些流氓、土匪、亡命之徒，对国家与国王无忠诚感可言，只是为钱而卖命，而且出征时多有烧杀抢掠之事，因此不可作为主要的依靠力量。1574 年发生的"西班牙风潮"就是一个非常突出的事例，雇佣军把安特卫普城洗劫一空。此外，在许多北欧与中欧的城市与乡村中也发生过类似的悲剧，雇佣军像飞过的蝗虫一样，把所经过的地方洗劫一空。麦尼尔指出："然而，依靠外国人有明显的缺点。在 18 世纪以前，金钱数额总是远不足以准时支付外籍军人的薪金。长期缺钱的君主不能牢靠地依赖一支仅仅因为欠薪就准备退出战场的军队。"[③] 马基雅维里认为，雇佣军是意大利一切灾难的源泉。他告诫君主们："而雇佣军和援军是无益的，并且是危险的，一个人如果以这种雇佣军作为基础来确保他的国家，那么他既不会稳固亦不会安全，因为这些雇佣军队是不团结的，怀有野心的，毫无纪律，不讲忠义，在朋友当中则耀武扬威，

---

① 〔瑞士〕雅各布·布克哈特：《意大利文艺复兴时期的文化》，何新译，商务印书馆 1979 年版，第 13 页。
② 同上书，第 25 页。
③ 〔美〕麦尼尔：《竞逐富强：西方军事的现代化历程》，倪大昕、杨润殷译，第 142 页。

在敌人面前则表现怯懦。他们既不敬畏上帝，待人亦不讲信义；毁灭之所以迟迟出现只是由于敌人的进攻推迟罢了。因此你在和平时期受到这些雇佣军掠夺，而在战争中则受你的敌人掠夺。这是因为，除了一点军饷之外，他们既没有忠义之忱，也没有其他的理由使他们走上战场，而这点军饷并不足以使他们愿意为你牺牲性命。当你不打仗的时候，他们情愿给你当兵，但是如果发生战争，他们就逃避或者一走了事。"① 随后，马基雅维里又进一步论述雇佣军的不可靠，"雇佣军的首领们或者是能干的人，或者是不能干的人，二者必居其一。如果他们是能干的，你可不能够信赖他们，因为他们总是渴求自我扩张；因此不是压迫自己的主人——你，就是违反你的意思压迫他人。反之，如果首领是无能的人，他往往使你毁灭"②。马基雅维里有关雇佣军的论述是深刻的，值得后人借鉴。

其三是民团，这是一种民兵性质的军事力量。哈罗德·伯尔曼写道："加洛林王朝的国王们试图劝使各氏族和地域实体的首领们派送步兵以组成一支'民众的'也即帝国的军队，并取得了某种成功。与此相类似，盎格鲁-撒克逊的国王们依靠的是普遍的征兵制（fyrd）。然而，这些并不是常设的军队，而是用于应付共同的危急情况的后备军。"③在英国，民团是一种民间军事力量，源于盎格鲁-撒克逊时期，当国王处于危急的时候，每个自由人都有义务为王国战斗。在991年，郡守伯特努思曾经率领韦塞克斯的民兵抵御过丹麦军队的入侵。④1066年，哈罗德为了对付诺曼底公爵威廉的入侵，就召集了民团用于防御。诺曼征服后，诺曼王朝的国王们沿袭了旧制，在遇到战事时，国王向全国发布命令，征集各地的民团，由郡守指挥。

---

① 〔意〕尼科洛·马基雅维里：《君主论》，潘汉典译，商务印书馆1997年版，第57—58页。
② 同上书，第58页。
③ 〔美〕哈罗德·J.伯尔曼：《法律与革命：西方法律传统的形成》，贺卫方等译，第368页。
④ 参见〔英〕肯尼迪·O.摩根：《牛津英国通史》，王觉非译，第103页。

在1173—1174年平定叛乱时，亨利二世曾经使用过民团。[①]1181年，亨利二世颁布的《武装敕令》（Assize of Arms）规定：所有臣民，上至贵族，下至普通自由人，都必须自备一套与个人社会经济地位相称的武器装备，以供必要时从军使用。凡骑士等级或年收入16马克以上者，必须备有一整套的骑士装备，包括：一副锁子甲、一顶铁盔、一支矛、一支盾。地位低于骑士的人，标准相应降低，最基层的普通自由民与市民必须准备一套紧身上衣、一顶铁盔、一支铁矛。这一法令奠定了具有英国特色民团制度的基础。1252年，亨利三世也颁布了《武装敕令》，重申了先前的法令，任命警役召集武装的民众，处理破坏和平的行为，并上报郡守。此后，1285年爱德华一世颁布《温彻斯特法案》也重申了这一法令，由此民团成为一支重要的防御性武装力量。我们在考察民团性质时，需要注意以下几点：一是，民团具有全民征兵制的色彩，体现的是英王作为英格兰最高统治者所具有的军事权威；其二，国王并不认为民众拥有武器是对国家的一种威胁，而是认为这是对王国安全的一种保障，似无明显的防民之心；其三，民团服役的时间有限制，他们的服役期限通常在两个月左右；最后，大概也是最重要的，民团只能用于发生大规模外敌入侵的情况下，通常也不派往国外，按照现代军事理论，民团类似于国民警卫队。民团的召集在很大程度上是习惯的问题，在征集的必要性、征集的期限、使用的范围等方面，国王不可以独断专行，因此民团从未成为国王的私人武装。1544年，亨利八世意识到使用贵族骑士军队的诸多不便，他要求每个身体正常的16—60岁的人都有义务在需要的时候参军，并想把他们派往法国，但是由于古老的习俗与法律的限制，最后没有实现。[②]内战以后，情况亦是如此。肯尼迪·O.摩根指出："在该世纪其余的年代里，反对国外入侵和国内叛乱的第一道防线不是正规军而是民兵；他们未经过很好

---

① 参见 B. Lyon, *A Constitutional and Legal History of Medieval England*, London: Norton, 1980, p. 273。

② 参见 Helen Miller, *Henry VIII and the English Nobility*, Oxford: Basic Blackwell, 1986, p. 159。

的训练，装备一般，由本地士绅们纠集和领导，通常是一支仓促建成的本土防备力量。这些士绅由国王任命，但不隶属于国王。"①

英格兰是一个岛国，按照常理，英格兰的海军建设应该是相对强大的。但是令人惊讶的是，在漫长的中世纪，英国海军只是在急需或者战时才临时组建，从性质上来看，海军似乎也具有民团的某些特征。在"忏悔者"爱德华时，国王曾经向黑斯廷斯、多佛、海斯、罗姆尼、桑维奇等五个东南部港口城镇征调过船只。②诺曼征服后，这一传统延续下来，英国海岸防御任务由沿海居民承担，后来增加了拉伊、温切尔西等两个城镇，以及若干较小的城镇。按照规定，这些沿海的城镇每年要自费为王室提供 57 艘船，每艘船上包括 21 名水手和 1 个男孩，服役期限为 15 天，超过这一期限的费用由王室承担。③随着时间的推移，这一义务也会发生一些改变，在爱德华一世时期，五港口城镇的服务期限是 50 天。④由于这些城镇承担了王国的海军功能，作为交换，国王给予这些城镇贸易与行政的特权。有学者认为，五港口是一个地方自治性质的政府。⑤伯尔曼指出："这些城镇每年为保护王室提供一次船舶服务，以此换取自治体的特权，这一做法可以追溯到 12 世纪初年；它是在亨利二世时由官方规定的。……这些城镇所享有的大量特权包括设立一个普通的裁判庭（a common court of justice），免除通行税和其他负担，免受它们地区之外的司法权的管辖，以及每年开办一次商品交易会。"⑥可见，正常情况下，国王不可以任意地、无偿地征用地方民众的物资，他必须以某种付出来换得相应的服役，这种关系是双向互惠的。此外，

---

① 〔英〕肯尼迪·O. 摩根：《牛津英国通史》，王觉非译，第 322 页。
② 参见 N. A. M. Rodger, *The Safeguard of the Ocean: A Naval History of Britain 660-1649*, New York: W. W. Norton & Company, 1999, p. 27。
③ 参见 *Archaeologia*, Vol. VI, London, 1782, p.195。
④ 参见 Ford Madox Hueffer, *The Cinque Ports*, Edinburgh and London: William Blackwood and Sons, 1900, p. 3。
⑤ Ibid., p. 3.
⑥ 〔美〕哈罗德·J. 伯尔曼：《法律与革命：西方法律传统的形成》，贺卫方等译，第 752 页。

根据英国的习俗与法律，当出现全国性的紧急状态时，国王有权向全国各地征用船员与船只。① 在这时，普通的商船会被按照战争的要求改装，有些用于作战，有些用于运输。战争结束之后，这些船只就重回原来船主那里。因此，在通常的情况下，国王自己拥有的船只很少，原因除了以上所述，再有就是国王没有那么多的财力装备战船。都铎王朝时，英国正式创建海军，历经几代君主的努力，终于形成一定的规模。"1588 年，英国海军舰队的构成情况是：34 艘王家舰船为核心，另外有 64 艘武装商船，33 艘供应船，还有 43 条私人拥有的大舢板用于联络。"②

其四是国王的亲兵卫队。在封建时代的西欧，国王的卫队人数很少，这是因为"国王靠自己生活"，无法供养太多的私人武装。1505 年的米迦勒节至 1506 年的米迦勒节间，英国财政署的开销明细表明，国王用于支付卫队士兵的工资是 1 200 英镑。③ 这可是一笔不小的开支！因此一直到中古后期，英国国王拥有的亲兵卫队人数都极少。保卫君主的卫队被当时的人们称为"约曼卫士"（Yeomen of the Guard），他们主要由中小乡绅与富裕的自由人组成；到 17 世纪时，这些卫兵被称为"吃牛肉者"（Beef Eater）。最早的国王卫队是由亨利七世组建的，当时都铎王朝刚刚建立，政局动荡，国王不得不加强自己人身安全的保护。在亨利七世统治时期，国王的卫队只有 200 人。④ 亨利八世时期，卫队的人数不断地变化，在对法国战争期间，卫兵从 300 人增加到 600 人，1526 年降到 100 人，1547 年是 150 人。⑤ 此外在 1509 年，亨利八世还组建了一支 50 人的贴身卫队，这些人都是贵族出身，武器装备更为精良。总体看来，

---

① 参见 Michael Lewis, *The History of the British Navy*, Harmondsworth: Penguin Books Ltd, 1957, p. 14.

② 夏继果：《伊丽莎白一世时期英国外交政策研究》，商务印书馆 1999 年版，第 215 页。

③ Frederick C. Dietz, *English Government Finance 1485-1558*, London: Frank Cass&Co, 1964, p. 81.

④ 参见 Michael Van Cleave Alexander, *The First of the Tudors*, London: Croom Helm, 1981, p. 196。

⑤ 参见 Alison Weir, *Henry VIII: the King and the Court*, New York: Ballantine Books, 2001, p. 65。

国王卫队的力量不是很强,在国家的军事力量中能发挥的作用一般,这一传统沿袭到斯图亚特王朝。弗兰克·塔内特告诫人们:"人们不应该夸大军队是王权力量的附属物的程度,特别是在17世纪晚期之前。"① 肯尼迪·O.摩根的论述则更为具体。他指出:"政府缺乏强制性的力量:它没有常备军或有组织的警察人员,甚至连保卫国王和他周围作为仪仗的警卫人员也是在复辟时期才创建起来的。1603年至1640年国王在紧急状态下可以召唤的武装人员,为数只有几十人,而不是上千人……但是英格兰境内没有军事力量,而且除了在西部禁止非法种植烟草和有时逮捕宗教的异端分子以外,直到詹姆斯二世统治时才出现了军队。"②

二、贵族割据与分权

西欧贵族的尚武特征

在西欧封建社会中,贵族是唯一拥有军事权力的集团,他们是职业武士,战争是天职,有着自己独特的阶层属性和受法律保障的等级权利,国王如要顺利实现国家的治理,需要与贵族合作。在战斗中,如果附庸的领主也参加的话,那么附庸需要听从自己领主的命令;如果自己的领主不在场的话,那么这些附庸才听从国王或者国王代表的命令。有一段时间,贵族(nobilis)可以指任何自由人,即完全保有所有权土地的人。到了11世纪,这一用法和那个阶层的绝大多数一起消失了。它越来越多地限指有权势的人,特别是指王室的封臣。这样,贵族开始意指一个特殊的社会等级。③ 贵族这个等级既好战残暴,又具有忠诚的特点。汤普逊指出:在封建社会中,

---

① Frank Tallett, *War and Society in Early-modern Europe 1495-1715*, p.191.
② 〔英〕肯尼迪·O.摩根:《牛津英国通史》,王觉非译,第321页。
③ 参见 S. E. Finer, *The History of Government from the Earliest Times*, Vol. II, Oxford: Oxford University Press, p. 877.

一个人最无耻的罪行是暗杀自己的封君,这在中世纪是极为罕见的,在封建时代找不到有关封臣暗杀自己封君的案例。[①]这看似矛盾的现象,却又合乎封建社会的规则,这是因为,贵族可以公开地对抗国王,这是中世纪欧洲社会限制王权的方式。如1215年英国的男爵叛乱,因为男爵们认为国王约翰违背了自己应该遵守的封建法。事实上,国王也是贵族集团的一员,许多国王都是著名的战士,如英王"狮心"理查,参加了第三次十字军东征,他与萨拉丁的故事广为流传。当理查1194年历尽艰辛灰头土脸地返回英国时,他受到了伦敦居民英雄般的欢迎。虽然他参加十字军东征以及随后的巨额赎金,掏空了英国的国库,使得臣民们承担了额外的负担,但是他在圣地的赫赫战功为英国人赢得了巨大的荣誉,人们视他为"理想之君",因为中世纪欧洲是一个尚武的社会。1346年的克雷西战役中,法王腓力六世也参与了战斗并负伤。在英国玫瑰战争中,理查三世也是亲自披挂上阵,冲锋陷阵,最终血染沙场。

12世纪下半叶一位游吟诗人的吟唱道出了战争对于贵族的意义:"我热爱明媚的复活节之季,它带来绿叶和鲜花;我爱小鸟欢快的歌声,穿过丛林在空中回荡。但我也爱看草地上星罗棋布的大小营帐;原野上整装待发的骑士队伍与战马,使我欣喜若狂;看到先头兵驱散沿路的人群和畜群,我感到心花怒放;我喜欢看先头兵背后跟随着的大部队的武装;望见坚固的城堡被围困,栅栏被摧毁、踏平,武士们立在壕沟边,马肚带散落在城壕旁,还有犬牙交错的大木桩,此时我激情荡漾,……狼牙棒、宝剑、头盔和盾牌,在战斗一开始便被击碎、击穿;许多附庸倒在一起;死者和伤者的战马四处奔窜。一旦投入战斗,所有高胤贵胄便把一切置之度外,一心击碎敌人的头颅,打断敌人的肩膀;因为死去比被人征服苟活更为荣光。我告诉你们吧!听到对方发出'冲啊!冲啊!'的喊声,听到失去骑手的战马的嘶鸣,听着'救命啊!救命啊!'的哀号;看

---

① 参见〔美〕汤普逊:《中世纪经济社会史》(下册),耿淡如译,第330页。

着高贵之人和卑微之人在壕沟外的草地上倒下；最终目睹肋边插着带三角旗长矛杆的死者，此时比品尝什么美味佳酒、做什么美梦都要甜香。"[1]游吟诗人的诗歌是浪漫的，现实却是残酷严峻的。首先，城堡内的生活非常艰苦。城堡建在相对较高的地方，或在小山丘上，或在平原的高地上，周围是环绕它的小沟。为了安全起见，城堡的窗户很小，室内阴暗潮湿。城堡内东西杂乱无章，日常生活的用品与作战的武器混在一处。对于贵族和骑士来讲，从小时候起，他们就得接受各种各样的正规军事训练，包括骑马、射箭、冲锋和对打等。如果学习这些基本的战争技能较晚的话，他们很有可能会无法成才。等到他长大成人后，通过一定的仪式，他们就可以成为真正的骑士了。作战时，他们骑着训练有素的战马，头戴头盔，身穿铠甲，手持圆形的或者三角形的盾牌，另一手中拿着长矛或者长剑，全副武装。事实上，装备一名骑士的价格是很高的。一名骑士需要装备盔甲、马匹，以及备用马匹。史料记载，早在761年，阿勒曼尼亚的一个小地主用他祖传的地产和一个奴隶换取了一匹马和一把剑。[2]当12世纪欧洲骑士制度进入到全盛期时，骑士对马匹的要求更加高。一些大贵族在出征时，常常配备十几匹战马，价格也根据马的情况不一。如1297年，一个叫杰拉德·德·莫尔的领主，他有一匹价值300英镑的战马。而一般的骑士战马的价格也在12英镑左右，相比于14世纪农民一般收入三镑左右的话，普通人是不具备资格成为骑士的。[3]有研究者估计，除去备用马匹以及辅助装备外，一名骑士的装备大概要值约20头牛，相当于10家农户的犁耕队。而且这样的花费从未停止增长。到第三次十字军东征时，骑士需要三匹备用马匹和两名随从，以及自己的盔甲与武器，而一套盔甲相当于一个小农场的价值。总之，成为重装骑兵必须拥有大量财富。[4]

---

[1] 〔法〕马克·布洛赫：《封建社会》（下卷），张绪山等译，第485页。
[2] 同上书，第260页。
[3] 参见倪世光：《中世纪骑士制度探究》，商务印书馆2007年版，第49页。
[4] 参见 S. E. Finer, *The History of Government from the Earliest Times*, Vol. II, p. 877.

贵族与骑士以及他们从事的战争意味着身份，一种等级身份，一种特权身份。按照马克·布洛赫的说法：从1130年到1250年前后，出现了一个重大的变化，即成为骑士的权利已经转变成为一种世袭特权。①1140年，西西里的罗杰二世颁布的法令规定，只有骑士的后代才可以成为骑士；1152年，红胡子腓特烈颁布法令，一方面禁止"农民"携带长矛和佩剑（这属于骑士的武器），另一方面承认只有那些祖先是骑士的人才是"合法的骑士"；1187年，他又颁布法令，明确禁止农民的儿子获得骑士的称号。1234年，阿拉贡的国王詹姆斯一世效仿这一做法，1294年，普罗旺斯伯爵查理二世也步其后尘。②中古欧洲军队的贵族性质决定了它不是任人支配的武装力量，因而不会完全听任国王，不会成为其专制统治的工具。在一个多元政治结构的社会里，国王不可能控制全部的政治生活，不可能动员和支配全部的经济资源，因此不能控制全国的军事力量是必然的结果。何况军事领域是贵族的"世袭领地"，岂容君王一人垄断！

贵族的割据与分权

欧洲封建制度出现最直接的原因是中央政府的软弱和国王权威的衰落。加洛林王朝瓦解后，欧洲进入到动荡的时期。"此后欧洲陷于内部纷争和外族入侵的无穷无尽的战争状态。在这种状态中，人们比以往更迫切地寻找首领，而首领更要寻找附庸。但这些保护关系的扩展不再是为了国王的利益。"③汤普逊也说："各种事情已变为地方性的了，没有全国性的事情了。"④

9世纪的西欧面临着来自三个方面的威胁，即萨拉森人、匈牙利人和诺曼人的侵扰。南面是伊斯兰世界对它的侵扰，特别是萨拉森海盗的烧杀抢掠。客观地讲，这一时期的伊斯兰文明相比于西欧

---

① 参见〔法〕马克·布洛赫：《封建社会》（下卷），张绪山等译，第527页。
② 同上。
③ 同上书，第271页。
④ 〔美〕汤普逊：《中世纪经济社会史》（上册），耿淡如译，第302页。

社会来讲，是非常先进的，无论是经济上，还是文化上。因此，马克·布洛赫认为，在诸多的威胁中，伊斯兰教势力是危险性最小的敌人。[1]然而，对西欧社会中的普通人来讲，这些信奉伊斯兰教的阿拉伯海盗是他们真正的噩梦。关于萨拉森海盗的劣行，有一个引用比较多的例子。大约在889年，一艘来自西班牙萨拉森人的小船被风吹到普罗旺斯海岸，他们隐蔽在一处叫梣树林堡的地方，此处多山冈森林茂密。这群匪盗建立据点，昼伏夜出，打家劫舍，使得普罗旺斯的乡村饱受蹂躏。这些匪徒还抓俘房人质，将他们带到西班牙市场上出卖。如何消灭这一小股萨拉森匪徒，竟然成为当时这一地区各位国王——西边普罗旺斯和勃艮第的国王，东边的意大利国王——颇为棘手的问题。因为在当时，无论是他们，还是伯爵们，都没有属于自己的舰队。基督徒中此时只有希腊人是熟悉海洋的水手，但是他们也参与海盗活动。10世纪中叶，意大利国王阿尔的休曾经试图解决这一问题，但是最终未果。当时西欧最强大的东法兰克王国国王奥托大帝曾经试图用外交手段来解决，未果——因为他无法集结一支足够数量的军队。一直到972年，由于这群强盗俘房了享有盛誉的克吕尼修道院院长梅艾乌尔，引起了民愤。普罗旺斯伯爵威廉联合罗讷河谷的其他贵族，对盘踞在梣树林堡萨拉森人的军事要塞发动扫荡，才最终解决了这一延续近百年的匪患。[2]"梣树林堡事件"说明，当时的西欧中央政府是多么软弱无力。在萨拉森人的威胁之外，还有匈牙利人和诺曼人的侵扰。公元900年开始，匈牙利人就开始出现在巴伐利亚，他们对意大利北部、巴伐利亚和士瓦本等地区造成了严重的破坏。955年，东法兰克国王奥托大帝曾经大败匈牙利人，部分抑制了匈牙利人的攻势。到公元1000年左右，匈牙利人基本在欧洲定居下来。至于诺曼人的入侵，大约从公元800年就开始了，开始的时候是小规模的骚扰活动。逐渐地，诺

---

[1] 参见〔法〕马克·布洛赫：《封建社会》（上卷），张绪山等译，第38页。
[2] 参见〔比利时〕亨利·皮雷纳：《中世纪的城市》，陈国樑译，商务印书馆2006年版，第20页；又见〔法〕马克·布洛赫：《封建社会》（上卷），张绪山等译，第41—43页。

曼人在西欧停留下来。851年，他们在不列颠度过第一个冬天。在法兰西，诺曼人成为法兰西国王的封臣，获得现在的诺曼底地区，成为诺曼底公爵。为了抵御外族入侵，以伯爵为代表的领主们承担起抵御外族入侵的任务，由此原先属于中央政府的权力分散到地方领主身上，这些领主在自己领地范围内拥有广泛的政治、法律、司法与其他形式的统治权力。马克·布洛赫这样评价道："应该明白，即使在这里，'公共权力'一词显然并不是远离此地的王室政权，而是伯爵政权。"①"如果说在英格兰，威塞克斯的国王们直到国家最终倾覆都在勇敢地、有效地进行着反抗丹麦人的斗争，如果说在德国奥托的确卓有成效地抗击了匈牙利人，那么，在整个西欧最为成功的抵抗则来自地方政权。地方政权比国家政权更为强大，因为它们更便于组织人力，更少陷入小贵族纷争中慢慢出现的狂妄野心之中。"②这一现实最直接的后果就是西欧各地的贵族割据，以此为基础，进而形成贵族分权与地方自治，这是暴力色彩浓厚的地方自治，带有很大的"恶"性质，但是却是西欧地方自治的初始形态。欧洲大地上星罗棋布的大大小小的城堡，是贵族割据最直接的体现，贵族领主们以坚固的城堡为基地，实现对自己领地的管理，同时也抵御王室权威或者封君的侵入。例如，"狮心"理查为了加强诺曼底的防御，不顾以前的条约，在诺曼底公国边界的塞纳河畔修建城堡，与法王腓力二世对抗。与此同时，中世纪许多的国王就是在与贵族对峙的过程中丧命的，最为典型的又是"狮心"理查。1199年，理查的一个封臣在自己的城堡里挖到了价值不菲的金器，为了争夺这些金器，理查与该封臣之间爆发了战争，理查中箭，伤口感染，最终不治而亡。在德意志，领有萨克森与巴伐利亚等领地的"狮子"亨利，拒绝追随腓特烈一世出兵意大利，导致腓特烈一世的军事活动失败。

在法兰西，贵族割据的形势最为严峻，从早期的诺曼底公爵到

---

① 〔法〕马克·布洛赫：《封建社会》（上卷），张绪山等译，第271页。
② 同上书，第117—118页。

第二章　封建王权与贵族分权

后来的勃艮第公爵，一部法兰西中世纪史就是法王与贵族割据斗争的英雄史诗。987年，加洛林家族气数已尽，于格·卡佩被众贵族推举为国王，法兰西的卡佩王朝建立。理论上，于格·卡佩是法兰西人的国王，但是他实际上只是诸多贵族中的一员，而且还不是最强大的一员。王朝建立伊始，国王实际控制的领地只有巴黎周围的一片领地，史称"法兰西岛"，包括巴黎和奥尔良等城市。当时法兰西的领土面积有45万平方公里，而"法兰西岛"的面积只有不到3万平方公里，约占全国面积的1/15。即使如此，在"法兰西岛"内，依旧存在着割据的封建贵族，他们私建城堡，打家劫舍，使得国王的法令无法完全执行。在王室领地之外，存在着几十个大贵族，这些贵族领地又分裂为若干中等领地，中等领地又分裂为若干小领地或者骑士领。如此，法兰西国家呈现出"碎片化"的现象。在卡佩王朝早期，比较重要的大贵族领地包括：诺曼底公国、布列塔尼公国、阿基坦公国、加斯科尼公国、勃艮第公国、佛兰德尔伯国、图卢兹伯国、安茹伯国、香槟伯国等。在这些形形色色的公国伯国领地内，大贵族自己颁布法律、供养军队、铸币收税、审理案件等，俨然就是一个个独立的王国，为了土地、财富、荣誉与附庸，他们相互征战，相互厮杀。菲利普·孔塔米拉写道："所有形成的政治单元享有不断增长的自治，甚至是半主权性质。"[①] 此外，在法兰西领土上，民众们说着不同的语言：除了法语之外，布列塔尼地区讲凯尔特语，东南部讲巴斯克语，东北部说日耳曼语，其他的地区还有说奥克西坦语的。法律体系也是纷繁复杂，罗马成文法与法兰克人习惯法混合使用，有时候又相互矛盾。芬纳指出："中央权力是不存在的。"[②]

中古早期对法兰西王权构成最大威胁的是诺曼底公国，以及由此而演变形成的英国安茹王朝。911年，来自北方的诺曼人获准在塞纳河下游的两岸定居，他们向法王效忠，成为法王的附庸，条件是他们负责保卫这一地区，由此诺曼底公国形成。诺曼人具有极高

---

① Philippe Contamine, *War in the Middle Ages*, Oxford: Bacis Blackwell, 1984, p. 31.
② S. E. Finer, *The History of Government from the Earliest Times*, Vol. II, p. 920.

的行政管理天赋：一是组建了最高法院，处理公国的行政事务；二是任命司法总管，负责监督财政和司法事务；三是在诉讼程序上，采用调查取证和陪审团制度，这与传统的神明裁决相比，显示出极大的进步性。在公爵的治理下，诺曼底公国迅速发展。1066年，由于英格兰王位的继承问题，诺曼公爵威廉跨海征服英国，成为不列颠的主人，这使得他与法国国王的关系更为微妙。一方面"征服者"威廉是法王的"封臣"，因为他领有法王的封地；另一方面，威廉又是英国的国王，势力远远超过作为封君的法王。如何应对这一情况，历代法兰西国王都煞费苦心。也就是在1066年，威廉一世的长子罗伯特被确立为诺曼底的继承人，但是在法王腓力一世的挑拨离间下，罗伯特与其父的关系恶化，威廉一世被迫经常往返于英国与法兰西之间，或解决争端，或平定叛乱。1086年，又是因为诺曼底的领地之争，威廉一世与腓力一世之间爆发战争。1087年，威廉一世去世，诺曼底传给罗伯特，而威廉一世的三子威廉则继承英国的王位，是为威廉二世。罗伯特管理诺曼底不善，1096年，他把诺曼底抵押给威廉二世。1100年，威廉一世的四子亨利继承英格兰王位，是为亨利一世，1106年，亨利一世也获得诺曼底。在斯蒂芬篡位期间的1144年，法王的封臣安茹伯爵杰弗里夺得诺曼底。1150年，杰弗里之子亨利（即后来的亨利二世）继承了诺曼底，1151年，杰弗里去世，其子亨利又继承了安茹伯爵领地。1152年，法王路易七世与妻子埃莉诺解除婚约，由此失去阿基坦等大片领地，更为不幸的是，不久之后，埃莉诺又与法王的封臣安茹伯爵亨利结婚，从而使得亨利获得了阿基坦等土地。1154年，安茹伯爵亨利又成为英国的国王，英法之间的关系更加错综复杂。在亨利二世和理查统治期间，法王不断挑拨亨利家族父子以及兄弟之间的关系。到约翰统治英国期间，法王腓力二世借故宣布没收诺曼底，并于1204年攻占诺曼底。1259年，英王亨利三世在《巴黎条约》中最终宣布放弃诺曼底，此后诺曼底成为法王王室领地的一部分。虽然此后的百年战争期间，也涉及诺曼底，但是法王终究解决了这一领地的分裂。

如果说诺曼底封地是中世纪早期法兰西贵族割据的一个缩影的话，那么以勃艮第为代表的封建割据，则是法兰西民族国家形成过程中巨大的障碍。虽然是法兰西国王的封臣，勃艮第公爵在欧洲政治、军事以及外交等领域具有举足轻重的作用。英法百年战争期间，法王约翰二世把该地封给其幼子菲利普（史称"大胆"菲利普），相比于法王的宫廷，位于第戎的勃艮第宫廷更富有且更有文化气息，因此勃艮第公爵成为法兰西王位的有力竞争者。15世纪时，无论是"大胆"菲利普，还是"无畏者"约翰，抑或"好人"菲利普，更不用说"大胆"查理，这几位勃艮第公爵都有雄才大略与政治野心，不甘心成为一名普通的贵族，受国王的摆布，而是希望自己与勃艮第在法兰西乃至欧洲的政治与外交等领域发挥重要的作用。1404年4月，勃艮第公爵"大胆"菲利普去世，其子约翰继位，他先后继承了勃艮第公爵领地、夏洛莱地区、佛兰德斯、阿图瓦以及弗朗什-孔泰地区。由于约翰继承了其父母双方大部分的领地，保证了勃艮第公国领地的完整性，因此新公爵的继位并没有削弱勃艮第原先的影响力。勃艮第公爵的强势使得他与国王的弟弟奥尔良公爵路易产生了矛盾，在对英的问题上，勃艮第公爵属于"亲英派"，与奥尔良公爵意见相左。这最终导致1407年奥尔良公爵被暗杀，此后的法兰西陷入到内战之中，持续二十八年。1419年，"无畏者"约翰亦被谋杀，"好人"菲利普继位。为了替父报仇，1420年他与英国签订了《特鲁瓦条约》，并同意成立英法联合王国，这时候的勃艮第公爵成为左右法兰西政局的关键势力。但是随着1422年英王亨利五世的去世，勃艮第公爵又开始与法王接触，并于1435年签订《阿拉斯和约》，达成和解，这也标志着持续二十八年的内战结束。通过《阿拉斯和约》，查理七世保证向勃艮第让出皮卡迪、鲁瓦（Roye）、佩罗讷（Péronne）和蒙迪迪耶（Montdidier）等几处重要的领地。除此之外，国王还将蓬蒂厄和圣·昆汀（Saint-Quentin）、亚眠（Amiens）等重要的城镇，即所谓的"索姆河城镇"抵押给"好人"菲利普——如果将来国王需要的话，他必须出资赎回。不仅如此，查理七世还将勃艮第境内的塞纳河畔巴尔（Bar-sur-Seine）、欧塞尔（Auxerre）和马孔（Mâcon）让给公爵。这些领地的确认与获得，使得勃艮第的领地范围进一步扩展。此外，"好人"菲利普也以其他的方式扩张。1428年，勃艮第公爵通过战争成为他的堂妹——埃诺、荷兰和泽兰的女继承人——巴伐利亚的杰奎琳的继承人。1429年，通过购买方式，那慕尔成为勃艮第的一部分；通过继承，他成功夺取布拉班特（Brabant）公国。为了证明自己统治的合理性与神圣性，勃艮第的统治者们不仅在政治军事上动作频频，而且在宫廷文化等软实力方面也大做文章。"'好人'菲利普和'大胆'查理统治期间的勃艮第是当时欧洲最炫耀夺目的宫廷之一。为纪念诸如外交会议、签署条约、筹备十字军东征等政治事件，以及国内重要事件而举行的宴会和仪式，以当时的视觉语言，为反映勃艮第公爵的财富和权力提供了机会。"[①]乔治·杜比主编的《法国史》也写道："……勃艮第公爵的宫廷是世界上装点最豪华的，它保持着瓦卢瓦家族崇尚排场的传统，体现了其华美富丽的品味。大胆菲利普努力将第戎改造成君王的首都。他整修了旧的公爵宫殿，它是权力的象征，一座不可攻克的堡垒，同时也是举办华丽庆典的场所，现在它需要扩建和美化。"[②]1467年，"好人"菲利普去世，他与葡萄牙伊莎贝拉的儿子"大胆"查理继位。事实上，在这之前的两年，查理已经开始接管勃艮第的事务了，并且与法王路易十一有过直接冲突。根据1435年《阿拉斯和约》，法王将所谓的"索姆河城镇"让渡给勃艮第。1461年法王路易十一登基之后，他与"好人"菲利普达成协议，赎回了这些地方。但是"大胆"查理对此笔交易不满意，于是联合法兰西的其他几位贵族，组成所谓的"公益同盟"（League of the Public Good）与法王路易十一交涉。由贵族们组成的"公益同盟"宣称，他们反抗国王的原因是为了保卫"公共利益"。在这

---

① Christopher Allmand ed., *New Cambridge Medieval History*, Vol. VII, Cambridge: Cambridge University Press, 1998, p. 444.

② 〔法〕乔治·杜比主编：《法国史》（上卷），吕一民、沈坚、黄艳红等译，第525页。

一事件中,"大胆"查理还与其他的贵族联合,如波旁公爵和布列塔尼公爵等法国贵族,这使得路易十一寝食不安。最终法王迫于贵族强大的实力,于1465年将"索姆河城镇"交还给"大胆"查理手中。在"大胆"查理统治勃艮第期间,他试图创建一个强大且独立的割据政权,成为"西方世界的大公爵"。首先,为了增强自己的实力,查理加强了对境内城市的控制。城市与公爵之间的关系错综复杂,以列日和迪南为代表的一些城市,由于受到法王的暗中支持,拒绝勃艮第的统治,遭到勃艮第的镇压。1467年查理继位之后,根特、安特卫普等城市不断要求保卫自己城市的特权。这个致力于封建割据的公爵亦面临着内部地方主义,勃艮第长期以来对这些城市的特权关注不够,再加上对城市征收重税,导致了其统治境内城市与公爵关系紧张。其次,"大胆"查理试图切断勃艮第与法兰西的司法联系。1468年,"大胆"查理借口法王代表曾经鼓动列日等城市反叛自己,要求法王签署条约,规定勃艮第不再受巴黎高等法院的司法管辖,并迫使巴黎高等法院取消对佛兰德尔、根特以及布鲁日等城市的管辖,这显然是对法兰西国王权威的挑衅。在对外关系上,查理借助英国的势力对抗法王的权威。英国"玫瑰战争"期间,法王支持兰开斯特家族,查理则支持约克家族。1468年,查理与爱德华四世的妹妹、约克家族的玛格丽特结婚。1470年,他接纳被放逐的英国国王爱德华四世,并计划与爱德华四世结盟,对抗路易十一,后来该计划没有成功。查理确实"大胆",他对抗法王的同时,甚至希望成为罗马帝国的皇帝,至少获得"帝国代理人"的称号,他也希望自己的公爵领地升格为王室领地。为了实现自己的"宏伟蓝图","大胆"查理在诸多的领域进行了改革。在梅赫伦被确定为勃艮第低地地区的首府后,他于1473年在梅赫伦成立大会议(Grand Conseil)以及法院,该法院成为所有低地地区的主权法庭。1473年12月,勃艮第公爵颁布《泰昂维条令》(the ordinance of Thionville),宣布废除布鲁塞尔和里尔的两家法院,梅赫伦的法院成为唯一被认可的法院。在税收方面,查理向各封地征收巨额的赋税。如 1470 年，他与北部封地领主协商，要求他们在三年内缴纳 12 万克朗的税款。[①] 通过对税收制度的改革与调整，勃艮第公爵获得了所需的大量钱款。在军事方面，查理也进行了积极的改革。在他之前，勃艮第的军事力量主要是封建性质的军队，并没有常备军。但是对于查理来讲，这些军队无法满足他的政治野心，他决定组织一支类似于王室军事力量的队伍，共 20 个联队，每个联队约 900 名士兵。为了加强部队的火力，他下令铸造性能优越的大炮。此外，他还使用雇佣军，聘请意大利人担任教官，训练士兵。"大胆"查理希望借助强大的军队与法王一决高下。勃艮第政权已经成为法王巨大的威胁。但是造化弄人，查理在接下来的岁月里，面临着各方面的叛乱与战争，并最终在 1477 年战死沙场。这个强大的处于欧洲中部的公国轰然倒塌，随后，勃艮第落入法王之手，法王也去除了心里最大的那块阴影。勃艮第公国在近百年的历史中，始终是法兰西王权统一全国的巨大障碍。对于法兰西国王来讲，勃艮第并非特例，他确确实实地面临着诸多贵族政权的竞争与挤压，这种意义上的地方主义是中世纪封建社会的残存，一直延续到近代早期。

[①] 参见 Christopher Allmand ed., *New Cambridge Medieval History*, Vol. VII, p. 453。

第三章 村庄共同体与封建庄园

一、村庄共同体

欧洲封建社会的构成因素是多重的,在不同的层面有着各自的表现形式。就欧洲乡村基层社会而言,存在着村庄共同体、庄园与教区等三个性质不同且又相互交织融合的情况。徐浩认为:"在农村,村庄、庄园与教区三种不同权力来源的组织同时运行,形成农村基层社会的权力格局:代表国家和地方自治共同体利益的村庄,行使领主权力的庄园,及承担教会精神职能的教区。"[1]如何全面准确地理解村庄共同体、封建庄园、教区这三者之间的关系,需要我们历史地分析。三位一体的基层行政体制并不是一个共时段的现象——村庄共同体的存在贯穿于中世纪与近代早期,以此为基础,封建化的庄园与后来成为基层组织的教区先后承担着地方治理的角色。由于教区成为基层行政机构是近代早期的事情,我们后文再涉及。

国外学术界早期侧重于对庄园的研究,这是因为它是欧洲封建乡村社会典型的社会单元,且有关庄园的现存资料非常丰富。近年来国内外的研究者开始关注中世纪欧洲村庄共同体。赵文洪指出:"人们在谈到封建时代欧洲农村的基层社会单位时,一般首先会想到封建庄园。其实,与此同时,我们绝不应该忘记村庄。19 世纪研究英国历史的著名史家文诺格拉多夫(Paul Vinogradoff)曾经明确指出,

---

[1] 徐浩:《农民经济的历史变迁——中英乡村社会区域发展比较》,社会科学文献出版社 2002 年版,第 119 页。

村庄这种地域组织远比封建制度古老，而且在封建制度下仍然充满活力。"①村庄是一个自然形成的聚居地，人们长久以来就生活在一起，比较容易成为小的命运共同体。《元照英美法词典》对村庄的定义有两个。一是"指百户区的下一级组织，是最小的行政单位，大约相当于后来的行政堂区"；二是"指为了共同生活或经营的目的而集合起来组成的一个共同体，也指有社区共同体特征的地区。该词并不是一个专门术语，而更多的只是一个习惯性用语……一个庄园可能包含几个村庄，也可能只有一个村庄。"②

欧洲封建社会的村庄共同体源于日耳曼人早期的农村公社——马尔克。在日耳曼人入主西欧大陆之前，他们生活在农村公社之中，这是具有原始民主制性质的共同体。在社会生活中，日耳曼人实行自由民大会。由于文明发展程度以及战争等原因，现在流传下来有关日耳曼人早期社会生活的资料非常稀少：一是凯撒的《高卢战记》，二是塔西佗的《日耳曼尼亚志》，特别是塔西佗《日耳曼尼亚志》的参考价值更大。塔西佗记载："日耳曼人中，小事由酋帅们商议，大事则由全部落议决。人民虽有最后决议之权，而事务仍然先由酋帅们彼此商讨。"③塔西佗的《日耳曼尼亚志》写于公元98年，而到蛮族各部落入主西欧大陆时，时间已经过去了四百年左右，情况其实已经发生了较大的变化，但是从流传下来的早期蛮族法典来看，马尔克公社的民主残存仍在。这种原始民主制的残余体现在以下的方面：一是部落成员在政治生活中具有参与权，并且这不是一种空泛的参与，而是以手中的武器为基础，是一种实实在在的参与。塔西佗记载日耳曼人开会时的具体情形是这样："在聚合了相当多的人以后，会议便开始，大家都带着武器就座。祭司们宣布肃静，在这个时候，他们有维持秩序的权力。于是在国王或酋帅们之中，或以年龄、或以出身、或以战争中的声望、或以口才为标准，推选一

---

① 赵文洪："中世纪欧洲村庄的自治"，《世界历史》2007年第3期。
② 薛波主编：《元照英美法词典》，法律出版社2003年版，第1403页。
③ 〔古罗马〕塔西佗：《阿古利可拉传 日耳曼尼亚志》，马雍等译，第60页。

个人出来讲话；人们倾听着他，倒并非因为他有命令的权力，而是因为他有说服的作用。如果人们不满意他的意见，就报之以啧啧的叹息声；如果大家很满意他的意见，就挥舞着他们的矛：这种用武器来表示同意的方式，乃是最尊敬的赞同方式。"① 可以设想，一种以徒手表决为形式的参与和一种以挥舞手中武器为形式的参与，显然后一种更具有真实性与有效性。也正是在这种情况下，部落首领的权力才不可以达到绝对化。二是以封建时代欧洲公共法庭对比日耳曼人的民众大会，两者颇为相似，如领主也只是庄园法庭的主持人，而不是裁决者。

村庄的聚居模式有两种：一是聚居的村子；二是分散的独家村。马克垚认为："可能由于自然环境、耕作制度等的差异，自然村的景观也十分不同。英格兰中部地区大体上实行开田制，村子一般是一个集中的中心区，周围环绕以耕地、森林等。而在西部及西北部地区，人口稀少，缺少聚居的村落，而是分散的独家村（hamlet），彼此相距较远。"② 徐浩也持相似的观点："英格兰的定居模式分为村庄（village）和小屯（hamlet），分别属于敞田制和非敞田制地区。"③ 德国的情况也是如此。"村庄因其居住点的大小而有所不同，它可能有5个农庄，或者也可能有50个；它们可能是有计划地设立的，是交通要道上的村庄，也可能是在高地、在河畔、或者在湖边，或者是散居的村庄。它们的空间秩序是长期发展过程的结果。"④

学界对村庄是否为基层行政机构存在着争议，究其原因是封建时代存在着村庄与庄园融合的情况，即村庄的职能由庄园承担了，这是理解这一问题的关键。梅特兰指出："村庄的管理是以庄园法

---

① 〔古罗马〕塔西佗：《阿古利可拉传　日耳曼尼亚志》，马雍等译，第61页。
② 马克垚：《英国封建社会研究》（第二版），北京大学出版社2005年版，第90页。
③ 徐浩：《农民经济的历史变迁——中英乡村社会区域发展比较》，第102页。
④ 〔德〕里夏德·范迪尔门：《欧洲近代生活：村庄与城市》，王亚平译，东方出版社2004年版，第6页。

庭的形式出现的。"① 马克垚认为："在这种自然村落的基础上，村作为一种组织，一种团体（community）在中古依然存在，有人甚至指出它比百户、郡有更多的团体性。这实际上就是说，古代的农村公社，仍然以不同形态存在着。国家的一些行政管理职能，就这样落在了村这个组织的肩上，使人感觉到它像是基层行政组织一样。"② 村庄与庄园融合的情况有如下几种。其一，当庄园与村庄重叠时，庄园法庭与村庄会议融为一体，这是理想的状况。其二，当一个庄园包含几个村庄时，庄园法庭可以方便地处理民众事务。其三，当一个村庄包含几个庄园时，情况就比较复杂，需要我们单独论述。在一个村庄包含几个庄园的地方，通常是几个庄园的村民们一起组成村民大会，处理涉及整个村庄的事务，每个庄园有自己的责任与义务比例。如白金汉郡的道福德村庄，按照惯例，村庄应该由村长与村内四个品行良好的人出席百户区法庭、郡法庭会议以及验尸官的调查会议。而这个村庄由两个庄园组成，于是一个领主的庄园提供三个人，另一个领主的庄园提供村长与第四个人。③ 在哈勒斯通村庄，村庄内有六个领主。1410年，"在六名领主、六个有身份的居民以及其他善良的人与整个村庄的一致同意之下"，村庄做出安排：扩大最小田地，圈围田地，拓展道路并同时修建一些路。为了给村庄扩展道路，有两个领主贡献出自己的一些小块土地。在村民大会上，村民们成立了一个由九人组成的委员会，重新界定道路并丈量公路；同时规定村庄的九人委员会应该按照多数人的意见处理村庄事务，成员应该由村民选举产生，假如以后他们的职能不再适应形势的需要，将停止他们的活动。④ 再如诺福克郡的沃尔索克村庄，该村庄有三个领主，分别是拉姆塞修道院院长、伊利主教与刘易斯副修道院长，

---

① Pollock F, Maitland F W, *The History of English Law before the Time of Edward I*, Vol. I, Cambridge: Cambridge University Press, 1968, p. 567.
② 马克垚：《英国封建社会研究》（第二版），第 90—91 页。
③ 参见 Pollock F, Maitland F W, *The History of English Law before the Time of Edward I*, Vol. I, pp. 610-611。
④ 参见 W. O. Ault, *Open-field Farming in Medieval England: A Study of Village By-laws*, p. 75。

每个领主在村庄内都有自己的庄园法庭，这样有关十户联保的权力与收益问题就不容易解决了。后来这三个领主达成协议：由三个领主的管家一起主持法庭，相关违法者的罚金则归各自的领主，法庭档案的管理由主教的管家负责。这样有关村庄的事务——如陪审团宣誓、征收十一税、执行有关面包与啤酒的检查——就可以解决了。村庄还选举出三名猪倌，负责饲养村庄的猪。另外由于沃尔索克村庄靠近海，因此村庄选出四名重要的村民负责看护海堤，村庄民众一致同意征收相关的费用，用于拓宽海堤，有三个村民被选举出来担任征税员。[1]庞兹认为："在大多数情况下，村庄（或教区）代表着一个稳定的自治共同体。"[2]

村庄的性质是两方面的：一是具有自然村落的特征；二是具有共同体的特征。C.戴尔对村庄共同体的定义是："生活于某一特定地区人们的联合体，民众被充分组织起来，利用资源（通常指草地与耕地）并应对上面的权威机关如国家政权。"[3]瓦尔特·乌尔曼指出："随着它们权利的发展，这些乡村社区成为自治的团体了。"[4]

村庄中最主要的官员是村长（reeve），欧洲各地区的称谓不一，在意大利被称为长老，但是都是意指村庄的首领。村长是村庄中比较殷实的农民，同时也是民众中有威望的人。霍曼斯定义村长为"村庄的主要的代表"。[5]村长的职责是代表村民参加郡与百户区的会议；出席国王的巡回法庭，为巡回法庭法官提供相关的信息；传达上级政府的征税要求；作为村庄共同体的代表向上级政府或者领主表达村民的意愿。在实际生活中，村长与庄园中的庄头有时候是重叠的。

---

[1] 参见 W. O. Ault, *Open-field Farming in Medieval England: A Study of Village By-laws*, pp. 76-77。

[2] N. J. G. Pounds, *A History of the English Parish*, Cambridge: Cambridge University Press, 2000, p. 4.

[3] Christopher Dyer, "The English Medieval Village Community and Its Decline", *The Journal of British Studies*, Vol. 33, No. 4 (1994), p. 408.

[4] Walter Ullmann, *Principles of Government and Politics in the Middle Age*, London: Methuen, 1978, p. 218.

[5] George Caspar Homans, *English Villagers of the Thirteenth Century*, p. 334.

村警（village constable）是村庄中另一个重要的官员，他们负责村庄的公共安全，有权命令村民夜里值班巡逻，防范盗窃纵火等不法行为，协助上级警官抓捕拘禁犯人。有时村警还要协助征收税款，因为具有世俗性质的征税活动需要借助村庄进行。[①]J.R.肯特通过研究大量的庄园与教区档案后指出：村警主要是从乡村中较为富裕殷实的家庭中产生，他们的身份略低于乡绅。如1583年至1642年间，斯坦福德郡的帕丁汉村庄中一共产生了81名村警，其中有63人是社区中的大户或者是中等收入的农民，此外还有9人是手工业者、商贩，他们也是村庄中较有地位的人。[②]

村庄共同体自治表现为村民自己管理村庄的事务。957年的一个文献记载了圣米希尔寺院的农民们按照三田制度划分村庄的耕地，分配干草地的地段，规定村庄的地址，标识领主的自营地、市场以及公共荒地和森林边界等。农民们的活动是按照习惯进行的，并没有受到领主的干涉。[③]在敞田制耕种的时候，村民大会会发挥更大的作用。梅特兰认为："晚近的历史学家们在村庄中看到了一个比在庄园中更为古老的社区或共同体（community）——就英国的历史而言，我们可以称之为原始的共同体：一群人或一个家庭群落，很可能是依据血缘关系结合在一起，依据集体农业制度耕作土地；他们是或一直是这些土地的主人，并在很大程度上规制自己的事务，决定土地该如何耕作、是否接受新的成员；这些事务都通过一个被称为村庄法庭（township-moot）的机构得到处理，尽管它并没有一个我们称之为司法机构的法庭。"[④] C.戴尔则强调村庄内部的管理机制。他说："总体看来，村庄共同体是真实存在的，它有自己内部的管理传统与等级，领主有自己的权力范围，而创新总是

---

① 参见 N. J. G. Pounds, *A History of the English Parish*, p. 4。
② 参见 J. R. Kent, "The English Village Constable 1580-1640", *The Journal of British Studies*, Vol. 20, No. 2 (1981), pp. 28-29。
③ 参见〔美〕汤普逊：《中世纪经济社会史》（下册），耿淡如译，第371页。
④ 〔英〕梅特兰：《英格兰宪政史》，李红海译，第35页。该中译本把township翻译为"镇区"，笔者认为这一译法是不准确的，容易产生误解。根据前后文的意思，应该译为"村庄"，供参考。

从下层开始的，例如济贫法，不时地村庄会反对领主，争取自治的权利。"①

在基层公共安全方面，从10世纪起，英格兰就实行十户联保制度，每个人都有义务揭发不法犯罪行为。按照约翰·哈德森的说法："这是一个十人或十二人、有时或许是整个村子里所有人的组合，彼此互为担保，以确保所有的人都不违法，并且人们都承诺如果发生违法行为应当交出违法人。如果不能做到这一点，他们都应受到罚金处罚，也即他们应支付一笔款项以换得国王的宽宥。这样的区划被称为一个十户，表明其基本数额是十个成员。加入十户大概需要举行仪式以宣誓忠于国王，并宣誓既不实施盗窃行为亦不对盗窃行为放任不管。每个村子都有内在的动力确保每个人都加入十户，因为如果发生违法行为而违法者又不在十户体系之内，则整个村子要受到处罚。"② 1233年英格兰的一个法令要求：每个村庄都得任命至少四个人负责村庄的公共安全工作，进行夜间的巡逻。1252年再次确认了这一法令，而在1253年则规定村庄公共安全所需要的费用由村庄居民自己承担。③假如要收留一个陌生人的话，必须有村庄中的人做出担保，才可以收留他。④1242年，亨利三世令每个村庄都应该任命两名村警，负责村庄的安全，并且为国王召集村中所有符合条件的人服役。村庄承担着公共安全的义务还表现为，村庄要对违法行为接受集体的惩罚。英格兰法律规定：如村庄发生犯罪的事情，当事人大声呼喊（hue and cry）要求别人帮助，其邻居听到呼救后均有义务协助追捕罪犯，假如不这样做的话，整个村庄就要受到罚款。因此，村庄就是一个集体安全的共同体。在实际生活中，村庄违反国王法律而受到处罚的事情比较常见。例如提克斯乌尔村庄，

---

① Christopher Dyer, "The English Medieval Village Community and Its Decline", p. 418.
② 〔英〕约翰·哈德森：《英国普通法的形成》，刘四新译，商务印书馆2006年版，第75页。
③ 参见 T. F. T. Plucknett, *A Concise History of the Common Law*，中信出版社2003年影印版，p. 86.
④ 参见 Susan Reynolds, *Kingdoms and Communities in Western Europe 900-1300*, Oxford: Clarendon Press, 1997, p. 149.

由于拒绝对国王的巡回法庭宣誓而被罚款。阿尔村庄由于在发生谋杀案后没有报案被罚款。瑞克村庄也是由于村中发生了谋杀案后，没有采取行动被罚款。再有密德维特村庄，由于收留了一个不属于十户联保的人而受到上级的处罚。纽博尔德村庄由于在郡守差役不在场的情况下，私自掩埋了一具死尸而受到处罚。[①]在中世纪，法律机制是解决社会问题实现社会治理的一个重要手段与方式，民众参与司法实践是一个普遍的现象。政府要获得实现治理的信息，就需要当地民众向各类法庭提供本地区的情况，基层民众由此频繁地参加各种法庭。1086年进行《末日审判书》调查时，王室官员们为了获得村庄相关的信息，就召集由牧师、村长与六名村民组成的村庄陪审团。王室官员提出有关的问题，陪审团成员照实回答，通过这种方式，国王实现了对地方的了解。此外，在公共法庭与领主法庭中，需要召集自由人或农奴，法庭的法官是主持人，他就具体的案件与事务要求法庭中的诉讼人提供相关信息，并且由此作出裁决。通过这些司法实践，借助法律这一手段，国王与中央政府实现了对地方社会的治理。再有巡回法庭来到基层的时候，也需要地方民众参与司法活动。在巡回法庭来到郡的前几周，法庭就发出命令，要求此郡的郡守召集本郡所有的牧师、骑士、男爵、其他的土地所有者、每个村庄共同体（或者是庄园）的村长以及村中四名品行良好的村民、每个城镇的12名市民等，到时候出席巡回法庭的会议。此时村长作为村庄的代表，与上级进行协商。[②]巡回法庭的法官来自中央，他们获得当地民情与案情的途径就是询问当地的民众，由这些人指控本地区有犯罪行为的人，在起诉人陈述事实的基础上，只需要几名法官就可以处理众多的案件，司法效率之高，令人惊叹。

梅特兰指出："有人认为，这一原始的共同体或社区总体上落入了领主的掌控之中，从而并变成了其封臣（通常是其农奴土地保

---

① 参见 Pollock F, Maitland F W, *The History of English Law before the Time of Edward* I, Vol. I, pp. 565-566。

② 参见 George Caspar Homans, *English Villagers of the Thirteenth Century*, p. 334。

有人）的社区，村庄也就变成了一个庄园，但仍是出于公法的目的，或者我们所说的治安的目的，国家还是把它作为村庄而不是庄园来看待；当村邑、村庄并不与庄园重叠时（如有时会发生的那样），是村庄而不是庄园要就逮捕罪犯及其他事务而向国家负责。这两者并肩存在，旧的组织并未完全为新的所吸收。"[①] 赵文洪认为：中世纪欧洲的许多村庄，的确有着不同程度的自治，尽管它们的自治只限于农民群体内部，并没有改变农民受领主的经济、政治以至于人身支配的地位，但是，这种自治地位有利于自由、独立、平等观念的保持或者滋长，有利于农民对领主的反抗，有利于农奴争取解放的斗争。因此，有利于欧洲从封建主义向资本主义的过渡。历史表明，封建领主消亡了，封建庄园瓦解了，而村庄的自治却伴随着农民自由的扩展而更长时间地存在着。[②]

二、封建性质的领主庄园

随着欧洲社会的封建化，基层行政亦不可避免地受到影响，村庄与领主权性质的庄园相互融合、同化，领主的权力渗透到村庄组织。关于欧洲封建制度有句俗语：没有无土地的领主，也没有无领主的土地。梅特兰说："实际上，庄园与村庄之间通常存在密切联系。非常常见的是，同一片土地，从一个角度来看构成一个村庄，从另外一个角度看就是一个庄园。"[③] 由于庄园保留下来的档案资料更为系统与丰富，研究者往往以庄园的形式研究村庄共同体的组织与管理。亦如 W.B. 斯蒂芬指出："14 世纪以后，经济的变化以及治安法官权威、教区会议和城镇的扩展与增长，使得庄园在近代社会变得不重要。但是地方史学家仍然可以在 16、17 世纪甚至更后的

---

① 〔英〕梅特兰：《英格兰宪政史》，李红海译，第 35—36 页。中译本中的"镇区"修正为"村庄"。
② 参见赵文洪："中世纪欧洲村庄的自治"，《世界历史》2007 年第 3 期。
③ 〔英〕梅特兰：《英格兰宪政史》，李红海译，第 35 页。中译本中的"镇区"修正为"村庄"。

庄园档案中发现有价值的信息。"① 汤普逊说："庄园制度的性质与范围，是理解中世纪时代的经济社会史的关键。中世纪的经济生活，主要是有关自然经济和土地占有的事情以及有关土地上农民所负担的义务。庄园制度曾流行于所有中欧和西欧的部分，即在拉丁与日耳曼基督教国家境内；它是一种政府形式、也是一种社会结构、一种经济制度。"②

欧洲庄园制度的起源颇为复杂，学界并没有定论，但是它是理解中世纪经济社会生活的关键。汤普逊认为：在9世纪，当诺曼人、马扎尔人与穆斯林蹂躏欧洲时，法兰克帝国的瓦解使得建立强有力的地方政权成为必要，保护的急切需要使庄园的统治固定下来，并使它的制度具体化。于是那些筑有围墙的庄园住宅或城堡和集聚在它下面的村庄，成为这个时代的典型和象征了。③按照梅特兰的看法，典型的庄园应该具备如下的特征：一是庄园与村庄在地理上应该一致，即一个村庄就是一个庄园；二是庄园的土地应该是由三个部分组成，即领主的自营地、农奴的份地以及自由民的土地，这些土地属于条形地，此外还有草地、牧场、荒地以及树林和池塘，这些属于公共性质；三是领主的庄园形成一套管理体制；四是庄园设有庄园法庭，处理有关庄园内农奴的案件，并安排庄园内的农业生产。④有时候几个村庄形成一个庄园，这时的庄园领地就比较大，如茨威·拉齐（Zvi Razi）研究的海尔斯文庄园即属于此种情况。海尔斯文庄园面积约10 000英亩，它由中心市镇（market town）海尔斯文与12个村庄（township）组合而成。1300年时，在这些村庄中，居住家庭最多的村庄有30—35户，其他的有10—20户家庭组成的

---

① W. B. Stephens, *Source for English Local History*, Cambridge: Cambridge University Press, 1981, p. 76.
② 〔美〕汤普逊：《中世纪经济社会史》（下册），耿淡如译，第358页。
③ 同上书，第373页。
④ 参见 Pollock F, Maitland F W, *The History of English Law before the Time of Edward I*, Vol. I, pp. 596-597. 另见马克垚：《英国封建社会研究》（第二版），第145页。

村庄，最少的村庄只有6户家庭。① 再如梅特兰描述的："杜汉姆主教拥有67个村庄，分属于10个庄园，平均每个庄园有6个多村庄，这种情况在英格兰北部比较常见。"② 但是前面的两种情况都很少，更多的情形是村庄被划分为两个或者几个庄园，特别是在英格兰南部地区。

对于庄园而言，它是由领主、自由民与农奴组成的一个地方行政实体，它的管理机构就是庄园法庭。在理论上，庄园法庭分为由自由人组成的领主法庭（baron court）与由农奴组成的习惯法庭（customary court），但是在现实的生活中，这两者几乎没有差别。国内学者对这一问题论述已经很多了，这里从简。对于自由民的情况，可以做一点补充。虽说这是一个特例，但也说明农民的力量。在法国南部的朗格多克地区，自由民为了保护自己的自由和土地而反对领主的封建化，由此他们组成了同盟性质的会社。③ 关于庄园的性质，伯尔曼指出："从内部关系看，采邑采取的是自治的社会共同体的形式，它们在欧洲大部分地区称'庄园'（manerium）。"④ 普拉克内特也认为，庄园是一个比想象中更自治的实体。⑤

许多庄园中的管理人员是与村庄官员重叠的，出于叙述的方便，这里介绍庄园管理人员的构成只是一种理想化的模式。庄园总管是领主任命的最高管理人员，在普通民众的眼里，他就是领主的化身，拥有领主般的权力，担任总管的人总是一个有身份有地位的自由人。如拉姆西修道院庄园的总管有时候是修道院院长的兄弟，有时候是

---

① Zvi Razi, "Family, Land and the Village Community in Later Medieval England", *Past and Present*, No. 9 (Nov., 1981), p. 4；也参见 Zvi Razi, *Life, Marriage and Death in a Medieval Parish*, Cambridge: Cambridge University Press, 1980, pp. 5-6.
② Pollock F, Maitland F W, *The History of English Law before the Time of Edward I*, Vol. I, p. 608.
③ 参见〔美〕汤普逊:《中世纪经济社会史》（下册），耿淡如译，第390页。
④ 〔美〕哈罗德·J. 伯尔曼:《法律与革命：西方法律传统的形成》，贺卫方等译，第387页。
⑤ T. F. T. Plucknett, *A Concise History of the Common Law*, p. 99.

卸任的剑桥郡郡守，地位之高显而易见。①由于分封的原因，领主的领地与庄园分布于全国各处。这种情况下，总管一个人无法管理，于是在每个庄园会有领主的管家。管家是仅次于总管的人员，担任管家的一般是自由人，他比总管更加接近普通的庄园成员。在走马上任时，他要带上庄园领主签署的任命书，这是对其权威的确认。庄头是庄园中与农民最接近的管理人员，可能也是庄园中最不可缺少的管理者，因为研究者发现，无论庄园的规模大小如何，无论庄园的管理体制怎样简单或者复杂，都有一个庄头存在。与领主的管家不同，庄头从庄园成员中产生，他与农民有着自然的亲和力。"维诺格拉道夫把管家形容为'门外汉'，一个领主强加于农民头上的人；而庄头则相反，他是农民中的一员，一个地地道道的庄园村民，对庄园的一切都很熟悉，从儿时起就了解生活在村子里的每个人的脾气秉性与生活习惯。"②庄头的职责事无巨细。"他务必使庄园所有雇工一早起来干活，适时给犁上轭，而且竭尽地力，把地耕好、种好、中耕好，所用种子需是经过精心挑选的良种。庄头还应该设法给庄园修建羊栏，给它围上树枝编就的篱笆，每夜都垫草积肥以改良土壤。"③此外，庄头要陪同管家经常检查房屋、篱笆、围墙、车马等的情况，发现损坏后及早维修，他也经常参与领主客人的接待等等。总之，庄头的责任重大。

下面简单地叙述庄园的治理机制，即通过何种机构或组织、以何种性质的方式进行治理。庄园法庭是庄园实现治理的机构。《英国庄园生活》一书对此进行过详细的阐述，可供我们参考。一方面，庄园作为一个封建实体，赋予了领主司法、行政、经济等权力，庄园法庭就是领主实现治理的工具。另一方面，习惯法以及领主与村民之间相互的权利义务关系也使得庄园成为一个具有一定自治性质

---

① 参见〔英〕亨利·斯坦利·贝内特：《英国庄园生活》，龙秀清等译，上海人民出版社 2005 年版，第 134 页。
② 同上书，第 141—142 页。
③ 〔英〕伊·拉蒙德、〔英〕W. 坎宁安：《亨莱的田庄管理》，高小斯译，商务印书馆 1998 年版，第 76 页。

的实体。首先，庄园法庭是协调农民耕作的机构。中世纪的庄园实行的是公地制度，又称为敞田制度，农民持有的份地并不是一整块的，而是零星地分散于庄园的各个地方。贝内特指出："这是一种十分古老的原则：农民份地的本质特征就是，它们应该分成相应的小块，并散落在公地上。"① 在公地制度下，农民的耕种是一种集体性的行为，需要遵守相同的耕作方式。一个农民想要在这种土地耕作制度下耕作特殊的作物几乎不可能。在公地制度下，大家只能够耕作同一种作物，如一起种小麦或者燕麦。至于在具体的耕作过程中，是协作多，还是个体耕作多，现在并不清楚。当每户农民收割完各自的庄稼后，这些条形地立刻变成公地，向所有的村民开放，这就是公地制度的重要特征。贝内特分析了其中的缘由："这几乎是整个公地制度的必然结果，任何其他做法都行不通。一方面，假如我们设想：每个农民都把自己的条田圈围起来，到时候他就可以让自己的牲畜在自己的条田里吃麦茬，不让别人的牲畜进入自己的地里。但这样做马上就会有很多麻烦：由于每个人都用栅栏把自己的土地圈围起来，那他就无法带着犁或其他农具进入自己的条田，而且也没有地方调转犁耙，除非腾出大量的空地。另一方面，土地如果没有栅栏，而要确保自己的牲畜严格限制在一个狭长的条田中，还要确保牲畜不会走失，这也几乎超出了个人的能力，至少会引起各种纠纷。"② 因此，在敞田制度下，庄园法庭的一个重要功能就是安排庄园土地的耕作，这种耕作制度也产生了一个新的概念——"公地共同体"。赵文洪指出，所谓"公地共同体"是指同一个村庄或者庄园内实行公地制度的土地所有者或者持有者共同组成的生产和生活的单位。"公地共同体"应该具有以下几个特征：全体成员或者全体成员的代表组成最高权力机构，该权力机构集体讨论团体的共同事务，它一般用投票表决的方式作出决定，该机构实行一致同

---

① 〔英〕亨利·斯坦利·贝内特：《英国庄园生活》，龙秀清等译，第32页。
② 同上书，第42页。

意原则或者多数统治原则,其管理人员通过选举产生等。①

关于庄园法庭召开的时间,说法不一,通常情况下是每三周召开一次,当然例外的情况也很多。有些庄园法庭一年才召开一两次,有的庄园法庭间隔不长的时间就会召开一次,这与领主个人、庄园的地理位置以及需要处理的事务有关。一些领主领有的庄园可能分布在各个地方,假如每个庄园法庭的召开都需要领主亲临的话,是不现实的。这个时候,领主的总管就会穿梭于各地,负责准备与召集庄园法庭。关于庄园法庭召开的地点,各个庄园也是不同的。如果庄园领主手头宽裕的话,他可能建造一座房子,专门供法庭开会使用,但是这种情况少见。天气好的话,庄园法庭会在户外开阔的地方开会,这体现了民众集会的原始性。参加庄园法庭是农奴应尽的责任,自由民从原则上来讲,可以不参加庄园法庭。在一些庄园,有些自由民可以免除参加庄园法庭的义务,但是由于庄园法庭会涉及耕作的安排以及其他的一些公共事务,这时候自由民也会参加,以免耽误了农作物的播种或者收获。而一般的农奴,是必须出席的,除非他得到了领主的同意,或者有其他充分的理由,如生病等,否则将会受到相应的处罚。在庄园法庭上,领主或者领主的代理人是法庭的主持者,庄园的文书负责法庭的记录,差役负责法庭秩序的维护,即所谓的"弹压现场"。在正式开始法庭之前,有一道重要的程序,就是陪审员进行就职宣誓,这既是一种仪式,也是传统习俗的体现。贝内特指出:"在13世纪时的拉姆西庄园,陪审团所做的第一件事从来都是进行就职宣誓。陪审团的出现以及他们向法庭陈述的问题必须引起我们的高度重视,但我们无论如何不能因此忽略这样一个事实,即在陪审团的身后是全体出席人,陪审团的汇报是面向全体出庭人的,而且案件的最终判决也是由全体出席人作出的。"②

---

① 参见赵文洪:"庄园法庭、村规民约与中世纪欧洲'公地共同体'",《历史研究》2007年第3期。

② 〔英〕亨利·斯坦利·贝内特:《英国庄园生活》,龙秀清等译,第178页。

第三章　村庄共同体与封建庄园

在庄园法庭中，农奴不是完全处于无助的地位，庄园档案记载的许多案例都表明，在与领主的纠纷中，农奴也有不少获胜的机会。如果从权利演变的角度考察，在庄园法庭发展的过程中，农奴应享有的权利以及应尽的义务被逐渐固定下来，这种对农奴剥削量的固定，实际上标志着农奴地位的提高。随着经济与社会的发展，庄园习惯法越来越倾向于保护农奴的权益。如习惯法强调：领主不可以随意地驱赶一直居住在土地上的农奴；不可以任意地强加新的劳役或者负担于农奴的头上；领主有义务关心生病的或者年老体弱的农奴，让他们生存下来。这些都是对农奴的一种保护，防止领主利用庄园法庭进行任意的解释。贝内特写道："但是，不管我们发现庄园法庭是如何的软弱无能，它却并非全然百无一用，也并不只是领主用来对农民进行罚款和惩治的工具，它也是防止政策剧变的重要保证。在法庭的案卷中，不时地记载着一些关于'庄园惯例'的新的解释，或者是新的条款；记载着陪审团对依附人群应提供的诸种义务的裁决，以及对领主土地与这些依附者的土地之间的界限的裁定，等等。……但对于农奴来说，它却的的确确是有据可查的法庭，为了能查询案卷，以便确认他所提出的权利要求是对还是错，农奴总是情愿缴纳一笔钱款。当农奴来到法庭之上接手或让渡一块土地的时候，在法庭上不仅有交换'权杖'的仪式，而且书吏会将这些事实记入案卷，农奴往往还向法庭要求得到一份记录的副本，以免出现任何疑问。"[①] 约翰·哈德森也指出："领主一定很有影响力，但是在其自己与佃户之间的诉讼中，他的法院并非必然偏袒他。法院的讼师所考虑的并不仅仅是袒护领主，而是要维护他们自己的声誉和利益，而这可能导致法院作出对其领主不利的判决。确曾有原告在领主自己的法院对领主提起诉讼，如果事先知道必然败诉他们一定不会起诉的。"[②] 在农民与领主的博弈中，农民还会求助于上级领主、主教、大主教甚至国王与皇帝，这种情况下，庄园通常是以

---

① 〔英〕亨利·斯坦利·贝内特：《英国庄园生活》，龙秀清等译，第195页。
② 〔英〕约翰·哈德森：《英国普通法的形成》，刘四新译，第52—53页。

一个共同体的身份出现。汤普逊讲述了两个例子。一个是905年的事情。一个修道院领主的农奴曾经向大主教申述说：领主迫使他们从事强制劳动。大主教回答道：你们是农奴，需要你们做什么，你们就应该做什么。这些农奴并不否认他们不自由的地位，但争辩道，领主没有权利要求新的超乎常规的义务。于是，大主教进行了调查，证实农奴所陈述的都是实情，于是判定领主不得征收超出习惯法范围之外的租税和劳役。①另一个是1038年的事情。在瑞士的一个村庄里，自由民被降为农奴。这个村庄的农民在11世纪大多数还是自由民，由于觉得需要得到保护，该村的村民向临近的一个领主臣服。但是该领主违背了最初的诺言，把这些自由民降为农奴。这激起了村民们的不满，于是当德国皇帝亨利三世巡视到该地时，他们"告御状"。②

在庄园官员选举任命方面，总管与管家作为领主的代理人由领主直接任命，他们的地位无疑很高。对于庄头来讲，他与普通庄园成员的距离最近，在很多的情况下，村庄的村头就是庄园的庄头。庄头每年选举一次，通常是在米迦勒节举行。③庄头的选举方式五花八门：领主自己任命；先由农民初选，再由领主决定；完全由农民决定。总体说来，庄头的选举比较常见的方式还是管家与农民协商的结果，因为完全一方的决定是不能够保证庄园正常运作的，并且作为处于总管与管家下面的管理人员，更多的时候农民的意见起着决定性的作用。假如领主或者总管一意孤行的话，会发生严重的后果。1280年普瑞斯敦庄园的总管西门·德·皮尔蓬特就试图迫使黑尔布兰德·瑞恩伯德做庄头，但是瑞恩伯德并不愿意。于是他召集了50多个农民来到总管家中，放了几把火，杀死了总管的猎鹰，并虐待了总管的马。随后又把总管本人抓住，以武力相威胁，要求总管发誓，

---

① 参见〔美〕汤普逊：《中世纪经济社会史》（下册），耿淡如译，第388页。
② 同上书，第371—372页。
③ 参见 George Caspar Homans, *English Villagers of the Thirteenth Century*, p. 297。

第三章 村庄共同体与封建庄园

以后不会再强迫他们做事情，并保证农民们以后不会被秋后算账。[①] 以上的情况想必不多见，这也从另一个侧面说明，假如瑞恩伯德成为庄头的话，是有很大号召力的。在任命或者罢免庄头的事情上，领主或者总管与村民之间的矛盾非常多，档案中记载了许多这类事情。在许多的情况下，庄园内的农民会通过缓和的方式获得选举庄头的权利，如向领主支付一定的费用，以便自己选举庄头。1284年在斯塔普勒格拉夫庄园，农民们就向领主温切斯特修道院院长支付了6先令8便士，目的就是为了自己选举庄头。[②] 在国王自营地的庄园中，这种自治的色彩更为浓厚。金斯索普是国王自营地内的庄园，村法规定：每年的某一个星期天，在庄园议事厅（court-house）中举行选举庄园官员的工作。村庄的管理人员包括管事（bailiff）、村警等人。因此奥特指出，金斯索普是一个普通的农业村庄，但是它执行着自治政府的功能。[③] 庄头虽然属于村民中的一员，与他们是邻居关系，但是也不能完全保证庄头不会与村民们作对，获取自己的私利，或者对邻居们打击报复，在这种情况下，村民就会借助于庄园法庭来伸张自己的权利。1278年，村民们在法庭上对庄头提出了一系列的指控，说他收受贿赂，为了捞取钱财而不符规定地免除了一些人的劳役。庄园陪审团认为，其中的一些指控属实。在另一个法庭上，有个庄头在庄园法庭上指控一个村民装病不去上工，但是通过调查后发现，这纯属诬告，实际上，该村民一直身体健康，在自家的院子里干活。由此庄园陪审团认为，这是庄头的恶意中伤，并对庄头进行了处罚。[④]

庄园是一个社区共同体，因此它的自治性也体现在社会事务方面。济贫是庄园与村庄必须负责的一件事情，这是由中世纪乡村生活的性质决定的。正如亨利·皮朗所言："这种情况继续存在时，

[①] 参见〔英〕亨利·斯坦利·贝内特：《英国庄园生活》，龙秀清等译，第144—145页。
[②] 同上书，第144页。
[③] 参见 W. O. Ault, *Open-field Farming in Medieval England*, pp. 73-74。
[④] 参见〔英〕亨利·斯坦利·贝内特：《英国庄园生活》，龙秀清等译，第148页。

农民之间经济上的平等必然是普遍的规律。遇到疾病或是残疾,邻人会来援助。"[1]这一时期的济贫活动带有自发的性质,它的主体是家庭,单个的家庭通过某种口头的承诺或者契约的方式,为需要救助的贫民提供住房、食物、衣服与燃料等基本的生活必需品。这种救济的对象通常是本村人,当然有时候也对一些不相识的人进行救助,庄园法庭负责监督这一行为。1295年一个法庭档案提及村庄的习惯规定:亨廷顿郡的阿普伍德村庄应该向被救济的人提供规定的食品数量与规定的住宿方式。[2]如果没有履行义务的话,就会受到相应的惩罚。以救济孤儿为例,依据惯例,如果没有亲属向法庭申请孤儿的监护权,庄园领主就将对其进行监护,将孤儿委托给共同体,并选举监护人对孤儿进行监护。[3]如果监护人没有尽到监护的责任,使得孩子生活艰苦或者得不到应有的生活保障,庄园就有权调查情况,并对监护者处以相应的惩罚。再如寡妇的权利以及生计问题。事实上,乡村中的寡妇面临着尴尬的境地。虽然丈夫留给了寡妇一块份地,但是如何处理这块份地却是一件难事。如果寡妇年老体弱无法耕种这块土地,那么她就无法完成应尽领主的义务,而领主自然也不会容忍这种情况出现。但是寡妇如果因为无法履行对领主的义务而交出份地的话,那么她的晚年将无法生活。在这种情况下,庄园法庭就会发挥着作用。1281年黑尔斯庄园的案例就是很好的一个事例,通过儿子与母亲之间订立的协议,并且这份协议等到了庄园法庭的确认。根据协议,托马斯·勃德的寡妻阿格尼丝向她的长子托马斯转让了她在村里和其他地方持有的全部土地,条件是只要她还活着,托马斯就应该诚意地、毫无保留地按如下条件赡养她。如在米迦勒节的第二天,她应该从儿子托马斯那里得到一夸脱的小

---

[1] 〔比利时〕亨利·皮朗:《中世纪欧洲经济社会史》,乐文译,上海人民出版社2001年版,第62页。

[2] 参见 Christopher Dyer, "The English Medieval Village Community and Its Decline", *The Journal of British Studies,* Vol.33, No.4 (1994), p. 415.

[3] 参见 Elaine Clark, "Social Welfare and Mutual Aid in the Medieval Countryside", *The Journal of British Studies*, Vol.33, No.4 (1994) p.391.

麦、一夸脱的燕麦以及一蒲式耳豌豆。在万圣节那天，她还将得到五车的海煤。在圣诞节前八天，母亲又可以得到一夸脱的小麦、一夸脱的燕麦以及一蒲式耳豌豆。在其他的节日亦可以得到数目不等的粮食。此外，儿子托马斯还应该修建一间房子供母亲居住，这座房子必须符合一定的标准。由于托马斯继承了土地，因此他还应该向领主服相应的劳役。在庄园法庭上签订的协议还规定了如果托马斯违反了协议，寡母可以收回该份土地。①

三、王室庄园的管理

在有关庄园的论述时，有一个独特的现象，就是国王自营地庄园的自治色彩更为浓厚。这一点是国内学者没有关注到的。从常理来看，国王自营地的庄园属于国王，他可以随心所欲地实现自己的统治，庄园争取自治更是不易。事实上，情况恰恰相反。本文在此以哈维尔王室庄园为例，做一个简要的叙述。

埃塞克斯郡属于王室自营地的哈维尔庄园是一个比较典型的例子。该庄园面积约有1.6万英亩，由三个村庄组成，共有人口2 000人左右（1251年）。国王管家是该庄园的管理者，然而由于管家距离庄园法庭开会的地方较远，来往不便，且该管家还有其他的事务需要打理，于是庄园的日常事务由管事具体负责。在实际生活中，哈维尔庄园村民组成的陪审团是庄园的行政机构，选举产生管事以及其他的庄园管理人员，如警役、检验员、森林管理员、沼泽地看护员等，他们在庄园富裕农民中产生。由于管家代表王室，因此他直接由王室任命。庄园的警役负责社区的安全，从1380年起，每年由选举产生，到了1460年，每年选举一名警长与七名警员。检验员负责检查庄园内食物生产、酒类与皮革的生产与销售，共四名，主要从手工业者中产生。两名庄园森林管理员负责森林的看护与维护，

---

① 参见〔英〕亨利·斯坦利·贝内特：《英国庄园生活》，龙秀清等译，第225—226页。

他们从庄园的富裕农民中选举产生,两名沼泽地看护员负责沼泽地的看管工作,他们从庄园南部的富裕农民中选举产生。①

在行政地位上,哈维尔庄园也逐渐地提升,到 13 世纪晚期,该庄园的行政地位已经等同于百户区,由此庄园的村民可以不用参加百户区法庭以及郡法庭。这可不是一般庄园能够获得的地位。与此同时,埃塞克斯郡的郡守也被禁止进入该庄园的地界处理有关的法律事务,其依据就是哈维尔庄园的管事隶属于王室管理。在法律上,有关哈维尔村民的令状直接由郡守转交给庄园的管事,由此在司法上,庄园就取得了自治的权利。以下一个例子可作说明。王后埃莉诺(Eleanor)拥有了哈维尔庄园,她在庄园的森林中划出一块地方,作为自己的养兔场。村民们认为,王后的这一举动侵犯了他们古老的权利,给他们的日常生活带来了极大的不便,于是村民们就向王室法庭的法官起诉,但是没有效果。在这种情况下,村民们就私底下进入王后的养兔场,王后得知这一情况后,立即召集哈维尔庄园的 12 个村民质问。村民们拒绝承认王后私自划定的养兔场,认为这一行为与传统习惯不符合。埃莉诺王后大怒,关押了这些村民三天三夜,最后迫使他们承认王后的做法。此后法律规定,村民带武器进入养兔场,或者在经过养兔场时放开自己的狗,都是违法的行为。表面上,这一次王后取得了胜利,但是不久以后,庄园的民众又重新取得了对养兔场的权利。②此后哈维尔庄园获得的自治权利不断地增加,1465 年庄园获得王室的特许状,该特许状确认哈维尔庄园是国王古老自营地的庄园,理应享有相应的特权——司法自治权、行政自治权、免受外面官员干涉的权利、选举自己官员的权利、举办市集的经济权利等。并且王室特许状授予的对象既包括庄园直接佃户,也包括所有佃户与居民组成的哈维尔共同体。马乔里·肯尼斯顿·麦金托什指出,哈维尔原来就是古老的王室自营地,现在

---

① 参见 Marjorie Keniston Mcintosh, *Autonomy and Community*, Cambridge: Cambridge University Press, 1986, p. 204。

② Ibid., p. 57.

又享有特许状所给予的新权利，这就使得哈维尔达到了一个自治程度很高的水准，它与大的市镇和其他的一些自由特区一样享有很大权利。①

  限于材料的获得，我们在此只能够以哈维尔这一庄园为例进行简要的介绍。不可否认的是，王室庄园所获得的自治权利远比我们想象中的要多得多，这可能是国王对自己自营地庄园的一种眷顾，或是对村民们的一种恩赐。以此为参照，我们再探讨西欧封建社会庄园自治性质时，应该有更深刻的认识与理解，并且这种认识又与王权的性质相关联。

---

  ① 参见 Marjorie Keniston Mcintosh, *Autonomy and Community*, pp. 242-244。

第四章 自治性质的封建城市

一、中世纪城市起源的理论

欧洲中世纪城市的起源是一个相当复杂的问题：是继承了罗马时期的城市，还是其他的原因，史家对此观点不一。虽然关于这一问题的理论探讨已经是一个半世纪以前的事情了，从某种程度上来讲显得陈旧了，但是对于中国的研究者来讲，只有完整地梳理前人的研究思路，才会有我们继续研究的动力，这一点是至关重要的。美国著名中世纪史学家 J.W. 汤普森曾经对这一问题进行过总结，有助于我们现在的认识与理解，现转述如下。[①] 按照汤普森的看法，19世纪后半叶制度史家的最大研究热点就是中世纪的城市起源问题，对这一问题的兴趣甚至超过了 19 世纪中叶制度史家对封建制度起源与性质的注意。

根据汤普森的概括，那一时期史学家对中世纪城市起源的理论基本分为如下派别。首先是最早的"罗马说"。这一理论派别认为：中世纪的城市是罗马城市的直接后裔，其理论依据是中世纪的城市官吏和行政机关常常称为执政官、库里亚以及元老院等，由此一些史家认为罗马城市一直延续到中世纪。但是这一理论为哲学家黑格

[①] 相关的论述请见〔美〕汤普逊：《中世纪经济社会史》（下册），耿淡如译，第409—414页；〔美〕汤普森：《历史著作史》（第四分册），孙秉莹、谢德风译，商务印书馆 1992 年版，第 546—562 页。这里汤普逊与汤普森均为同一人，是由于中国学术界翻译的不统一形成的，他是美国 20 世纪早期著名的中世纪史学家。

尔的儿子卡尔·黑格尔所否定。1847年卡尔·黑格尔在《意大利城市宪政史》一书中指出：假如中世纪城市起源于罗马的学说正确的话，那么它在意大利城市史中的证据一定比其他的任何城市史都要多。但是令人遗憾的是，没有任何的证据表明意大利城市作为一个政治实体或者法人团体能够追溯到罗马时代。由此，卡尔·黑格尔以釜底抽薪的手段彻底地摧毁了"罗马说"理论的大厦，并因而使得其他的各种解释理论纷纷出现。德国法律史学家冯·毛勒在1854年出版的《马尔克、农舍、村落和城市组织史导言》一书中阐述了"马尔克学说"，并由此产生了"中世纪城市马尔克起源说"。这一理论认为：中世纪的城市是自由的、民主的，而这一点与日耳曼人农村公社（马尔克）的性质是一样的；由此随着日耳曼人入主西欧社会，这一自由的传统就保存下来了，并演变为自由的城市。"马尔克起源说"充满着浪漫主义的色彩，与封建社会的"日耳曼源头"理论同出一辙，因此在德国以及英国的史学界受到青睐，甚至为少数的法国学者所接受。当然这一理论后来也遭到了其他一些学者的否定，但是仍然是一种比较强大的理论流派。1859年德国历史学家威廉·尼茨施在《管理人员与等级》一书中提出了"庄园说"，认为中世纪的城市——至少是一些城市，特别是德国的城市——是从庄园脱胎而来的。威廉·尼茨施的论证如下：封建庄园中存在着管理人员集体以及有技巧的手艺人，随着城市政府的出现，他们就成为最早的市政官吏。但是这一理论没有回答这一问题：城市是如何成为一个具有法权的单位，即拥有自己的法庭呢？英国著名法律史学家梅特兰对这一理论进行了补充，并客观地指出了此理论的不足之处。梅特兰认为：关于法庭问题可以这样解释，即村庄通常是有自己的庄园法庭的，通过领主赐予的宪章，村庄可以成长为一个市民社会——当然这种解释不足以解释所有的情况。1897年，雷歇尔在《市场与城市》一书中提出了"市场法起源说"。该理论学说认为：支配市场的"和平"创造了一个脱离当地封建法院管辖的被保护地区，从而产生了一个被保护的集团，主要是手艺人和商人集团。后来城市社团的核心是这些早期商人与手艺人,城市的行政制度是从市场行政制度中成长起来的,市场法是城市法的来源。雷歇尔的"市场法起源说"在学界赞同者有之,反对者亦有之。城市起源的"驻军说"也是一种流行的理论。"捕鸟者"亨利以及盎格鲁-撒克逊人的国王"长者"爱德华(901—925年在位)为了抵御外敌的入侵而新建了许多的堡垒。在英格兰新建了五个堡垒:莱斯特、诺丁汉、林肯、斯坦福以及德比,这些新建的堡垒里建立了"昼夜守望"制度。由于具有一定的安全感,这些地方就有了定居的生活,商业以及手工业逐渐地就在这些受到保护的村社中发展起来了,由此发展出中世纪的城市。"驻军说"可以部分地解释一些城市的起源,如英格兰的一些城市。按照梅特兰的解释,诺曼征服前英格兰的大部分市镇是由国王应军事需要建立的,国王要求塞恩(thegns)驻守这些市镇,由此这些军官与士兵建造了自己的房屋,并使得手工业者聚居。在诺曼征服之后,这些遍布各地的城堡虽然丧失了其军事意义,但是其商业意义保存下来了。比利时历史学家亨利·皮朗[①]的"商业移民团说"也是很有影响的一种学说,这一学说的特点就是结合了"城堡说(驻军说)"与"市场法说"。亨利·皮朗认为:在日耳曼人入侵以后,罗马帝国的商业活动其实是继续进行的,因此日耳曼人的入侵并没有终结古典文明时代的经济统一,地中海仍然是东部与西部联系的纽带。但是随着伊斯兰教势力的扩张,它改变了世界的格局,摧毁了古代的世界即地中海共同体。地中海曾经是罗马人的内湖,现在却变成了穆斯林湖,从此以后地中海把欧洲的东西部分开了,拜占庭帝国与西部日耳曼世界的联系断裂了。这样在9世纪的时候,西欧的商业逐渐地衰落,以前的城市生活也随之消逝,那些残存下来的属于城市居民的东西不复存在,同时在中世纪早期的时候,教会处于一种特殊的地位,由此使得城镇处于主教的势力统治下。纵观这一时期的城镇性质,"城镇居民丝毫也不享有特权地位。

---

① 这里的亨利·皮朗与亨利·皮雷纳均为同一人,系国内翻译的缘故,他是比利时著名的历史学家,西欧中世纪经济社会史研究大家。

他们生活其下的制度是习惯法的制度。城镇居民中包括骑士、农奴和自由民，他们与城镇之外的同类人的区别仅在于他们是聚居在一个地方。中世纪的市民阶级将要享有的特别法和自治，这时还找不出任何痕迹。"[①] "……随着加洛林时代而开始的那个时期，无论就城市这个词的社会意义、经济意义或法律意义来说，都不存在城市这个东西。……它们的居民既不拥有特别法，也不拥有他们自己的制度，而且他们的生活方式与社会的其他成员也毫无共同之处。因为城镇和城堡与商业活动和工业活动无关，所以它们在各个方面都符合于那个时代的农业文明。"[②] 同时在中世纪面临外族入侵的情况下，城镇既是主教驻地的同时，也具有城堡防御的功能——既要防御穆斯林和诺曼人，也要防御临近的诸侯贵族甚至强盗。那么是什么原因与情况导致了中世纪城市产生的呢？[③] 按照亨利·皮雷纳的解释，造成中世纪城市兴起的原因是10世纪开始出现的经济复兴，城市就在这些城堡城墙的周围形成了。商业的复兴使得商人群体得到发展，在行商的过程中，城堡成为商人和商品经过或寄宿的地方。"随着商业的发展，新来的人不断增多，这些城市与城堡向他们提供的地方日益不敷。他们被迫在城外定居，在旧的城堡外面建造新的城堡，或者用一个恰当的名称——'外堡'。这样，在教会城市或封建城市的附近，兴起了商人的居住地，这里的居民所过的生活与城市里面的居民所过的生活迥然不同。"[④] 这些居住在外堡的人被称为是"商埠人"，他们完全依靠商业为生。后来这些商埠人也被称为"市民"，而"市民"一词本来是指居住在旧城堡的人，商埠人定居于城堡之外，何来这种称谓呢？其原因就在于"……商人集团筑起了城墙或栅栏

---

① 〔比利时〕亨利·皮雷纳：《中世纪的城市》，陈国樑译，第43页。
② 同上书，第48—49页。
③ 事实上，在这里就需要对"城市"这一概念进行界定，因为按照不同的标准会有不同的理解。正如亨利·皮雷纳所言：假如研究者认为城市是一个行政中心或者是一个堡垒，那么加洛林时代还是有着很多的城市的；假如按照中世纪与近代城市的两个基本属性——市民阶级的居民和城市组织——来判断的话，加洛林时期是没有城市。参见亨利·皮雷纳：《中世纪的城市》，陈国樑译，第36页。
④ 〔比利时〕亨利·皮朗：《中世纪欧洲经济社会史》，乐文译，第41页。

来保护自己，他们居住的地方也变成了一个城堡。新城堡立即使旧城堡黯然失色，因此'市民'一词的引申是不难理解的"①。后来随着经济社会的发展，这些商人变得强大有力了，超过了以前的市民，同时新城堡也比旧城堡更加充满活力。按照亨利·皮雷纳的说法："从这个意义上说，中世纪的城市及现代的城市起源于城市的外堡，或由城堡决定它的地位，这种说法是完全正确的。"②亨利·皮朗的"商业移民团说"是很有说服力的一种解释理论，这一理论的解释范围特别适用于佛兰德斯、德国的下莱茵区以及法国北部的城市，同时也可以解释伦巴底、威斯特法里亚以及意大利的托斯卡纳地区的城市。此外，还有"奥托特权说""加洛林王朝地方制度起源说""行会说"等各种理论。

在列举了诸多理论之后，一方面我们会对这一问题有一个较为全面的认识；另一方面，也促使我们思考，应该采用怎样的思路来分析与认识城市的自治性质。我倾向于以经济社会史的视角，结合欧洲各国历史发展的过程进行具体的论述，这一思路是与 J. W. 汤普逊的思路一致的。正如汤普逊所指出的："我们能够看出关于城市起源中的主要因素，但不能决定其中每个因素的相对重要性，甚至它们之间的相互关系。但毫无疑问，为了说明一般情况，单一的发端和单一的解释，是不够的。过去很多历史研究工作的缺点是：各个作家太偏执地强调自己的理论，而有时还把民族偏见交织于他的判断中间。按照这些新制度的形成方式，已经提出了各种学说；每个作家把它们联系到一个先前的不同的制度；但所有的理论，都是根据某种情况的一般化论断所做出的推测。对于德意志是正确的理论，不一定可同样地适用于佛兰德斯、法国和意大利的。地方情况，无论地理的或历史的，必须给予相当的重视。欧洲城市生活的要素，

---

① 〔比利时〕亨利·皮朗：《中世纪欧洲经济社会史》，乐文译，第41页。
② 同上书，第42页。或者如皮雷纳在《中世纪的城市》一书中所说的："较老的一个是城堡，另外较新的一个是商业地点。正是通过这两种成分的逐渐融合，第一个一点一点地被第二个所吸收，城市诞生了。"参见亨利·皮雷纳：《中世纪的城市》，陈国樑译，第93页。

无论在程度上或类别上，是大不相同的。"①汤普逊的观点是非常深刻的，这种认识是认真思考众多前人理论后形成的一种观点，其核心就是具体地结合各国历史发展过程，在经济与社会中探寻城市的起源与发展。经济社会史理论认为：城市兴起的前提条件是农村能够提供剩余的粮食，以养活城市中完全依靠商业生活的市民阶层，因此，城市是在农业发展的基础上，随着社会分工越来越复杂而逐步兴起的。正如汤普逊所言："中世纪城市，是经济社会力量的产物。"②当然，同样地，我们也应该强调，中世纪欧洲城市的兴起也不宜于归结于单一的原因，上述的分析只是一个总体的框架。此外，中世纪的城乡分离现象并不明显，城市外面就是大片的农田与村庄，即使在城镇内也有许多的田地供市民耕种，绝不可以现代城市的标准定义中世纪的欧洲城市。里夏德·范迪尔门指出："村庄向城市过渡时其外在的表象是无明显标记的。村庄可以很大，也可以受手工业的影响，一个城市也可能在很大程度上具有农村的特点。"③

从11世纪开始，西欧城市如雨后春笋般地兴起。在意大利、法兰西、低地国家、卡斯蒂尔、德国、英格兰等地区，随着社会的安定和经济的发展，数以千计的新城市与城镇涌现出来。这些城市或者说城镇绝大部分都是很小的，人口几千人左右，甚至不到一千人，当然也有一些大型的城市。如1100年左右时，罗马城市人口达到35 000人，诺曼人统治时期的那不勒斯人口30 000人，巴勒莫地区人口甚至超过50 000人。④12世纪之后，意大利城市的发展逐渐向北转移，托斯卡纳地区与伦巴第地区的城市繁荣起来，如佛罗伦萨、威尼斯、热那亚等。"1200年，佛罗伦萨拥有居民5万，米兰拥有9万。"⑤这一人口规模在中世纪的欧洲已经是非常惊人的了。在西

---

① 〔美〕汤普逊：《中世纪经济社会史》（下册），耿淡如译，第414页。
② 同上书，第415页。
③ 〔德〕里夏德·范迪尔门：《欧洲近代生活：村庄与城市》，王亚平译，第62页。
④ 参见〔英〕彼得·克拉克：《欧洲城镇史》，宋一然等译，商务印书馆2015年版，第29—30页。
⑤ 同上书，第30页。

班牙，北部城镇化进程也快速发展，特别是巴塞罗那城的扩张最为引人注目，有学者认为巴塞罗那的发展可以与威尼斯和热那亚媲美。卡斯蒂尔王国也新建了不少新城镇，并颁布特许状，给予新城许多的优惠与特权，以吸引外来移民的加入。中世纪英格兰城市兴起的时间略晚于大陆国家。11世纪正是英国社会巨变的年代，社会动荡导致战争不断，诺曼征服最初给英格兰城市带来的不可能是发展与繁荣，而是破坏与摧残以及人口的减少。对诺曼征服后这一段时间比较可靠的资料来自于《末日审判书》，当时英格兰的特权城市大概有110个，其中至少有17个城市人口超过2 000人，这些城市集中于英格兰的东部与南部地区，约有29个城市人口超过1 000人，这是较大的城市，而小城市层次还没有建立起来。[①] 12世纪是英国城市发展的一个繁荣时期，此时既有旧城市扩展，又有新的城市建立。如埃文河畔的斯特拉特福就是一个典型。1196年，伍斯特主教新建了斯特拉特福，六十年内人口达到1 000人，黑死病前增加到2 000人。[②] 应当指出的是，在12世纪早期，城市的自治性并不很明显：首先是城市的官员依旧是王室的官员；其次城市法庭因为效率差而缺乏权威性。总之，这一时期的城市并没有形成完善的治理机制，"不过是郡组织的一部分而已"[③]。英国城市自治的发展要到12世纪后半叶了。由于国王对城市要求独立的态度因人而异，城市自治的实质是国王（或者领主）与城市之间力量对比的体现与结果。在市民、领主与世俗的国王之间，市民可以利用领主与国王的矛盾，利用世俗国王的经济需要，凭借自己的经济力量而获得自己的利益。马克·布洛赫指出："许多共同体热切地盼望实现集体独立的理想目标，但这种集体独立最终并未超出各种程度的有限的行政自治。但为了摆脱地方暴政的无理束缚，市民还有另一种方法可资利用，尽管这一方法似乎是铤而走险的手段，但经验常常证明它是最有效的。这就

[①] 参见徐浩："中世纪英国城市化水平研究"，《史学理论研究》2006年第4期。
[②] 参见〔英〕彼得·克拉克：《欧洲城镇史》，宋一然等译，第31页。
[③] A. L. Poole, *From Domesday Book to Magna Carta*, p. 67.

是自投于强大王室政府或诸侯政府的保护之下，这些政府是广袤领土上法律和秩序的保护者。它们对财政收入的关心，使这些政府有兴趣维护富裕纳税人的兴旺发达。它们逐渐地越来越多地认识到这一点。"①

二、特许状及领主的权力

中世纪西欧的城市不是脱离于封建社会政治制度之外独立的异己力量：欧洲的城市都是建立在国王领地之上或者领主领地之上的，或是世俗领地或是教会领地。城市的建立者是国王或者领主，领主颁布的特许状是城市权利的法理渊源。中世纪的皇帝、国王、封建世俗领主以及教会领主之所以乐意颁布特许状建立新城镇，是因为这既可以增强该地区的军事防御力量，也让领主经济收益颇丰，何乐而不为呢？有时候，领主颁布给城市的特许状还需要得到国王确认，如约克大主教授予贝弗利（Beverley）的特许状就得到了亨利一世的确认。② 因此，特许状是欧洲中世纪城市建立与城市自治的权力来源，确认这一点对于研究者理解中世纪城市至关重要。正如哈罗德·伯尔曼所言："事实上，大多数欧洲城市和城镇正是通过一种法律行为（通常是授予特许状）而建立的，它们不是简单地出现而是被设立。而且，特许状几乎不可改变地确立了市民的基本'特许权'，通常包括自治的各项实体权利。"③

11世纪左右，欧洲各地城镇纷纷向自治迈出了第一步。瑞士的莱茵费尔登（Rheinfelden）属于策林格公爵，公爵赐予该城特许状。佛兰德斯伯爵为了鼓励经济与商业的发展，授予城市自由特许状，

---

① 〔法〕马克·布洛赫：《封建社会》（下卷），张绪山等译，第577页。
② 参见 Susan Reynolds, *An Introduction to the History of English Medieval Towns*, p. 100, 又见 K. J. Allison, *A History of the County of Yorkshire East Riding* Vol., VI, p. 19, Oxford: Oxford University Press, 1989。
③ 〔美〕哈罗德·J. 伯尔曼：《法律与革命：西方法律传统的形成》，贺卫方等译，第440页。着重号为原文所有。

使得佛兰德斯地区成为当时城市化程度非常高的地区，包括布鲁日与根特等大城市。在德国，1854年，德国历史学家威廉亚诺尔德出版了《德国自由城市宪制史》一书，提出了"奥托豁免说"。该学说解释了德国许多教会城市的起源问题，如科隆、美因茨、斯拜尔、沃尔姆斯等城市。在国王奥托一世（936—973年在位）统治期间，为了对抗大贵族，奥托一世赏赐给教会城市诸如市场权、税收权、铸币权、司法豁免权等特权，以拉拢德国的主教们。这些赐予主教的权利不仅仅适用于主教城市城垣以内的居民集团，而且也适用于附近的村庄，因此就组成了一个市邑；后来这些居民摆脱了主教的权力而建立了自治政府，由此产生了中世纪的德国自治城市。如在1073年，沃尔姆斯市民反抗主教的统治，德国皇帝授予该城特许状。也有些特许状是领主颁布的，如1120年左右，康拉德公爵在他的一个城堡毗邻的荒地上新建了一个城镇，取名弗赖堡（free town），并颁布特许状给该城，以吸引新的居民来此定居经商。在意大利，热那亚在958年获得第一张特许状；曼图亚在1014年，布雷西亚在1038年，费拉拉在1055年都获得了特许状。[1] 在英格兰，国王颁布给城市的特许状可以从亨利一世时候开始追溯，以后的君王陆续有所颁布。"在12世纪，有相当多的村庄通过国王或领主的特许状转变为城镇"[2]，也有相当多的市镇转变为自由的城市。以伦敦市为例，伦敦在10—11世纪是一个拥有一万多人的大城市，但是城市此时没有获得任何的特许状，因此与其他的城市和市镇一样，伦敦仅仅是一个贸易发达的军事与行政中心，而不是一个"自治的市民共同体"。黑斯廷斯战役后，威廉一世逐渐地征服英格兰各地，但是鉴于伦敦城的特殊地位，威廉一世没有直接攻打伦敦，而是采用迂回的战术，最后使得伦敦城不战而降。威廉于1066年的冬天在威斯敏斯特教堂加冕，开始了诺曼王朝统治英格兰的时代。为了安抚伦敦市民的人心，

---

[1] 参见 Peter Clark, *European Cities and Towns 400-2000*, Oxford: Oxford University Press, 2009, p. 106。

[2] A. L. Poole, *From Domesday Book to Magna Carta*, p. 66.

也是为了更好地实现自己的统治,威廉一世给伦敦颁发了一份特许状——或许称为告示更为合适。令状宣布伦敦市民仍可以享受自"长者"爱德华时期所享有的一些权利与法律。自此之后,伦敦城作为一个具有特殊性质的城市开始了其曲折的自治城市发展历程。1129年亨利一世颁布给该城特许状规定:两名城市行政司法官员——他们负责城市的财务与司法事务——开始由市民选举产生,而在此之前他们是由国王任命;伦敦城应该缴的包税为每年300英镑——最高不超于500英镑;城市通过全体市民每年聚会三次的民众大会和都市法院(husting)的小法庭来行使司法管辖权;24名管理城市事务的高级市政官(alderman)宣誓履行要遵循国王的法律,保护全城市的自由与权利;免除伦敦商人的通行税(tolls),并授予伦敦人在全国范围内追缴债务的权力;免除各种捐税,如丹麦金、因谋杀逃逸而缴纳的罚金(murder-fine);教会、贵族以及伦敦市民继续享有索克权所赋予的收入;伦敦仍享有在米德塞克斯、萨里和奇尔特恩地区的狩猎权;市民有权因贫困出售自己的土地,这时候可以不管继承人的利益;只有在找不到适当的抵押品时,监禁才可以作为债务要求的一种补充形式;高级市政官均有责任保证每家每户都备有武器和一匹马,以作防卫之用;保护外国商人的权利;木匠、泥瓦匠、石匠等手工业者的报酬都是固定的;为了避免发生火灾,城市禁止用稻草或者茅草盖房子,并建立防火的监视制度,要求每一所房屋前备一根水管,当发生火情时以作急救之用。细细研究伦敦城的特许状,可以看到其中涉及众多的内容:从城市的包税、城市的管理机构、城市的司法自治、商业行为以至于城市的防火和手工业者工资的管理等各个方面。

　　欧洲领主颁布给城市的特许状所包括的权利主要体现在以下几个方面。首先是人身的自由,因为假如城市市民是农奴身份的话,那么居民的迁徙与流动就成为问题。作为农奴来讲,别的不说,就以每周固定的周工和不固定的"布恩工"为例,这些就束缚他们无法自由地离开自己的居住地。因此要实现基本的流动与迁徙,城市首先要赋予居民以人身的自由，并且这种人身的自由也为居民的后代子孙所享有。"到了十三世纪，实际上每个市民是一个自由人。当时流行着一句话说：'城市空气使人自由'。"①其次是司法的相对独立。城市是一个流动性与商业性较强的共同体，需要处理面对的事务远比平静的庄园生活要多得多也复杂得多，庄园习惯法显然已经不适合快节奏的生活。古老的习惯法注重仪式与象征性，一个案件可以因为各种原因拖延很长的时间，最终不了了之。市民生活不再需要这样的法律，他们需要的是公正、客观并且是有效率的司法体系，解决的是不相识人群之间的财产债务等各种纠纷，以适应商品经济发展的需要。如亨利·皮雷纳所言："他们职业的新颖性还要求根据以农业为基础的文明制定的法律变得比较灵活，适应于这种新颖性向法律提出的基本要求。司法程序中僵化的和传统的形式主义，延误时日，和裁判决斗一样原始的证明方法，免诉宣誓的流弊，全凭偶然性判决的'神意裁判'等等，对于商人来说是无休止的折磨。他们需要一宗比较简单、比较迅速和比较公平的法律。"②司法相对独立还体现在关于市民的案件——除了重罪与刑事案件之外——应该由城市的法庭进行处理，这样可以保护市民的人身安全与经济利益，避免受到残暴无知领主的侵害，这就是我们后文要论述的司法自治。再次是政治与行政自治。此外，新城市的扩展也需要取得特许状，我们以斯卡伯勒（Scarborough）与纽卡斯尔为例说明。1256年，由于城市经过发展繁荣之后显得太小而过于拥挤，斯卡伯勒的市民就向国王申请了特许状，使国王允许他们扩充自治市，于是将国王的威尔斯格雷夫庄园连同附属设施和60英亩土地并入斯卡伯勒。这一行为的后果就是一方面使自治城市的居民受益，另一方面也使得居住于原来国王庄园的人们得益，使得他们一夜之间变成了斯卡伯勒的市民，由此享有相应的特权与权利。按照贝内特的描述，自治城市的扩建与扩张还是一个比较普遍的现象，这也从一

---

① 〔美〕汤普逊：《中世纪经济社会史》（下册），耿淡如译，第426页。
② 〔比利时〕亨利·皮雷纳：《中世纪的城市》，陈国樑译，第82页。

个侧面显示，中世纪的城市是具有强大的生命力与发展空间的——当然这一切是需要特许状的。再看纽卡斯尔城。坐落在泰恩河畔的纽卡斯尔早在亨利一世的时候就获得了建城的特许状，随着城市的发展，原来的城市范围不足以承受日益增多的人口，于是城市的扩张就迫在眉睫了。1298年，纽卡斯尔从爱德华一世那里获得了一份特许状，内容如下："与纽卡斯尔城比邻的位于贝克（Byker）的潘帕丁〔Pampadene，即潘东（Pandon）〕的全部土地，连同那里所有佃户的全部地租与劳役……将由纽卡斯尔的市民和品行良善之人及上述之人的继承人按与之价值相当的一笔钱，从国王手中获得持有权，这笔钱再由上述之市民得自纽卡斯尔城的收入，一起上交给国王；潘帕丁的一切附属设施也一同合并归入纽卡斯尔城，以使纽卡斯尔城的条件得到改善和保障。上述市民将在潘帕丁拥有一个自由自治市，一如在纽卡斯尔；而上述之土地和房宅将成为自由的城市土地，市民并以自由城市土地这一条件领有之；潘帕丁的市民也将与纽卡斯尔的市民一样享有全部的自由和习惯，纽卡斯尔和潘帕丁将合为一个自治市。"① 在获得了特许状之后，纽卡斯尔的市民就具有了行动的法律依据了，于是不久，他们兴建了城墙，将潘帕丁地区围了起来，使其成为城市的一部分。

作为一个共同体，城市不免处于国王与领主的控制之下，但是这种控制不是绝对的，也不是专制的。城市需要相应的行政独立，以体现自己的利益诉求；城市需要自己的行政代言人，也需要体现城市共同体利益的行政机构。通过这些行政机构与相应的行政官员，城市共同体可以执行城市的经济、司法以及行政等各方面的职责，使得城市得以发展并保障城市的利益。当然，城市特许状赋予每个城市的权利并不完全一致，权利体现在各个城市中千差万别，不可不加以区别。如梅特兰所言："几乎不存在一部英格兰自治市的历史，因为每一个自治市都有其自己的历史。其历史很大程度上依赖于它

---

① 转引自〔英〕亨利·斯坦利·贝内特：《英国庄园生活》，龙秀清等译，第267页。

能从国王或其他领主那里获得的特许状,特许状的大方程度则有赖于其市民准备为此支付多少钱,城市特权只有在支付了相应的对价后才能获得。"[1]由于特许状(城市宪章)非常重要,各个城市都对之爱惜万分。特许状原件放在市政厅的档案柜或者文件箱中,由专人保管。同时为了让市民们更好地了解特许状的内容,知晓应该享有的权利,许多城市还会把特许状的内容刻在公共场所。如1111年德国皇帝亨利五世赐予斯拜耳城的特许状,就以金字写在大礼拜堂大门上面。1135年大主教阿达尔柏特所赐的马因斯宪章,也是这样处理的。1198年蒙德里马城市特许状刻在市政厅墙壁上。[2]

下面我们简要地介绍与分析几份典型的城市特许状。在法兰西,位于皮卡迪的博韦在国王路易六世(1108—1137年在位,俗称"胖子"路易)统治期间获得了特许状,后又被法王路易七世和腓力二世确认。该特许状有17款,主要内容如下:城里及郊区的一切人应该宣誓效忠公社;人人都要以自己所认为的适宜的方式帮助他人;若任何宣誓效忠公社者的权利遭受侵犯,并向公社的同等者(一般指社会贤达)提出权利主张,那么,除非侵权者遵循判决,提供补救,公社同等者就应对侵权者的人身或财产做出处理;若侵权者逃匿,公社同等者应设法从他的财产、他的人身或从他所逃往的人那里获取赔偿;若一个商人来博韦做交易,本城人侵犯了他的权利,并且该商人向公社同等者提出了权利主张,公社同等者就应该授予该商人索赔的权利;任何侵犯公社成员权利的人,若不遵循同等者的判决做出补救,皆不得获准入城;这类人若是由博韦主教带进城里,经公社同等者的提议,可以放弃这一规则;公社成员皆不得信任公社的敌人,若无同等者准许,不得与敌人交谈;公社同等者应该宣誓秉公裁判,其他成员应当宣誓遵守和执行公社同等者做出的裁判。其他的条款涉及磨坊的管理、债务关系、公社粮食的保护、布匹的公平尺度,以及对仍然归主教享有的各种封建劳役的

---

[1] 参见〔英〕梅特兰:《英格兰宪政史》,李红海译,第36页。
[2] 参见〔美〕汤普逊:《中世纪经济社会史》(下册),耿淡如译,第426页。

限制。① 可见，博韦城的特许状侧重于体现城市公社的性质，保护市民的权利。在佛兰德斯地区，1127年由威廉·克里托伯爵授予圣奥梅尔的特许状是一个典型。该特许状表示，根据市民们的请求，伯爵确认圣奥梅尔的法律与习惯，以及市民们宣誓效忠城市公社的独立性。执行官负责审判发生在城镇内部的诉讼，将公正地裁决，保障城市市民们的和平与利益，让市民们享受全佛兰德斯地区最好的自由。同时，伯爵的执行官与教会也保有相应的司法管辖权。特许状确认市民们传统的牧草权以及免除军役权，市民们还免除若干封建税收与封建劳役。此外，特许状还确认城市的商人行会，宣布行会成员免交若干税。伯爵甚至许诺，如果可能的话，保证圣奥梅尔市享有与诺曼底等地区相同的特许权。最后，为了保证商人行会的利益，伯爵把他的圣奥梅尔造币厂赠送给市民。② 在英格兰，1200年伊普斯维奇市的特许状以及一份详细记载市政府第一次组建过程的文献被保存下来，这一文献弥足珍贵，现转述如下：根据1200年5月25日由国王约翰颁布的特许状，1200年6月29日（星期四），伊普斯维奇的市民集合在圣玛丽亚教堂进行选举，一致选出两名执行官（bailiff），要他们宣誓就任督察官，选出四名王室财产管理官（coroner），其职责是处理王室诉讼以及城市内与王室有关的其他事务，并监督城市地方长官，使他们公正合理地对待穷人与富人。当天公众会议还决定，应该选举出12名宣誓的市民贤达，他们的职责是管理并维护城市以及城市享有的特权，做出城市的判决，为城市的地位与荣誉尽力办事，这12人的选举在三天后的星期日。1200年7月2日，经过市民的同意，执行官与王室财产管理官在城市的每一个教区指定四名市民，由他们选举12名市民贤达。这些人宣誓自己会忠实地管理城市并会尽力维护城市的特权，公正地做出法庭判决。而后全体市民一致宣誓，以自己的身体与财产服从并协助执

---

① 参见〔美〕哈罗德·J.伯尔曼：《法律与革命：西方法律传统的形成》，贺卫方等译，第443—444页。
② 同上书，第449页。

行官、王室财产管理员与 12 名市民贤达的工作，以维护城市的荣誉与特权。同时，国王的特许状由两名可靠的守法的市民负责保管，这两位市民宣誓保管特许状，并在城市共同体需要的时候出示特许状。1200 年 7 月 13 日，执行官、王室财产管理员和市民贤达聚会，做出如下的规定：以后城市的关税由执行官与城市的四名可靠的市民征收，此项权利和习惯的包税（fee of farm）每年在国王的财政署兑现，设立两名差役负责扣押财产和执行执行官、王室财产管理官与四民贤达的命令，其中的一名差役负责看守依据执行官的命令而逮捕的在押犯人，同时城市应该立即制作一枚城市公章，以便在以后涉及城市共同体的事务中使用，这枚公章由三至四名可靠的市民负责保管。这一法令应该让市民皆知。9 月 10 日全体市民再次聚会，审议 7 月 13 日的规定，一致同意通过，然后选出下一年的两名执行官、四名协助他们征税的市民以及两名差役。10 月 12 日再次召开全体会议，展示了城市公章，并选举了三人负责保管，同时他们也负责保管特许状。同日选举出五名市民贤达负责管理商人行会——一名高级市政官和他的四名助手。他们的责任是妥善忠实地管理商人行会和所有与之相关的事项，并善待所有行会的兄弟。随后，这五人当着全体市民宣布：享有本城市自由的一切人应该于某日前来他们面前组建一个行会，并缴纳相应的开办费。同日，执政官、王室财产管理官、其他市民贤达以及全体共同体成员还讨论维护上述商会的恰当手段、方式以及所有相关的事宜。执政官、王室财产管理官、其他市民贤达以及全体共同体成员一致同意并规定新近选出的高级市政官和以后将被选出的高级市政官为了行会的利益应该从事的相应的贸易活动。[1]仔细分析约翰王颁布给伊普斯维奇城的特许状，我们归纳出城市享有的特权包括：财政的自治、司法的自治、行政的自治、建立行会组织的权利。

---

[1] 详细的内容参见〔美〕哈罗德·J. 伯尔曼：《法律与革命：西方法律传统的形成》，贺卫方等译，第 463—466 页；也可以参见 Susan Reynolds, *An Introduction to the History of English Medieval Towns*, pp. 120-121。

取得国王与领主的特许状,需要城市共同体用金钱赎买,封建化欧洲的天下没有免费的午餐!中世纪西欧社会的一个特点就是:金钱是社会权力的调节剂与溶解物,也是获得权利的催化剂。从某种程度上看,金钱是对抗与溶解权力的一种手段,这一传统似乎可以追溯到日耳曼人古老的赔偿金制度。这在一定程度上体现了西欧封建社会对立双方处理问题的方式和手段,在一个充斥战争与暴力的社会中,还存在着另一种解决冲突的途径——一种和平的方式。金钱赎买的方式不仅仅体现在城市中,也体现于领主的庄园中,还体现在骑士的盾牌钱等。根据领主与城市共同体协商妥协的结果,希望得到自由与自治的城市,付出一定数目的金钱就能得到特许状。如果在更为广阔的社会背景中理解,城市特许状所赋予权利的获得还得益于多元社会力量的存在。在国王、贵族、教会的多元势力中,国王需要得到城市的金钱资助与舆论支持,如约翰王在与贵族的对抗中,约翰王就有求于伦敦市。正是在这样的背景中,通过特许状,城市获得了包括自治权在内的各项实体权利。厉以宁认为:"西欧封建社会中的城市是在集市贸易的基础上产生与发展起来的。这些城市的成长具有自发性。"[①]这一观点的主要依据是克鲁泡特金在《互助论》中提出的"西欧封建社会中的城市的兴起是民间的一种互助共济的观念与行为的产物"。克鲁泡特金指出:"中世纪的城市并不是遵照一个外部立法者的意志,按照某种预先订好的计划组织起来的。每一个城市都是真正自然地成长起来的——永远是各种势力之间的斗争的不断变化的结果,这些势力按照它们相对的力量、斗争的胜算和它们在周围环境中所取得援助而一再地自行调整。"克鲁泡特金还指出:"没有两个城市在组织内部和命运方面是完全相同的。单独来看,每一个城市从一个世纪到另一个世纪也是在变化着的,……但是,它们的主要组织方式和促进精神,却都是出自一个极其相同的渊源的。……主导思想的一致和来源的相同,弥补了

[①] 厉以宁:《资本主义的起源》,商务印书馆2003年版,第76页。

气候、地理位置、财富、语言和宗教上的差别。"①厉以宁的观点具有一定的合理性，但是缺乏各种力量之间的互动性以及国王（领主）与城市之间博弈过程的探讨。我们需要说明城市自治所受到的限制性因素，只有这样才能够对城市的性质有全面的认识。劳德斯认为："尽管城市是自治的，但是它绝不是特权区（franchise），因为所有的令状都是以国王的名义颁布的，同时国王可以不经过司法与法律程序撤销这些令状。"② B. 莱昂也指出："在 14 世纪，尽管城市的独立自治和特权是广泛的，但是它们仍然没有摆脱国王的干涉，它们仍负有国王的民事与军事的责任。"③

在许多的自治城市中，市民以及市民团体还需要为国王与领主承担若干的负担。首先是经济方面，城市需要向领主缴纳固定的包税，如伦敦在 12 世纪初时是 300 英镑左右。此外，城市还得承担数目不定的其他税收。如在理查与约翰统治时期，国王都曾经向城市征收过任意税，每过三四年，国王的代表与城市市政当局决定征收的数目。此外，当国王进行全国性征税行为时，城市市民与郡民众一样，可以派出两名市民代表到威斯敏斯特参加与国王的谈判，确定应该负担的税收。在议会中，市民的力量与影响较低，更多的时候是陪衬作用。在司法方面，城市接受国王巡回法庭的巡视。当巡回法庭到达城市后，市民们应该出庭担任陪审员，负责犯罪行为的揭发与检举，协助国王法官们的调查，并帮助征收相关的罚金。此外，城市法庭的管理范围有一定限度，不是涉及的任何事务都可以自行处理；超过规定的限度就要受到处罚。例如诺维奇市，城市法庭只能够处理当场抓获小偷的案件。1285 年市政当局由于工作疏忽，处罚了一个没有被当场抓获的小偷，于是受到国王爱德华一世的处罚，

---

① 参见〔俄〕克鲁泡特金：《互助论》，李平沤译，商务印书馆 1962 年版，第 172—173 页。

② David Loades, *Tudor Government: Structures of Authority in the Sixteenth Century*, Oxford: Blackwell, 1997, p.142.

③ B. Lyon, *A Constitutional and Legal History of Medieval England*, p. 534.

第四章 自治性质的封建城市

丧失了几个月时间的特权。[①]再有是军事方面。这主要有两个内容，一是城市为国王提供一定数目的士兵。在英格兰，1181年的《武装敕令》规定，每个市民都有义务自备与自己财产相符的武器装备，并在适当的时候跟随国王作战。1212年，英王约翰所征召的市民人数为：坎特伯雷40人，多佛20人，罗切斯特20人，金斯敦10人，奇切斯特40人，温切斯特40人，南安普顿20人，瓦林福特10人，伦敦100人，科尔切斯特40人，哈福德10人，诺里奇20人，雅茅斯20人，剑桥20人，亨廷顿20人。[②]另外一种责任就是为国王提供相应的海军服务。国王有义务维护国家的和平与安全，而臣民也有义务向国王提供帮助，同时国王可以赐予相应的团体以相应的特权，这就是辛奎城市联盟（Cinque Ports）[③]。它最初是由五个沿海城镇——黑斯廷斯、罗姆内、海斯、多佛以及桑维奇——组成的，这些沿海城镇每年为国王提供相应的船舶服务，国王授予它们相应的特权。这些特权包括：辛奎城市联盟的五个城镇可以设立属于自己的特别法庭；每年联盟城镇可以举办一次集市；国王免除它们的各种赋税，作为对联盟城市的补偿。这种做法最早可见于亨利二世时期，1205年，约翰王赐予了这些城镇一些单独的特许状，到1260年时，亨利三世颁布给这些城镇一份总特许状（general charter）。后来该联盟的成员不断发展，有时候还包括其他三十多个城镇。

国王或者领主对城市的权力也体现在他可以剥夺或者取消城市的特权。以伦敦城为例，该城曾经取得类似于欧洲大陆的"城市公社"权利，但是该权利却是时得时失，至于一些具体的权利更是如此。如在1392年，英王理查二世宣布取消伦敦城的特权，只有在支付30 000英镑后才可以继续享有以前的权利。在一些城市中，国王的影响还体现在有些罚金与没收之物应归于国王所有。如南安普顿

[①] 参见 D. M. Palliser, *The Cambridge Urban History of Britain*, Vol. I, Cambridge: Cambridge University Press, 2000, p. 72。

[②] 参见马克垚：《英国封建社会研究》，第255—256页。

[③] 参见 K. M. E. Murray, *Constitutional History of the Cinque Ports*, Manchester: Manchester University Press, 1935, pp. 1-27。该城市同盟俗称为"五港口同盟"。

商人行会规章第19、20、21、22、23款的规定。第19款规定：非商人行会成员或本城市民，皆不得在南安普顿城内购买任何物件再以之在本城出售。有违反此项禁令之人，一经查明属实，则其购买之物件应即没收归于国王。第20款规定：除行会成员以外，任何人皆不得购买蜂蜜、油脂、腌青鱼、磨石、生革、生皮，或任何种类之油，亦不得开设酒馆。除在集市或庙会时，亦不得零售布匹。除行会会员外，任何人俱不得以零售为目的在其谷仓中储存五夸特以上之谷物。违犯此项禁令者，一经查明属实，应即没收其货物归于国王。第21款规定：行会任何成员俱不得使用伪装、巧计，或互相串通，或用任何其他手段，与非行会成员合伙，或共同经营上述诸商品之买卖，违禁者一经查明属实，其用上述手段所购得之货物即应没收归于国王，行会成员仍应丧失其会籍。第22款规定：任何行会会员因不幸而陷入贫困，无法生活，且又不能工作赡养自己，则当行会举行会议时，可获得纹银半马克以资救济。任何行会会员或本城，俱不得为他人货物冒名，因而使本城税收受到损失。任何违犯禁令之人，一经查明属实，即丧失其会籍与公民籍。冒名货物没收归于国王。第23款规定：任何运入本城之货物，当商人行会会员在场，且正在磋商价格准备购买时，任何私人或外来人即不得议价或购买。违禁者一经查明属实，其所购买之货物应即没收归于国王。[①]这些规定也从另一个侧面体现了国王或领主对城市的控制与权威。

三、城市的管理机构与机制

诺尔曼·庞兹指出："城市对市民的管理体现在两个方面。第一，市民是城市共同体成员，为了维持城市公共事务他必须纳税并从属于城市法庭。第二，市民是手工工匠或商人，服从于某个行会的官员对其经济活动的监督。当然，有许多人没有取得行会成员资格，

[①] 参见金志霖：《英国行会史》，上海社会科学出版社1996年版，第65—66页。译文略有改动。

但所有作为城市共同体成员的人,都有相当重要的责任和并不确定的特权。这两者——市民身份和行会成员身份——部分重叠。市政会即城市管理机构的组成人员,也多是他们各自行会的师傅和头面人物。"[1]下面分别阐述城市法庭与行会的行政功能。

首先是城市法庭。中世纪欧洲城市最主要的管理机构是城市法庭,它管辖除了属于王室官员管理的事务以外一切属于城市共同体的事务。在封建时代的欧洲,各类法庭都是兼行政与司法职能于一身,自然中世纪的城市法庭也是如此。城市法庭处理的事务涉及城市生活的方方面面,如城市官员的选举、城市的财务与征税、公共卫生、城市安全与社会治安管理、商业活动与手工业活动的管理、宗教集会、公共活动的安排与管理、检查啤酒与面包等。在司法方面,根据特许状,城市法庭拥有对特定案件和犯罪行为的司法管辖权。为了使得市民方便地求助于城市法庭,早期的市法常常规定城市法庭开会的间隔时间。

行会是城市管理的另一个重要机构。行会是出于商业与社会目的而结合成的市民联合体,由一定数目的固定成员组成,拥有一些排他性的权利。彼得·克拉克说:"到10世纪末,欧洲城市已迈出了市政自治踌躇的第一步,如第一批行会和早期颁布的特许状的出现。"[2]本来行会是规范贸易与商业活动的,在实际生活中,由于行会有自己的基金与独立的管理实体,同时城市又首先是一个商业社区,因此有一些地方,商人行会与市政当局有许多的地方重合,不可能被割裂开来。如在伊普斯维奇市,其市政官员分别为两名执政官、四名王室财产管理官以及12名市民贤达;而行会组织的领导人由一名高级市政官与四名助手组成。这虽然是不同的组织机构,但是再细分就可以看到,行会的五名负责人都是属于市民贤达群体的,由此可见城市管理机构与行会管理机构的重叠性。行会组织在城市

---

[1] 〔英〕诺尔曼·庞兹:《中世纪城市》,刘景华、孙继静译,商务印书馆2015年版,第91页。

[2] Peter Clark, *European Cities and Towns 400-2000*, p.106.

中势力较大，对城市的管理拥有较大的发言权。伯尔曼指出："那些起初由商人们建成的城市常常由商人行会管理，商人行会本身就是宗教团体，从事慈善和其他宗教事务并调整商业活动。"[①]像沃林福德市，商人行会与城市的管理机构合而为一，以至于两个组织的成员是一致的。[②]对莱切斯特市来讲，行会的主要成员也兼任市镇行政管理机关的官员。[③]此外如13世纪初的格罗切斯特市也属于此类情况。[④]甚至有人认为，城市行会是一个实体的两个方面，城市行会行使城市政府的职能反映了早期城市生活的状况。后来随着城市机构的发展，这种情况就少见了。

城市行会的发展经历了三个阶段，分别为商人行会、手工业行会、公会。行会有着自己的管理章程，这些章程规范并约束着城市中部分成员的行为；因此我们在此有必要摘录部分具有典型意义的行会章程，以利于我们理解城市中行会的情形。

林利吉斯圣三一商人行会规章主要内容如下：

……

六、任何行会兄弟因不幸而堕入穷困与灾祸，其他成员俱应予以扶助，可经全体同意后动用行会公款，亦可由会员私人解囊相助。

七、任何兄弟被人控告时，不论其地点在林城或在林城以外，当地之其他兄弟应即会商协助之办法，倘经召唤则应与彼一同出席法庭，给予建议并代为策划，不得收受任何报酬，违者处罚金32便士。

八、会员进入行会，来至会长及其他兄弟之前时，不得戴风帽、头巾或帽，不得赤足，亦不得有任何粗俗之举动，违者应罚金四便士。

十、任何以粗暴之态度对待其兄弟，或以诨名或其他粗鄙之名称呼其兄弟者皆须罚金四便士。

---

① 〔美〕哈罗德·J. 伯尔曼：《法律与革命：西方法律传统的形成》，贺卫方等译，第439页。
② 参见 Susan Reynolds, *An Introduction to the History of English Medieval Towns*, p. 124。
③ 参见 Heather Swanson, *Medieval British Towns*, Basingstoke: Macmillan Press, 1999, p. 77。
④ 参见 A. L. Poole, *From Domesday Book to Magna Carta*, p. 72。

十一、任何被召唤参加行会大会而未能出席第一次会议之人，应依主任之令罚金一便士，如仍拒绝到会出席，则罚金四便士。

十二、任何现在本城，但被召唤参加大会缺席之人，或出席宴会迟到之人，应由主任予以警告，令下次会议时准时出席。如在审查缺席人数时，此人仍不到会，则除非能提出合理之辩护，否则处罚金12便士。如在审查缺席以前到会，但未获得允许又离去者，亦须处罚金12便士。

十三、凡属于本行会之任何成员购买任何物品，如在尚未成交时，适有另一兄弟前来，并参加议价，则成交后此人应为共同购买人，如原购买人拒绝，应罚银半马克。

十四、任何会员之仆役在宴会或会议进行中来至行会会所者，必须脱去其外衣与衣帽，交与门房照管，然后进入与其主人交谈，事毕后应立即离去。如正值宴会进行时，可令其饮酒一二杯后离去，但不得就座，违者处其主人以罚金。

十五、任何不顾本行会之荣誉与利益而拒绝遵守会长与主人训诫之人，应处罚金12先令。

十六、贫穷兄弟身故而无力埋葬时，会长及众兄弟应使用本行会之财物或布施财物照料其丧事，务使获得体面安葬。

十七、会长身故时，任何属于彼之人，不论为其子抑或其他亲属，俱不得代理其职务，应由众兄弟按照己意另行推选一新会长。

十八、任何兄弟身故时，主任应负责召唤全体兄弟前往向亡魂吊祭，任何缺席之人，应在下次会议时捐纳半便士为亡魂祈福，主任由于负有召集之责，应自收集之捐款中获得四便士。

十九、任何违背本行会规章之人，不论其为会长或兄弟，俱应或丧失其会籍，或为本行会之利益缴纳银半马克。

二十一、任何兄弟被其他兄弟以言语或行动冒犯或冲撞时，除应首先向会长告发及向市长告发外，不得向任何其他处所告发，违者罚银半马克。

二十二、司事以本会公款进行买卖时，任何兄弟俱不得搭配股份，其全部利益应归行会享用。

二十三、司事在接受本会公款时，应宣誓为本行会之利益忠实地使用此款，并负责向行会交出其全部利润。①

再以南安普顿商人行会章程为例。

……

二十四、商人行会会员在另一行会会员或其他人——不问其为何人——购买货物时在场，且提出同购要求，如彼能使卖者同意被认购部分之付款方法，即此人应即成为该项货物之共同购买人。非商人行会会员如欲与商人行会会员为共同购买人时，应先取得后者同意。

二十五、任何行会会员，或本城任何其他人等，如拒绝按照上述方式共同购买货物，则在一年以内不许在本城进行任何买卖，但其所需用之粮食除外。

二十七、本城首席会长或行政官与12宣誓之执事，应按照规定与需要经常注意诸商人、生人与私人，务使彼等所负之债务能有充分而切实可靠之担保，且向债权人出立借据。债务之偿还日期应在彼等之处登记，逾期不偿，经债权人证明者，应即按照契约及本城之习惯扣押其土地与动产，使债权人得到满足。债务人不得用任何方式表示不服，致使本城之人因上述不履行债务契约之行为而受到损失。

二十八、任何行会会员如因欠债而拒绝使其产业受到扣押，或在受到扣押时强行取回，或转移即将被扣押之物，或违犯国王禁令，一经证实之后，应即丧失其行会会籍，直至其偿付20先令购回时为止。以后如再违犯，则每次均须按前述方法处理。同时，其担保品仍须受到扣押，直至其偿还全部债务。如此人拒绝服从上述法律，一经证实后，应即与破坏和平者相同，被禁闭一昼夜。如仍不服从法律，则此案应呈送国王及其［枢密］会议听候处理。

---

① 参见金志霖：《英国行会史》，第61—64页。译文略有改动。

第四章　自治性质的封建城市

二十九、首席会长、12宣誓执事，或行政官应每月一次，或至少每年四次，审核面包与强麦酒之售价，务使其定价能在各方面依谷价为准则。

三十二、本城一切市民应于每年圣米迦勒节之次日，会集于指定地点，商讨有关本城公共事务之状况及其进行、处理，并在此时由全体市民选出端谨人士12名，于按照习惯进行宣誓后，会同行政官在本年内共同执行国王之命令，以保障本城之和平与特权，并为一切人等（无论其为贫、为富、为本城人、为外地人）主持公道。此12执事应在同日从彼等自己及其他端谨聪明人士之间推选两人担任执政官，以便在此后一年内管理捐税之稽征，并按照习惯自米迦勒节次日起到任就职。上述会议应按年举行，以便行政官可以每年更新一次。如有必要，执事12人亦可每年选举一次。其他本城之书吏与巡察吏等之任免，亦按照上述方法行之。

三十三、公共钱箱应保管于首席会长或保管员家中，备钥匙三把，分别存放于12宣誓执事中三人或司事三人手中。彼等对公共印章、特许状、财库、旗帜，及其他属于本城公有之契据文件，俱应忠实保管。凡信件需盖公共印章，或自钱箱中取出任何特许状或文件，俱应在会长或管理员以及至少执事六人前为之。任何人使用未盖印章之量器与衡器出售物品时，亦须处罚金两先令。

三十四、凡船舶装载酒类及其他商品来本城者，在其未入港抛锚卸货前，任何人俱不得为优先购买而出海迎之，违禁者一经查实，即应将其购买之物没收交与国王。①

以林城与南安普顿两城市的行会章程为分析对象，我们可见行会所具有的一些功能。一是规范成员的经济行为，如交易、纳税、买卖等；二是明确了行会对本团体的弱势群体的救济功能以及其他方面的互助行为；三是规范了行会成员的日常伦理以及礼仪方面的标准；四是规定了行会领导机构的执行功能；五是规范了行会领导

---

① 参见金志霖：《英国行会史》，第65—68页。译文略有改动。

层的更替原则；六是规范了行会高层的行为，等等。假如我们把行会成员看作城市共同体的一员以及一个重要的组成部分的话，我们也就可以理解，行会其实在城市治理过程中具有重要作用与影响。此外行会有时候还占据城市行政官员的位子。以担任伦敦市长的情况为例。丝绸商人公会的尼古拉斯·布雷伯在14世纪下半叶两次出任市长，第一次是1377年，第二次是1383年，连任三年。北汉普顿的约翰作为呢布商人行会的成员于1381年、1382年两次担任市长之职。西蒙·艾尔也是呢布商人行会的成员，于1446年任市长。丝绸商人行会的商人理查德·惠廷顿也分别于1397年、1406年、1419年担任市长一职。① 事实上，行会成员担任市政官员也是合乎情理之事。因为按照英格兰社会之习俗，担任政府官员的应该是拥有一定财产的人士，他们有财力出任公共官员。以至于后来出现了这样的情况：起初陪同新当选的市长去威斯敏斯特的是一些市政议员，到了14世纪后期，则演变为穿着制服的各行会会员，到15世纪时候，行会对无故不出席的行会成员还处以一定的罚金。"正因为公会与市政当局存在着共同利益，所以市政官员成为各公会的代表，公会也成为市政管理体系中的一个环节，成为市政管理的辅助机构。"②

城市有相应的管理机制，并拥有相对固定的管理人员即市镇官员。欧洲城市管理人员大约可以分为三类：一是行政管理官员；二是财政官员；三是咨询顾问性质的人员。开始的时候，城市法庭是由郡守主持——主要指由国王建立的城市；或者由领主的管家（steward, reeve）主持——主要指由世俗领主与教会领主建立的城市。管家是早期城市一个主要官员，他是国王或是领主在城市的代理人，对国王或领主负责，主持城市法庭，征收向国王或领主缴纳的年税，维护国王与领主的利益。如林恩市，这是一个由主教建

---

① 参见李增洪：《13—15世纪伦敦社会各阶层分析》，中国社会科学出版社2005年版，第121页。又见〔英〕诺尔曼·庞兹：《中世纪城市》，刘景华、孙继静译，第167页。
② 李增洪：《13—15世纪伦敦社会各阶层分析》，第122页。

立起来的城市，早期的林恩习惯法（by-law）规定：每年的10月28日，主教的管家（steward）主持民事法庭，法庭所收取的罚金上交给主教；十户联保的巡视权属于主教，由主教的管家主持；面包与酒的管理权则归属主教的执事（bailiff），管家与执事管理市民执行度量衡的情况，对于违反者实施处罚，受益归主教所有；法庭（husting）也由主教的管家主持，执事负责传唤、扣押犯罪嫌疑人。[1] 由此可见管家与执事的权重，这些官员在早期的城市治理中占据主导的地位。随着城市自治的发展，一个与领主委派的管家性质不同的官员出现了，他由城市市民团体选举产生，这就是市长（mayor）。市长这一官职大约出现于13世纪，他代表着一种新的"气象"：以往的官员对国王或者领主负责，而市长则代表市民与城市共同体的利益要求。市长一职出现的情况在各个城市千差万别。有学者指出："仅仅依据国王颁布给城市的特许状来研究市政的发展是不全面不正确的，各个城市的情况各不相同，在1220年前有12个城市设立市长这一官职；到1300年时候，市长对于一个重要城市来讲，已经是一个常设的职位了。但是诺威奇市一直到1404年才有市长这一官职。"[2] 从城市自治的角度来看，市长一职的出现对于城市的管理意义重大。苏珊·雷诺兹指出："市长一职的意义在于其作为城市自治的象征。"[3] 在意大利，类似市长一职的是行政官（podesta）。自1183年签订《康斯坦茨条约》之后，意大利城市的行政权力得到了增强。为了恢复公共秩序，应对外来的干涉，许多的意大利城市自己任命行政官（或执政官）来处理城市的行政管理事务，更为独特的是，许多的行政官都是从其他城市招聘的，任期也比较短，这种情况出现在米兰、佛罗伦萨以及热那亚等城市。由于城市的具体情况不同，各个城市任命的行政官的数目也各不相同，即使是同一城市，不同时间任命的行政官数目也有差异。

---

[1] 参见 http://www.trytel.com/~tristan/towns/lynnlaws.html 1309·10·6。
[2] D. M. Palliser, *The Cambridge Urban History of Britain*, Vol. I, p. 71.
[3] Susan Reynolds, *An Introduction to the History of English Medieval Towns*, p. 120.

1117年，米兰有18名行政官，1130年有23名，1138年只有4名，1140年有8名，1141年有6名。绝大多数城市的行政官数目通常介于4至12名之间。①在西班牙北部加泰罗尼亚地区的塞维拉与巴塞罗那，12世纪80年代它们也像意大利城市一样，选举了自己的行政官，其他的临近城市也纷纷步其后尘。在法国，12世纪20年代，普罗旺斯和朗格多克地区的城镇也设立了行政官，这一职位多由当地的骑士阶层担任。在这些主要的行政官员之外，城市还设立有验尸官，他们的职责是记录重罪特别是有关自杀与他杀的案件，当王室法官来到城市的时候，他们呈递报告，并且负责拘禁事务。如伊普斯维奇就有四名验尸官，后来减少到两名。验尸官是属于王室的官员，但是他们也由市民选举产生，是城市与中央政府的重要联系人。其外，城市中还有市警，如迈尔登市，在1359年设有两名市警。②在这些官员的下面，还有许多的具体办事人员（common clerk）。在行政官员以外，城市还设有财政官员。一些城市称为财产管理员（receiver），如克尔切斯特市，该市在1404年将财产管理员改称为司库（chamberlain）。另外一些城市则直接称为司库，或有四人，如雅茅斯市；或有两人，数目各个城市不一。司库主管城市的财政大权，负责城市钱财的使用，他们在城市官员中的地位较高，因此出任这些官员的人身份也较高。当然也有例外的情况，如伊普斯维奇市在1320年前是不设司库一职的。第三类官员是属于咨询顾问性质的委员会（council）。这些咨询性质人员的称谓在各个城市各不相同，有的称为auditor，councillor，portmen，或者称为wardemen，jurat，aldermen等，不一而足；委员会的人数也是不尽相同，从十几人到近百人。③委员会的作用就是为城市的建设与管理献计献策，监督行政与财政官员的行为，他们是城市

---

① 参见〔美〕哈罗德·J.伯尔曼：《法律与革命：西方传统法律的形成》，贺卫方等译，第470页。
② 参见 http://www.trytel.com/~tristan/towns/mapp1_1.html。
③ 同上。

中资深的市民。

四、城市的治理

作为一个地方共同体，城市自治的内容包括行政自治、司法自治、财政自治以及社会自治等不同的领域，下面我们具体分析。

行政自治是城市共同体是否成为自治实体的一个主要方面。行政自治体现在两个方面：一是城市成为一个独立的行政单元；二是城市选举自己的城市官员。城市的独立地位在欧洲各国的表现不同。在意大利表现为城市共和国，在法国表现为城市公社，在德国表现为城市借助皇帝的力量求得独立以及组成城市同盟，在英格兰表现为城市独立于郡行政。

在意大利城市共和国政治生活中，城市政权主要由三个部分组成：元老院（小议会）、大议会以及总督。比如，威尼斯城的兴起与繁荣是一个艰辛且漫长的过程，它面临蛮族人的侵扰，另一方面也受到东方拜占庭人的威胁。拜占庭皇帝要求威尼斯人承认拜占庭的宗主权，但是得到的回答是："没有皇帝也没有王子能够统治奴役我们，我们自己从礁湖之中使这个城市兴起。"[①] 7世纪末，威尼斯人逐渐地摆脱拜占庭人的管辖。726年，他们选举了自己的统治者——共和国总督。9世纪初期，威尼斯人建立了城市中心。在威尼斯，元老院是主要的立法机关。另外一个立法机关是大议会，它负有选举元老院成员以及行政官员的职责。总督是象征性的官职，作用是主持共和国的典礼，受到大议会的严密监督与控制。从13世纪开始，城市的政治生活逐渐地为古老且富有的显贵家族所垄断，但是威尼斯从未有过暴政。14世纪时，为了更有效率地管理城市共和国，城市又出现了一个"十人委员会"，负责秘密监视城市市民，对它认定为可疑的人物可以进行逮捕或暗杀活动。在共和国漫长的

---

① W. CaRew Hazlitt, *The Venetian Republic: Its Rise, its Growth, and Fall, A.D. 409-1797*, London: Adam and Charles Black, 1915, p.15.

历史进程中，政府采取过多种不同的形式，共和国始终保持基本的稳定。有人这样评价道："威尼斯看来在君主专制与大众政府之间保持了中庸平衡；这种平衡如此稳定与精巧,总督从来没有变成暴君,而议会也从来没有变成民主……威尼斯拥有自己独特便利的政治与经济条件，它是寡头政治政府的原型。"[1] 位于托斯卡纳地区的佛罗伦萨是意大利城市共和国另一个重要代表。佛罗伦萨是从处于封建领主控制下的偏僻小镇，逐渐发展成为有重要影响力的城市共和国。1115年，它成立了城市公社，这是城市居民为了保护自己的利益而组织起来的私人联合团体，执行城市的防卫、司法、粮食供应等职能，是城市管理的政治团体。在遭到外敌入侵的时候，公社会组织民兵自卫。坚尼·布鲁克尔指出："公社比主教、伯爵更能有效地管理城市，而且，更重要的是，它有更为广阔的政治基础。这些公社政府是自从罗马时代以来，第一个赢得了意大利城镇居民忠心和信任的世俗政治机构，它们给意大利经济复兴所带来的巨大创造活力提供了政治上的框架。"[2] 佛罗伦萨统治集团的统治基础相对广泛，这得益于该市商业和工业活动的多样性，由此产生了一个由企业家、手工业者、资产者等组成的阶层。虽然共和国中毛织作坊主是最富有的集团，但是他们并没有完全垄断政权，而是与银行家、贸易商人、专业技术人员等一起共治。1293年，佛罗伦萨市民夺得政权，他们制定了《正义法规》。该法案打击那些残暴的大家族和贵族，市民们在法规中指名道姓地列举了这些家族。除了禁止这些人担任官职之外，贵族家庭还必须交纳保证守法的押金，如果贵族犯法，他们会受到加倍的惩罚。同时，《正义法规》规定了城市共和国的政府组成。长老会议是佛罗伦萨共和国最高的权力机关。起初，长

---

[1] 〔英〕杰弗里·帕克：《城邦：从古希腊到当代》，石衡潭译，山东画报出版社2007年版，第64页。

[2] 〔美〕坚尼·布鲁克尔：《文艺复兴时期的佛罗伦萨》，朱龙华译，生活·读书·新知三联书店1985年版，第173—174页。

老会议的成员由七个大行会①选举产生,每个大行会选派一名代表。后来,为了扩大执政的社会基础,长老会议又增加了两人,由14个小行会②选举派出。共和国的政府首脑称为"正义旗手",他既是议会议长,又是军事机构的总指挥。政府官员的任期有着严格的限定,如长老会议的九名成员任期只有两个月,期满后就由下一届成员接任。长老会议之外还有两个机构,一是12人组成的"贤人团",二是16人组成的"旗手团"。"贤人团"与"旗手团"为长老会议提供咨询,并与九名长老会议成员一起颁布市政法规,任命共和国的其他官员。"贤人团"的任期是三个月,"旗手团"的任期是四个月。政府的执行官员由15人组成,分别负责城市的防卫、财政金融管理、侦查任务以及招募训练军队等事务。从1434年开始,美第奇家族开始建立家族统治,这以后的六十年时间中,佛罗伦萨共和国与美第奇家族纠缠在一起。由于共和国民主制度仍然存在,即使美第奇家族的权力不断地增加,它的统治却一直没有变成专制制度,共和国也没有变成绝对君主制度的国家。在美第奇家族统治期间,城市共和国发生过几次危机。一次危机发生在1466年,当权的皮埃罗无法解决内部的权力之争,甚至有人想取代他成为城市的领袖。只是在最后的关头,皮埃罗才幸运地度过了危机。在罗伦索统治期间,1479年发生了帕齐叛乱。帕齐家族原来是一个古老的贵族家族,他与教宗勾结起来,密谋在教堂刺杀罗伦索,然后再夺取佛罗伦萨的政权。但是幸运女神关照罗伦索,他只是受了一点伤,并从教堂中顺利逃出来。美第奇家族的统治终止于1494年。当法国国王查理八世入侵意大利时,皮埃罗·德·美第奇与法国缔结屈辱的条约,这激起了佛罗伦萨市民的不满,他们驱逐了皮埃罗·德·美第奇。以后佛罗伦萨的政坛动荡不堪,处于混乱之中,城市共和国结束。

---

① 这七大行会是指:羊毛商人、丝绸商人、呢绒工场主、皮毛商人、银钱商人、律师以及医生行会。由于这些商人非常富有,俗称"肥人"。
② 这些小行会主要指小手工业者组成的行会,因为他们的财产比不了大行会成员的财产,因此被称为"瘦人"。

在英格兰，13世纪以后，一些由国王颁布特许状建立的大城市逐渐地独立于郡，不受郡守巡视和郡法庭的管辖。如彼得·克拉克所言："在国王特许的自治城镇内，则实现了以下三方面进步：获得纯粹的城市地位；与周围郡县彻底分离，重新定义隶属关系，确认自治城镇为合法单元，有权拥有财产；还有最后一项，赋予城市执政官新权力，可以代签订和约。"①首批获得这一地位的是布里斯托尔市等。1373年，布里斯托尔市获得这一权利，随后，约克市在1396年、纽卡斯尔市在1400年、诺维奇市在1404年、林肯市在1409年都相继取得了郡级市的地位。②再如伦敦，开始时，伦敦是米德尔塞斯郡的一部分，逐渐地，伦敦成为具有郡性质的行政单元。到15世纪60年代左右，英格兰有八个城市成为郡级市。而大多数中小城镇从行政角度来看，相当于百户区。如13世纪的诺威奇城就被划分为四个辖区（leet），每个辖区都有一个法庭，处理辖区内的各种事务。诺威奇的这种行政区分与东盎格利亚地区的百户区内部组织管理机制就非常地相似，在东盎格利亚地区，每个百户区都被划分为四个辖区。③再如帕利莎指出的："许多的城市法庭是由百户区法庭演变而来的。"④普尔也持相似的看法："古老的城市有自己的法庭，其前身就是百户区法庭。"⑤

是否能够自己选举城市主要官员是城市获得自治权利的另一种重要体现。莱昂指出："只有城市自己选举委员会与市镇官员，他们不直接对国王负责时，城市才算真正自治了。"⑥纵观欧洲中世纪城市的发展历史，从早期的管家与执事到后来的市长，城市共同体选举官员的方式发生着巨大的变化，显示着行政自治的逐步深化。早期的管家是国王与领主的代理人，领主与国王控制其任命。伦敦

---

① 〔英〕彼得·克拉克：《欧洲城市史》，宋一然等译，第96页。
② 参见 D. M. Palliser, *The Cambridge Urban History of Britain*, Vol. I, pp. 298-299.
③ Ibid., p. 56.
④ Ibid., p. 61.
⑤ A. L. Poole, *From Domesday Book to Magna Carta*, p. 66.
⑥ B. Lyon, *A Constitutional and Legal History of Medieval England*, p. 178.

第四章　自治性质的封建城市

城在13世纪前的管理由国王任命的郡守负责，通常郡守有两人，他们是国王的代理人。郡守的职责是负责征收各种税款并上缴到财政署。而到了市长出现的时候，他的任命在绝大多数情况下由市民代表选举产生。伦敦市长一职在1209年正式出现。[1]在这一年约翰王正式允许伦敦每年选举"值得大家信任的、谨慎而又有资格的伦敦城的人担任市长"。1215年的《大宪章》第13条规定：伦敦市应保有其原有之一切自由权及自由风俗习惯，水陆皆然。朕并承认其他各城邑、市镇、口岸保有其自由权及自由风俗习惯。[2]苏珊·雷诺兹认为："从13世纪早期，许多的城镇出现了市长一职，他不像管家与执事。英国的市长从一开始就是纯粹的城市官员，他象征着城市的联合。"[3]H.斯旺森对此问题持不同的观点，他认为市长是王室（或者领主）的代理人，这一职务主要是仪式上的。[4]应当承认，斯旺森的这一论断在城市早期的发展过程中有一定合理成分，在一些领主建立的城市中，领主的管家对城市的管理仍然有巨大的影响力；但是随着城市自治进程的发展，市长越来越代表城市的利益了。在佛兰德斯，伯爵允许各个城市自己选举市议员，并组成市政委员会管理城市。在德国的弗赖堡，1120年康拉德公爵颁布给城市的特许状规定，公爵未经商人们选举不得任命任何首席行政司法长官。不久，城市共同体选举出"市政委员"，并与首席行政司法长官联合执政；13世纪时，他们开始被称为执政官（consul）。[5]中世纪后期，为了处理城市的济贫与流民事务，市政当局设立了相应的济贫官员。在诺里奇市，市长任命了四人担任济贫官员：首要的是执行官（bailiff）；下面是检查员，负责逮捕流浪汉；再下面是两名管理

---

[1] 参见 John Norden, *Speculum Britanniae: Middle Sex and Hartfordshire*, London, 1723, p. 28.
[2] 法学教材编辑部、《外国法制史》编写组：《外国法制史资料选编》（上册），北京大学出版社1982年版，第251页；翻译成为现代英语的《大宪章》，可以参见 http://www.yale.edu/lawweb/avalon/medieval/magframe.htm，后面的引用相同。
[3] Susan Reynolds, *An Introduction to the History of English Medieval Towns*, pp. 108-109.
[4] Heather Swanson, *Medieval British Towns*, p. 80.
[5] 参见〔美〕哈罗德·J.伯尔曼：《法律与革命：西方法律传统的形成》，贺卫方等译，第454页。

员，负责平时的具体事务。其他城市的情况也基本相似，在剑桥市，城市救济机构也由执行官等组成。出席国王的议会既是义务也是某种权利，城市共同体选举市民代表参加议会。担任市政官员是一种荣誉性的工作，也意味着一种社会负担。林恩市法规定：城市共同体意识到，出任城市官员是一件繁重且费钱的工作，因此一致同意，假如市民被选为市长，他任职并为市民服务，可以在接下来的两年中免除这一义务，即他可以在其后的两年不再任市长。市长如果恪尽职守，为市民谋利，每一年可以得到 20 英镑的工资，并且免除当年的税。伊普斯维奇市法律规定：全体共同体成员将奥登霍姆牧草地授予 12 名市民贤达，用于喂养他们的马匹，作为他们为城市共同体服务的回报。城市对市长有奖励，也就有监督与惩罚的措施。假如市长表现不好，那么只可以领取 10 英镑的工资，并免除当年的税。如果有人被选举为市长而他拒绝担任此职或者不上班，那么他将被罚款 20 英镑，假如他不付钱，城市可以采取强制措施。

城市市法对市长权力的限制。在征税问题上，林恩市法规定：没有其他市政官员的同意与协助，市长没有权力向城市的居民征税。[1]在有关贸易分红问题上，林恩市法明确规定：除非市长或者他指派的人参与了城市的贸易活动，否则市长不可以获得分红——批发商品除外，这类商品他可以与其他的人一起分红；这一条款对其他的市政官员同样如此。[2]伊普斯维奇市对市长从商活动做出如下规定与限制：在任的市长不可以自己经营酒店或者旅店。如果市长在任期间违反了这一规定，将被处以 10 英镑的罚金。[3]城市市法对市长的任期有相应的规定。1491 年雅茅斯市法规定：市长任期应该为一年，在接下来的五年中，不应该再担任此职。如果城市的 12 人常务委员会成员中有人违反这一规定，则处以 40 先令的罚款，罚金的一半给国王，一半归城市。如果城市的 24 人委员会成员中有人违反

---

[1] 参见 http://www.trytel.com/~tristan/towns/lynnlaws.html 1358·9·21。
[2] 参见 http://www.trytel.com/~tristan/towns/lynnlaws.html 1386。
[3] 参见 http://www.trytel.com/~tristan/towns/ipswich7.html#cap86。

这一规定，则处以40英镑的罚金，一半归国王所有，一半归城市所有。这一规定由国王的管家或者其代理人每年在选举后宣誓时宣读。①1342年诺维奇市规定：在四年内，一个人不应该两次当选为市长。此外伊普斯威奇市也有类似的规定。限制官员的任期与连任目的是对官员权力进行约束，虽然能够担任市政官员的人士是有限的，属于城市中的精英阶层，但是他们的权力并不是没有限制的，他们必须受到市民的监督，这种做法有利于减少腐败现象的产生与官员对绝对权力的向往。由于司库掌握着城市的财政大权，城市市民对于他们的监督也是很严格的。米迦勒节后，卸任的司库应该向新上任的司库转交所有属于城市的记录、相关的档案与城市土地所有权凭证，而且这些文件应该每年向市长与城市代表展示并宣读；如果司库不能够上缴账目的话，将会被处以20先令的罚款。②

城市的行政自治还表现为城市拥有自己的城市公章（common seal）。制作城市公章是为了方便城市共同体在重要的事务中使用。城市公章的出现更加表明了城市作为一个共同体所拥有的认同感，"它用来体现城市及市民的共同荣誉与利益"③。像伊普斯维奇、布里斯托尔以及南安普顿等城市就有自己的城市公章。平时城市公章由专门的市民保管，并会向公众展示，这是一个城市的象征。如南安普顿市，城市章程的第33款就对城市公章（印章）等城市象征物的使用与保管进行了规范。城市的管理与运作需要广大市民的参与和协助，因而许多城市都明确了市民的参与权利。伊普斯维奇市法规定：根据古老的习惯，每个市民都可以自由地参加9月8日选举市长（bailiffs）和其他市政官员的市政会议以及选举出席国王议会城市议员的会议。④有时候为了使市政会议顺利地召开，市法还对那些缺席的人员进行处罚，规定相应的出席程序。诺维奇市法（第45

---

① 参见 http://www.trytel.com/~tristan/towns/yarmlaws.html 1491·8。
② 参见 http://www.trytel.com/~tristan/towns/lynnlaws.html 1342·10。
③ A. L. Poole, *From Domesday Book to Magna Carta*, p. 73.
④ 参见 http://www.trytel.com/~tristan/towns/ipswich7.html#cap91。

条）规定：召开城市市民大会是为了城市的利益，由于有一些市民缺席，有时候导致许多的事务无法解决。因此以后传唤与会者的具体事务由管家的差役（sergeant）负责。城市的每个区（leet）派 8—12 名差役。差役应该准备好他要召集的人的名单，确保把开会的通知传达给每一个与会者——或者是与会者本人，或者是他的妻子与家人。差役应该记录下那些不能够参加会议的人。缺席者应该在第二天到市长面前，并有其他诚实的市民作担保，说明他缺席的理由，如生病或者当时不在城市。如果他给不出适当的理由，将被处以两先令的罚款，其中一半归市长，一半归城市；罚金由差役征收，他把罚金交给市长，并由司库记录下所罚的金额与被罚者的姓名。同时为了让商人也能够参加城市会议，因此又规定除了特殊的情况以外，会议应选在没有集市的时候。① 这一规定与当时的社会现实是非常符合的。市法是规定市民行为的准则，它对城市的意义自然不一般，但是并不是每一部市法都适合形势的发展，它可能有一些不尽如人意的地方，因此有时候市民们还得对市法进行修改，以满足城市市民的利益。雅茅斯市在 1491 年就曾经对市法进行了修改。该市法的前言中明确写道：由于以前制订的规定不合理，导致了市民的不满，为了公共利益与城市的繁荣，于是在 1491 年复活节前的星期二，市民们召开集会，修改了旧的市法。② 完全修改市法的情况比较少见，在中世纪的城市中，对市法做部分修改的情况倒是不少，比如对征税的情况做出一定的改变，这在诺维奇等城市比较常见。这也说明了市法与时俱进的特征。

司法自治是体现城市自治权利的另一个重要方面：是完全处于国王或者领主的司法管辖权下，还是有着自己独特的法律体系，体现城市共同体的特征，并维护共同体成员的权利，这一点至关重要。马克·布洛赫写道："实际上，从封建社会第二阶段起，公共事业活动立法的真正倡导者，几乎毫无例外地都是管辖范围小得多、其

---

① 参见 http://www.trytel.com/~tristan/towns/norlaws.html。
② 参见 http://www.trytel.com/~tristan/towns/yarmlaws.html 1491。

性质与严格意义上的所谓封建主义格格不入的权力机关,即城市。"①在许多的城市中,除了一些涉及王室与教会的特殊案件外,城市共同体对其居民的民事案件拥有广泛的权力,处理这些民事案件的规则遵循城市的市法——而不是遵循领主法律。1129年亨利一世颁布给伦敦城的特许状规定:伦敦市民在任何诉讼中都应该在城市内进行申辩,不可强迫城市市民采用决斗的形式进行裁决等。到13世纪时,城市法庭享有return of writ的特权,即涉及市民或者城市居民的司法令状不再由郡守处理,而应当转由城市法庭处理。在对市民的犯罪指控过程中,采用宣誓的方式,而不是采用古老的决斗方式。雅茅斯市法(1491年8月)规定:城市中市民之间有关契约、合同或者债务等的案件不应该在城市法庭以外的地方起诉,除非这一案件已经由市长审理过,违者每次处以40先令的罚金,罚金的一半归城市,一半归市长,累犯者将被剥夺市民资格。②诺维奇市法(第四条)则规定:在城市中被抓获的窃贼,假如有原告起诉的话,应该在城市法庭中由市长与验尸官审理;假如罪犯在城市外被抓获的话,只要有原告(具有市民身份)前来起诉,也将在城市法庭审理。假如没有原告的话,市长不可以审理,应该先拘押犯罪嫌疑人,等待负责拘押审理的法官到来,在城市法庭中审理。③在伊普斯维奇市,全体共同体成员同意将本城市的法律与自由习俗载入档案,并由执政官保管,以方便市政官员更好地知晓城市法律与习俗,并进而更好地履行这些法律为共同体服务。此外,商人行会的全部法令也被载入另一个档案,并由高级市政官保存,以方便行会首领更好地工作。在城市共同体的基础上,西欧社会发展出商法,以便处理涉及商业活动的事务。商业活动的特点要求法庭采取迅速的措施来解决问题,但是古老的习惯法庭无论在程序上还是在参与审判的人员上都显然无法满足商人的要求,于是城市中逐渐地发展出商法。与古

---

① 〔法〕马克·布洛赫:《封建社会》(下卷),张绪山等译,第653页。
② 参见 http://www.trytel.com/~tristan/towns/yarmlaws.html。
③ 参见 http://www.trytel.com/~tristan/towns/norlaws.html。

老的习惯法相比,商法更为灵活也更为迅速,审判者也是熟悉商业活动的人士,法官由市场或者集市中的商人从他们的同行中选举出来,这是商人在交易中所通用的一种国际惯例。在英国,这种法庭被称为"灰腿法庭",形象地说明了到法庭参加诉讼的商人,他们的脚上还沾着旅途的灰尘。与城市密切相关的商法具有跨国的特征,这既是对外国商人的保护也是对本国商人的一种保护。1275年英格兰的《威斯敏斯特法》规定:在任何城市、自治市镇、集市以及市场,如果一个处于本王国范围内的外国商人不是某项债务的债务人或者担保人的话,那么就不得因为债务而扣押该外国商人的财产。与古老的地方习惯法相比,商法具有确定性,而使得商人少受损失。再有在发生商务纠纷时,城市在解决纠纷时也发挥一定的作用。1292年,一个名叫卢卡斯的伦敦商人从一个德国商人那里买了31英镑的货物。在没有付给德国商人钱款的情况下,卢卡斯偷偷地离开了里恩的集市。即使后来德国商人对他进行了控告,他也没有按照商法的规定到集市法庭去应诉。这一先例引起了很坏的影响,以后其他国家的商人都不愿意在伦敦市民未付足货款的情况下把东西卖给他们,在外国商人的眼中,伦敦市民是弄虚作假的债务人。后来,卢卡斯从里恩逃到圣博托尔夫,又逃到林肯、赫尔,最后逃回伦敦,那个德国商人则一路追来。取得货物却不付款这一事件虽然是个案,但是它损害的确是整个伦敦商人阶层的信誉与利益,在外国商人看来,这是伦敦商人不遵守商法的一个体现案例。这时伦敦商人们提议,将卢卡斯关进伦敦塔,让他受到了司法的审判。[1] 中世纪处理商业事务与案件的法院统称为商事法院,它主要包括市场法院、集市法院,同时商人行会法院以及城市法院有时候也行使相应的职能。市场法院与集市法院的法官从市场或者集市的商人中选举产生,这种方式体现了西欧法律传统中的参与性原则。在英格兰,许多贸易中心城镇中也逐渐地建立起相应的商事法院。通过这些城镇,英国与德国、

---

[1] 参见〔美〕哈罗德·J.伯尔曼:《法律与革命:西方法律传统的形成》,贺卫方译,第418页。

佛兰德尔的商人们进行着羊毛、皮革等方面的交易，而商事法院为在这些城镇中经商的外国商人提供法律保护。1353年的《贸易中心城镇法》规定：每一个贸易中心城镇的商人及其仆人和家庭成员在所有涉及贸易中心城镇的事情上都应该由商法支配，而不是由国家的普通法支配，也不是由城市、自治城市或者其他城镇的习俗所支配。能够管辖他们的是贸易中心城镇的法院。贸易中心城镇法院的首席法官是城市的市长，他任期一年，由商人共同体选举产生。市长应该具备必要的商法知识，依据商法进行审判。审理的案件无论涉及的是外国商人，还是本国商人，都需要一个混合的陪审团，其组成一半是外国商人，一半是英国人。城市以及城市中的商人所享有的司法特权是中世纪西欧社会多元权力格局的一个体现，也从另一个角度表现了城市在国家行政中独特的地位。

争取财政独立是城市自治运动的重要内容，要获得此种特权，城市需要向国王或领主缴纳一笔数额不等的金钱，用以支付应该缴纳给国王或者领主的租金、市场税和其他税收，这样城市就取得了控制城市内部的经济管理权限。这一做法与中古西欧的社会生活密切相关。马克·布洛赫指出："……12世纪以后，社会各等级中兴起了一种运动，这个运动的一种趋势是，各种支付款被代之以固定数额的税款，税款的数量或是主观性地规定下来，或是经过艰难的谈判才确定下来。"[①] 以前国王对自治城市的税收主要由郡守负责，每年征收一笔固定钱款，假如郡守多征收了，剩余的钱款就会归郡守所有；假如郡守征收的钱款少于国王要求的数目，那么少的部分就要由郡守自己填补上。因此每次征税的时候，郡守总是会想尽办法对城市居民进行勒索——就像郡守向郡征收税款一样。郡守的这一做法自然是对市民利益与城市财政的一种伤害，于是市民们通过固定城市税收的方法，来求得对自身的保护。1130年林肯市与伦敦市首先支付了固定税，不久理查蒙德市也向布列塔尼的阿兰（Alan

---

① 〔法〕马克·布洛赫：《封建社会》（下卷），张绪山等译，第337页。

of Brittany）伯爵每年支付 29 英镑来赎买所有的费税。① 再有诺维奇市，在 1194 年，花费了 200 马克取得了自己征税的权力，此外还得再支付年税 108 英镑，这样城市自己可以组织估税员与征税员进行征税工作。直到 13 世纪，城市缴纳固定税的方法在绝大多数情况下适用于国王的城市，世俗领主的城市采用这种方法的很少，这一现象值得关注。城市财政自治的第二个表现是为了城市共同体的利益，市政府自己向市民征税，用于城市内的公共事业。1201 年，林肯市就为了城市的事务对市民征税，同时他们又宣称，除非得到市民的同意，否则就不能够对市民征税。② 事实上，城堡的建设、加固与防御是城市市民最主要的财政负担，因为城墙的修建与加固在市民的实际生活中影响比其他的事情都要重要，它是用来保障市民安全的重要屏障。有一些城市通过出租城市中的空地来获得一定的钱款，用于城墙的维护。在诺维奇市与雅茅斯市，城市就向市民征收城墙维修费以及其他的税收。此外诸如码头与市场的修建、桥梁与教堂的建造维修等，都是属于城市的公共事业，在亨利三世的时候，一些城市在某些时候可以对外来者征收税款，用来修路、修桥与城墙的维修等城市的公共事业。再如济贫方面，早期城市的济贫主要由教会承担，再辅以行会与个人的捐助。宗教改革以后，随着英格兰教会势力的瓦解，整个社会——包括城市社会——面临着如何济贫的问题。这时候城市就开始了征税的行为，如 1547 年，伦敦市议会决定征收济贫税用于救济城市贫民，其数目相当于 1/15 税的一半。这是英格兰社会第一次强制征收济贫税。在诺里奇市，城市政府根据市民的收入进行财产评估，确定征收的税额。史料记载：海登绅士交了八便士，史密斯先生交了四便士，理查德·布劳菲尔德交了六便士，罗伯特·斯宾格尔德交了两便士。此外所有的市参议员每

---

① 参见 Heather Swanson, *Medieval British Towns*, p. 79。
② 参见 A. L. Poole, *From Domesday Book to Magna Carta*, p. 73。

周要交一先令。①可以也能够征收城市税对一个城市的健康发展有着重要的作用，这意味着城市在经济上具有了自动调节的功能，通过征收城市税，行政机关将可以自由地按照城市法规进行城市的建设、维修以及社会救助等方面的工作。这些工作的推进也使得城市的居民具有共同体的认同感，因为所征收的税收是用于城市自身的，而不是其他。亨利·皮朗认为："每个人担负的数额根据其财产来决定。这是一个伟大的革新。因为纳税人这时是根据自己的能力为公共事业纳税，而不是为诸侯的个人利益缴纳专断的封建税收。这样，税收就恢复了它在封建时期所丧失了的公共性质。"②

关于征税工作，市法也有相应的规定。1309年林恩市法规定：市长与市镇向所有市民保证，以前所征收的不合法的捐税（tax and tallage），将不再征收了。如果要征税，需要有充分的理由，并且是以适当的方式进行，没有人可以特殊化，税收的账目将由三个等级组成的代表团检查。③1315年市法规定：征税员应该考虑到各个阶层的承受能力，向富人征收的税多一些，对穷人征收的税少一些，这样才能使得征税合理。④同时以后的法律还强调，没有其他市政官员的同意，市长是不可以随意征税的。城市的征税工作每年都举行，在第一季度进行估税的工作，在第二季度开始征收工作。通过研究市法，我们还可以看到法令对征税员的保护。1378年林恩市法规定：如果市民对征税人员出言不逊，干扰征税人员的工作，或者伤害征税人员，将被处罚。⑤城市的财政自治还表现为：城市市民可以对城市的财政状况进行检查，如果城市入不敷出，市长与司库是要被审问与惩罚的。伊普斯维奇市规定：高级市政官必须在该城市的执行官和王室财产管理官面前按其誓言，逐年就上年所得以及通过买卖

---

① 参见尹虹：《十六、十七世纪前期英国流民问题研究》，中国社会科学出版社2003年版，第194页。
② 〔比利时〕亨利·皮朗：《中世纪欧洲经济社会史》，乐文译，第51页。
③ 参见http://www.trytel.com/~tristan/towns/lynnlaws.html 1309。
④ 参见http://www.trytel.com/~tristan/towns/lynnlaws.html 1315·12·20。
⑤ 参见http://www.trytel.com/~tristan/towns/lynnlaws.html 1378·5·7。

商品而获得的全部利润和增值做出精确而公正的清账。1491年雅茅斯市法规定：如果城市的收入有盈余的话，应该给市长相应的报酬；如果城市的收入入不敷出的话，当负债额不超过10英镑的时候，由市长自己负担；如果城市负债超过10英镑时，市长应该在账目审核后的四天内召开市民大会，以求一个解决的办法。另外，为了使司库更好地执行制定的法律，司库应该据古老的习俗宣誓。① 此外市法还规定：所有的财务工作者（如司库、城墙修筑官、征税者等）应该每年一次把合格且清楚的账目交给现任市长、前任市长和至少两名审计员，每年的第一个工作日在市会议厅进行财务审计工作，一直到每一个账目收入与支出项目审计结束，所有的账目在新年后的14天内记录在册。② 市民对官员监督的严格性可见一斑。

亨利·皮雷纳指出："城市经济从头到尾地创造了——也就是说前所未有地创造了——一套比历史上任何时代（包括我们的时代）更为完善的社会立法。城市立法通过取消买主和卖主之间的中间人，保证市民享受生活费用低的好处；毫不宽容地诉究欺诈行为；保护工人免受竞争和剥削；规定工人的劳动和工资；注意他们的卫生保健；规定学徒期；制止妇女和儿童参加劳动；同时成功地保持了城市向附近农村提供产品的垄断权；还成功地为城市的商业在远方找到出路。"③ 由此可见，城市需要处理纷繁复杂的各种经济与社会生活方面的事情。

首先是城市卫生方面。由于许多城市是从村庄发展过来的，再加上当时生产技术的限制，因此中世纪城市的卫生环境大多数比较恶劣，基础卫生设施极不完善，更需要市政当局的管理。在城市中，有养猪的、牧羊的与放牛的，这些散养的牲畜随意地排泄粪便。同时，城市居民日常生活与生产也产生出许多的生活垃圾，他们随意地抛弃，使得城市的卫生状况极差，这些行为不仅污染环境，也使

---

① 参见 http://www.trytel.com/~tristan/towns/yarmlaws.html 1491·8。
② 同上。
③ 〔比利时〕亨利·皮雷纳：《中世纪的城市》，陈国樑译，第131页。

得疾病肆意流行。在这种情况下，政府出面维护城市公共卫生就显得迫切了，各个城市都有一套自己的规定来规范这些行为。[①]林恩的市法规定：除了周六以外，任何居民不可以把猪放养在街头，以免猪在街头到处乱走，如有违反者，处以四便士的罚款。普通的市警可以扣押当事人的财物作为罚款。市法记载：在1370—1371年，有47个养猪人由于此事而被罚款，有一些人还是累犯，罚款共计六英镑八先令八便士。在1373年每次的罚款降到两便士，这一年共有86名养猪人违反法律，累计次数达到675次。[②]再有城市中有屠户，处理牲畜的下水也是一个问题，到处乱扔牲畜的下水对城市的卫生极为不利。于是林恩市法规定：宰杀的（特别是屠夫宰杀的）动物内脏，城市南部的送到指定的某一地方，并且倒入河中；城北的送到指定的某一地方，也倒入河中；同时还规定，到下个复活节，屠户运送动物内脏的时候，应该用带盖儿的小推车，违反者处以20先令的罚款。这显然是由于动物内脏的异味儿，所以才特意规定加盖儿。对于垃圾车的问题，市法也有规定。运送垃圾的车一周有两次可以通过街道，分别是在星期三与星期六；将对随便乱倒垃圾的人处以不同程度的罚款。在食品卫生方面，市法规定任何屠夫都不应该卖变质的肉，卖牛奶的妇女应该出售质量好的奶品，不应该掺杂他物欺骗消费者，违反这一法令将受到处罚。街道是城市公共设施的重要组成部分，市政当局对此也比较关注。作为城市共同体的一员，城市的每一个居民都有义务去维护自己房屋周围的道路；如果此居民不积极地维护道路的话，市长就会派人去维护，费用由此居民承担。从13世纪后，一些城市当局取得了王室的许可，有权向市民征税用以修路。为了保护街道，林恩市法还规定：在圣诞节后，不可驾驶用铁皮包裹车轮的车子运输水，违反者将被没收包裹轮子的铁皮，城门的看门者也应该提醒外面进城的人注意这一点。这显然是由于在冬天铁皮会破坏城市的街道，此规定的出台是出于保护城市街道

---

① 参见 Heather Swanson, *Medieval British Towns*, p. 85.
② 参见 http://www.trytel.com/~tristan/towns/lynnlaws.html 1331·9·29.

的目的。此外城市中的桥梁也是由市民共同出资修建，例如泰晤士河上的伦敦大桥就是如此。①

中世纪的城市生活方式日出而作，日落而息。钟对于城市居民来讲，具有特别的意义：为死者敲钟鸣丧，在特殊的情况下敲钟集合。过于频繁地敲钟自然会对城市居民的日常生活有一定的影响。于是林恩市法规定：由于经常地敲钟，特别是敲圣马格利特教堂钟的次数较多，影响市民的休息与钟的寿命，因此规定，除了一些特别重要的人物以外，不允许随便地敲丧钟了，同时对敲钟的时长也有一定的限制，且收取一定的费用。中世纪的城市是一个聚居的地区，要生活就得有水源，水是日常生活不可缺少的资源。有时候城市从外面运水到城内，有时候城市中有自己的喷泉。伦敦在1237年时就修建了管道，从泰伯恩引水到市区；而布里斯托尔市在五十年前就已经这样了。②作为社区公共产品，规范其使用，维护好使用这一公共产品的秩序将是有益的。林恩的市法规定：由于城市中使用喷泉的人太多，对喷泉有所损害，因此，仿照伦敦和其他城市的规定，挑水的人应该遵循先来先取的原则，所有挑水的人都应该排队，按照次序取水。同时还规定，只有提小桶的人装满水后，拎大桶的人才可以盛水，也不允许大桶放在那儿，阻碍别人盛水，违反者处以12便士的罚款，而检举的人可以获得四便士的奖赏。如果有人打破了穷人旧桶，应该赔偿受害方。后来又有法令重申了先来先挑水的原则——不论是外来者，还是城市的市民，不论地位的高低，如果有人插队，即会受到惩罚。

市法也对经济生活进行着规范。林恩市法规定：所有由船运来的谷物应该在指定的地方出售，如果市民在其他地方买，将被处以一定数目的罚款。③在林恩，诺维奇的商人任命林恩市民作为他们在林恩地区的销售商，并且把钥匙给他们保管。这些行为必将损害林

---

① 参见〔比利时〕亨利·皮朗：《中世纪欧洲经济社会史》，乐文译，第86页。
② 参见 Susan Reynolds, *An Introduction to the History of English Medieval Towns*, p. 128。
③ 参见 http://www.trytel.com/~tristan/towns/lynnlaws.html 1340·2·18。

恩商人的利益，因此林恩的市法规定：任何林恩的市民都不应该作为别人的代理商，违者处以罚款 20 先令。15 世纪早期的市法则更系统地规范着城市市民的日常经济活动。任何居民都不应该囤积居奇，而应该维护正常的市场交易秩序，违反这一法令将被没收谷物，并投入监狱；任何居民都不可以——不论是亲自还是派人——在各个路口垄断收购粮食等生活必需品，使得它们不能够进入市场进行买卖，有这样行为的人将被处以没收财产并投入监狱的惩罚。事实上，国家也对垄断行为进行打击。在爱德华三世统治时期，全国开放了粮食的零售商业，一些商人囤积居奇哄抬物价，政府对此进行了打击，规定粮食等生活必需品必须在市场上公开进行交易。此外，所有卖酒的零售商人都应该在晚九点前关门。渔民到城市卖鱼，应该遵守林恩古老的习惯，把鱼拿到市场，摆放到显著的位置，亲自卖鱼，这样就不会让奸商的阴谋得逞。卖东西的人应该本着为顾客服务的态度，按照市场规定的价格买卖。再如在伦敦，1383 年，该城一个制造武器的人曾经因为卖酒而受到监禁，此人之所以被监禁，并不是因为他是一个制造武器的人，而是由于他抬高物价，应该卖六便士的酒，他卖了八便士。伦敦的烧石灰匠行会也是由于抬高出售价格，其行会首领被市政当局以敲诈勒索罪名投入监狱。南安普顿商人行会也规定：首席会长、十二宣誓执事，或行政官应每月一次，或至少每年四次，审核面包与强麦酒之售价，务使其定价能在各方面依谷价为准则。[①] 诸如此类，不一而足。

  市法对手工业活动的规定也很详细。林恩市法规定：除非是合法所生的，不是奴隶出身，市民才可以把他收为学徒。收学徒的程序是：师傅和徒弟一起带着契约到市政厅的市长那儿，学徒由市民检查，看他是否是自由人，如果是的话，则登记在市政的档案中，成为正式的学徒；如果不是则契约无效。[②] 林城的圣三一商人行会也

[①] 参见法学教材编辑部、《外国法制史》编写组：《外国法制史资料选编》（上册），第 233 页。

[②] 参见 http://www.trytel.com/~tristan/towns/lynnlaws.html 1386。

规定："凡生为农奴或处于类似状况中之人，或任何学徒，俱不得加入本基尔特。如因长老及众会员不知实情，已被接纳入会者，则一经查明并合法证实之后，此人应即丧失基尔特会籍。任何年龄未达二十一岁，或缺乏诚实之声名与状况之人，俱不得被接受为本基尔特会员。"[1] 市法对城市中制桶人的规定是：城市中的制桶人应该处于市长的监督之下，做出的桶容积合适。对裁缝的要求是：每年在米迦勒节后的两个月内所有的裁缝应该到市政会议厅，在市长的面前选举两名市民作为其代表；行会限制外来的手工业者，如果外来的手工业者进入城市谋生，需要由市长与行会首领决定。行会成员内部的争吵先是由行会的首领裁决，不行的话交给市长。假如行会的首领处理的事务不公正的话，可以到市长那儿申诉，对于不公正的行会首领会处以罚款。

城市经济活动涉及贷款行为，虽然教会对高利贷行为是禁止的，但是现实的经济运行与商业活动还是缺少不了贷款的行为，这些是正常的经济活动。南安普顿商人行会规定："本城首席会长或行政官与十二宣誓执事,应按照规定与需要经常注意诸商人、生人与私人，务使彼等所负之债务能有充分而切实可靠之担保，且向债权人出立借据。债务之偿还日期应在彼等之处登记，逾期不还，经债权人证明者，应即按照契约及本城之习惯扣押其土地与不动产不得用任何方式表示不服，致使本城之人因上述不履行债务契约之行为而受到损失。"[2] 该商人行会还规定了本行会成员如果不遵守规定所应该承担的责任："任何基尔特会员如因欠债而拒绝使其业产受到扣押，或在受到扣押时强行取回，或转移即将被扣押之物，或违反国王令，一经证实之后，并即丧失其基尔特会籍，直至其偿付二十先令购回时为止。以后如再违反，则每次均须按前述方法处理。同时，其担保品仍须受到扣押，直至其偿还全部债务。如此人拒绝服从上述法

---

[1] 法学教材编辑部、《外国法制史》编写组：《外国法制史资料选编》（上册），第231页。
[2] 同上书，第232—233页。

律，一经证实后，应即与破坏和平者相同，被禁闭一昼夜。如仍不服从法律，则此案应呈送国王及其［枢密］会议听候处理。"[1]由此也可以类推，其他人等假如违反了上述条款，也会受到类似的处罚，甚至会更严重。

出于传统的习惯与社会发展的需要，城市当局（有时是商人行会）也负责济贫的事务，其对象是穷人、乞丐以及老弱病残者。一些城市由于具有雄厚的经济实力，往往可以通过市民的捐赠而设立济贫基金，同时当局也会注入一些资金，用以捐助需要者。市政当局对这些资金负有管理监督的职责，负责制订具体的使用规则。此外，一些城市的行会也继承了团体互助的传统，对属于城市一员的行会成员进行帮助。林城的圣三一商人行会规章写道：任何基尔特会员因不幸而陷入贫困与灾祸，其他会员都应该给予帮助，可经过全体同意后启用基尔特公款基金，会员私人也可以解囊相助；如果行会会员死后没有钱财处理后事，这时候长老以及其他的会员可以使用本行会的钱财帮助照料丧事，以使得他获得体面的安葬。[2]同时，该商人行会规程还要求：行会的首领应该每年四次慰问所有的老者、贫穷的会员，并用本行会的救济基金给予救济。而任何处于贫困与困难中的会员也可以按照自身的经济窘迫状况，分别自本基尔特的货物与款项中，以及自土地与出租房屋的收益中，获得衣食为赡养。当然，这些规章即使在现在看来也是一种理想。再如南安普顿商人行会规章也写道："任何基尔特成员因不幸而陷入贫困，无法生活，且又不能工作赡养自己，则当基尔特举行会议时，可获得纹银半马克以资救济。"[3]事实上，济贫是一项非常重要的内容，不仅是属于行会团体的事务，也是市政当局的关注点。尹虹对于中世纪中后期

---

[1] 法学教材编辑部、《外国法制史》编写组：《外国法制史资料选编》（上册），第233页。
[2] 同上书，第230页。
[3] 同上书，第232页。

的流民与济贫问题进行了比较详细的研究,可供参考。[1]

在处理济贫与流民问题上,伦敦市率先建立了感化院、习艺所,并率先征收济贫税救济没有劳动能力的民众。为了救济贫民,需要解决粮食问题。1391年,伦敦发生饥荒,伦敦市长就动用其他的资金并要求城市每个参议员也缴纳20英镑,用于购买粮食,以补充首都的粮食。到都铎王朝时期,为了制度性地应对粮食问题,伦敦城逐渐地建立了以行会为基础储备粮食的制度。1520年伦敦市政会议决定,城市以贷款的方式向各行业师傅与市民征收1 000英镑,用以购买粮食,作为城市的公共储备,并建立储备粮仓。一旦城市发生饥荒或者粮食短缺的情况,市长可以动用粮食储备,把它投入到市场,用以平稳物价,并接济城市的贫穷者。在布里斯托尔市,1522年城市的粮食价格也上涨,迫使市长不得不从其他地方购买粮食,以缓解市民的生活困难。同年坎特伯雷也发生了粮食危机,于是市政当局花费了70英镑购买粮食,用于救济城市的贫民与生活困难者。[2]城市当局为救济而进行的努力也体现在慈善机构的重新建立上。到1536年,伦敦城内原有的属于修道院的15个慈善院和4个麻风病医院,其中8个被解散,包括可以为贫民提供180张床的圣玛丽·斯庇托慈善院,还有可收容40人的圣托马斯与圣巴多罗缪慈善院。这些慈善院的解散给城市济贫工作带来不小的影响,于是城市官员与市民代表就向国王请愿,希望能够保存这些慈善院。1544年6月,国王同意重建圣巴多罗缪慈善院,并愿意提供一定的资助,也成全了伦敦市民的一项心愿。诺里奇市为无生活能力者建立了两所救济院,为贫民和需要救助的人提供基本的生活必需品。圣吉尔斯救济院是其中的典型,被誉为"上帝之家""贫民之家"。[3]圣吉尔斯救济院的建立得到了爱德华六世的许可,其管理者是诺里奇市政机关

---

[1] 以下相关内容可以参见尹虹:《十六、十七世纪前期英国流民问题研究》,第五章第二节。
[2] 参见上书,第199页。
[3] 同上书,第195页。

与城市的市长。圣吉尔斯救济院为无劳动能力者与老弱病残者提供免费的帮助，保证其最低生活需要；对有劳动能力但是贫穷的人提供劳动的机会，通过劳动取得一定的报酬或产品。此外城市还关注儿童的情况，在诺里奇市，兴建有孤儿院，政府将孤儿或者流浪的儿童送到孤儿院，让他们接受教育。曾有12名儿童由执行官与他的妻子负责教授基本的文化和技能。孤儿院为这些孩子提供基本的生活保障。① 后来的历史发展也表明了城市在救济方面所取得的成功。以伦敦为例，城市当局接管巴多罗缪慈善院时，该慈善院已经是非常破落了。但到1552年时，已经利用了11张床，治愈了800人，而该慈善院一年的花费为800英镑，国王与城市资助了近700英镑，其余部分通过慈善捐款获得。由于该慈善院取得了较好的成就，市民们对此表示满意。城市在社会救济方面的工作一方面是城市发展与稳定的需要，另一方面也体现了城市共同体所具有的作用和意义。不可否认，早期的社会济贫事务存在着各种各样的弊端与暴力，但是在当时的社会条件下，确实无其他更好的解决手段。关于市镇当局在济贫和流民方面的工作，尹虹做出的评价是比较客观的。她认为："地方政府一方面贯彻执行中央有关解决流民问题的政策，同时也根据各地的实际情况，制定一些地方性的法律法规管理和控制流民，每个城镇有自己的法律，进行着各种实践，有的建慈善院，有的建习艺所，有的发明新的方法，为所有无劳动能力的人募集救济金并对他们进行管理，有些措施为中央提供了经验，有些实践经验为中央制定政策、法令提供了依据，取得了一些实验性的作用。地方政府早期（1514—1569年）的努力比议会和枢密院更积极，可以说为英国救济制度的产生奠定了基础，是济贫管理的实验场，是国家法令的先行者。"② 这一解释与论述也契合本书的基本宗旨。

关于中世纪城市兴起的意义，历史学家们对此进行了高度的评价。亨利·皮雷纳从社会成分角度进行了分析，他认为："城市的

---

① 参见尹虹：《十六、十七世纪前期英国流民问题研究》，第196页。
② 同上书，第182页。

诞生标志着西部欧洲内部历史的一个新时期的开始。在此之前，社会只有两个积极的等级：教士和贵族。市民阶级在他们旁边取得了自己的位置，从而使社会得以补全，或者更确切地说，使之臻于完善。从此以后直到旧制度结束，社会的成分再无变化：社会具备了它的一切构成元素，几个世纪来社会所经历的变化，说真的只不过是由这些元素组成的合金的各种不同化合方式而已。"[1] 汤普逊指出，在11—12世纪，西欧社会中已经表现出各种关于新集体主义的意识。"这些运动有很多尽管是重要的，但其中没有一个运动再比城市的兴起具有更持久的意义。城市运动，比任何其他中世纪运动更明显地标志着中世纪时代的消逝和近代的开端。"[2] 他继续阐述道："作为一个自由的、自治的市民社会的城市，是中世纪欧洲的一个新的政治和社会有机体，而在早期封建时代未曾有过这样的先例。"[3] "近代城市是中世纪城市的后裔，或许在中世纪文明中对于人类没有什么比城市具有更大的社会意义了。城市不仅需要解决大批混乱的垂死残余成分，而且必须发展新生事物，并试行大量无结果的实验。"[4] 这些具有概括性的论述有助于我们从整体上把握城市兴起的经济社会价值与意义。

关于城市自治的程度，学术界一直存在着两种对立的观点，要么夸大城市的自治性质，认为西欧城市与东方的城市是完全不同的；要么持低调的态度，认为中世纪西欧的城市没有什么特别的价值和意义，以上两种观点都显然是典型的"非此即彼"。事实上，从短期来讲，中世纪的城市兴起是一个经济现象，是对贸易和商业发展的反应；从长期来讲，城市的兴起确实具有革命性的意义，当然这已经是几个世纪以后的事情了。因此在评价中世纪城市兴起意义的时候，必须要限定时段，不可泛泛而谈。伯尔曼指出："与希腊、

---

[1] 〔比利时〕亨利·皮雷纳：《中世纪的城市》，陈国樑译，第134页。
[2] 〔美〕汤普逊：《中世纪经济社会史》（下册），耿淡如译，第407页。
[3] 同上书，第427页。
[4] 同上书，第429页。

罗马形成对照，11、12世纪在欧洲出现的这些城市和城镇既不是中央权力的行政中心，也不是自治的共和政体，它们介乎两者之间。"①这一评价相当确切。从行政的角度来看，城市还是国家行政的一级；同时英格兰城市与同时期欧洲大陆国家的城市相比，自治性又显得略弱，这也是英格兰地方自治的一个重要的特点。以伦敦城为例，它的自治过程就具有两大特点：一是时间比较漫长，从亨利一世开始到约翰王统治时期，才取得法律上的自治地位；二是自治地位不稳定，国王经常剥夺伦敦的自治对其实行直接统治。②在亨利三世与贵族集团的斗争中，伦敦市民由于不满国王的一系列政策而公开支持西蒙。1265年西蒙战败被杀，国王即对伦敦进行了处罚，罚款20万马克，剥夺城市选举市长和郡守的权利，并免除许多市政官员的职务。亦如佩里·安德森在论述英国绝对主义国家时指出的："遵从盎格鲁－撒克逊传统，市镇从一开始就是王室领地的一部分，由此，它们仅仅享有商业上的特权，而得不到大陆公社的那种政治自治权：在中世纪，不论从数量上，还是从实力上，它们均未强大到足以向其从属地位挑战的程度。"③假如再考虑一下市民自身的态度与要求的话，我们就可以更好地理解城市自治的程度了。正如亨利·皮雷纳所讲的："他们的要求以及可以称之为他们政治纲领的东西，绝对不是旨在推翻这种社会；他们不加争议地承认王侯、教士和贵族的特权和权力。他们并不想要搞个天翻地覆，而只想要得到简单的让步，因为这是他们的生存所必需的。而且这些让步只限于他们自己的需要。他们完全不关心他们来自其中的农村居民的需要。总之，他们只要求社会给予他们一个与他们所过的那种生活方式相和谐的位置。他们不是革命的，如果他们有时诉诸暴力，也并非是仇恨旧

---

① 〔美〕哈罗德·J. 伯尔曼：《法律与革命：西方法律传统的形成》，贺卫方等译，第434页。
② 参见李增洪：《13—15世纪伦敦社会各阶层分析》，第87页。
③ 〔英〕佩里·安德森：《绝对主义国家的系谱》，刘北成、龚晓庄译，第114页。

制度，只不过是迫使其让步而已。"①其实这倒是可以验证厉以宁的观点，即城市的兴起其实是一个自发的过程。确实，从这一过程来看，中世纪城市的自治程度应该重新慎重地评估。许多事情与事物的发展就是这样，刚开始的时候一如体制内的事情一样，并无特别之处，随着时间的推移，其革命性的因素会慢慢地显露出来，并最终产生革命性的变革。

众多学者对城市自治性质的论述主要着眼于城市自身，这种视野具有一定的局限性，孟广林从城市市民对王国政务活动的影响角度进行了简单的论述，颇有启发性。孟广林研究的是11世纪后期到13世纪初英国封建王权与城市市民的关系。他认为，诺曼征服后，英国确立了强大的封建王权，城市大多数出于国王的领地之上，因此受到封建王权的强有力制约。同时，由于城市发展的有限，市民本身还不具备强大的政治力量，也就难以对封建君主政治产生重大的影响。②这种思路颇有启发性。确实，在封建王权早期，国王官员的来源主要是教会人士以及封建贵族，后来一些小乡绅兴起，获得国王的提拔与信任，成为国家行政的一股势力，但是在英国历史上，市民代表参与中央政府的情况确实少见。当然，我们现在也还没有明确其中的原因是什么，是不是一定是由于市民以及城市的力量弱，还是其他的原因。市民对国王政府政治的影响确实是微弱的，偶有参加者，也是凤毛麟角。从这一视角来探讨中世纪的城市自治性质值得深入下去。或许汤普逊的论述更为精辟："城市的兴起，论过程，是演进的；但论结果，是革命的。"③中世纪城市的兴起与发展不是一个孤立的经济现象，它犹如在西欧中古平静的缓慢的社会生活中投下了一个石子，泛起圈圈的微波。按照亨利·皮雷纳的看法："城市的形成立即动摇了农村的经济组织。"④对农民而言，以前进行的

---

① 〔比利时〕亨利·皮雷纳：《中世纪的城市》，陈国樑译，第107—108页。
② 参见孟广林：《英国封建王权论稿》，人民出版社2002年版，第269—270页。
③ 〔美〕汤普逊：《中世纪经济社会史》（下册），耿淡如译，第424页。
④ 〔比利时〕亨利·皮雷纳：《中世纪的城市》，陈国樑译，第135页。

生产仅仅用于维持自己的生活以及向领主缴纳的赋税；随着商业的复兴与城市的兴起，买主的数目大为增多，农民们确信假如他们多生产农产品，是可以卖掉的，并可以挣到更多的金钱。在这种情况下，农民们自然愿意更加勤奋地劳作，于是"他们立即耕翻以前任其荒芜的土地。他们的工作具有新的意义，使得他们能够赚钱，积蓄和过着愈勤劳愈舒适的生活"①。对领主而言，他们则将以前保留的大量的未垦地、森林、沼泽地、荒地等加以开垦，同时不断地建立"新城"，吸引周围的农民前来耕种。

城市也是广大农奴摆脱封建劳役和束缚，走向自由之路的一个途径。亨利·斯坦利·贝内特在论述中世纪西欧农奴走向自由之路时，列举了实现的种种手段与方式，"像磁石一样吸引不计其数的人们前来投奔的"城镇就是其中的一种，因为城墙里面的生活既安全又令人向往，而且还拥有各种特权。不难想象，在一个相距不远的范围内，存在着两种不同的生活方式与个人负担：一种是居民要缴纳塔利税、遗产税、婚姻捐等苛捐杂税以及固定的或不固定的劳役，过得卑微且不自由；另一种是居民有着相对的人身自由，他们可以来往和居住在他们希望居住的地方，摆脱古老陈旧的形式主义法律程序，并免除了那些令人不愉快的捐税。那么这种差别必然会产生一定的反应。正如亨利·斯坦利·贝内特所描述的："首先，正如我们已看到的那样，拥有高度特权的城市一经出现，就不仅对

---

① 〔比利时〕亨利·皮雷纳：《中世纪的城市》，陈国樑译，第135页。当然这里又涉及另一个重要的问题了，即为什么农民勤奋地劳动会得到更多的回报，而在另一些国家或社会中却不会出现这样的情况。亨利·皮雷纳的解释是："由于土地收入的增加部分属于他们本人，所以他们的境遇更好。因为向领主缴纳的赋税是按照领主的惯例固定在不变的比率上的，所以土地收益的增加仅对佃户有好处。"参见〔比利时〕亨利·皮雷纳：《中世纪的城市》，陈国樑译，第135页。侯建新对这一问题进行了更为深入的研究与探讨，值得研究者注意。他指出：生产者个人财产和财富的有效积累，不仅由于劳动生产率的提高，还因其劳动成果受到一定程度的保护，从而减少或避免来自领主和封建政府的任意侵夺。西欧历史的研究成果告诉我们，在整个中世纪的大部分时间里，这种对任意侵夺的抵制基本是成功的。那么是什么原因使得西欧生产者能够相对有力地保护自己的劳动成果呢，其原因很大程度上就在于西欧的法律与政治体系问题。西欧中世纪法律政治体系最为突出的特征是同一社会内部各种司法管辖权和各种法律体系的相互共存与相互制衡。参见侯建新：《社会转型时期的西欧与中国》，第51—52页。

逃亡的和不安分的农奴有吸引力，同时也为这些人树立了赢得特权的榜样。但更为重要的，是它对周围邻近乡村的影响。城镇的公共地与周围不计其数的庄园土地比肩而邻，当庄园上的农民发现自己要承受许许多多的负担，而旁边那块地上的邻居却什么负担都没有，那又怎能阻止他口出怨言呢？说不定哪天他禁不住诱惑，跨过那条窄窄的条田，进入将能给他带来安全的地方，尤其是他经常向往的城镇。"[1]农奴之所以相对容易——事实上是不容易地——逃离庄园，进入邻近的城市，是与当时西欧社会的具体政治环境相关的。中古西欧政治的一个最大特征就是权力的分散性，并由此产生了多元的政治空间。由于封建，西欧国家政权无法实现通行全国的国家权力，这使得国家的暴力性减弱，无法有效地实现对全体臣民的统治。同时，在地方领主与国家君主之间存在着权力的竞争，这也为农奴的逃亡与争取自由提供了便利的条件与机会。当领主庄园内的农奴无法忍受领主的统治时，或者农奴向往自由的生活时，他可以逃亡附近的城市，虽然这是要冒着较大的风险，当然这种博弈活动有时候是值得的，也是划算的。起初，在一些情况下，由于领主庄园与城市属于不同的统治范围，要想解决农奴逃亡的问题就需要国王以及其官员的裁决，领主有可能获得成功，同时也存在失败的风险。再后来，随着经济与社会的发展，国王希望把更多的人口与民众纳入到自己的统治之下，就会对农奴的逃亡采取倾向性的态度。国王的这种行为一方面会增加自己的统治势力，另一方面也直接地打击与削弱领主的地方势力，可谓一箭双雕，他何乐而不为呢？！相对于农奴的主动逃亡，还有另一种情形，即领主自己主动建立"新城"。"新城"其实是对在处女地上建立起来的村庄的称谓。领主为了增加自己的收入，于是建立"新城"，吸引农民前来耕作，自己收取一定的年金。这时候领主会答应免除"新城"内居民的一些负担，而领主只是保留一定的审判权。正如亨利·皮雷纳所说的："于是一种新型

---

[1] 〔英〕亨利·斯坦利·贝内特：《英国庄园生活》，龙秀清等译，第265页。

的农民出现了，完全不同于旧式的农民。后者以农奴身份为其特征；而前者享有自由。这种自由也是仿效城市的自由，产生这种自由的原因是农村组织受到城市的影响而出现的经济动荡。新城的居民其实是农村的农民。在许多的特许状中他们甚至被称为市民。他们得到显然是从城市制度中借用来的司法组织和地方自治，因而可以说城市制度逾越城墙扩散到农村，把自由传送到那里。"①

当然，中世纪的城市自治具有明显的脆弱性和不确定性。这有几种因素的影响，现分述如下。一种情况是国王或领主借故剥夺城市的自治权利，以圣奥尔朋斯为例说明。圣奥尔朋斯以纺织业著称，当地的修道院为了控制纺织业，以获得相应的财富，于是规定当地所有的呢绒都必须到寺院的漂磨坊漂洗。这一规定遭到了当地市民的强烈反对，他们自己建立了漂磨坊。主教于是派人扣押了漂磨坊，市民与主教之间发生了冲突，结果市民失败。1327年，该城的市民再次展开斗争，包围寺院十天，获得设立自己法庭以及选举自己市政官员的特许状。但是到1330年时，情况又发生了恶化，修道院不承认这些权利，斗争的结果是市民们丧失了以上的权利并交出了漂磨坊。1381年英国农民起义时，圣奥尔朋斯市民与起义的农民站在一起，但是农民起义失败，市镇由此完全屈服于修道院。一直到1553年，该城才从国王那儿获得证书。②由此可见，权利的获得是一个曲折的过程，充满着变数。这种情况也发生在伦敦市，该市也是经历了获得、丧失、再获得的过程。伦敦在1239年后的二十年中，曾经有十次被国王收回自治权，此后又由于城市支持封建贵族的反叛，再次被收回自治权，但是不久又花费巨额钱财赎回。第二种情况是有些领主出让给城镇特权是迫不得已的，因此该领主就不会一下子完全赋予城镇所有的权利，而是一点点地挤出来，这就使得市民的斗争是一个长期的过程。这种情形以谢菲尔德与曼彻斯特为典型。再如贝内特指出的，领主重新恢复对市民权力的例子也不少见。

---

① 〔比利时〕亨利·皮雷纳：《中世纪的城市》，陈国樑译，第136—137页。
② 参见马克垚：《英国封建社会研究》，第251—252页。

在诺森伯兰的莫帕斯就发生过这种情况。早先罗杰·德·默莱给予了市民"一切自由,并可拥有一切自由之习惯,他们以及其继承人可以从我和我的继承人那里永远体面地、自由地、完整地拥有这些自由,一如我的领主——国王在特许状中之所规定"[1]。到了他的继承人时,情况就发生了变化,虽然市民每年还向领主缴纳一笔钱,但是领主规定凡是在领主土地上种植的谷物都必须在领主的磨坊里碾磨;为了排挤市民们的权利,领主建立了一个中午前可以在此卖肉和鱼的货摊;此外领主对市民酿造的每一加仑酒都要征收一笔罚金,对属于市民走失到田间的每一头牲畜征收罚金。[2] 这种状况与庄园的农民相差不多。第三种情况属于城镇自身的原因,或由于经济发展缓慢,或是其他的情况,导致城镇的衰落,最后领主收回属于城镇的权利。

从行政学角度来看,相比于乡村基层的治理,城市的管理明显地体现着严密性与体系化。无论是官员的选任与监督、城市的具体治理以及社会生活的协调等,城市都具有高级的形态,这升华了乡村治理的实践,并对地方自治具有榜样性的作用。亨利·皮雷纳概括道:"中世纪的城市从12世纪起是一个公社,受到筑有防御工事的城墙的保护,靠工商业维持生存,享有特别的法律、行政和司法,这使它成为一个享有特权的集体法人。"[3]

---

[1] 转引自〔英〕亨利·斯坦利·贝内特:《英国庄园生活》,龙秀清等译,第262页。
[2] 参见〔英〕亨利·斯坦利·贝内特:《英国庄园生活》,龙秀清等译,第263页。
[3] 〔比利时〕亨利·皮雷纳:《中世纪的城市》,陈国樑译,第133页。

第五章 郡共同体自治

一、郡的起源与发展

郡（county）是西欧地方政府的基本单元，在意大利称为孔塔多（Contado），在法国称为孔泰（Comte），在英格兰称为夏尔（shire）。county来源于count，count的意思是伯爵——在英格兰，伯爵是earl。伯爵最初的含义是王子或者小国君主（prince）的伙伴。日耳曼王国早期时，伯爵指代表王权执行公共权威的地方代理人。墨洛温王朝时，伯爵从属于公爵（duke）。[①] 在墨洛温王朝的高卢南部地区，国王授权罗马高卢元老院贵族行使伯爵的职能。一份保存到现在的文书内容如下：鉴于你的忠诚和热诚，我们将一直如此管理之帕吉的伯爵权授予你，这是为了让法兰克人、罗马人、勃艮第人和所有其他不同来源的人能够在你的管理和统治下和平相处；这是为了让你带领他们遵守他们的法律和习俗走正确的道路；这是为了让你特别成为寡妇和孤儿的保护者；这是为了让你无情地惩罚盗贼和罪犯；这是为了通过你的作为，让人们和平、安宁和幸福地生活；最后，这是为了让你亲手将每年该上交的一切交到我们的金

[①] 戚国淦指出：法兰克王国沿袭罗马帝国旧制，将全国划分成许多以城市为中心的地区，各区均由国王派遣一个伯爵作为其代表前往治理。公爵地位在伯爵之上，一个公爵管辖几个伯爵，平时除香巴尼、阿尔萨斯等地设置外，其他地区一般不设，遇有战争则临时委派，指挥伯爵所率军队作战。……伯爵作为常设的地方官，掌管司法治安，监督国王税收，战时征调自由人从军等事务。伯爵之下设有伯爵代理、治安官等职。参见格雷戈里：《法兰克人史》，寿纪瑜、戚国淦译，商务印书馆1996年版，中译本序言。

库里。①加洛林王朝时，除了暂时军事需要外，国王会授予一些伯爵以公爵的称号，其他时期公爵的称号基本不用。由此，伯爵成为王权地方行政最重要的官员。有时候，国王也会授予一些王室成员伯爵的称号，但是这些都是荣誉性的，不涉及地方的郡。加洛林王朝时，伯爵通常被授予负有重要责任的显贵家族，整个加洛林王朝被划分为250—350个郡。伯爵的主要权限是负责郡内公共安全、军事事务以及行政和司法。从10世纪开始，国王逐渐地丧失了对伯爵的控制能力，许多伯爵把郡变成自己世袭的财产。而在郡内，伯爵手下小的领主也从伯爵那里篡夺了许多原来属于伯爵的传统权力。到了12世纪时，欧洲的伯爵们开始依据封君封臣关系在郡中重建统治体系。在中世纪的欧洲，出现过几个著名的伯爵，如佛兰德斯伯爵、香槟伯爵等，他们在原来自己的领地之外又取得了许多的土地，并建立了真正的公国。当然国王也加强对郡的控制，以巩固自己的统治地位。在法国，法王或通过战争、或通过联姻等手段，兼并或者重新控制郡。在德意志，由于面临着外族的入侵，德意志边疆地区的伯爵独立性非常强，他们被称为边疆伯爵，著名的如勃兰登堡，其他的伯爵也事实上独立。②

英国郡的发展历史既和欧洲大陆的郡有相似的地方，又呈现出自己的特点。盎格鲁-撒克逊时期郡称为 shire，它意指大整体的一部分或者一个区域。③英格兰郡的起源多种多样：有一些郡起初是小的王国，后来被兼并而成为郡，如苏塞克斯、埃塞克斯等，它们是最早的一批郡；有一些郡由原来的部落区域演化而来；在韦塞克斯

---

① 参见〔法〕乔治·杜比主编：《法国史》（上卷），吕一民、沈坚、黄艳红等译，第211页。

② 参见 Joseph R. Strayer ed., *Dictionary of the Middle Ages*, Vol. 3, New York: Charles Scribner's Sons, 1988, pp. 658-659。

③ 参见 H. R. Lyon, *The Governance of Anglo-Saxon England 500-1087*, London: Edward Arnold, 1984, p. 133; Joseph R.Strayer ed., *Dictionary of the Middle Ages*, Vol. 11, p. 253。

地区，许多郡由早期的居民定居点发展演变而来。① 作为一种地方行政制度，郡正式形成于埃德加国王（959—975 年在位）时期。肯尼迪·O.摩根指出："10 世纪期间，英格兰的地方区划逐渐由杂乱无章统一为一种单一的'郡'制。……大致在埃德加统治时期，英格兰县的区域稳固地确立了，其面积一直延续到 1974 年……"② 英格兰北部的一些郡形成得较晚，如兰开夏，到诺曼征服之后才形成。诺曼征服后，郡的名称从 shire 转变成 county。这是因为在法国，与英国 shire 相似的地区称为 county，从法国渡英吉利海峡而来的诺曼征服者就把英国原来的 shire 称为 county。诺曼王朝的君主虽然继承了原来的郡制度，但是他们意识到欧洲大陆的伯爵治理郡体系容易导致郡的割据，于是诺曼王朝的诸君主一直注重对郡的控制。原来在盎格鲁-撒克逊时期称霸一方的英国方伯（ealdorman）逐渐由被国王控制的郡守（sheriff）取代，特别是在亨利二世统治期间，国王曾对郡守们进行过严格的检查，这使得英国的郡在中世纪一直没有被封建化。霍尔特指出："到约翰统治时期，'县'（county）已经成为中世纪英格兰的大的管理和社会力量，立刻成为管理的边界、地方法庭，以及地方的忠诚和地方社会关注的中心。在管理上和地理上，它还是郡的武装力量；从社会和情感的角度讲，它是本土的族长。它可以被代表，与国王协商，接受惩罚，享有特权。它是英国社会和政府的基础。"③ 13、14 世纪以后，随着乡绅阶层的兴起，他们在与国王和贵族的相互博弈过程中，逐渐地取得了对郡

---

① 亦可参见马克·布洛赫的论述："在英国，我们再次发现，基层组织是拥有自由人法庭的百户区。百户区之上是包括为数不等的百户区的郡（英语称之为'shires'）。在英国南部，郡相当于实际的族群区划，即诸如肯特或苏塞克斯这样的古王国，这些古王国已经逐渐合并于较大的王国之中，要不然就相合于定居过程中一个族群内部自发形成的群体，如表示原初东盎格利亚两个分支的萨福克和诺福克（'南方人'和'北方人'）。另一方面，在英国的中部和北部，郡起初只是行政和军事区划，形成于与丹麦人斗争时期，比较晚出且更具随意性，每个郡都有城堡作为它的中心，这就是为什么在英国中部和北部，郡的名称大多都来自郡内城镇的原因。"〔法〕马克·布洛赫：《封建社会》（下卷），张绪山等译，第 598—599 页。

② 〔英〕肯尼迪·O.摩根：《牛津英国通史》，王觉非译，第 99 页。
③ 〔英〕詹姆斯·C.霍尔特：《大宪章》，毕竟悦等译，第 28 页。

的统治权,以地方认同为基础的郡社会也初步形成。

二、郡官员与治理机制

首先简述郡的官员。

盎格鲁-撒克逊时期,郡的最高长官是方伯,担任此职者或为贵族,或为王室成员。方伯通常掌握好几个郡的大权,集行政、军事、司法以及财政大权于一身。在日常事务逐渐繁杂的情况下,方伯分权于郡守。郡守原本是宫廷中的小官吏,地位并不高。诺曼征服后,诺曼人继承了先前的郡制,但是诺曼王朝的君主意识到,方伯治理地方容易导致封建割据的倾向,于是他们更倾向于把郡的统治权委派给郡守。梅特兰指出:"但这无论如何不能诱使我们去认为他的权力来源于伯爵,或者在某种意义上代表了伯爵:从始至终郡长断然是王室的官员,是国王权力的代表;随着诺曼征服对国王权力的大大提升,郡长的权力也因此得到了大幅度提升。即使这种每一个官职都将变得可继承、都将成为财产的趋势(这一趋势在中世纪非常明显)能被感觉到,也只有极少数郡长职位转变为了可继承的。总体上,国王成功地控制了郡长,仅将之视为自己的官员或代表。郡长依国王的意志而保有其职位。"①而此时诺曼伯爵们的权力也与他们在诺曼底时期不可同日而语,仅仅是一种荣誉称号了,这样郡守成为郡中最重要的官员。但是在封建时代的西欧,由于没有完善的官僚体系与选官机制,国王行政面临的一个重大问题仍然是割据的危险,许多郡守职位亦开始世袭化。历代国王都采取不同的手段对此进行整饬。亨利二世统治时期,对郡守进行了一次大规模的调查,惩治了一批郡守,由此国王对郡的控制进一步加强。海伦·坎姆指出:"到13世纪时候,郡守成为国王在郡中忠实的女仆。它是中央

---

① 〔英〕梅特兰:《英格兰宪政史》,李红海译,第29页。此处郡长即郡守(sheriff),系翻译的缘故。

与地方关系的连接点，是所有地方政府事务的枢纽。"① 在 12 世纪时，许多中央政府的官员兼任郡守，1232 年以后，这种官职重叠的现象逐渐地减少，但是此时郡守仍然不一定是本郡人。从 13 世纪后期开始，随着乡绅阶层的兴起，郡内的乡绅凭借着自身的实力与自己在本地区的影响力，逐渐地在郡中占据主导的地位，于是本郡乡绅基本垄断了郡守之职。

郡守是国王在地方社会利益的代表，他的职责表现在行政、财政、军事、司法等方面。通过执行王室的令状，郡守维护着王室的利益并实现对地方社会的治理。14 世纪早期，贝德福德郡郡守在 17 个月的时间内，就收到了 2 000 份令状。② 这些令状的内容包括：征收王室的税收，维护王室的土地权益，召集地方军事力量和陪审团等。在行政司法方面，郡守的职责是主持郡法庭，判决由全体出席人员做出。郡守还有一项重要的任务，即所谓的郡守巡视（tourn），每年两次（分别在复活节与米迦勒节）到各个百户区进行巡查，看有无违法的事情，在郡守巡视时，那些享有特权领主的百户区，也需要接受郡守的巡视。在这个时候，郡守代表国王，郡守巡视类似于国王巡回法庭。在财政方面，郡守的职责主要是替国王征收属于王室的收入。在军事方面，郡守负责召集地方上的武装力量，补充队伍，守卫、修理并加固国王的城堡，传达国王的军事命令。郡守下面的官员是郡副（under-sheriff），协助郡守处理日常的事务，当郡守外出时，郡副代行郡守之职。此外在郡政府中，还有各类的具体办事人员，如保管令状的人员、负责郡钱财的官员等。③ 没收吏（escheator）是在地方社会中国王专职的财务官员，该官职最早出现于 1232 年，主要负责管理王室在地方上的土地与财产，使之不受到侵犯，维护国王作为所有土地最终领主的权利，估价、接管、管

---

① Helen M. Cam, *Liberties and Communities in Medieval England*, Merlin Press, 1963, p. 28.
② 参见 B. Lyon, *A Constitutional and Legal History of Medieval England*, p. 393；亦见 E. F. Jacob, *The Fifteenth Century 1399-1485*, p. 451, Oxford: Clarendon Press, 1961。
③ 参见 E. F. Jacob, *The Fifteenth Century 1399-1485*, p. 451。

理那些无人继承而应归还国王的土地。开始的时候全国只有两名没收吏，分别在特伦特河两岸；后来在1324年，建立了九个区域性的没收吏区，这一体制延续到爱德华二世统治末期。①1341年后，在每郡（有时两郡）设置一个没收吏。验尸官（coroner）也是一个重要的官职。贝内特指出："王室验尸官的出现在一定程度上限制了庄园司法权，因为任何涉及死刑的案件都必须有验尸官在场，即使盗贼是在作案现场抓获的。"②事实上，验尸官也是对郡守权力的制约，他分割了郡守的司法权力，保障了国王对重罪的控制。验尸官大约出现于1194年，绝大多数郡有两个或几个验尸官（约克郡和肯特郡有五名），在14世纪通常每郡有四名验尸官，每人负责郡的一部分。③验尸官的职责是记录郡中的重要事宜，并保存好记录，以便以后国王的巡回法庭对郡守进行检查与考核；同时他们还记录那些原因不明的死亡案件以及其他一些案件的情况，以便后来的法官对案件的审理。按照贝内特的说法："通常，国王倾向于将问题留给王室验尸官负责处理，每个郡都有若干验尸官。验尸官的职责是监督王室的权利不受侵犯，重罪犯的财产不被庄园领主扣留，而是按时上缴王室。他们有责任参加巡回法官（the itinerant justices）的所有例会，并随身携带法庭审判记录，以备查验。"④怀特认为："从某种程度上讲，验尸官是治安法官的先驱。"⑤随着社会经济生活的发展，与以往相比，中央政府向地方社会上派遣了更多的管理人员，以加强它对地方社会的控制；但若再仔细研究这些官吏间的联系与功能，他们的组织严密程度是很小的，正如布朗认为的："他们并未组成一个皇家的官僚机构。"⑥当然，到中世纪后期与近代早期，

---

① 参见 May Mckisack, *The Fourteenth Century 1307-1399*, Oxford: Clarendon Press, 1961, p.77。
② 〔英〕亨利·斯坦利·贝内特：《英国庄园生活》，龙秀清等译，第169页。
③ 参见 B. Lyon, *A Constitutional and Legal History of Medieval England*, p.530。
④ 〔英〕亨利·斯坦利·贝内特：《英国庄园生活》，龙秀清等译，第170页。
⑤ A. B. White, *Self-government at the King's Command*, p.21.
⑥ A. L. Brown, *The Governance of Late Medieval England 1272-1461*, p.146.

更为重要的治安法官登上了英国历史的舞台，成为地方社会实际的治理者，并且这一现象延续了几百年，这将在下文详细论述。

中世纪英格兰地方社会的管理机制经历了从盎格鲁-撒克逊时期以郡守为中心的郡法庭，到都铎王朝时期以治安法官为中心的四季法庭的形式转变，贯穿于这种形式转变的主线是英国地方社会的自治特色。中世纪早期，英格兰的国家治理除了具有行政化的色彩之外，还具有明显的司法化成分，各种法律与各种类型的法庭是解决社会纠纷与处理社会事务重要的工具，可以这么说，当时是行政与司法相互融合。[1]

普通法作为王室治理的手段体现在地方社会的治理模式上，就转变成为地方社会行政事务的司法化。中世纪的英格兰存在着各种类型与性质的地方公共法庭，它们也就是各级地方行政组织实现治理的手段与机制了。哈德森指出："正是通过地方社区，国王与领主的权威才得以实现。国王——特别是在1166年前——通常是通过地方社会的官员，而不是从中央派遣的官员处理事务的。与今天或者19世纪相比，11、12世纪，甚至13世纪的英国是一个中央很少统治的国家。然而与同时期的欧洲各国相比，它的统治却显得很完善，是领主权、不断增长的官僚化的皇家行政以及地方自治政府的结合体。地方与中央的结合对英国普通法的产生与形式的影响是根本的。"[2] 当然，一方面是各个地方的法律更多地体现着地区的习惯和地区的风俗，显得比较粗糙；另一方面则是普通法向地方社会治理中的渗透；郡法庭与百户区法庭作为地方公共法庭的同时，在国王巡回法庭到来时又自然地充当国王的中央法庭。由此，司法的治理模式也具体到地方社会的治理与运作上了。

郡法庭保留并且继承了以前日耳曼人公共集会的传统，凡是自由人皆可以出席，当然在现实的生活中，出席的主体还是那些有一

---

[1] 参见 T. F. T. Plucknett, *A Concise History of the Common Law*, p. 90；〔英〕肯尼迪·O. 摩根：《牛津英国通史》，王觉非译，第74页。

[2] John Hudson, *The Formation of the English Common Law*, London: Longman, 1996, p. 2.

定社会地位与比较富裕的人们。① 盎格鲁-撒克逊时期，郡庭一年开庭两次。诺曼征服后，郡庭通常是每月召开一次；有一些郡是六周召开一次，会期一天。在中古社会，交通不便，信息的传递与交流是一件很困难的事情，同时参加公共法庭费时费钱，对一般的民众来讲，这显然是一种负担，因此限制郡法庭召开的次数十分必要。1108年亨利一世颁布了一道令状："凡我臣民均应知晓，本王许可并命令，从今往后本王治下的所有郡法院和所有百户区法院均应像在爱德华时代一样，在相同的地点并按相同的任期而不是以其他方式履行职务。我不希望我的郡守因其自己的需要和利益而另搞一套。……我希望并命令按照本王这番要求参加郡法院和百户区法院的郡内民众依据爱德华时期的方式行事。"② 1217年颁布的《大宪章》确认令规定：郡庭不应该太频繁地举行，那些较少举行郡庭的郡，则应该按照古老的习惯与规定执行。例如肯特郡法庭每40天举行一次，差不多每月一次。1219年萨里郡由于郡法庭过于频繁地召开而受到罚款。③ 梅特兰曾经举过这样的例子：让我们自己描述一下其土地位于德文郡北岸的小地产主的境况。他必须每月出席郡法庭一次。每月一次，就是说他必须不辞辛苦地到达埃克塞特，而我们并不总能为他提供一匹坐骑。即便法庭在一天之内将案件审理完毕，他也得离家至少一周，并且他得自己负担差旅费用。④

从性质上来讲，郡法庭一方面要实现国王对地方的治理，另一方面它又具有管理郡内公共事务、实现地方自治的功能。郡法庭开会的形式与日耳曼人部落大会相似：当郡庭开庭时，主持人是郡守，参加者从原则上来讲应包括郡内所有的自由人——因为根据传统，

---

① 关于郡庭，梅特兰指出有两种不同的观点：一是认为郡庭是郡内所有自由人的集会，另一种观点认为郡庭是主要佃户的会议。参见 Pollock F, Maitland F W, *The History of English Law before the Time of Edward* I, Vol. I, p. 537.
② 〔英〕约翰·哈德森：《英国普通法的形成》，刘四新译，第35页。
③ 参见 Pollock F, Maitland F W, *The History of English Law before the Time of Edward* I, Vol. I, p. 538。
④ 参见〔英〕约翰·哈德森：《英国普通法的形成》，刘四新译，第47页。

第五章 郡共同体自治

参加郡庭是自由人的权利同时也是义务。此时郡守只是主持人，与会者是法官，他们对案件做出判决，郡守只是到时候宣布一下决定而已。后来随着封建领主制度的建立，这种权利与义务又与中古土地保有制度相联系，只有自由土地持有人才有权利出席郡法庭。郡法庭在当时是集行政与司法功能于一身的机构，主要处理郡中的司法、行政、公共生活及其他社区事务。如审理郡中发生的各种民事刑事案件，对涉及公共利益的事务进行协调与处理，征收地方事务所需要的资金；在郡庭选举出各种地方官员，如督察官、郡警以及议会议员。以贝德福德郡为例，在1332—1333年开了七次郡庭会议，会议处理的事务如下：7件有关被剥夺法律保护的事件；38件有关债务纠纷；13件有关侵权行为；10件有关非法扣押财物；2件有关货物或契据的非法扣留；3件有关违约的事情；1件有关修桥梁，共计74件事情。[1] 在常规的郡庭外，还有特别的郡法庭，它由国王颁布的令状启动，用于处理涉及王室的事务，召集郡中的民众听候国王的命令，处理犯罪的行为，列席地方官员的选举，这时候，郡法庭会期可以适当地延长。关于郡法庭的意义，肯尼迪·O.摩根指出："郡法庭和郡守是盎格鲁-撒克逊时期留给中世纪后期政府最重要遗产中的一份。"[2] 那么这份"最重要的遗产"对英格兰的地方自治究竟会产生何种影响呢？作为政治与法律实践的有效载体，郡法庭起到上承国王与中央政府，下接地方领主与普通民众的作用，出席与参加郡法庭既是权利也是义务，在这一时期，更像是一种义务，毕竟出席一次郡法庭是需要花费一定的时间与精力的。但是出席与参加郡法庭并不是没有任何价值，地方领主与普通民众（或者更确切地说，是地方中上层民众）通过参加这种性质的公众集会，可以获得有效的政治信息并交流相互的政治资源，由此形成一定的阶层与等级认同感。这种基于郡为核心的认同感对于有志于从事政治生活与公共事务的人来讲是非常有价值的，它有利于形成类似于核心

---

[1] 参见 A. L. Brown, *The Governance of Late Medieval England*, p. 109。
[2] 〔英〕肯尼迪·O.摩根：《牛津英国通史》，王觉非译，第108页。

圈的形态，这也是以后"郡社会"产生的基础。正如梅特兰所言："但一方面随着郡法庭丧失了其在司法方面的重要地位，另一方面它又逐渐演变成了政治架构方面的真正基石。13 世纪中期，我们发现为了参加王国全体民众大会（national assembly, or a common council of the realm）或者是议会（parliament）而选出了一些代表，他们就是郡民众大会的代表。他们不是一群未予组织的乌合之众的代表，而是一个法团组织（corporation）的代表。从理论上来说，整个郡就是由其郡民众大会来代表的。"①

12—13 世纪，随着普通法的产生与发展，在竞争性的多元法律体系中，普通法以其在诉讼程序和审判方式上的合理性而逐渐地削弱了地方公共法庭的职能，大多数的司法案件都移交给了中央法庭。到 1500 年左右，郡庭的作用主要体现在选举出席议会的议员上了。虽然地方公共法庭衰落了，但在地方社会中，地方自治的性质并未发生改变，而是向以治安法官为中心的形式转变。治安法官是一个小的团体，开始时一般由 6—8 人组成，1388 年的法令规定每郡应有 6 名治安法官，而 1390 年的法令则规定每郡应有 8 名治安法官。②到都铎王朝时，由于处理的事务日趋增多，每郡的治安法官也增至 30—40 人，形成团体管理的模式。在米德尔塞克斯郡，治安法官的人数超过 40 人，甚至在非常小的拉特兰郡，治安法官的人数也有 15 人。③在治安委员会中，有一个最重要的治安法官，被称为首席治安法官（custos rotulorum），这一称谓正式出现在 1545 年。他的职责是保存治安法官成员的名单，他是同僚中的首领，由他发布消息给其他治安法官。有的时候，枢密院的大法官在考虑治安法官候选人时，还得听取首席治安法官的意见。治安法官拥有自己的法庭，由于此法庭一年开会四次，因此也被人称为"四季会议法庭"（quarter sessions court，简称为 session）。1362 年的法令规定：治安法官应

---

① 〔英〕梅特兰：《英格兰宪政史》，李红海译，第 30 页。
② 参见 W. S. Holdsworth, *A History of English Law*, Vol. I, London: Methuen, 1923, p. 288。
③ 参见 Thomas Skyrme, *History of the Justice of the Peace*, Chichester: Rose, 1994, p. 182。

该每年召开四次会议，分别是在复活节、圣托马斯节、米迦勒节与主现节（Epiphany）左右。当有紧急情况时，每年可以召开20次会议，会议的地点通常在郡府。从中世纪晚期到19世纪，各种形式的治安法官法庭成为英国社会最重要的管理机制，我们将在后文继续论述。

三、郡共同体的形成

1941年，R.H.托尼发表长篇论文"乡绅的兴起"。[1]这篇重要的论文在英国史学界掀起了关于乡绅论题激烈的争论，研究的内容从乡绅在内战中的地位与作用，扩展到乡绅的起源等领域。[2]学术界关于乡绅的概念与内涵存在着诸多的分歧，主要体现在如下几个方面：一是乡绅是否是贵族；二是乡绅包括几个等级；三是乡绅的起源时间；四是乡绅在社会转型中的地位与作用。徐新山归纳了国外学者关于乡绅的定义：（1）陶内（即托尼）认为乡绅是一个拥有地产的阶层，虽然内部也有贫富之分，但主体是那些地产规模在约曼（yeoman）之上和贵族之下的人们，包括富有的农场主、专职人员（the professionals）以及富商；（2）明格认为乡绅主要由中等土地所有者构成，他们拥有的财富和社会地位，将其与约曼和贵族区分开来，他指出17世纪的乡绅包括：从男爵（1611年后）、骑士、缙绅和绅士；（3）拉斯莱特同意把乡绅分为上述四类，同时认为乡绅的标志并非不事体力劳动、贪图享乐，而是拥有财富、具有绅士风度以及与之相对应的社会地位；（4）梅蒂、M.B.麦克法兰等认为乡绅与贵族并无明显区别；（5）希尔和霍姆斯认为绅士风度是乡绅的一个主要特征。徐新山自己则认为，其基本特征可以界定如下：乡绅是地产规模在贵族之下、约曼之上，拥有一定的社会地位，被认为具有绅士风度的人。乡绅大抵包括从男爵（1611年后）、骑士、缙绅和绅士，

---

[1] R. H. Tawney, "The Rise of the Gentry", *The Economic History Review*, Vol. 11, 1941.
[2] 有关乡绅研究最新的著作是 Peter Coss, *The Origin of the English Gentry*, Cambridge: Cambridge University Press, 2003。

这几种人之间的社会地位和财产差别可能很大。①

中世纪流传着一种观念,即世俗社会由三个等级组成,分别是"为上帝祈祷的人"即教士,"为上帝作战的人"即骑士,"为上帝耕种的人"即农民。骑士受封于大领主,他们保有领主的土地,由此有义务为领主征战。12世纪左右,随着商品经济的发展以及土地的流转,原来的骑士义务可以通过交纳货币代替,即所谓的"盾牌钱",逐渐地,骑士的军事色彩淡化,他们开始在地方社会中发挥着重要的作用。乡绅的上层——骑士参与到社会生活,最显著的事例大概可以追溯到1179年的大陪审团(Grand Assize)。为了确定当事人双方中的哪一方对自由保有土地享有更充分的权利,郡守会召集郡内4名骑士,再由这4名骑士选出12名骑士组成陪审团,根据他们的宣誓来确定双方当事人中的哪一方对所争诉的土地享有更充分的权利。再有,1213年约翰王颁布令状,要求各郡的郡守在本郡中挑选四名骑士到牛津参加咨议会,与国王和贵族一起商讨国家大事,这大概是骑士参加国家政治生活的最早线索。普尔指出:"随着时间的发展,社会的军事性质开始淡化,军队变得职业化,骑士们的军事义务可以付钱解决,这样就使得骑士们成为'郡中的骑士'了,他们把时间与注意力转移到本郡的行政与司法事务中。……从多方面来看,这些骑士从军事义务中解脱出来,能够有效地参与到地方政府的事务中。他们正被训练从事这样重要的角色——不仅在郡政府中发挥作用,而且在接下来的岁月中,在乡村发挥重要的作用。"②而当乡绅参与到国家政治生活的时候,原来王国的封建贵族会议逐渐地变成了王国的等级会议,这种转变深刻地影响了英国历史发展的进程。

莫里斯·波威克指出:"在13世纪中期的时候,王国(the community of the realm)是模糊不清的,村庄、百户区与郡共同体(the

---

① 参见刘新成主编:《西欧中世纪社会史研究》,人民出版社2006年版,第149—150页。
② A. L. Poole, *From Domesday Book to Magna Carta*, p.27.

community of vill or hundred or shire）才是真实鲜活的事物。"[1]马迪科特也写道："我们第一次看到，乡绅作为一股政治力量兴起了。"[2] 乡绅社会的兴起是两个方面发展的结果。首先是随着社会的发展，国王为了实现对地方社会的治理，他在依赖贵族并又与贵族斗争的同时，使得乡绅的发展得到了扩张的空间。其二是乡绅群体凭借着自己对地方社区的认同与贡献，参与地方社会政治生活，加强了地方共同体的凝聚力。马歇尔·贝内特对15世纪柴郡的研究很好地证明了这一点，即郡内乡绅形成了一个政治共同体。1412年，来自柴郡各地超过60名的骑士与乡绅集会，处理托马斯·格罗斯文勒爵士与罗伯特·勒夫之间的财产纠纷。[3] 艾利克·艾奇逊对莱斯特郡乡绅社会的研究也是典型的个案。在莱斯特郡中，郡守、治安法官、议会议员、没收吏、征兵委员会委员、验尸官与征税官，分别由骑士、准骑士、缙绅、绅士与小绅士等各个等级的乡绅阶层占据。[4]

乡绅共同体的形成是中世纪晚期西欧社会中一个重要现象。在经济生活中，他们善于经营地产，能够对市场与经济的变化做出较快的反应。在政治生活中，他们积极地参与地方社会的治理，既与王权合作，也能代表地方共同体，还需要处理与本地大贵族之间的关系。在社会生活中，他们到大学或者律师会馆学习，或者送子女进入大学学习，同时他们凭借婚姻与文化爱好等，建立属于自己的社会关系网。在地方社会中，存在着王权的影响，也有大贵族势力的存在，更多的还是地方乡绅的力量与影响。从某种意义上讲，乡绅主导地方行政是英格兰多元社会结构在地方社会中的一个表现。越来越多的研究者意识到，世俗社会中除了王权，还存在着其他的

---

[1] Maurice Powicke, *The Thirteenth Century 1216-1307*, p.142.
[2] J. R. Maddicott, "Magna Carta and the Local Community 1215-1259", Past and Present, No. 102 (1984), p.25.
[3] 参见 Michael J. Bennett, *Community Class and Careerism*, Cambridge: Cambridge University Press, 1983, p.22。
[4] 具体可参见 Eric Acheson, *A Gentry Community*, Cambridge: Cambridge University Press, 1992, 附录1。

社会力量。这在中央层次表现为贵族势力的存在；在地方社会中，表现为乡绅社会的形成与发展。如艾利克·艾奇逊指出的："自治政府可能是在国王的命令之下，但在15世纪的莱斯特郡，乡绅——这些在任的官员——对被统治者施加了更直接的影响。"[①] 布朗也指出："几个世纪以来，人们在郡法庭和郡进行的公共事务上的实践活动，使得郡形成了自己的一种结合体（社区共同体），教区与百户区也是如此。"[②] 伯尔曼的论述则从更深的层次揭示了这种现象。他指出："的确，整个封建等级制度被看做是一个完整的法律结构；其上层阶级从骑士到男爵、伯爵、公爵、在领地内享有王权的伯爵、甚至国王，都被认为是从属于共同的法律准则的。……但是，在西方法律传统的形成阶段，处于封建法之下的骑士阶层可以要求一种基本的法律上的平等，平等于封建等级制度中所有那些在政治上、经济上和社会地位上优于它的阶级。"[③] 相对于贵族与国王来讲，地方社会中的乡绅阶层也处于互惠的关系之中，他们是社会治理的主要力量之一。

四、王室森林法：地方与国王之间的博弈

地方社会与王权之间的关系是复杂的，常处于一种变动的状态之中。如前文所述，英国的地方自治是"国王命令下的"，这意味着地方自治不是脱离于国家体制的割据与分裂，而是对国家制度建构的有益补充。在此基础上，地方与王权之间又有着各自的利益诉求，存在着利益的冲突。英国的权力结构从早期国王与贵族为核心的权力制衡，发展到中古中期又增加了乡绅的力量；这样在权力上层制衡的基础上，在地方社会又产生了乡绅对王权的制衡。地方与王权

---

① Eric Acheson, *A Gentry Community*, p. 134.
② A. L. Brown, *The Governance of Late Medieval England*, p.149.
③ 〔美〕哈罗德·J.伯尔曼：《法律与革命：西方法律传统的形成》，贺卫方等译，第 377—378 页。

之间的博弈表现在许多方面，下面我们以王室森林为例，进行具体的史实分析。

马克·布洛赫写道："不过，国王、王公和领主在各自统辖范围内，都想垄断某些特定区域追猎野物的权力：'王室猎场'（forests，这个名词最初用来表示这样划定的所有区域，不管该区域有无森林）里的大动物，以及'小动物狩猎区'（warrens）的各种兔子。这些特权的法律基础无从确知，似乎只有领主的命令，没有法律依据。非常自然的是，在一个被征服的国家即诺曼国王统治下的英格兰，通常从可耕地中开辟出来的'王室猎场'最为广阔，对它们的保护最为严格。这些恶习显示了一种在很大程度上带有等级特征的嗜好所具有的力量；同样，对租佃者的强行征索也显示出它的力量，如在大会猎季节，佃户负担义务为领主的大群猎犬提供食宿，在林中建造猎舍。"[1] 在西欧封建社会中，王室拥有属于自己的林区，以供国王和他的近臣打猎与练习骑术之用，这是一个普遍的现象。如法王就有自己的森林区，英格兰对岸的诺曼公爵在诺曼底也有自己的林区。另一方面，王室林区的建立限制了附近居民的活动空间，给地方民众带来了诸多的不便，对普通人的生活是一种侵扰。特别是国王制定了严酷的森林法，王室森林官员凭借森林法庭肆意地榨取民众，达到为王室和自己敛财聚富的目的，进而民众与国王之间就王室森林以及森林法庭展开了诸多的权利博弈。查理·扬指出："国王与男爵之间的利益冲突使得王室森林成为政治与宪制史的一个重要问题。"[2]

在盎格鲁－撒克逊时期，英格兰国王们就在各地设有王室森林区以及相应的禁猎区，以满足王室与贵族的打猎需要。1066年诺曼征服后，英格兰开始系统地建立王室林区管理体系。约瑟夫·施特拉耶主编的《中世纪辞典》认为："尽管有一些证据表明盎格鲁－

---

[1] 〔法〕马克·布洛赫：《封建社会》（下卷），张绪山等译，第500—501页。
[2] Charles R.Young, *The Royal Forests of Medieval England*, University of Pennsylvania Press, 1979, p. 6.

撒克逊时期的国王们拥有森林,但是司法意义上的森林概念却是诺曼国王们引进的。"[1]诺曼王朝的第一个国王威廉一世在世时共建立了21块王室林区,这些新建立的林区俗称为"新林苑"(new forest)。以后历代的君王又有所增加,到亨利二世在位时达到顶点,王室林区大概有80处,占到全国面积的1/4—1/3;此后王室林区的面积逐步地减少。从字面意思上看,王室林区是指有森林覆盖的地方,但是这也不是绝对的,王室林区也包括沼泽地、荒地、丘陵地以及森林外的一些居民聚居的村庄。贝内特强调:"我们必须记住,中世纪的'森林'一词并不是仅指一片树林密布的区域,还包括许多适于农耕的空旷的荒野。"[2]同时王室林区也不简单地等同于王室自营地,在王室林区内还包括一些领主与教会拥有的土地。因此戴维·M.沃克主编的《牛津法律大辞典》指出:"御猎场的权利是一种无形遗产,包括在狩猎专用区域养护供追逐、供狩捕的动物的权利,这种权利可以扩大到权利享有者自己的土地或他人土地之上。"[3]王室森林分散在英格兰各地:其中埃塞克斯郡的绝大部分地区被圈入王室林区;此外在汉普郡、威尔特郡、多塞特郡、萨姆塞特郡拥有王室森林的面积也较大;诺丁汉郡、北安普顿郡以及伍斯特郡的部分地区也属于王室林区。王室森林不仅仅是大片的林区,也是广阔的禁猎区。设立王室林区最直接的目的是保护林区内的某些动物,如马鹿、梅花鹿、狍子与野猪,以及它们的栖息地,从而为国王的打猎活动提供特别的法律保护。由于在王室林区内,森林法禁止普通人的狩猎活动以及相应的采伐树木与灌木丛的行为,因此人们把此形象地概括为"野味与草木"(venison and vert)。

当然,森林对于王室和国王的意义远不是仅仅供打猎这么简单的事情,它对国王来讲还有重要的经济与政治价值。首先从垦荒的

---

[1] Joseph R.Strayer ed., *Dictionary of the Middle Ages*, Vol. V, p.133.
[2] 〔英〕亨利·斯坦利·贝内特:《英国庄园生活》,龙秀清等译,第39页。
[3] 〔英〕戴维·M.沃克:《牛津法律大辞典》,李双元等译,法律出版社2003年版,第433页。

角度来看，王室森林有其巨大的潜在价值。经济学家波斯坦指出："但是促使王室试图扩大造林面积并激起封建势力抵制的原因，并不是对于野味的兴趣或是对于体育运动的复苏的热爱，而是由于森林地带作为极少保留下来的可开垦领域之一的不断增长的价值。"①森林法禁止普通民众在林区进行垦殖活动，这样做是为了保护动物的栖息地；当然假如有人愿意支付一笔金钱的话，国王还是很乐意把林中适宜耕种的土地租出去的——毕竟可以增加王室的收入嘛！在亨利二世时，每亩小麦地的租金是1先令，每亩燕麦地的租金是6便士。同时国王还允许民众在林区中牧猪，有一名会计（agister）负责清点进入林区中猪的数目，当猪离开时向牧猪人收取一定的钱款。其次，森林还可以提供诸多的生活与生产资料。首先森林中众多的野味与猎物可以为王室提供相当数量的肉制品。在约翰王统治时期，可能是出于政治作秀方面的需要，国王有时候于宗教节日在林中打猎，并把猎物施舍给穷人。史载1209年，国王打猎后把猎物施舍给了纽卡斯尔的100名乞丐。②这可从侧面看出森林内的资源。森林也可以为人们提供木材用以修房子或者建舰船。林中的柴木在冬天可以用来取暖以及平时做栅栏；此外木材做成的木炭可以用于冶炼。此外，王室森林法庭还对违反森林法的人们征收各种罚金。据粗略估计，1176年财政署档案记载的有关森林的罚金收入达到了12 345英镑；而在七年前，没有巡回法庭时，据詹姆斯·拉姆塞估计，亨利二世的收入为21 000英镑。由此可见在特定的时期，王室森林带来的收入是多么可观。又如在1212年，一次森林巡回法庭的收入是4 486英镑。③王室森林也是国王拉拢宠臣和贵族一个手段。国王允许自己的亲信或者贵族在王室林区内打猎，有时候

---

① 〔英〕M. M. 波斯坦主编：《剑桥欧洲经济史》（第一卷），王春法主译，经济科学出版社2002年版，第472页。

② 参见 John Steane, *The Archaeology of the Medieval English Monarchy*, London and New York: Routledge, 1999, p. 147。

③ 参见 Charles R. Young, "English Royal Forest under the Angevin Kings", *The Journal of British Studies*, Vol. 12, No.1 (1972), pp. 11-12。

国王还把森林中的一些树木赏赐给权臣，帮助他们修建房子；更有时，由于某个贵族对国王忠心耿耿，国王会把某片林区赐予这一贵族，从而成为贵族私人的林区。通过分赐林区内的资源，国王可以达到某些政治目的。

为了管理庞大而分散的王室林区，国王颁布了诸多法律。1184年的《沃德斯托克法令》规定：非国王所有猎犬的三个脚趾应该切除，以防止它们被用于打鹿；居住在林区中的居民禁止携带弓箭；制革工人不允许以打猎为生；对违反国王禁令三次的人处以死刑。1198年的森林诏令规定：对在国王林区的偷猎者处以挖眼或者宫刑。当然在实际的生活中，更多的情况是用罚金予以代替，这一点也可以从财政署的档案记录中看出，其中记载了相当多有关森林法的罚金。在早期，还没有独立的森林法庭，国王就通过郡庭执行森林法。到11世纪时，国王设立森林法庭管理王室林区。王室的森林法庭分为两种：一种是王室森林巡回法庭，属于巡回法庭的性质，相隔若干年举行一次，由国王直接派遣中央的官员来王室林区进行巡回审判。王室森林巡回法庭有时候处理的案件属于全国的范围，有时候就只涉及某个郡。另一种是常设的法庭，这也有好几种，其中最主要的是由林区管家（forester）与护林官（verderer）组成的扣押法庭（attachment court），以及狩猎法庭（swanimote court）。王室森林巡回法庭最早出现在亨利一世时期，到亨利二世时期成为常态，此时关于森林的巡回法庭与国王的总巡回法庭在一起，单独的与总巡回法庭并列的王室森林巡回法庭在12世纪还没有出现。此时并非所有有关森林犯罪的案件都在森林法庭中审理，森林巡回法庭也审理与森林不相关的案件。到13世纪，森林巡回法庭与国王的总巡回法庭开始并列。召开森林巡回法庭的程序如下：先由国王任命法官，并发布令状给郡守们，要求他们召集相关人员到巡回法官面前听候询问。出席森林巡回法庭的人员包括王室森林管家与护林官——他们需携带各种记录与案宗，杂役（regarder）、会计——他也需携带相关的财务档案，此外每个村庄还要派出四名诚实的村民。有时还要加上生活在林区内所有

第五章　郡共同体自治

的教士、骑士和自由人，以及生活在林区之外但与案件有关的人员，当然更不可缺少的是违反森林法的人了。森林巡回法庭是处理王室森林事务的最高司法机构，它也处理扣押法庭不能够解决的案件。如档案记载：一对夫妇不服从扣押法庭的判决，于是王室巡回法官听取了案情，命令科切斯特的执事带来了这对夫妇，并收取了相应的罚金。[1] 森林巡回法庭的缺点是间隔时间很长。如在 13 世纪，到达全国绝大部分森林区的森林巡回法庭分别在 1229 年、1255—1256 年、1269—1270 年以及 1285—1286 年，其时间间隔大概为二十五年。这就会出现这样一种情况：当森林巡回法庭到一个地区时，法官翻开案卷，许多诉讼当事人要么就是不在本郡了，要么可能已经过世了——毕竟距离上次的森林巡回法庭已经过去了二十多年了！即使当事人还在世，又没有离开本地，事隔这么多年再处理起来的效果就可想而知了。这样到 13 世纪末期，相应的事务就交由总调查委员会（general inquisition）处理了，这一转变得到 1306 年法令的确认；森林巡回法庭更加不常召开，并最终于 1368 年停开。

王室森林巡回法庭虽然直接代表国王，有着审理林区事务的最高法律权威，但是缺陷也是明显的。因此，要真正地了解王室森林的管理与运作，还需要对森林常设法庭以及林区内的管理人员进行分析与研究。各地林区内的常设法庭包括扣押法庭以及狩猎法庭。1217 年的《森林宪章》第八款规定：扣押法庭由森林管家与护林官组成，每 40 天举行一次会议，处理有关林区内一般的偷猎与私自砍伐树木的犯罪行为；狩猎法庭每年举行三次，专门处理有关林区动物的事务。王室林区有一整套的管理人员。到 1229 年左右，所有王室森林的行政由一名被称为林区总管（chief forester）的官员主持。1239 年，国王在特伦特河两岸分别设立一个林区总管，林区总管由国王颁布的令状直接任命，因此他直接为国王服务。在林区总管之下，每一个地方林区也有一个负责官员，称为林区管家，林区管家也由

---

[1] 参见 Charles R. Young, "The Forest Eyre in England During the Thirteenth Century", *American Journal of Legal History*, Vol. 18, (1974), p. 326.

王室的令状任命。亨利二世1170年调查郡守事务时也同时调查了林区管家以及其他的林区官员，也从一个侧面说明了这些林区官员是王室官员。在林区管家之外有猎场看守人（gamekeeper）与护林官。护林官在郡庭上选举，每片林区通常有四名护林官，他们独立于林区管家。他们的性质与验尸官相似，就像验尸官之于郡守，护林官也制约着林区管家。护林官是本地土地所有者，通常是骑士，没有报酬，唯一的好处就是可以免除参加陪审团的义务。

王室森林在给国王带来巨大利益的同时，也给生活在林区内以及附近的民众带来了更大的不便。如森林法禁止民众随意穿越林区，以防止他们借机砍伐树木或捕猎动物，这就给民众的出行与日常生活带来了很大的不便。焦埃特维奇地区的民众抗议道：林官太可憎了。他们不允许我们携带砍伐的柴木穿过森林回到自己的村庄——尽管材木是我们在林区外砍伐的。一些西多会的修道院也向国王抱怨：王室林官杀戮他们用以运输的牲畜，而这些牲畜是他们以及穷人们维持生活的。① 罗杰·陶奇的森林法庭经历则从另一个侧面说明王室森林法的非正义性与残酷性。一次王室林官发现罗杰·陶奇家中存放有鹿角与鹿骨后，随即对他展开了审讯。罗杰·陶奇说这些猎物确实是自己合法地获得的，在打猎时他把狗留在家中，并没有随他一起出去打猎。他的辩解也得到了别人的确认。但是文献的记载表明，罗杰·陶奇的辩解无效，他含冤关在监狱很长一段时间，并差点儿丧命，后来被释放后被要求不得再在林区居住。② 此外，如前文所述，法官们有时也会借助森林法庭征敛罚金。森林法庭法官曾经召集四个村庄的村民，调查王室林区内一只兔子的死因，最后发现它死于瘟疫，此外没有别的缘故。但是森林法官对此结论不满意，村庄的民众被处以罚款，借口是他们没有全部出席。③ 有时候下面的官员如

---

① 参见 Charles R. Young, "English Royal Forest under the Angevin Kings", *The Journal of British Studies*, Vol.12, No.1 (1972), p. 12。
② Ibid., p. 13.
③ 参见 A. B. White, *Self-government at the King's Command*, p. 24。

不能领会国王的意思，也要受到国王的斥责。在1237年，汉普顿郡的郡守在处理相关事务时依据的是对地方有利的1225年的《森林宪章》确认书，国王对郡守的这种"愚蠢"行为表示了不满，他指示郡守，应该站在国王的利益立场上处理相关的事务。① 森林法与森林法庭没有经过习惯与习俗的检验，只是国王榨取民众钱财的工具，并且给生活在林区以及附近的民众的生活带来了极大的不便，因此它势必遭到大众的反对与指责。有编年史记载道："他（指威廉一世——本文作者注）对猎物大加保护，并为此订立法律，谁要是杀了公鹿或母鹿，就要被刺瞎双目。他保护公鹿和公猪，也同样喜爱长大的公鹿，犹如他是它们的生父。更有甚者，他下令任野兔自由驰驱，有势者对此抱怨，贫困者对此叹息，但是他却如此凶狠，对这些怨忿一概置之不理。"② 而当威廉二世在新林苑中中箭死去后，就有人传言：这是上天的报应，因为他的父亲威廉一世驱赶民众，焚毁教堂，并把丰腴的土地变成荒地以便圈养供他打猎的鹿。即使后来亨利二世王权的积极拥护者也不得不承认："森林法是不公正的。"③

面对森林法庭的弊政，地方民众并非无计可施，而是积极地斗争。手段之一就是"静悄悄地"蚕食王室的林地。亨利·斯坦利·贝内特指出："诺曼征服后的几个世纪中，国王在德比郡保留的大片土地，遭到周边居民的不断蚕食，东一块西一块地变成了耕地。"④ 二是依据《森林宪章》等法律争取自己的权利。地方民众真正地依据法律来免除森林法侵扰的契机是1215年的《大宪章》。《大宪章》第44条款规定："对于居住于森林之外之人，嗣后不得以普通传票至森林法官前，惟其人为森林事件之被控告或为因森林事件被控告者

---

① 参见 J. R. Maddicott, "Magna Carta and the Local Community 1215-1259", *Past and Present*, No. 102 (1984), p. 39。
② 《盎格鲁-撒克逊编年史》，寿纪瑜译，商务印书馆2004年版，第246页。
③ Richard Mortimer, *Angevin England 1154-1258*, Oxford: Blackwell Press, 1994, p. 45；相似的表达也可以参见〔英〕约翰·哈德森：《英国普通法的形成》，刘四新译，第250页。
④ 〔英〕亨利·斯坦利·贝内特：《英国庄园生活》，龙秀清等译，第39页。

之保人时，不在此限。"① 1217 年，《大宪章》得到再次确认，并且这一次王室森林问题被单独列出来，进而形成《森林宪章》。此后的 1225 年、1297 年的《大宪章》再确认令中也都附有《森林宪章》。1217 年《森林宪章》的主要内容是：调查自亨利二世以来建立的王室林区，除了在他自己的自营地上建立的王室林区，其余的应免除森林法的管辖；如果发生侵犯别人或者共有的林地应该归还原主；每个自由人都可以在自己的森林中放牧或者牧猪，为此他可以赶牲畜经过王室自营地的林区；在王室林区内拥有合法林地的民众可以自己垦荒种植；王室森林区域以外的居民不受森林法庭的管辖，禁止森林官员勒索地方民众的财物；以后任何人不再因为违反森林法被处以死刑或处以肉刑，而应处以罚金；每个自由人在自己的林地或者土地上都可以建磨坊、挖鱼池、修水坝以及耕种——只要其行为不伤害邻居；自由人在自己林地发现的动物归自己所有。② 应该说1217 年的《森林宪章》为王室林区的管理开创了一个新的时代，但是现实的推行还得要民众的实际行动。在 1225 年，国王为了使得地方社会批准征收 1/15 税，同意再次确认《森林宪章》，允许人们自由地穿行于森林，这在一定程度上免除了森林法对地方民众的约束。有人说："这使得我们的权利变成了现实，我们可以开垦森林种植庄稼了，同时还可以在林中打猎娱乐了。"③ 应当注意的是：《森林宪章》的颁布与再确认时机是在亨利三世年幼的时候，此时国王的权力处于低谷；随着亨利三世逐渐地亲政，国王与地方社会之间的斗争必然风云再起。1227 年亨利三世亲政后，国王收回了许多早先被开垦的林地，地方社会要获得《森林宪章》的权利，还得继续通

---

① 法学教材编辑部、《外国法制史》编写组：《外国法制史资料选编》（上册），第 255 页；此外，《大宪章》的第 47、48、52、53 等条款亦有涉及王室林区的内容。

② 参见 Charles R. Young, "English Royal Forest under the Angevin Kings", *The Journal of British Studies*, Vol.12, No.1 (1972), pp. 68-69，翻译时参阅了马克垚《英国封建社会研究》（第二版），第 108 页。

③ J. R. Maddicott, "Magna Carta and the Local Community 1215-1259", *Past and Present*, No.102 (1984), p. 39.

过单个赎买的方式。国王的倒行逆施引起了地方社会的极大不满。萨里郡的民众就抱怨说，他们花了100英镑获得的权利不久就被国王收回了。时隔七十年后的1297年，人们还对此事情耿耿于怀。1297年，在沃切斯特郡的郡庭上，出席会议的人员对爱德华一世的征税官发泄不满。他们说：在亨利时，国王曾经保证只要人们批准1/15税，他就会遵守《大宪章》与《森林宪章》，但是他拿到钱以后就变卦了，这侵犯了地方的特权与自由。① 三是采用金钱赎买的手段以免除森林法的侵扰。1190年理查免除了贝德福德郡部分地区的森林法，由此他获得200英镑的收入，同年他又免除约克郡艾因斯提百户区和萨里郡部分地区的森林法，由此他又分别获得100英镑与200马克的收入。在约翰王统治时期，1215年之前国王也多次免除某些地区的森林法，进而收取一定的赎金。爱德华一世时，英王重申了亨利三世颁布的特许状，但是国王做了一些保留，没有提及《森林宪章》的第一至五条款。到14世纪时，森林法的严酷性逐渐地得到缓解。1327年有人提出一个议案，要求以爱德华一世时期的法令为依据处理以后有关森林边界的问题，对那些没有解决的地界应该立刻采取措施解决。这一提案在以后的岁月中得到总体上的确认，爱德华三世与理查二世也不再否认1327年的法令，在这种情况下，国王与地方民众的利益逐渐地实现了平衡。人们不再对森林法本身抱怨，而是对滥用法律的行为进行指责。在议会中，下院要求爱德华一世时确认的森林边界应该保留，居住在森林以外的人们不应该再受到森林法庭的骚扰，森林法官不应滥用自己的权力勒索地方民众。在议会的压力下，爱德华三世与理查二世也表示愿意保护臣民不再受此类的侵犯，爱德华三世甚至允许森林法管辖区内的民众从林区取材用于修建房屋与围栏。此后，随着1360年南部地区护林官的取消以及1368年森林巡回法庭的停开，这样到14世纪时，森林

---

① 参见 J. R. Maddicott, "Magna Carta and the Local Community 1215-1259", *Past and Present*, No.102 (1984), p. 40。

法问题不再成为受到全国民众抱怨的事情了。[1]16世纪末有人写道:"这个国家绝大多数地方的人们已经没有森林法概念了。"[2]到斯图亚特王朝查理一世统治时期,国王曾经竭力拓展王室林区的面积,处罚反抗的民众。但是历史前进的脚步是不可阻挡的,英国的宪制经过中世纪漫长的发展,到近代已经彰显了其必然性,无论是普通法法院还是议会都成功地限制了专制王权的发展,王室森林问题在以后国家的社会政治生活中必然地走向式微。事实上,国王林区的存在是王室特权在中世纪社会政治生活中体现的一个重要方面,地方民众通过法律和赎买手段与国王进行博弈的过程,也隐含着英国法律与宪制的发展过程。对森林法而言,地方民众借助《大宪章》以及《森林宪章》而进行的限制国王独占森林特权的行为,既具有争取自身利益的目的,也具有限制国王权力的宪制色彩。《森林宪章》与普通法和其他处于边缘的地方习俗一起,共同构建了中世纪英格兰法律的发展历程。因此对森林法的研究的另一个重要意义是丰富了英国法律史的研究内容。正如扬指出的:"无论从国王还是从民众的角度来看,对王室森林的研究都能为我们理解12世纪英格兰的生活提供一个重要的视角。"[3]

---

[1] 参见 May Mckisack, *The Fourteenth Century 1307-1399*, Oxford Clarendon Press, pp. 207-209。

[2] Joseph R. Strayer ed., *Dictionary of the Middle Ages*, Vol. V, p. 128.

[3] Charles R. Young, "English Royal Forest under the Angevin Kings", *The Journal of British Studies*, Vol. 12, No.1 (1972), p. 14.

第二编 民族国家维度下的中央与地方关系

（1500—1800年）

第六章　民族国家的形成与发展

一、近代国家的形成与发展

乔纳森·德瓦尔德指出：在1450—1789年，欧洲经历了其历史上许多最引人注目的事件，并以1789年的大革命而结束。[①]在众多引人注目的事件中，就包括近代民族国家的兴起与发展，它构建了一个崭新的社会形态，国家从领主性质转向主权性质，国家利益高于宗教认同，并由此成为欧洲历史发展的新载体。英国史学家A.F.波拉德认为：古代史主要研究的是城邦国家（City-State），中世纪史主要研究的是世界国家（World-State），近代史主要研究的是民族国家（National State）。[②]J. M. 罗伯茨指出："1500年之后西欧政治世界出现的另一大变化是人们开始广泛认识到，这个世界已经成为主权国家的边界，正因为如此，三百年间的变化奠定了今日欧洲版图的基础。也许生活在16世纪的欧洲人还不能理解，世界各个地区将相互独立，有着各自的统治者，这位统治者便是决定战争与和平的该国最高政策执行者；他们更不会想到，这一时期寥寥数个被称作'民族国家'的最高主权单位，将会成为全世界的范例。"[③]

1500年至1800年这一时段是欧洲主要民族国家形成与发展的

[①] 参见 Jonathan Dewald, *Europe 1450 to 1789*, London: Charles Scribner's Son, 2004, xxv.
[②] 参见 A. F. Pollard, *Factors in Modern History*, London: Constable & Co, 1926, p.3.
[③] 〔英〕J. M. 罗伯茨：《欧洲史》（上册），李腾等译，东方出版中心2015年版，第335页。

重要阶段,有学者将这一时期定义为绝对主义国家阶段。佩里·安德森写道:"14、15世纪欧洲持续不断的经济、社会危机标志着封建生产方式发展到中世纪后期陷入困境并达到极限。这一时期大陆震动的最终政治后果是什么?在16世纪,西方出现了绝对主义国家。法国、英国和西班牙集权化君主政体是与金字塔式的四分五裂君主制及其领地制、封臣制这一整套中世纪社会结构的决裂。"[1]也有学者将这一阶段界定为新君主制时期。J. R. 格林在《英国人民简史》一书中认为,约克王朝和早期都铎王朝的国王们创建了一个新类型的君主权威。在他看来,爱德华四世是这一君主类型的创立者。玫瑰战争后男爵势力的消亡,导致自爱德华一世以来由议会建立的自由权利不复存在。该条件下的君主制,就是所谓"新君主制"(New Monarchy)。这里提到的自由包括"免于独断的税收、立法以及监禁以及国王的最高奴仆对议会和法律负有责任"等。格林断言,以前由于封建主义的限制,或者受到宗教制约,或者受到宪制自由限制的古老的英格兰王权突然消失了,接着我们看到了不受限制的新君主制。[2]不管是定义为"绝对主义国家",或是"新君主制",这一时期是欧洲民族国家的形成与发展时期。什么是民族国家?民族国家是一个拥有国家主权的政治实体,对内可以实现有效的治理,对外具有相应的防御机制;民族国家拥有相对稳定的疆域,政权的合法性得到全体国民的认同,国民也能够通过合法的渠道表现这种认同。[3]在这里,民族国家核心的内涵是"主权"概念,这与欧洲封建社会的王权概念截然不同。法国政治思想家让·博丹认为:"因为主权的标志仅归主权者排他性地享有,而其他拥有审判权的领主、法官和所有臣民是不能享有的;在这种意义上,我们依据其本质才能说:主权是不可转让的、不可分割的,也是不可消灭的。不论君

---

[1] 〔英〕佩里·安德森:《绝对主义国家的系谱》,刘北成、龚晓庄译,第3页。
[2] 参见 Anthony Goodman, *The New Monarchy England, 1471-1534*, Oxford: Basic Blackwell, 1988, pp.1-2。
[3] 参见陈晓律:"欧洲民族国家演进的历史趋势",《江海学刊》2006年第2期。

主授予他人的是土地,还是领主身份,内置在其主权中的王权却总是得以保留,即使它们没有被明确地标识出来。"[1] 在发展阶段上,欧洲民族国家经历了三个主要的历史阶段。第一阶段是中世纪末期到法国大革命,为欧洲民族国家的孕育和成长阶段;第二阶段是欧洲民族国家的扩张阶段;第三个阶段是"二战"后的新融合阶段。[2] 必须指出的是,以上论述是从一个相对宏观的视角进行分析的,呈现出递进的发展趋势和脉络。

欧洲民族国家的形成表现在多方面,中央政府机构的逐渐完善以及君主对贵族势力的打压与控制,是民族国家内部发展最为重要的特征。按照塞缪尔·P.亨廷顿的观点:政治现代化涉及权威的合理化、结构的分离和政治参与的扩大等三方面。[3] 对于近代欧洲社会来讲,主要体现在政府的现代化方面,即权威的合理化和结构的分离这两点。权威合理化的内容包含几个方面。其一是国家取代基本法(fundamental law),成为政治权威的本源;在国家内部,集权的权威政府取代了封建时代分散的权力机构。要适应时代的发展要求,以君主为核心的国家必须拥有权威,这样才可以有效地实现变革。其二是封建社会的等级分权制度迅速让位于君主集权机制。塞缪尔·P.亨廷顿指出:在17世纪初期,欧洲各国都有所谓的等级会议。到了17世纪末,大部分的等级会议要么消失了,要么被削弱了。在法国,大革命之前最后一次召开三级会议是1615年,各省(除了布列塔尼和朗格多克)的三级会议自1650年后就再没有召开。至17世纪,原西班牙的22个王国只有6个还保留着它们的议会。卡斯蒂尔的议会遭到镇压,阿拉贡的议会被腓力二世驱散。选帝侯镇压了勃兰登堡和普鲁士的等级会议。卡尼奥拉、斯提亚和卡林西尼的等级会议失去了权力,向哈布斯堡王朝称臣。在17世纪上半叶,哈布

---

[1] 〔法〕让·博丹:《主权论》,李卫海、钱俊文译,北京大学出版社2008年版,第146页。
[2] 参见陈晓律:"欧洲民族国家演进的历史趋势",《江海学刊》2006年第2期。
[3] 参见〔美〕塞缪尔·P.亨廷顿:《变化社会中的政治秩序》,王冠华、刘为译,第78页。

斯堡王朝已经剥夺了波希米亚、摩拉维亚和西里西亚等地等级会议的权力。截至1700年，传统的权力分散状况实际上已在欧洲大陆告终。[①]至于结构的分离，是指政府为了应对日益复杂的社会，出现了更为专门化的政府机构和部门，以及这些政府机构逐渐拥有清晰的权力和职能范围。近代早期以前，欧洲各国国王的私人机构与国家的公共机构并不能完全严格地区分开来，这是因为在封建社会中，无法明晰国家公权与私权之间的界限。施诚对英国中古财政机构的研究就很清楚地说明了这一点。以锦衣库（wardrobe）为例，13世纪之前，它一直是存放国王日常生活物品的地方，显然属于私人机构。到约翰王统治期间，锦衣库的作用明显提升，负责国王和王廷的日常开支，在紧急的情况下，它甚至负责军费的开支和军饷的筹措与发放。当亨利三世亲政之后，进行了财政改革，锦衣库的地位得到进一步的发展。"锦衣库负责王廷的所有开支，最为重要的是，还负责所有重大的特别开支……它不仅成为第二国库，而且成为战争指挥和后勤采购中心。锦衣库从1232—1234年财政改革后成为王廷固定的财政机构，锦衣库守卫兼任王廷国库长。"[②]到爱德华一世统治期间，由于战争的需要，锦衣库的财政功能得到了空前的发展，其行政权力也同时得到发展。但是随着锦衣库的透支，它又因无法偿还欠款而衰落。再以郡守为例，他本是地方行政的长官，职责应该属于行政领域。"但在13、14世纪之前，郡守的主要职责似乎在财政而不在行政。13世纪，郡守一般由国库长任命，而国库长主要负责财政署事务，所以，这种现象实际上强调了郡守的职责也主要在财政方面。"[③]这种模糊性在司法以及行政等领域，属于普遍的现象。然而随着欧洲社会步入近代早期，这种职责模糊的情况必须改变，这也标志着政治现代化的开启，它适应着时代以及社会经济发展的需要。以上是一个总体的发展趋势，具体到欧洲各国的历史，又呈

---

① 参见〔美〕塞缪尔·P.亨廷顿：《变化社会中的政治秩序》，王冠华、刘为译，第85页。
② 施诚：《中世纪英国财政史研究》，商务印书馆2010年版，第29页。
③ 顾銮斋：《中西中古税制比较研究》，社会科学文献出版社2016年版，第277页。

现出不同的特点。英国主要体现在中央机构从国王宫廷性质的机构逐渐地成为国家的公共机关,且中央部门职能逐渐明晰;法国主要体现在历代君主逐渐地削弱贵族割据势力,从而实现国家疆域的统一;德国表现为继续其诸侯割据的局面,虽然德国皇帝也为集权做出过努力。

由于社会的转型具有模糊性和延续性,因此研究者辨析16、17世纪英国政治制度,并不是一件简单的事情。塞缪尔·P.亨廷顿概括这一时期英国政体为"都铎制度"。何谓"都铎制度"?塞缪尔·P.亨廷顿接受克赖姆斯(S. B. Chrimes)等人的观点,认为16世纪是中世纪政治制度的顶峰,都铎王朝所带来的变化并没有打破封建政治制度的基本原则,甚至连封建政治结构也未动摇。这些原则和制度包括:社会与政府乃是有机整体的思想,政府中各权力机关相互和谐,政府从属于基本法,法律领域与政治领域相交融,议会与国王权力均衡、两者互为补充并共同发挥代议作用,地方权力机构具有活力以及依靠民兵保卫疆土等。[①] 都铎史研究大家G. R.埃尔顿对此有着不同的观点。他研究亨利八世统治时期的行政变化后,提出了"都铎政府革命"的命题。埃尔顿认为,在宗教改革期间英国国家机构发生了重大的变革。这表现为"宗教改革时期在一连串重大政治斗争的推动下,由于托马斯·克伦威尔等改革派人士的努力,把过去作为贵族陪臣会议的咨议院和为国王个人服务的宫廷部门,改造为集中、精简、部门化的以枢密院为中心的中央政府,并在改革过程中在制度、成员、组织关系各方面也开创了新的局面,使国家的政府形式既适应了统一集权的近代民族国家的要求,又为乡绅与资产阶级能够参与和利用中央政权开辟了道路"[②]。1509年,亨利八世继位。在他统治期间,英国中央政府机构得到了制度性的发展,这主要表现在枢密院(Privy Council)成为中央政府的领导核心,

---

[①] 参见〔美〕塞缪尔·P.亨廷顿:《变化社会中的政治秩序》,王冠华、刘为译,第80页。

[②] G. R. Elton, *The Tudor Revolution in Government*, Cambridge: Cambridge University Press, 1969;又参见郭方:《英国近代国家的形成》,商务印书馆2007年版,第49页。

以及国务秘书机构（secretary）的发展。枢密院的前身为中世纪早期的王廷会议（curia regis），实质上是国王作为最终封君所召集的大贵族会议，属于封建法庭的性质，处理有关封君与封臣的纠纷等。后来，王廷会议逐渐转变成协助国王处理国家事务的最高会议，因为参加这些会议的成员大多数是大贵族或者主教，地位显赫且重要。在宗教改革期间，需要处理的事务异常繁多，这就需要一个有效率的机构，于是在16世纪30年代中叶（也有学者认为是在1540年左右）枢密院形成了，在相对固定的时间和地点，主要的枢密院官员集中在一起，共同处理国家政务。到16世纪中叶时，都铎政府基本形成了以下的行政原则：王国重大事务不能绕过枢密院而进行决策；枢密院是君主唯一的咨询机构。[1]国务秘书机构的形成是英国中央政府机构完善的另一个表现。在改革之前，国务秘书在中央政府体制中虽然地位比较重要，但该职位具有浓厚的中世纪色彩，属于国王的私臣，任职者多是些乡绅或商人；并且国务秘书也没有自己的办公机构，因此不受贵族权贵的待见。另一方面，由于国务秘书掌握御玺，与国王关系密切，因此他在政治生活中又不可缺少。随着宗教改革的进展，托马斯·克伦威尔在1534年成为国务秘书，他杰出的政治才华与行政能力使得这一职位成为国家行政的中枢。在此基础上，国务秘书又架构了一套属于自己的行政机构，从而实现了该职位从私人臣属到国家政府大臣的转变。1550年，法令明确规定由国务秘书掌管枢密院事务，从而形成了"都铎政府革命"的主要内容。总之，如佩里·安德森所讲的那样："克伦威尔扩大并改组了中央官僚机构。他使王室秘书成为最高级的首相职位，并使常规枢密院初具规模。在克伦威尔失宠后不久，枢密院在君主政体内作为行政机构的地位从法律上被正式确定下来，由此成为都铎王朝国家机器的核心。"[2]

法兰西民族国家的形成比较曲折，发展历程亦独特。在卡佩王

---

[1] 参见边瑶："都铎中期枢密院建制两方案探析"，《世界历史》2016年第3期。
[2] 〔英〕佩里·安德森：《绝对主义国家的系谱》，刘北成、龚晓庄译，第120页。

朝统治结束之后不久，法国就经历了"百年战争"残酷的洗礼，国王集权的进程被打断。一方面是英国人强势的入侵，另一方面是法兰西境内大贵族的割据与混战。特别是15世纪初，勃艮第人与英国人之间的联合，使得法国处于分崩离析的状态。1415年，英王亨利五世入侵法国，试图以武力夺取法国王位。随着英军的顺利推进，法国面临着生死存亡的危机。即使在这样的情况下，勃艮第公爵与法国王子都无法团结起来，共同面对亨利五世的威胁。这还不是最坏的局面，1419年约翰公爵被暗杀，使得勃艮第与法国王子之间可能的联盟成为泡影。新公爵"好人"菲利普决定与英国谈判，并签订了英国与勃艮第之间的协议。1420年又签订《特鲁瓦条约》，勃艮第派掌握了谈判的主导权，决定成立英法联合王国，王位将归英王亨利五世与法王查理六世女儿凯瑟琳的继承人。"法兰西和英格兰的王冠将永远合二为一，永远归于一个人……他同时是这两个国家的国王和最高领主……但应保留……两国各自的权利、自由或惯例、习俗以及法律，不得以任何方式使一国屈从于另一国。"[①]这种表面的统一掩盖不住法兰西三分天下的事实——由于英王亨利五世之子亨利六世只有十个月大，贝德福德公爵摄政，由此兰开斯特家族的法国统治着巴黎到鲁昂地区；在布尔日的法国太子查理七世的主要支持者来自南法地区；富有的勃艮第成为左右法国政局的重要力量。法王权威的衰弱一直到圣女贞德的出现才有转机。持续的战争和动乱使得法兰西的民众逐渐地区分自己与海峡对面的英国人，特别是英国人对法国社会的破坏与摧残，使得语言、习俗、生活方式和地方认同等诸方面存在巨大差异的法兰西人，渴望一个统一强大的法兰西民族国家，渴望这个国家能够保护自己的安全、财产、家庭等。托马斯·巴赞在《查理七世史》中这样写道："实际上，英国人统治下的法国人已形成这样一种看法……英国人很少为这个法国谋福利，很少关心他们被统治者的安宁……毋宁说，出于对法

---

① 〔法〕乔治·杜比主编：《法国史》（上卷），吕一民、沈坚、黄艳红等译，第519页。

国人根深蒂固甚至是本能的仇恨，他们企图摧垮法国，使其在深重灾难下走向灭亡。"① 在法国生死存亡之时出现的贞德，就是这一时代背景之下最突出的典型。贞德出现的意义在于，她迅速提高了瓦卢瓦王朝的可信度，她的使命具有象征性和精神性。1429年7月17日，太子查理在兰斯举行加冕和涂油礼，这对兰开斯特法国政权是一个沉重的打击。随后，年幼的亨利六世1431年12月16日在巴黎匆忙加冕。这一事实表明瓦卢瓦王朝的合法地位已经得到认可。正是在这爱国精神和民族意识的指引下，处于落后一方的法国逐渐地反击，并最终打败英国军队，这为后来的法王统一法兰西创造了前提条件。1435年，勃艮第与法王查理七世达成谅解协议。虽然有些历史学家认为勃艮第与查理七世的和解意义不大，但这一妥协却动摇了兰开斯特势力在北法的统治基础。勃艮第不再是英国人实现其战争目标重要的同盟者，自此以后英国和勃艮第人都必须重新确定各自的目标。菲利普逐渐远离了法国政坛，在低地地区扩充了大片领地；亨利六世不得不退回到诺曼底和曼恩地区。在这之后，法国军队逐渐地取得了战场的主动权。1436年，巴黎为查理七世敞开了城门；1441年，法军占领蓬图瓦兹；1449年，查理七世进入诺曼底首府鲁昂；1451年，法军攻占波尔多、巴约纳等地。到1453年百年战争结束之时，法国已经收复了绝大多数的领土，英国人在法国只剩下加莱（Calais）一地。乔治·杜比写道："后来的历史表明，贞德是对的；不管本身是好是坏，百年战争最终都有助于两个敌对民族的事业：一个由此注定了岛国的天命，另一个在复兴的君主制中获得了国家统一意识。"② 佩里·安德森从君主政体的视角评价百年战争："……百年战争长期考验的最重要遗产就是它终于使君主政体在财政、军事上摆脱了中世纪政体的局限。"③ 这是一个好的新开始，然而通往统一民族国家路途的任务依旧繁重。

---

① 〔法〕乔治·杜比主编：《法国史》（上卷），吕一民、沈坚、黄艳红等译，第527页。
② 同上书，第537页。
③ 〔英〕佩里·安德森：《绝对主义国家的系谱》，刘北成、龚晓庄译，第84页。

第六章 民族国家的形成与发展

百年战争后,查理七世采取了许多的手段,以实现对国内大贵族有效的控制。比较典型的案例就是法王指控阿朗松公爵犯有叛国罪。1455年,阿朗松公爵让(Jean)暗地里勾结英国人入侵法国。此事败露后,1458年法国贵族法院举行会议,宣判让犯叛国罪而处以死刑,后由于国王的特赦改为监禁。画家让·富凯这样描绘出席会议的国王查理七世:一位高高在上的国王,身边被一群高级教士、世俗贵族、议员和王室官员团团围住。[①]此后,法王又借口阿尔马尼亚克伯爵冒犯国王的权威,流放了他。国王及其大臣们也不断地向其他的大贵族灌输这样的理念:法国只有一个国王,公爵们认为自己的头衔来自于"神的恩宠"是错误的。此外,失地的收复也使法王名利双收。1461年,吉耶纳上交了30 000里弗尔的补助金,70 000里弗尔的塔利税,补充了王室的收入。

1461年查理七世去世后,太子路易登基成为国王,是为路易十一。在路易十一统治期间(1461—1483年在位),国王积极发展并保护手工业,任用新兴的资产阶级和中小贵族担任政府官职,由此获得较为广泛的支持。路易十一对行会制度非常看重,他认为行会是实现统治的一种有效工具。在他统治期间,颁布的行业规章就有近70部。通过该制度,可以把社会财富纳入到国家管理体系中间,从而实现对社会财富的控制。在采矿业领域,路易十一任命纪尧姆·库西诺为矿山总监,他还颁布法令,管理矿山的开采。在路易十一统治期间,出现了许多商业领域的行家里手。路易十一采取他们的建议,推行保护商业的政策,这时候的商业政策具有重商主义的特点,即禁止贵金属出口并加强对外贸易。此外,路易还在卡昂和鲁昂等地新设集市,与布鲁日和安特卫普等地竞争,为王室财政增加来源。路易十一在消灭贵族割据方面不遗余力,最为典型的是兼并勃艮第,这是因为勃艮第是威胁法王权威的一个"硬角"。"每个公国都在向独立的国家演变,在行政、财政、军事和外交等各个

[①] 参见 Christopher Allmand ed., *New Cambridge Medieval History*, Vol. VII, p. 406。

方面，它们都享有主权国家的全部权限。……勃艮第家族的情况尤为严重，它同法国事实上的——如果还不是法律上的——分裂的企图并不是神话。"[1]1477年"大胆"查理去世后，他的继承人是其女儿玛丽·德·勃艮第，当时玛丽才13岁，根据封建法，她的监护人和保护人是法王路易十一。为了获得勃艮第，路易十一迅速行动，占领了勃艮第公爵的许多领地。面对法王咄咄逼人的攻势，玛丽把她的另外一个封君作为自己的保护人，她同意与腓特烈三世的儿子、哈布斯堡家族的马克西米利安结婚。这又导致了法王与皇帝之间的战争。1482年，玛丽意外身亡，路易十一与马克西米利安签订《阿拉斯和约》。根据该条约，法王获得勃艮第公爵领地和皮卡迪，马克西米利安与玛丽的女儿玛格丽特许配给法国太子查理（即后来的查理八世），嫁妆是孔泰、马孔内、奥赛尔以及阿图瓦等，而马克西米利安保有尼德兰。这样勃艮第问题这个"硬角"得以最终解决。此外，路易十一还通过联姻和继承等手段获得了大片的领地。在他统治的后期，除了波旁家族和奥尔良家族之外，已经没有其他的贵族势力对王权构成威胁了，路易十一基本上统一了法兰西全境。查理八世统治期间（1483—1498年在位），为了争夺布列塔尼，他与皇帝马克西米利安也发生了冲突。1458年至1488年在位的布列塔尼公爵弗朗索瓦能力一般，他与法王达成《韦尔热条约》，规定没有国王的许可，公爵的女儿不得结婚。1488年，他的女儿安娜·德·布列塔尼成为老公爵的继承人。马克西米利安本已与安娜成婚，但是他的女婿法王查理八世认为安娜违反了《韦尔热条约》，出兵南特，布列塔尼面临着被吞并的危险。在此情况下，1491年，布列塔尼女公爵安娜与法王结婚，布列塔尼仍然保持原有的制度。同时规定，如婚后无子嗣，安娜将与查理八世的继承人结婚，后来安娜与路易十二再次结婚，她与路易十二的女儿又于1514年成为弗朗索瓦一世的妻子。通过如此复杂的婚姻关系，法王终于将布列塔尼并入到王

---

[1] 〔法〕乔治·杜比主编：《法国史》（上卷），吕一民、沈坚、黄艳红等译，第540页。

室领地之中。此外，1484年查理八世召开了全国性质的三级会议，讨论有关摄政的问题。来自全国各地的250名代表参加了此次会议，他们确认自己是民族的代表，并且在这次会议上，第一次出现了陈情书，用以收集各个等级的要求与意见，内容包括教会、贵族、平民、司法、商业和参议意见等六个部分。也是在这次等级会议上，各等级代表呼吁，废除封建经济割据局面，实现国内贸易的自由化。这表明了法国民众对于统一民族国家的强烈愿望。

在对外战争、对内削弱贵族割据漫长的过程中，法国的国家制度建设也得到了长足的发展。15世纪中叶，国王宣称自己是法律权威的源泉。1454年，法王查理七世颁布诏令，宣布所有的习惯法典只能够由他一人统一制定颁布，根据该诏令，有关法官的任命和权限、诉讼的程序等内容被确定下来。经国王批准，许多省陆续建立起自己的高等法院（parlement）[1]：图卢兹（1443年）、格勒诺布尔（1453年）、波尔多（1462年）、佩皮尼昂（1463年）、第戎（1477年）、鲁昂（1499年）等，这些省法院在地方社会拥有最高司法权。巴黎高等法院主管全国的司法事务，法官们由国王提名，拥有最高的司法权限。高等法院的设立意味着国家的法令向地方社会渗透，法国的法律开始走向统一。国王可以借助王国法令和这些法院，推行中央集权，削弱封建司法体系，从而实现对国家的统治。随着国家行政体系的复杂化，政府需要越来越多的受过良好训练的，特别是具有法律知识的群体。在中世纪，教会为欧洲各国的君主提供有知识的教士参与国家政务，但是随着宗教改革的进行和绝对主义君主与教会之间冲突的加深，教士充任政府官员的比例逐渐地减少，更多世俗的人进入到政府机关。于是在近代早期，一个新的阶层，一个需要经过大学学习的行政官僚阶层出现了。在君主的支持

---

[1] 法国出版的《法兰西学院辞典》对parlement的释义为：①法国早期的国王在位时期为商讨重要国务而召开的有大领主等重要人物参加的大会；②此后的对送交它的案件以及对来自裁判管辖区、伯爵领地-贵卿领地和它管辖的下级法院的案件向它上诉的进行终审，并具有登记国王的敕令和向国王谏诤两种职能的法院。参见〔法〕伏尔泰：《巴黎高等法院史》，吴模信译，商务印书馆2015年版，中译本序言。

下，这一群体成为新贵，他们也把自己看作是贵族。这一新贵族群体不是依据战功而是基于国家的行政管理，在法国这一现象最为显著，即"长袍贵族"或者称为"穿袍贵族"——因法官和官员穿着长袍而得名。长袍贵族最早源于14世纪，菲利四世统治期间，为了弥补财政的不足增加王室收入，1302年，国王将司法领域的书记官和公证人的职务出售，后来范围扩大到财政、税收等领域。这一时期，长袍贵族的人数还不多，出售的形式也不系统。到15世纪时，随着新的法院以及各种财政机构的建立，国家需要越来越多懂法律知识的专业人才，因此长袍贵族的人数逐渐地增多。对新贵们来讲，这实现了通过财富跻身特权阶层的梦想；对国王来讲，为绝对主义国家提供了源源不断的官僚人才，而且国家还可以借此增加巨额的财政收入。这样在传统的"佩剑贵族"之外，出现了新的贵族阶层。起初"佩剑贵族"对"长袍贵族"不屑一顾，认为这些新的贵族不具有贵族的显赫身份和高贵的血统。但是随着绝对主义王权的发展，到路易十二统治时期，"长袍贵族"已经站稳脚跟了。这一新群体的出现一方面充实了国王的官僚队伍，另一方面长袍贵族开始削弱外省传统封建领主的权威。乔纳森·德瓦尔德认为："从一开始，这些人及其家族就在法国社会上享有特殊地位。他们拥有的对其周围的生命与财产的裁判权，使人们不得不承认，这些人不只是资产者。但在1500年以后的年代里，这一舆论得到了更加明确的系统阐述。到18世纪初，已经确定的是，法国法院系统的1 100个最高职务被正式授予贵族身份，而几百个其他职务的持有人的后代也可以被授予贵族身份。"[①] 亦如申南所言：18世纪时，人们已经普遍认为高等法院的法官是真正的第二等级的成员了。[②] 在税收领域，国家财政的治理能力也逐渐地增强。15世纪时，法国分为若干个"财政区"。这些财政区有两种类型：一是税区地区，由中央政府委派的"税务

---

① 〔美〕乔纳森·德瓦尔德：《欧洲贵族1400—1800》，姜德福译，商务印书馆2014年版，第43页。

② 参见 J. H. Shennan, *The Parlement of Paris*, London: Eyre & Spottiswoode, 1968, p. 121。

官"负责征税,法国大部分地区属于这一类型;二是等级会议税区,由地方等级会议决定征税的事务,法国少数地区属于这一类型。"税收体制一旦协调之后便能延续下去。政府收入不断上升,查理七世时代每年不超过180万利弗尔,但到1474年,仅军役税收就达270万,1481年和1490年,这个数字分别是460万和390万。当时欧洲没有哪位君主能够自由支配如此多的资源。"[1]在与教会关系方面,主要体现为"布尔日国是诏书"。王权与教权之间的关系非常复杂,时而相互斗争,时而相互利用。在查理七世时期,法国的高卢主义倾向逐渐增强。高卢主义主要包括几个方面:一是国王的世俗权力不应该受到教宗的干涉;二是公会议权威高于教宗;三是主张法国教会相对于罗马教廷的独立性,限制教宗的权力。1435年《阿拉斯和约》签订后,法王与勃艮第公爵达成和解,能够起调停作用的罗马教会的价值逐渐减弱。与此同时,1431年7月开始在巴塞尔城召开了天主教议,会议重申了公会议权力直接来自于上帝,它的权威高于教宗,这是对教廷权威的重大打击。1438年,查理七世在布尔日颁布《国是诏书》,规定国王可以推荐有俸职位的候选人,教宗的教谕需要经过他的许可方可发布,限制法国教会向教廷上诉的权力,主教原则上由教士会议选举产生,公会议权威高于教宗,废除法国教会的任职年贡制度,空缺主教的收入归国王所有。在与教廷关系这一问题上,法王得到了巴黎高等法院的法官以及巴黎大学学者的支持,他们都是高卢主义者。

从路易十二时代(1498—1515年在位)起,国家统一理论被概括为一句箴言:"一个上帝、一位国王、一个信仰、一个法律"(Un Dieu, un roi, une foi, une loi)。启蒙思想家伏尔泰对路易十二的统治评价颇高。他认为,路易十二只有大约1 300万里弗尔的收入,但是,这1 300万今天约值5 000万。那时粮食远不如今天昂贵,国家没有负债。因此,他以这样少的货币收入,加上审慎节约,支

---

[1] 〔法〕乔治·杜比主编:《法国史》(上卷),吕一民、沈坚、黄艳红等译,第548页。

度裕如，使百姓丰衣足食，这就不足为奇了。他注意使审判到处都能迅速而公正地进行，几乎不需付诉讼费。当时付给法官的诉讼费只合今天这种费用的 1/40。巴黎大法官管辖区只有执行吏 49 名，而今天却有 500 多名之多。不错，巴黎当时的面积不及今天的五分之一。但是，后来司法官员的数目却以比巴黎的扩展大得多的比例增加。与大城市无法分离的犯罪案件比居民人口数增加得更多。① 在他在位期间，他曾经说：“要始终遵守法律，如果君主因一时迷惑发布违反法律的命令，可以置之不理。”② 路易十二也获得了"人民的国王"称号。在法兰西斯一世（1515—1547 年在位）统治期间，法国王权得到了进一步的发展与巩固。由于国王对手工业和商业贸易采取保护和支持的政策，国内市场日趋繁荣，法国的经济得到了较快的发展，王室的收入也大为增加。在中央，法兰西斯一世依靠御前会议处理国家大事，而御前会议的成员多是他的亲信，这使得他的意志与命令能够得到很好的贯彻与执行。在与巴黎高等法院较量的过程中，法王也逐渐地取得了胜利，对于高等法院提出的建议与意见，国王通常置之不理。R. J. 克内克特界定了 1515 年至 1547 年之间，法兰西斯一世与巴黎高等法院之间关系的三个阶段，最终是国王控制了巴黎高等法院，使之听命于国王。③ 与此同时，他向地方派出自己的亲信担任地方监督官，加强对地方社会的控制与渗透。在法兰西斯一世统治期间，法国的三级会议从未召开。当国王为了继续发动战争而寻求贷款时，一位巴黎贵族向他保证："我们不希望怀疑或削弱您的权力；那将是亵渎行为，我们非常清楚您在法律之上。"④ 1516 年，法兰西斯一世与教宗利奥十世达成《博洛尼亚教务专约》。该条约规定：国王有权提名主教和修道院院长，同时教宗保留批准

---

① 参见〔法〕伏尔泰：《巴黎高等法院史》，吴模信译，第 57 页。
② 同上。
③ 参见 R. J. Knecht, *Francis I and Absolute Monarchy*, London: The Historical Association, 1969, p. 10。
④ 〔美〕约翰·梅里曼：《欧洲现代史》（上册），焦阳等译，上海人民出版社 2015 年版，第 123 页。

权和特别任命权；国王有权征收神职税。这表明国王对法国教会的控制加强。伏尔泰这样记述道：教皇与法国国王之间的教务专约令整个法国都深感厌恶。法国国王躬亲前往高等法院。他在该处召集了好几位主教、巴黎主教教堂的教务会议成员及高等学校代表。布瓦西红衣主教说："没有召集整个法国教会开会，就不能接纳教皇与法国国王之间的教务专约。"法兰西斯回答道："你去罗马同教皇争论吧！"① 这是国王对教会势力的一个重大胜利。

波旁王朝（1589—1792年）特别是路易十四统治时期，法国的绝对君主制达到了新阶段。如何认识与评价路易十四统治的性质，顾銮斋的观点值得关注。他认为，路易十四时代的法国王权相比于都铎王朝与斯图亚特王朝时期的英国王权，显得较为强大，但是实际上，这一时期的法国王权仍然受到多方面的制约。他提出了这样的一个看法，特别值得我们思考。"……当时法国王权的真实状况与大多数文献的记载反映可能存在差距。……"② 事实上，现在国外的研究表明，所谓"绝对主义"王权观念是在三种力量的助推下形成的。一是一些御用文人为了加强王权至上的声势，进而构建一个绝对主义王权的观念，不遗余力地挖掘罗马帝国时期的资料，特别是罗马法的内容。开始的时候，王权的概念在法国民众头脑中并不是特别显著，但是一旦经过传播与扩散，便产生了意想不到的效果，特别是对那些缺乏甄别力与批判力的普通民众而言，他们对此确信无疑。与此同时，这股潮流与启蒙运动相互交融，产生了更为深远的影响。启蒙运动的思想家们为了宣传他们所希冀的民主、自由、平等的政治理想，便以王权为批判对象。他们为了取得轰动的效果，又有意或者无意地夸大了王权的强大与专制。"本来，这是两支对立的力量，虽然用力的目标都在于王权，但后者致力于塑造，前者则致力于破坏。但正是这两支力量，在这样一个特定的历史时期，共同助推了法国王权的神话，以至于此后不久，当学者抑或普通读

---

① 〔法〕伏尔泰：《巴黎高等法院史》，吴模信译，第60页。
② 顾銮斋：《西方宪政史》（第一卷），第255页。

者翻检这些文献的时候，触目所及尽为王权至高无上、绝对专制的信息。"①在这之外，还有第三股力量，即后世的学术研究，进一步助推了法国专制王权的神化。如此"层累"，终于形成"法国绝对主义王权"概念。

西班牙新君主制的成长伴随着"再征服运动"、王室的联姻、海外的殖民以及领土的扩张等因素。15世纪时，西班牙北方基督教世界主要是由三个比较强大的王国组成的：卡斯提尔王国、阿拉贡王国以及葡萄牙王国。在这三个基督教王国中，又以卡斯提尔王国最为强大。长期以来，卡斯提尔王国的疆域不断扩大，这一过程一直没有停止。在13世纪时，卡斯提尔扩张得最迅速。15世纪末，卡斯提尔王国的领土面积是阿拉贡王国的三倍；卡斯提尔人口为600万左右，阿拉贡只有100万。为了更好地实现对伊比利亚半岛的统一，联姻成为最为直接有效的手段。1469年，卡斯提尔王国和阿拉贡王国确定：卡斯提尔王国王位女继承人伊莎贝拉公主与阿拉贡费迪南王子缔结婚约。婚约内容大致如下：未来的统治将是共治，所有法令都必须由两人共同签署；在法律上，伊莎贝拉是唯一的统治者。在阿拉贡的坚持下，法令增加了几个条款，费迪南在卡斯提尔拥有最高的责任，但是他应该尊重卡斯提尔臣属的权利与特权。再有，在卡斯提尔，如果没有得到允许，费迪南不可以离开。同年两人举行盛大的婚典。1474年，卡斯提尔国王恩里克四世去世，其同父异母的妹妹伊莎贝拉公主继承王位，成为王国的第一位女王。即位后的伊莎贝拉面临着国内分裂势力以及法国和葡萄牙的威胁，她与费迪南运用各种手段巩固自己的统治。随着战败的胡安娜进入科英布拉的女修道院，王室危机才宣告结束。1479年卡斯提尔王国与葡萄牙王国签订和约，葡萄牙国王放弃对卡斯提尔王国的王位继承权，伊莎贝拉与费迪南放弃对葡萄牙的王位继承权。由此王位继承战争结束。同年，阿拉贡国王去世，费迪南顺利继承王位。在王

---

① 顾銮斋：《西方宪政史》（第一卷），第256页。

位继承过程中，费迪南取得了卡斯提尔王国的摄政权，开始与伊莎贝拉共同治理卡斯提尔王国。如卡斯提尔的官方文件应该以天主教双王名义签发，并只用一个国玺；货币的图案用两人的肖像与名字。① 卡斯提尔与阿拉贡的联合极大地增强了西班牙基督教王国的力量。1492年，穆斯林在伊比利亚半岛的最后一个据点格拉纳达陷落，持续了近八百年的"再征服运动"结束。

在王室继承战争以及"再征服运动"中，西班牙国家政权的软弱昭然若揭。伊莎贝拉执政后一直努力加强王权。在宗教方面，她建立宗教法庭，打击异教徒。本来西班牙就是一个宗教冲突的中心，在这里存在着基督教、基督教异端、伊斯兰教以及犹太教等诸多的宗教。随着"再征服运动"的节节胜利，如何处理各种宗教之间的矛盾，成为执政者面临的一个棘手的问题。为了巩固自己的统治，伊莎贝拉与罗马教廷合作，分别在卡斯提尔与阿拉贡建立了宗教法庭，处理异端与异教徒等相关宗教事宜。此法庭存在了三百五十年之久，成为欧洲最为黑暗的法庭之一。打击议会（cortes）的势力是伊莎贝拉加强王权的另一个举措。在此之前，卡斯提尔的议会拥有广泛的权力，特别是讨论税收并参与国家的治理，形成对王权的制约。在伊莎贝拉执政之后，一方面削减议会开会的次数，另一方面不允许反对派进入议会，并且国王的代表监督议会的议程与活动。通常只有恰巧在宫廷的贵族和教士才参与会议，第三等级的代表从约15个王国城市（每个城市两名代表）中选出，他们通常是贵族寡头，向王室花钱买的这些位子。因此实际上，议会只是个由约30个第三等级代表与宫廷官员和王室顾问组成的小团体。议会的程序与内容由国王及其代表控制。议会的召开与解散完全依赖于国王。这些措施使得卡斯提尔的议会形同虚设，召开会议的频率也大为减少。为了更进一步地削弱议会的权力，从1480年后，国王不让贵族与教士出席议会，而由于贵族与教士又具有免税权，因此他们对这一改

---

① 参见许昌财编著：《西班牙通史》，世界知识出版社2009年版，第245页。

变也没有进行抵制。由此国王获得了国家税收的决定权，国家的财政收入激增，从而为王权的加强提供了坚实的财政基础。伊莎贝拉还改组了国家行政机构，大批的小乡绅进入到国家官僚机构之中。在地方上，国王精心挑选地方官员如总督，他们被派往不是自己家乡的地方，这些官员由于没有深厚的政治与社会背景，只能唯国王马首是瞻。此外国王取消了老自治城镇的许多权利，国王任命自己的代理人管理城市。收回贵族的特权是加强王权的另一措施。在伊莎贝拉执政之前，历代的国王们为了取得贵族的支持，总是会把王室的领地赏赐给贵族们；同时许多贵族的土地不用缴纳税款，这就造成了王室财政趋于衰弱，贵族的财富不断地增加。在伊莎贝拉的哥哥恩里克四世统治期间，由于王位的继承纠纷，恩里克处于异常被动的局面。1464年，一些贵族与教士组成反对派，要求恩里克退位，后来由于新继承人去世，恩里克才再次执政。在此期间，许多贵族巧取豪夺王室的领地。伊莎贝拉执政后，重新明确了贵族的领地范围，收回了之前丧失的王室权益。但是由于贵族仍然具有相当的势力，1464年之前被贵族侵占的土地维持现状。雷蒙德·卡尔指出："它创造了这些国家的单一体系的前所未有的组合，但每个王国之间联系并不密切，每个王国内部某些地方的法律和习惯迥异。……对于这些难以处理的王国来说，制度性的统一并没有使他们抱到一起。政府是合作性的，作为中介，其统治要向地方和区域网络的当局下放权力。在遥远的地方，君主的权威更多的是仪式性的，而不是实质上的。"[1] 在哈布斯堡家族统治西班牙时期，国王的权威依旧无法达到真正意义上的绝对主义程度，这涉及宗教、统治的整合力以及地方自治的影响。简·伯班克与弗雷德里克·库珀指出："在哈布斯堡各处领土之内，宗教问题则与地方精英们想要获得自治地位的种种努力纠结在一起，特别是16世纪中期大批尼德兰贵族皈依了新教以后。尼德兰的叛乱造成了皇帝财富的流失。欧洲社会的易分裂

---

[1] 〔西〕雷蒙德·卡尔：《西班牙史》，潘诚译，东方出版中心2009年版，第114页。

性使得复合式帝国的维持要比建立更难。"①

二、常备军的逐步建立

16—19世纪，欧洲一直处于战争和冲突之中：或是国内战争，如英国的内战与法国的"投石党运动"等；或是王朝战争与争霸战争，如三十年战争（1618—1648年）、西班牙王位继承战争（1701—1714年）以及拿破仑战争等。据统计，整个17世纪欧洲只有三年是完全和平安定的。随着欧洲王朝战争和各国争霸战争的进行，有组织成建制军队的作用日益明显。此外，欧洲的君主们在面对国内封建割据势力的时候，也需要一支强大且属于自己的军队，才能平叛贵族的反叛。常备军的建立需要强大的国家动员能力作为保障，诸如征兵工作、士兵的训练、军队的财政供给和后勤保障等，都是相当复杂的工程。直到18世纪，西欧大陆国家的常备军体制才真正建立起来。

在欧洲各国常备军建立的过程中，法国走在了前列。英法百年战争后期，瓦卢瓦王朝的形势好转，原因之一就是查理七世政府征税能力的提高。法国许多省份的居民，特别是位于战争区的居民，更愿意承认瓦卢瓦政权。许多地区的三级会议同意向国王缴纳塔利税、补助金和盐税，这使得查理七世能够募集一支训练有素的军队。民众希望国王的军队能够消灭在乡村四处流窜的盗匪，镇压那些向百姓收取赎金和保护费的散兵游勇。1439年，法国王室颁布法令，宣布只有王室有权力征募军队，进而取缔私人武装。这个法令虽然执行起来有些困难，但却是一个具有非常重要意义的法令。在这种情况下，查理七世开始了他的军队改革。1445—1448年，他组建了一支大约由12 000名骑兵组成的军事武装，即著名的大、小警卫连。在建立之初，查理并没有打算把它建成一支常备军，他的目的就是

---

① 〔美〕简·伯班克、弗雷德里克·库珀：《世界帝国史：权力与差异政治》，柴彬译，商务印书馆2017年版，第111页。

减少武装混乱和将英军赶出法国。1448年，一支完全由弓箭手组成，靠着征收炉灶税而招募的民兵组织被改编为步兵。没有被警卫连征募的其他军事武装被宣布为非法，并被解散。政府为士兵发放军饷，定期对连队进行检查，保证士兵的数量达到规定的人数，军事装备正常，防止连队队长克扣士兵的薪饷。查理七世时期，警卫连的成立，减少了私人武装的危险性。然而，这个代价颇高。据估计，查理七世每年可以征税180万法郎，大约50%以上的税收用于军队开支，但它带来的好处显而易见，即抑制了一直困扰法国各省的不稳定因素，为这些曾经武断乡曲的人提供了职位。法兰西斯一世统治期间，法王建立了一支数目较大且忠于国王的职业军队，这有效地削弱了地方贵族的割据和特权。到17世纪路易十四（1643—1715年在位）统治时期，法国已经拥有了一支数目巨大的常备陆军，并且还发展了海军。据帕克的观点，法国在17世纪30年代军队数目是15万，17世纪50年代为10万，17世纪70年代为12万，18世纪为40万人（当然有的研究者认为帕克的数字有一些夸大。他们认为，在西班牙王位继承战争中，路易十四的军队只有30万人）。[①] 而布莱克的研究数据则是在去除战争辅助人员的基础上得出的。他的数据表明：法国在1650年士兵的人数是12.5万，1660年为5万，1667年为8.5万，1670—1672年为7.6万，1675—1678年为25.3万，1682—1683年为13万，1688—1690年为27.3万，1695—1697年为34万，1702—1705年为22万人左右，1710年为25.5万人。[②] 这一时期法国军队数目与规模是以前王朝无法比拟的。

英国的情况呈现出另一种格局。1285年颁布的《温切斯特条例》正式设立了由王室官员领导的征兵委员会（commission of array），这是英国征兵体制的开端。王室征兵委员会的职责是负责各个郡的征兵工作，召集并训练士兵。开始的时候，王室的骑士（household knight）负责征兵委员会，他们与国王的法官到各郡进行征兵工作。

[①] 参见〔美〕麦尼尔：《竞逐富强：西方军事的现代化历程》，倪大昕、杨润殷译，第123页。

[②] 参见 Jeremy Black, *European Warfare 1453-1815*, London: Macmillan Press, 1999, p.80。

当然征兵工作需要地方社会的配合，郡守也会参与地方军事事务。到 14 世纪初期时，王室征兵委员会的成员发生了变化，王室官员逐渐地退出，而由郡内骑士担任了。彼得·库斯指出："到爱德华一世统治后期，征兵委员会的成员多由本郡的骑士担任。"[①] 发生这种转变也是显而易见的，因为王室无法一直承担如此繁重的事务，当乡绅共同体主宰地方社会时，国王的征兵工作自然地就依靠郡内乡绅。都铎王朝时期，地方上的防务由督尉具体负责。早在亨利八世统治时期，国王就任命贵族去监督检查郡的防务与军事安排。督尉的性质主要是军事性的，他有责任去检查军事防务、召集兵员、登记造册、训练士兵，对缺席者进行处罚。都尉的下面是副都尉，有些郡的副都尉可能有几个，副都尉协助都尉的工作。康沃尔郡乡绅也是该郡郡志史家理查德·卡茹在 1599 年时，就曾经担任该郡的副都尉，当时该郡的都尉是著名的沃尔特·罗利爵士。[②] 伊丽莎白一世统治时，特别是 1585 年往后，由于面临着西班牙入侵的威胁，中央政府向许多郡派遣了督尉，其目的也就是为了加强备战。这些措施只是在战时才会实施，平时国王并无权保持常备军。在 1601 年，政府试图赋予督尉征召军队的权力，但是遭到下议院的否决。[③] 因为如何界定军事任务，存在着模糊不清的地方。例如当地方社会反抗国王暴政而采取武装行动，国王希望派兵镇压时，这种情况是否属于军事任务呢？假如完全以国王的认定为依据，那么就会为国王控制国家军队提供了依据，从而使军队为国王暴政服务。地方社会与民众有义务为国家的安宁提供军事保障，但没有为国王的军事专制提供服务的义务。在英国人的眼中，常备军意味着专制制度。佩里·安德森写道："在这一时期也提出了建立常备军并册封司法贵族的计划。如果这两个措施真正得以实施，将改变 16—17 世纪英国历史的进程。

---

① Peter Coss, *The Origin of the English Gentry*, Cambridge: Cambridge University Press, 2003, p.167.
② 参见 Richard Cornwall, *Survey of Cornwall*, London, 1811, p. XVI。
③ Ken Powell, Chris Cook, *English Historical Facts 1485-1603*, London: Macmillan Press, 1977, p.79.

事实上，国会对此两项措施均持否定态度，尽管它赞成由国家控制教会并在乡间实现和平，它仍然意识到建立专一化军队和在贵族内部出现司法贵族阶层的逻辑结果必然会是在社会上为其许多成员造成不利。"① 伴随着内战的进行，人们对常备军的态度一如从前那样反感。乌尔里奇指出："对英国人民来说，它留下的主要遗物是对常备军的持久厌恶和猜疑。"② 这一情况持续到 18 世纪。1689 年通过的《权利法案》第六款规定：除非经过议会同意，平时在王国内征募或维持常备军，均属违法。菲利浦·孔塔米纳指出："在那个时代没有真正的兵营，没有常备军，没有炮兵体制。并且更为重要的是，许多英格兰人固执地反对建立一种新的军事机构。还有更为重要的事实，在战争中，当时人们不认为自己——同时别人也不认为他们——比职业军队有明显低级的地方。"③

---

① 〔美〕佩里·安德森：《绝对主义国家的系谱》，刘北成、龚晓庄译，第 142 页。
② 奥斯汀·乌尔里奇："军队在英国革命中的作用"，王觉非主编：《英国政治经济和社会现代化》，南京大学出版社 1989 年版，第 135 页。
③ Philippe Contamine, *War in the Middle Age*, p.172.

第七章 地方自治的发展

一、地方自治制度的延续

民族国家时期的地方自治制度既是中世纪时期的延续，又因民族国家的形成而有所发展。

在郡政府层面上，地方社会形成"三足鼎立"的局面，即郡督、郡守与治安法官。郡督大多数由贵族担当。如康沃尔郡的埃奇库姆（Edgcumbe）在1742年成为贵族，两年后的1744年成为郡督；再如什罗普郡（Shropshire）的赫伯特（Herbert）以及威斯特摩兰郡（Westmorland）的劳瑟（Lowther）均属此类情形。[1] 郡督的荣誉性体现在他通常情况下兼任首席治安法官。在和平年代，郡督是个荣誉职位，而在紧急时刻，郡督的重要性凸显，作为王权派到地方的代理人，此时他将发挥重要的作用，也是国王最值得信赖的官员。如在1715年，英国国内面临着詹姆士二世支持者叛乱的危险。为了确保国家的安全与社会的稳定，一方面国务秘书频繁地指示地方上的治安法官，要求他们保持警惕，维护治安与稳定；另一方面，又任命卡特里特勋爵与纽卡斯尔公爵分别为德文郡与诺丁汉郡的郡督，负责巡查反叛者的蛛丝马迹。[2] 此外，由于郡督掌握地方上的军事权力，在1756年之后，郡督可以任命地方上的军事长官。因此在

---

[1] 参见 Williams Basil, *The Whig Supremacy 1714-1760*, Oxford: Oxford University Press, 1962, p.48。

[2] 同上。

18世纪中叶，即使是首相，如果要组织军事力量，也需要依靠郡督的支持与配合。

至于郡守，此时他们的地位远不如以前。阅读有关18世纪历史文献时，笔者发现纯粹对郡守的描述几乎没有，即使法律赋予了郡守一些职能，他们自己也很少执行。如郡守在理论上可以召集民团武装，但是在1715年与1745年危机期间，郡守也没有使用这一权限，在涉及詹姆士二世党人的暴乱中，也不见郡守的身影。当然，这种情况也不可一概而论，有些郡守在18世纪的政治舞台上还是有贡献的。如约翰·霍华德，他出生于商人家庭，在18世纪70年代，作为贝德福德郡的郡守进行过监狱改革，并成为其他地区的榜样。[①]再有，对于一些年轻的乡绅来讲，先任郡守，然后再进入治安法官委员会也是一个常见的途径，像格洛切斯特郡的保罗、兰开夏的贝利就属于这种情况。这些年轻有为的乡绅通过郡守这一职位的磨练，后来成为颇有作为的治安法官，在各自的郡内发挥着重要的作用。

在地方政治舞台上唱主角的是治安法官。韦伯夫妇写道："尽管治安法官的作用随着王国社会的变化而不断地调整，但是五个世纪过去了，这一制度的组成与程序却没有发生根本的变化。从爱德华一世第一次建立这种委员会，到爱德华七世继位后对此制度进行的改革，一直是郡内乡绅或者贵族担任此职。治安法官们为了王国的和平与安宁，执行王国的法律与规章，对那些违反者进行处罚与惩戒。"[②]担任治安法官之职的绝大多数是地方上的乡绅，随着经济的发展以及物价的上涨，其财产限制也发生了变化。1732年与1744年的法令规定：那些年收入达到100英镑的乡绅才可以担任治安法官，而先前的标准是年收入20英镑。前文已述，乡绅权力的渊源是其依附于土地的内在权力，但是在现实生活中，这种权力又是

---

① 参见 Webb, B. and Sidney, *English Local Government from the Revolution to the Municipal Corporations Act: The Parish and the County*, London, New York and Bombay: Longmans, 1906, p.365。

② Ibid., p. 294.

采用什么样的手段来实现呢？E. P. 汤普森指出："我认为在那个世纪，这种象征性特别重要，原因在于其控制机制很薄弱：基督教会的权威已经消失，而学校和大众媒介的权威尚未形成。乡绅拥有四种主要的手段——一种有影响的和有优先权的制度它可能难以遏制没有优先权的贫民；法律的威严与恐怖；在地方上实施偏袒和仁慈行为；以及他们霸权的象征性。"① 近代早期的治安法官制度在继承了先前自治性质的同时，又在形式上有着重要的改变，其中最重要的就是即决法庭（petty sessions，又称小治安法庭）的成形。《元照英美法词典》这样定义即决法庭："由两名或两名以上但不超过七名治安法官组成的治安法庭，可以定期在小治安法庭区内多处开庭。区别于一般治安法庭（general sessions）或季审法庭（quarter sessions）。"② 18世纪成形的即决法庭前身是区会议（divisional session）。前文已述，到16世纪末，治安委员会已经初具雏形，分为单个治安法官、区会议以及四季法庭。在实际生活中，单个治安法官所具有的法律权限较小，无法处理相对复杂的情况；四季法庭虽然权限很大，是执行郡行政的最高权威机构，但是每年召开的次数很少，而且召开的程序复杂，处理的事务繁杂。在这种情况下，区会议就具有相对的优势，比较适合社会的要求。在16、17世纪，这种治安法官法庭主要依赖治安法官个人的素质与积极性，未成为制度性的机构。18世纪时，经济与社会的发展使得治安法官们需要更及时地处理更多的事务，特别是在人口较多的大城市，更需要效率与执行力。于是18世纪初，城市中的即决法庭首先正式产生，成为常务性的行政机构。以米德尔塞克斯（Middlesex）郡为例，随着人口的增加，城市机构变得复杂，需要处理的事务也日益增多，而传统的城市管理机构已不能够适应新形势发展的要求。因此在1835年市政改革法颁布之前，即决法庭成为市政管理的主要行政机

---

① 〔英〕爱德华·汤普森：《共有的习惯》，沈汉、王加丰译，上海人民出版社2002年版，第66页。
② 薛波主编：《元照英美法词典》，第1053页。

构。组成即决法庭的人员构成简单，只需要二至三名属于本郡的治安法官即可，此时的即决法庭不再强调治安法官具体居住在哪个区（division），这一放宽的要求使得即决法庭的组成易行。即决法庭职责如下："任命堂区济贫官员、道路检察员；审核或批准堂区官员提交的账目，批准堂区征收的济贫税；遣返乞讨者回到原来的居住地，执行《住所法》；处理堂区内的道德问题，包括处罚那些不负责任的家长；对犯罪者进行处理；处罚不尽责与贪污腐化的堂区官员等。"[1] 法律也明确，在四季法庭开庭期间，即决法庭不应该召开，以免与之发生冲突。即决法庭在处理郡内日常事务时发挥着重要的功能，在处理突发事件时也不可缺少。1720年英国发生瘟疫，疫情蔓延到伦敦附近，米德尔塞克斯郡四季法庭向治安法官们发出指示，要求他们高度重视城市的卫生，每周召开一次即决法庭，对违反卫生法令的人员进行处罚。[2] 18世纪30年代，城市的治安状况恶化，犯罪分子非常猖狂。针对这一情况，四季法庭指示治安法官们应该每周召开即决法庭，如果形势需要的话，可以更频繁地召集会议，对那些窝藏罪犯的房主进行严厉的惩罚，对流浪者采取更加严厉的措施。[3] 相比于城市市区中治安法官承担繁重复杂的任务，乡村的治安法官们就轻松得多。在城市治安法官不断地干涉堂区事务时，乡村的治安法官却可以满足于日常的行政治理，毕竟乡村生活的变化缓慢。18世纪的治安法官制度还有一种委员会，即特别会议（Special Session）。特别会议的雏形出现在都铎王朝时期，王室法令授权治安法官可以在固定的时段内处理特定区域的特定事务，相当于郡内区域性治安法官委员会。光荣革命后，法律规定这种区域性的治安法官会议成为特别会议，处理郡内的特定事务，诸如郡内道路维修与召集军队等，就可以采取这种形式的治安法官会议。如

---

[1] Webb, B. and Sidney, *English Local Government from the Revolution to the Municipal Corporations Act: the Parish and the County*, p.299.

[2] Ibid., p. 402.

[3] Ibid., p. 403.

1745年，英国面临着詹姆士二世党人入侵英国的危险，四季法庭就要求各区的治安法官们召集特别会议，按照枢密院的指令征集军队。从18世纪30年代往后，特别会议更多地是处理有关啤酒馆的事宜。中世纪晚期到近代早期，乡村的啤酒馆一直是一个严重的社会问题。在啤酒馆内，经常发生斗殴与打架事件，严重影响社会的治安，有些酗酒之后的斗殴还会发展成为群殴事件。啤酒馆也是流氓妓女的聚集地，穷人们在此喝得醉醺醺，严重有伤风化，并涉及宗教问题。17、18世纪的政府对此问题非常关注，采取了许多的措施，浏览各郡的四季法庭档案，此类事情非常普遍。特别会议就专门管理此类事宜。治安法官们与堂区的牧师召集所有的酒馆老板，询问他们酒馆的情况，调查酒馆内是否有违法行为以及有伤风化的事情发生。治安法官对那些奉公守法的酒馆老板颁发新的营业许可证，对那些违法的酒馆处以罚款，责令其限期整改。当然，中世纪就存在的四季法庭在18世纪依旧发挥着郡行政最高权威的作用，这时候郡内所有的治安法官都要参加。按照惯例，由首席治安法官主持会议，其实法律并没有明文规定这一点，由他主持会议更多的是出于习惯。首席治安法官更像是法庭的发言人，因为法庭上所有的判决与裁定都得由全体的治安法官做出。如传统一样，出席四季法庭的人员还包括郡守、警察、执行吏、验尸官、庄园或者堂区的低级警役，以及相关事件的当事人等。四季法庭规模较大，处理相关事务时需要召集陪审团，让地方普通民众参与其中。在其他类型的治安法官会议中，也常使用陪审团，让其协助治安法官的审理。从18世纪开始，担任陪审团成员的资格要求提高了不少，法律要求陪审团成员的土地财产收入每年要达到10英镑，而以前是4英镑。

在基层行政方面，堂区继承了以往的功能，堂区会议（vestry meeting）是主要的行政机构。通常情况下，只有纳税者才有权参与堂区会议，更为重要的堂区常务会议（close vestry）逐渐地变得封闭，只有主要的土地所有者与重要的纳税人才可以参加，这也是后来市镇需要首先改革的一个重要原因。对于堂区行政而言，这一时期还有一个重要的特点，就是治安法官逐渐地干涉堂区的政治生活，他们直接决定堂区的济贫以及道路维护等事务。这说明随着社会的发展，堂区在某些方面无法达到治安法官们的要求，基层的行政无法适应变化众多的社会要求，使得治安法官不得不干堂教区的管理。当然，在一些充满活力的地区，如英国利物浦等地，堂区自身能力使得他们可以有效地处理问题，而免于治安法官的干涉。在堂区之外，封建时代的庄园仍然在一些地方存在着，并起着作用。英国伯明翰与曼彻斯特等新兴的工业城市中，封建的庄园体制依旧起着作用。像曼彻斯特这样新兴的工业城市，一面是工业社会的雏形，一面是农业社会的特征，这时的庄园法庭就显得不合时宜了。庄园法庭原先处理的是有关公地以及荒地的权益，共同耕作的安排以及基层的治安等事务，现在它要处理市镇公共卫生与工厂制度等方面的问题。这种旧机构处理新问题的现象是19世纪英国议会改革与社会改革的直接原因。

我们论述民族国家时期地方社会自治特征时，强调了地方政府的独立性，但是这并不意味着中央与地方之间没有任何的相连关系，也不意味着中央政府完全与地方事务无关。连接中央与地方之间纽带的一是议会政治，二是中央政府的国务秘书。在代议制制度下，议会的议员是由地方选举产生，地方社会可以通过游行、呈递请愿书等手段表达地方的意愿和利益诉求，代表地方的议员就是沟通中央政府与地方社会的一个绝好的媒介。国务秘书对地方的管理，则是在紧急情况时与发生动乱时。作为中央政府代表的国务秘书承担着国家安全与稳定的职责，在国家处于危险之中时，他负有协调中央与地方的责任。地方政府与治安法官也能够清楚地意识到他们对于王国与民众的职责，从而协助国务秘书处理相关的事务。汉诺威王朝时，在乔治一世继位之事上，英国面临着极为复杂的政治局面。詹姆士二世的拥护者为了复辟斯图亚特王朝，试图阻止信奉新教的乔治一世顺利继位。在这危急的关头，中央政府与地方之间的联系开始密切。1714年8月，约克的市长写信给国务秘书，商讨如何确保乔治一世的顺利继位；同月，梅德斯通（Maidstone）的治安法官也向国务秘书报告,说他们截获了詹姆士二世拥护者阴谋的证据。1715年至1716年,英国还处于动荡阶段,政局不稳,随时都有骚乱的威胁。在这种情况下,地方社会的稳定与忠诚对于整个时局的发展有着决定性的作用,地方政府的作用也得到了进一步的凸显。那些平时独立行事的治安法官们,此时也表现出对政局的关心以及对国家的忠诚。在这期间,国务秘书不断地督促郡督与治安法官们,要求他们采取措施镇压动乱,抓捕詹姆士二世的支持者与同党。同时国务秘书要求南部沿海各郡与城市要密切地注意外国的船只与人员,防止复辟党人与国外的势力勾结。至于首都伦敦的安全更是重中之重,伦敦与米德尔塞克斯郡的地方官员任务重大,国务秘书不断地发出指示,要求他们务必保持警惕,以免颠覆者渗透进来。为了更好地维护社会的稳定,国务秘书有时候还亲自审理重要的案件与嫌疑犯,或者派出自己的代表协助治安法官们进行审理。亦如威廉·巴希尔所讲:"国务秘书——这是唯一对国家乡村内部事务负责的官员——从未干涉地方行政,除了在战争与内战期间。"[1] 威廉·巴希尔还写道:"在汉诺威王朝统治期间,尽管中央与地方关系并未像今天这样有着明确的法律定义,但是在紧要关头,国务秘书有对地方的权威。"[2] 由此可见,在这一时期,法律虽然没有对中央与地方关系进行明确的确认与划分,但是在实践中,两者的职能还是有比较合理的分配。

二、乡村共同体的延续

布罗代尔指出:"庞大的政治机器的图像,可能把我们引入歧途。"[3] 这种"歧途"就是指:人们会理所当然地认为,既然民族国家和中央集权得到了迅速的发展,那么地方自治就必然消亡或者式

---

[1] Williams Basil, *The Whig Supremacy 1714-1760*, p.44.
[2] Ibid., p.56.
[3] 〔法〕费尔南·布罗代尔:《菲利普二世时代的地中海和地中海世界》(下卷),唐家龙等译,商务印书馆1998年版,第50页。

微。即在走向民族国家的过程中,中央集权必然与地方自治发生冲突与矛盾,民族国家的形成与地方自治的延续是非此即彼的关系。事实果真如此吗?我们认为,传统的认识存在着误区,其实是一种典型的"两分法",即非此即彼的认识。事实上,欧洲民族国家的建构与地方自治传统的延续是一个既冲突又依赖的过程,两者是有机的结合体,充满着张力。当然,这种情况在各国的表现不同,或是隐形的发展,或是直接的继承与融合。

欧洲民族国家的形成与绝对主义的发展,更多地体现在王权权威的加强和中央政府机构的完善等方面,它自然对地方社会和乡村共同体产生重要的影响,但是这种影响受到历史传统、经济发展程度、社会等级制度、交通、信息的传播等因素的制约。佩里·安德森在论述绝对主义国家时写道:"集权国家之所以遇到这些意义深远的制约,其原因仍在于全国范围内建立有效的王权统治框架的工作遇到了不可逾越的障碍,因为在当时的经济结构中,既不存在统一市场,又没有现代化交通设施,而且在经济秩序中,乡村中最基本的封建关系并未完全消失。尽管王权取得了显赫的成就,实行垂直的集权化政治的社会基础尚不具备。"[1]因此,19世纪之前,在工业文明尚未显示出其威力,农业文明仍然占据重要地位时,中世纪形成的地方共同体仍然得以在较长时间内继续发挥作用。按照里夏德·范迪尔门的看法:"近代早期的大多数人都生活在农村,占人口总数的70%—80%,这种情况持续到18世纪都没有发生多大的改变,虽然也有一些独处的农庄和小的居住点,但农村典型的居民区模式是村庄,是村庄共同体。"[2]

土地仍然是欧洲社会最重要的财富,地方社会中存在着浓厚的乡土情结,套用费孝通先生所言,是"乡土欧洲"。沈汉指出:"由于社会的隔离和闭塞,16—18世纪工业革命前欧洲各国的社会实际上是由几千个(或更多)相当小的乡村团体构成。其中星罗棋布的

---

[1] 〔英〕佩里·安德森:《绝对主义国家的系谱》,刘北成、龚晓庄译,第86页。
[2] 〔德〕里夏德·范迪尔门:《欧洲近代生活:村庄与城市》,王亚平译,第6页。

一些城市和小城镇夹杂其间。以郡或者郡以下的教区、村庄为中心形成一个个完整的社会单位。每个这样的社会单位不仅是一个地域和行政单位，同时也有自己内在的社会系统。共同的地方制度、共同的习俗和居民相互为邻影响着这个社会单位中的居民，使人们的相互关系、关心的对象和爱好、言语和生活方式、权利和义务观念都很接近，使这个范围内的人们有认同心理和地方忠诚情绪。"① 在法国，16世纪的时候，共有四万多个乡村共同体，与英国的情况类似，这些乡村共同体与堂区混杂在一起，范围或大于堂区，或被包含于堂区。具体到不同的地区，这些乡村共同体所享有的自治性不同。"大体而言，在法国中心地区如诺曼底和巴黎盆地，以及中西部的大部分地区，共同体组织较为松散，一般与堂区重合，受领主的束缚较少；在法国北部、东部和东北部以及中部的部分地区，地主领主势力较为强大，对共同体事务干涉较多；法国南部和东南部共同体的组织结构则更为稳固，多以城市'市政委员会'的方式来管理共同体，具有较强的自治传统。"②

近代早期村庄共同体会议也基本上与中世纪时差不多，具体到各国情况也千差万别。有些地区是一年召开一次；有些地区的村庄公共集会定期且频繁地召开。在德国西北部，村庄会议的召开通常没有固定的日期，而是由村庄首领应需而开。除了一些固定的会议之外，村庄有时会召开一些特殊的会议，处理一些紧急事宜。会议召集的时间依习俗而定。有些村庄的会议安排在农闲的时候，方便村民们参加，且不耽误劳作。有些村庄会议在礼拜日或者节假日之后，以处理那些琐碎的事务。至于会议的地点，则比较鲜明地体现出民众集会的特点，通常露天召开，或是聚在一棵古老的橡树底下，或是在小山丘之上，当然也有可能在某个公共的建筑之内。流传下来

---

① 沈汉：《欧洲从封建社会向资本主义社会过渡研究》，南京大学出版社1993年版，第144页。
② 向荣主编：《中世纪晚期&近代早期欧洲社会转型研究论集》，人民出版社2012年版，第89页。

的一些英国地方志就对此有过比较详细且有趣的记载，后来的研究者竟然可以根据这些几百年前的方志复原当时的场景，令人惊叹不已。18世纪，在德国中部的茨沃豪村，人们在装饰了树枝的谷仓中召开集会。在瑞士的一些村庄，村庄共同体中心区逐渐成为乡村生活的焦点，同时也充作村庄会议开会的地方。在朗格多克的一个村庄，人们厌烦了寻找一个足够大的会议地点，于1779年决定建造一栋会议楼。① 至于会议的召开事宜，一般由村庄首领或者领主召集，如果涉及国王的利益或者要求的话，国王政府的代表会奉命召开村庄会议。如果是由村庄首领召集的话，一般情况是涉及敞田制的耕种问题，或者是有关公地的事宜，需要全体的村民知晓并发表看法与意见。如果是领主要求召集的话，一般情况下与中世纪的庄园法庭程序类似，并且在近代早期，有些地区的庄园法庭仍然起着重要的作用。这种情况下，领主的管家会派人提前通知村民，告知他们开会的时间、地点和内容。如果有人无故缺席的话，会受到处罚。村民确有理由不参加的话，可以委托别人代为处理。召集村民会议体现的是一种权力，对村庄和村民的管理权，由此也会产生许多的矛盾与冲突。在一些地区，上级政府或者领主会剥夺下级领主或者村民自治组织召开会议的权力，改由自己的亲信或者代理人召开会议，以便保证自己的利益不受到侵犯。召开会议的信号有时候是教堂的钟声，村民们听到钟声即前来参会。当村民离开会场时，会有一位大嗓门的官员再一次提醒大家下次集会的日期。当需召开特殊会议时，则由村庄的小吏挨家挨户通知。在荷兰德伦特省，村民们听到牛角号声即前往参会。在德国中部的一些村庄，一些特殊的记号是与会象征，当挨家挨户传送一个缺角木棒或是一片金属时，即是召集人们前往参会的信物。② 此外，村民集会也会有一些具体的规定与习俗。如在

---

① 参见 Jerome Blum, "The Internal Structure and Polity of the European Village Community from the Fifteenth to the Nineteenth Century", *The Journal of Modern History*, Vol. 43, No.4 (Dec. 1971), pp. 553-554。

② Ibid., p.553.

德国中部的一些村庄，习俗规定人们参与集会时禁止携带武器，因为与会者会因喝醉而变得十分危险。在奥地利也是如此，人们在集会时不得携带武器。在一些地区，村庄集会通常通过鼓掌的方式来做决定，或者根据吼声的大小来决定议题是否通过。当然更多的情况是，全体与会者投票决定，一般情况下是简单多数即可。当处理重要事项时，需要由三分之二的多数同意方可通过。总体来讲，在近代早期的欧洲乡村社会，定期召开的村民大会依旧是基层自治的重要机构，参加者是社区的民众，特别是每户家庭的户主。村民大会通过村规民约为特征的习惯法，实现对共同体的管理。如范迪尔门所言："农民自治的政治核心机构是村民大会，每年至少召开一次，每个享有完整权利的村民，也就是户主都有义务参加。"①

这一时期村庄会议需要处理的事务依旧繁杂琐碎：土地的耕种、选举基层官员、界定并维护村庄的村界与农民们的田界、负责社会治安、检查外来者和嫌疑人、管理村庄小集市内的交易活动、看护森林与牧场、负责地方上的水利与灌溉、村民之间的经济纠纷、遗产继承、承接国家或者领主的命令、负责地方上的税收等不一而足。德国巴伐利亚的一个名为高廷的村庄，在1610年至1800年，村庄的法庭会议就处理了如下的事情：不遵守村规民约，在禁止劳动的时间内劳作，逃税，拒绝干重活儿，违反烟草禁令，拖欠别人的钱款，破产，有关继承遗产，有关赔偿事宜，诽谤侮辱别人，打架斗殴，盗窃抢劫，生活作风问题，有关牧场与土地灌溉的纠纷，有关无主牲畜的纠纷等。在高廷这个小村庄中，每年约有30人次的法庭指控，特别是1670年至1675年，每年都有100件左右的案件需要村民大会处理，这从一个侧面说明村民大会在基层自治中的地位与作用。②从理论上来说，乡村共同体由村庄居民组成，每个成年的男性居民在共同体中都具有自己的权利与价值，同时需要遵守规章制度，履行相应的义务，承担相应的责任。而在现实生活中，村庄共

---

① 〔德〕里夏德·范迪尔门：《欧洲近代生活：村庄与城市》，王亚平译，第47页。
② 同上书，第48—49页。

同体存在着积极的居民与消极的居民,并且消极的居民占据多数。所谓消极的居民,是指大多数村民在乡村共同体的管理中很少或几乎没有话语权,他们只能消极地接受村庄共同体或者上级领主与国家政权的要求与命令。积极的居民是指那些在村庄共同体中具有影响力的少数人群,他们积极地出席村庄共同体的会议,进而熟悉村庄的事务,担任共同体的官职,影响并决定村庄共同体的前途和命运。这与社会发展、个人素质、经济条件、政治热情、人际关系等密切相关。随着时间的推移和社会的发展,村民出席村民大会的热情与有效性逐渐降低,从中世纪较为普遍的"直接民主"形式逐渐演变为"寡头制"。这一方面表明,传统社会逐渐解体,另一方面也表明新的基层自治方式的形成。以法国法兰西岛为例,从16世纪到18世纪,村民会议的出席率不断下降。1600—1642年,布瓦西堂区有120户居民,在保存下来的41份会议记录中,每次与会人数从5到64人不等。维勒瑞夫堂区有200户居民,17世纪上半期每次与会人数从9到69人不等,而1660年到1702年,每次与会人数从2到81人不等,通常情况下,一般只有十五六名代表参加村民会议,出席率为7.5%。法国东部一个名叫贝尔维尔的堂区,共有398户居民,1695年举行的8次会议只有67户居民出席。如再作进一步分析与说明,又会有新的认识。以1660年到1702年维勒瑞夫堂区为例,71次村民大会共有316名不同的居民到会,到会总人次为1 289。其中119位只出现过一次,128位出现过2至5次,36位出现过6至10次,21位出现了11至15次,12人的出席次数超过16次,只有10%左右的居民出席率达到或者超过40%。假如说,这一统计数据由于涉及的时间长达四十二年之久,而显得不是太具有说服力,那么贝尔维尔堂区单年的情况则可更直观地说明。1695年,该堂区举行了8次村民会议,有1人出席了7次会议,3人出席了4次会议,6人出席了3次会议,14人出席了2次会议,43人出席了1次会议。对以上数据进行分析后,我们看到,在参加会议的67人中,只有10人参加了过半的会议,这些出席率较高的居民逐渐地成为村民大会的主导者,决定着村庄共同体内部的管理事务。此外诺曼底卡昂的比伊堂区流传下来一份1646年的村民会议记录,也从一个侧面说明了这一趋势。该堂区共有40多户居民,流传下来的会议记录写道:为商议事务……堂区居民集会……出席代表为……(共有16人的名字被列举出来)……代表该堂区之全体居民,堂区居民已签署之决议对缺席者具有同等之效力……①

14世纪中后期,随着黑死病的爆发与流行,欧洲农村人口规模与结构发生了重大的变化,人口减少使得劳动力价格上升。因此传统庄园以劳役地租为主要形态的生产方式无法适应时代的发展,再加上农村周围城市的吸引,使得庄园内的农奴大规模地逃离原先的庄园,或者爆发农民起义以摆脱封建庄园的人身束缚。在这种情况下,庄园制度开始解体。普拉克内特指出:"到中世纪后期,庄园不再具有重要的法律地位了,从行政的角度来看,它被教区所取代。"② C.戴尔也认为:"这些变化所导致的可预料的后果是'村庄共同体的衰落',这是从14世纪到20世纪的每一个世纪里所包含的历史进程之一。尤其在黑死病之后,人口的剧减、约曼的异军突起、公地所面临的威胁,以及猖獗的个人主义都破坏了村庄的凝聚力。"③ 到中古后期,堂区成为最重要的基层政府。C.戴尔写道:"然而宗教和文化史家却描述了一幅完全不同的图景。通过对常常与村庄重合的教区的研究,他们认为教区不仅幸存下来而且还进入了一个发展的黄金时代。"④ 国内外现有的研究只是叙述了这一变化,而缺乏对此的解释。笔者认为,堂区行政地位的增强与堂区的社会功能和教会机制的发展密切相关。堂区原本是教会最基层的组织,负责堂区内每个基督徒的洗礼、婚姻、遗嘱等生老病死的

---

① 参见向荣主编:《中世纪晚期&近代早期欧洲社会转型研究论集》,第95—96页。
② T. F. T. Plucknett, *A Concise History of the Common Law*, p.86.
③ 〔英〕克里斯托弗·戴尔:《转型的时代:中世纪晚期英国的经济与社会》,莫玉梅译,社会科学文献出版社2010年版,第73页。
④ 同上。需要说明的是,parish 存在着两种译法一是教区,二是堂区。本书译为堂区。参见卓新平主编:《基督教小辞典》,上海辞书出版社2001年版,第572页。

日常宗教事务。这种平凡的生活是欧洲普通民众最真实的经历，它与庄园事务交织在一起，构成了大众基本的生活状况。另一方面，11、12世纪的教会改革力图使教会与世俗社会脱离，从而实现教会的独立性。特别是"教宗革命"之后，教会组织的机制明显优于世俗的机制，初步具备了社会治理的功能。"历史地看，中世纪的堂区代表着基督教会基层机构发展的第二阶段。"[1]在法国，从14世纪初，在一些地区堂区户口登记簿开始出现，这为后来的研究者探究法国行政人口情况提供了资料。根据1328年登记簿，法兰西国王领地共有24 500个堂区，平均每个堂区大概有120户。法国的堂区制度一直延续到1789年大革命前夕，它是法国最基本的基层行政结构，并且后来出现的市镇也与堂区保持继承关系。在英国，到12世纪末，堂区体制已经扩展到整个乡村社会。13世纪时，英国已经有了近9500个堂区。苏珊·雷诺兹指出："到13世纪，有充分的证据表明，许多堂区在事实上已经是有效的社区了。"[2]托克维尔说："这种古老的教区制度，在所有经历过封建制的国家和带有这类法律遗迹的国家的所有地区都可以找到。在英国，这种痕迹处处可见；在德国，六十年前它还盛行，读一下伟大的弗里德里希法典，就会对此确信不疑。在18世纪的法国，也还有若干遗迹存在。"[3]

什么是堂区？戴维·M.沃克写道："起初该词是指一个设有教堂并由一个牧师主持的地区。是基督教主管教区的下属单位，从17世纪起，教区和教区委员开始掌管地方行政，主要是济贫法与公路等方面的事务，自此，民政教区与宗教教区在许多情况下不再完全重合。"[4]首先，堂区与村庄有很大的关联性，这主要体现在地理空间范围重合上，然而我们不可以说堂区就等同于村庄。C.戴尔指出："虽

---

[1] Joseph R. Strayer, *Dictionary of the Middle Ages*, Vol. 9, p.411.
[2] Susan Reynolds, *Kingdoms and Communities in Western Europe 900-1300*, p.79.
[3] 〔法〕托克维尔：《旧制度与大革命》，冯棠译，第88页。
[4] 〔英〕戴维·M.沃克：《牛津法律大辞典》，李双元等译，第834页。

然村庄与堂区在地界方面很重合，然而堂区更注重宗教功能。"① 具体情况也是千差万别。英国南部的堂区常与村庄相重叠，英国北部的堂区面积一般都很大，通常一个堂区包括几个村庄。再有，在中世纪时，堂区更多是习惯性的，它的地理边界范围是模糊的，界标或是一块石头，或许是一个小山丘，还有可能是一条小河，这些自然之物都可以成为堂区界限的标志。这时候的堂区并没有获得法律意义上与行政意义上的确认，堂区从教会基层单位演变为国家行政基层单位，是一个长期发展的过程。早期的堂区教堂通常由庄园领主捐赠，因此堂区在很大程度上依附于领主的庄园。亨利·皮朗在论述一些乡村堂区的起源时候指出："每个庄园形成一个司法单位，同时也形成一个宗教的单位。领主们在自己的据点附近盖有礼拜堂或者教堂，授予它们土地，并指派牧师。这就是许多乡村教区的起源。"② 当然我们说庄园逐渐地退出地方行政事务，只是说庄园所起的作用式微了，并不是说就没有庄园因素了。如在中古晚期，堂区在处理济贫事务时，在有关公地使用的问题上，也还是与庄园相关。③ 在这期间，富有的堂区分为几个堂区；而小的贫困的堂区则被临近的堂区合并，但是堂区体制的整体没有改变。到15、16世纪时，英格兰堂区的数目为8 000到9 000个。④

中世纪后期，欧洲各国都面临着严重的流民与济贫问题，乡村中贫困的居民占农民总数的四分之一至三分之一，由此产生众多的流民，存在着很多不稳定因素。在这种情况下，英国政府为了应对危机，逐渐地把堂区推向了世俗社会的前台。1601年的济贫法规定，堂区是执行济贫的基层单位，在治安法官的领导下，堂区负责处理流民事务，并对堂区内的贫困者进行救助。在这种情况下，堂区取

---

① Christopher Dyer, "The English Medieval Village Community and Its Decline" *The Journal of British Studies*, Vol. 33, No.4 (1994), p.408.
② 〔比利时〕亨利·皮朗：《中世纪欧洲经济社会史》，乐文译，第60页。
③ 参见 Sara Birtles, "Common land, poor relief and enclosure: the use of manorial resources in fulfilling parish obligations 1601-1834", *Past and Present*, 1999, Nov. 165。
④ 参见 Edward L. Cutts, *Parish Priests and Their People in the Middle Ages in England*, New York: Ams Press, 1970, pp.385, 394。

代村庄成为地方基层政府。当然在许多地方,这只是名字上的改变,使得村庄获得一个新的称号而已。例如英格兰北部的村庄,它们不是堂区,在现实生活中也被看作济贫堂区。作为基层政府,堂区有自己的管理机制,那就是堂区委员会(vestry),它是地方基层治理的实体。在许多情况下,堂区委员会继承的是庄园法庭的功能,由此也可见,基层的治理机制是一个延续的事物。每年的某一特定时候,堂区内的男性纳税居民聚在一起开会,在堂区委员会上,他们选举执事与委员,检查堂区的账目,决定征收堂区税以及处理堂区内的其他社会事务。起初堂区委员会类似于以前的民众集会,但是这种庞杂的会议显然不适合形势的发展,在16世纪末,逐步演变成为堂区常务会议(select vestry)。如斯泰彭尼堂区,一直到1589年,会议的主体还是堂区男性民众;而在同年,就由32人——堂区的8个村庄每个村庄派4人——组成堂区常务委员会,每五年选举一次,人数随着村庄的增多而增加。[1]

下面简述堂区的官员。堂区执事(churchwarden)是堂区中最重要的官员,他不属于教职人员。堂区执事还被称为proctor,warden,church-reeve,以及church-master与stockwarden等,直到16世纪才被通称为churchwarden。担任堂区执事的绝大多数是男性,但是也有极个别的情况下是女性的,如1554年德文郡莫尔巴斯堂区的执事。[2] 堂区执事首次出现是在13世纪。1261年,艾丽丝·哈莉(Alice Halye)给她在布里斯托尔万圣堂区的执事一间房子,让他维护教堂的灯。在牛津的两个堂区,13世纪70年代的文献也提及堂区执事。[3] 这是文献中比较早地提及到执事的例子。1287年,埃克塞特教区(diocese)的法令首次对堂区执事的职能进行了描述。[4] 概括而言,堂区执事的职责如下:照看教堂建筑和教堂内的

---

[1] 参见 N. J. G. Pounds, *A History of the English Parish*, p.192。
[2] Ibid., p.182.
[3] 参见 Katherine L French, *The People of the Parish*, Philadelphia: University of Pennsylvania Press, 2001, p.69。
[4] Ibid., p.69.

陈设，使之不受损坏；管理堂区的济贫事宜，协助教会法庭维持所在堂区的道德秩序；管理堂区财政的收入和支出，经营教产；征收本堂区的"彼得便士"税。[1]堂区执事是堂区民众的代表，他的出现是堂区作为一个社区共同体的象征与明证。一个堂区执事曾经说："自己不过是堂的奴仆，因此必须为社区服务。"[2]堂区执事的产生与出现对堂区共同体意识影响重大。早期，由于堂区居民向堂区教堂捐赠的东西较少，因此他们并没有意识到，应该是自己对堂区教堂负责。后来随着时间的推移，堂区民众逐渐地萌发了自治的意愿，于是产生了属于自己的堂区管理体系。劳德斯指出："至少到13世纪中期，世俗教民参与堂区的管理已经是很平常的事情了。"[3]在这种情况下，堂区执事应运而生，他既是堂区世俗的管理者，也是主教来堂区巡视时堂区民众的代表。米德尔·坎贝尔指出："堂区执事比其他任何人都了解堂区。"[4]堂区执事之下是堂区陪审员。刚开始时，这些陪审员是临时被任命的，后来逐渐地同一个人被召唤的次数多了，他们就成为一个固定的团体了。陪审员与堂区执事一起处理有关堂区的事情，绝大多数的执事都曾经担任过堂区陪审员。每个堂区陪审员的人数不一样，从6人到24人、30人不等。此外，堂区政府中还有警役、堂区济贫监督员与道路监督员。堂区警役由村警演变而来，与村警在很大程度上是重合的，其职责相似，这里不再详叙。济贫监督员是负责救济的官员，对堂区居民征收济贫税。此外，道路监督员负责修建、保养和维修道路，这可以追溯到盎格鲁-撒克逊时期，当时法律规定每个自由人都有义务维护道路与桥梁。这一做法一直延续下来了。以上人员大致构成了堂区政府的主要官

---

[1] 参见刘城：《英国中世纪教会研究》，首都师范大学出版社1996年版，第49页；也可参见 Katherine L French, *The People of the Parish*, p.71。

[2] Katherine L French, *The People of the Parish*, p.73；也可参见 David Loades, *Tudor Government*, p.188。

[3] David Loades, *Tudor Government*, pp.186-187.

[4] Mildred Campbell, *The English Yeoman Under Elizabeth and the Early Stuarts*, London: Merlin Press, 1983, p.326.

员。应当指出，这些人员只是一个理论的框架，具体到特定的堂区，并不是每个堂区都有如此完善的人员。坎贝尔研究这些官员的身份后指出："担任这些堂区官员的人有小乡绅、小店主、商人与酒店小老板，但是主要的是约曼，他们占据绝大多数。"①

下面简要介绍堂区其他社会事务的管理。1555年的议会法令要求堂区负责修路：每个堂区每年应该选举出两名道路监督员，道路监督员可以要求堂区内的居民每年义务劳动若干天；堂区内除了雇佣工人外，每个身体健康的人都得出工，有钱的人可以付钱请人代替；居民们根据自己的财产情况，准备车、马与各种工具；如果有堂区不执行修路任务，就会在四季法庭中受到处罚。在堂区中，许多的事情涉及教堂的问题。1318年，水桥（Bridgwater）堂区决定征收钱款，并且收集废弃的金属用来建一个新的教堂钟。于是堂区选出四个人（此时这四人均没有称谓）监督这一铸钟过程，并且对这一事情做了记录。资料记载了当时堂区征收钱税的情况以及个人捐款的事情。②1366年，该堂区的教堂又需要修建一个新的塔，于是堂区的民众再次集会，决定征收钱款，并接受个人的捐助，这时候文献中提及一个人，他被称为"有关教堂事务的负责人"。福瑞奇认为修塔这一件事表明：在堂区，民众以前偶尔用来处理特定事务的组织开始向一个独立的堂区行政管理体系过渡。当然此时堂区的征税行为是处于城镇政府监督之下的。③而在怀姆斯沃尔德村庄，有三个领主，村法规定凡是违反村法的罚金不是归各自的领主，而是收集起来捐给村庄的教堂，用于教堂的维修等。④再有亨廷顿郡的沃博伊斯庄园，开始的时候法庭罚金全部归领主。后来15世纪时，村民们决定罚金的一半用作堂区教堂的维修。⑤在这种情况下，为了堂区

---

① Mildred Campbell, *The English Yeoman Under Elizabeth and the Early Stuarts*, p.315.
② 参见 Katherine L French, *The People of the Parish*, p.70。
③ 同上。
④ 参见 W. O. Ault, *Open-field Farming in Medieval England: A Study of Village By-laws*, p.76。
⑤ Ibid., pp.66, 63；又见 Christopher Dyer, *Lords and Peasants in a Changing Society*, Cambridge: Cambridge University Press, p.362, 1980。

第七章 地方自治的发展

普通民众的利益，还需要牺牲领主的一些利益。在国王的自营地金斯索普庄园，有一个小的礼拜堂，修建时费用由居民与他们的亲朋好友支出，其他如堂区牧师的工资与维修礼拜堂的费用也由堂区的居民支付。这些规定都是由13世纪堂区会议做出的，因为修建礼拜堂是为了方便堂区民众的。[1]

堂区的政治生活也是基层治理的一个重要方面。首先是官员的选举。在堂区体系中，通常有两名堂区执事，由堂区居民选出，但是各地具体的情况也有不同，这与地方的习俗习惯有关。[2]堂区陪审员也是堂区中重要的人士，开始的时候由堂区执事任命，后来由堂区居民选举，这也表明了堂区陪审员重要性的上升。此外济贫管理员与道路检查员也由本地居民在堂区会议上选举产生，他们都是业余义务的。到他们的任期届满时，他们需要向堂区会议与堂区居民汇报工作，上缴账目，接受审核。以当时人们的眼光看，这些官职与其说是一种荣耀，不如说是一种必需的责任。英国历史的发展出现了这样一种有趣的现象——恰恰是那些被迫做的社会活动，最终培养了英格兰普通民众参与社会生活的品质。真是无心插柳柳成荫！对堂区官员的监督是政治生活的另一个方面。如果不对堂区官员的行为进行监督与限制，那么他们就会做出一些非法的事情，出现由一个人、一个家族主宰堂区事务的情况。事实上，堂区民众依据法律与各个堂区的习惯，对堂区官员进行着严格的监督。首先在堂区执事的任期问题上，通常情况是任期一年。在任命的事情上，有一些堂区采取轮流担任的方式，这也是由于人们意识到担任堂区执事是一件繁重的工作，应该由堂区内有资格的人分担这一工作。这一方式可以在内特库姆堂区中看到，在这个堂区中，由30个家庭轮流担任堂区执事一职。[3]绝大多数堂区通常设立两个堂区执事，以便他

---

[1] 参见 W. O. Ault, *Open-field Farming in Medieval England: A Study of Village By-laws*, p.74。
[2] 参见 Sidney and Beatrice Webb, *English Local Government from the Revolution to the Municipal Corporations Act*, pp.21-23。
[3] 参见 Katherine L French, *The People of the Parish*, p.77。

们相互监督工作。在设立两个堂区执事的堂区中，可以采用一老带一新的形式，即堂区每年选举一名堂区执事，这样新的堂区执事就可以在老的堂区执事指导下进行工作，而不会出现不懂管理的情况。这一做法在比较富裕的堂区比较常见，这些堂区通常有一些房屋或者土地经营与出租。堂区收取租税是一件比较专业化的事情，如果有老堂区执事的指导就可以比较好地解决这一问题。在财务上，堂区居民也对执事进行监督，检查其花销是否超标，是否浪费与不合理。在埃塞克斯郡的清福德（Chingford）堂区，堂区居民曾经与执事发生过争吵。事情的起因是，根据上级的要求，堂区要重新装修圣坛所。执事认为这次行动得花销40先令，而居民们则把这一工程交给了其他的手工艺者，他们指出没有必要花费如此多的钱。后来居民们还指责堂区执事在其他的项目上浪费。[1] 由此可见，堂区执事无论是在财务还是行政上都不是随心所欲的，社区中一双双眼睛监督着他，他必须为社区的福祉负责。

宗教情结总是要落实到现实的社会生活，而社会的世俗化进程也是历史发展的大势，堂区从一个宗教机构演变成世俗的力量，结果让人们有一些意外，但也是社会自然发展的结果，一切的演变都是那样缓慢而又静悄悄。坎贝尔指出："（都铎王朝时期）在主管郡日常事务治安法官的下面是众多的堂区官员，是郡内更小的地方政府单位。"[2] 早期的研究认为，堂区的管理体现了阶层与性别间平等主义的因素。近来的研究否定了这一观点，却同时指出，在堂区的管理中，堂区广泛地吸收堂区民众的参与，不同的社会阶层与社会集团参与到堂区事务的管理之中。[3] 这一特点既是以前村庄特征的体现，也升华了以前的管理模式，村庄这一中世纪地方基层的管理机制以堂区的形式表现出来了。堂区作用的凸显是社会各种因素作用的结果，霍兹沃斯指出："民事堂区是宗教改革后，亨利八世与

---

[1] 参见 N. J. G. Pounds, *A History of the English Parish*, p.183。
[2] Mildred Campbell, *The English Yeoman Under Elizabeth and the Early Stuarts*, p.315.
[3] 参见 Katherine L. French, *The People of the Parish*, p.68。

伊丽莎白一世所制定的法令影响教会与国家关系的一个体现。"[1]关于堂区在中古晚期近代早期社会中的作用，庞兹认为："从16世纪到18世纪，堂区在维护社会治安、解决济贫、处理纠纷与保持社会基层结构方面发挥着极其重要的作用，没有它社会就不容易运作。"[2]在继承村庄与庄园行政的基础上，堂区亦继承了它们的自治传统。堂区除了扮演基层政府的角色外，还培养了堂区居民最早期的民主意识，使得他们参与社会政治生活，争取属于自己的合法权利。庞兹指出："当时的社会并不是一个平等的社会，而是分了很多的等级，但是堂区在很大程度上是自治的。"[3]

三、地方社会中的贵族与乡绅

民族国家的建立是一个漫长的过程，欧洲各国的贵族与乡绅在此过程中，仍然享有对地方社会不同程度的控制权。欧洲各国民族国家的形成，就是以国王为代表的中央政府与这些传统的地方社会势力之间不断博弈的过程。15、16世纪以来，欧洲贵族在国家政治生活中仍然具有重要的影响力。如何理解这一句话？一是贵族在国家政治中的地位逐渐地下降，二是贵族在军事和国家行政机构中依然处于很重要的地位。

近代国家的建立需要大量专业的地方行政官员，但是随着宗教改革的进行，原来的教会教士显然无法适应新国家行政的需要。由此，以前以武力和战争为特征和职业的贵族阶层，特别是小贵族阶层在这其中开始充当重要的角色。起初，这些贵族并不适应近代国家行政体系的需要，但是许多人也开始转型，其中一个重要的表现就是，大批的贵族以及贵族子弟进入大学学习，由此这一阶层获得了新的发展机遇。按照乔纳森·德瓦尔德的说法："在16世纪的头10年

---

[1] W. S. Holdsworth, *A History of English Law*, Vol. IV, p.152.
[2] N. J. G. Pounds, *A History of the English Parish*, p.4.
[3] 同上。

里，巴黎大学大约四分之一的学生来自贵族阶层，在后来的年代里，这一比例在英国和西班牙的大学中增长得更高。"[1]他的说法基本是准确的，当然在英国，体现为大批乡绅进入到大学和律师会馆学习。通过大学的学习，这些贵族特别是中小贵族以及乡绅阶层，成为近代君主治理国家凭借的重要支柱力量。在德意志的符腾堡公国，近代早期大约一半的主要官员来自贵族；17世纪20年代的哈布斯堡国家中，贵族占据所有重要官职的位置；在17世纪早期的西班牙，国务会议70%的成员来自古老的贵族家族；法国一个地区五分之一的高等法院的法官是贵族。[2]事实上，法国各省的高等法院很大程度上是由中小贵族、乡绅和律师组成的，这些高等法院成为地方主义重要的基地，以对抗王权和中央政府官员权力的扩张。亦如雷蒙德·卡尔所言："西班牙在那时仍然没能成为一个官僚的、中央集权化的或现代的国家，尽管职业官僚随着新的教育制度——城镇的精英式大学——的发展而成长起来，更新着这个阶层。相反，16世纪的时候出现了'领主的复兴'，因为查理五世和菲力普二世为了行政管理方便，也为了发展经济或收到现成的货币，把税收、租金和司法权让渡给地方当权者。"[3]

相对于绝对主义国家的发展，尤其在其形成的初期即近代早期，贵族特别是大贵族仍然具有自己独特的统治力与影响力。熊彼特指出："因此，贵族阶层（在绝对君主制下）作为一个整体仍然是一个必须考虑的主要因素。它对王室的依附本质上更多的是妥协，而不是屈服。它更像一种选举——一种强制性选举，以确保国王成为贵族的领导者和执政工具。……这个原因（即贵族没有抵抗君主政权，甚至连消极抵抗都没有），在本质上是由于国王做他们所要求的事，将国家财富交由他们分配……是一个阶级而不是一个个人作国家实

---

[1] 〔德〕乔纳森·德瓦尔德：《欧洲贵族1400—1800》，姜德福译，第165页。
[2] 同上。
[3] 〔西〕雷蒙德·卡尔：《西班牙史》，潘诚译，第119页。

际上的主人。"① 在巴黎高等法院成立之初，大贵族与高级教士是最主要的成员。这时候的高等法院颇有罗马元老院的色彩。② 它与后来意义上的高等法院还是存在着较大的区别。13 世纪圣路易（1226—1270 年在位）统治时期，由于司法事务的增多，为了更好地体现"王之和平"，在御前会议之外，分离出一个专门的高等法院处理司法诉讼事务。到 1278 年时，巴黎高等法院就正式成立了，驻地在西岱岛，并由此出现专业化的分工趋势。在"美男子"菲利普（1285—1314 年在位）统治时期，授予巴黎高等法院最高审判权。15 世纪时，国王在外省陆续设立了一些高等法院，希望借此实现对国家的统治。另一方面，高等法院又对王权的扩张具有一定的限制作用。这需要从两个方面理解。一是组成高等法院的成员发生了变化。从路易十一统治开始，由于他实行卖官鬻爵的政策，大批第三等级的上层借此进入到特权阶层，而传统的贵族担任高等法院法官的人数与比例迅速减少。这使得高等法院成为穿袍贵族的法院，在一定程度上代表了反抗王权专制的力量。二是在巴黎高等法院演变的过程中，它拥有对国王敕令和法令进行登记的权力，同时可以对敕令提出反对的意见，即类似于中国传统社会御史的"谏诤权"。面对高等法院的反对意见，国王或者修改法律，或者做出一定的让步。按照伏尔泰的说法，在"美男子"菲利普时，一个名叫让·德·蒙吕克的高等法院法官把古代敕令、重要的判决和一些其他重要的内容记录在册。这个记事簿被人抄写了几份。而当时的国王又缺乏这样的记录。人们感觉需要一个易于查阅文件资料的档案保管室。宫廷这样就不知不觉地养成了把敕令和法令保存于高等法院书记室的习惯。这种习惯逐渐成为一种不可或缺的手续。③

乡绅的力量同样不容低估。本质上讲，这一时期的欧洲社会仍

---

① Joseph Schumpeter, "The Sociology of Imperialism", in *Social Classes, Imperialism*, New York: Meridian Books, 1955, pp.57-58，转引自〔美〕伊曼纽尔·沃勒斯坦：《现代世界体系》（第一卷），罗荣渠、庞卓恒等译，高等教育出版社 1998 年版，第 167 页。
② 参见〔法〕伏尔泰：《巴黎高等法院史》，吴模信译，第 14 页。
③ 同上书，第 47 页。

然属于传统的农业文明,土地依旧是衡量财富最重要的标准。E.P.汤普森指出:"在18世纪最初60年间,人们倾向于把乡绅与土地相联系。土地仍然是影响力的指数,权力建立在这一基础之上。……直到1760年代,英格兰仍然是一个农业国形象,而许多从城市商业职业中谋取财富的人,仍然通过把他的财富投入土地来取得乡绅身份。"① 因此在政治生活中,地主阶层继续占据主导的地位;在地方社会中,乡绅依旧是地方社会的主导者。按照相关的研究,到18世纪末,英国有400个大土地家族,成为大土地家族的标准是至少拥有5 000英亩以上的土地,年均土地收入约为10 000英镑;此外有4 000个称为乡绅的家族,其标准为土地年收入达到500—1 000英镑。这些地主在国家事务和地方事务中都有着优越的社会地位。② E.P.汤普森这样描写18世纪乡绅具有的社会职能:"在安全和方便地经营他(乡绅)自己的财产和他自己的权益的过程中,他执行着许多属于国家的功能。他是法官,他解决在他的随从中发生的纠纷。他是警察,他在众多民众中维持秩序……他是教会,他通常提名某些受过宗教训练或是没有受过宗教训练的近亲为教士,以照看他的居民。他承担福利机构的作用;他照顾病人、老人和孤儿。他又是军队:在发生暴动时……他把他的亲属和侍从武装起来作为私人军队。甚至,通过精巧安排的婚姻、血族纽带和教父身份……他能够在需要时请大批在全国或在城市中像他自己那样拥有财产和权力的人支持他。"③ 如何理解18世纪的乡绅是一个复杂的问题。一方面,乡绅阶层继承了都铎王朝时期留下来的父权主义作风,作为乡村居民的保护者出现;另一方面,在面临工业革命浪潮时,他们也并不完全保守,有时候还会支持大工业生产制度。如在1779年兰开夏工人捣毁机器事件中,郡治安法官召开四季法庭,通过的决议支持机器生产。"机器的发明是国家的幸福。在一个郡里消灭机器仅仅是

---

① 〔英〕爱德华·汤普森:《共有的习惯》,沈汉、王加丰译,第16页。
② 参见王觉非主编:《近代英国史》,第275页。
③ 〔英〕爱德华·汤普森:《共有的习惯》,沈汉、王加丰译,第20页。

使机器转移到另一个郡里去。如在大不列颠全境内颁布一项反对机器的一般禁令,那就只会有利于加速它在外国被人采用,而大大损害英国的工业。"①

18世纪下半叶开始,英国开始了第一次产业革命,这极大地改变了英国的经济与社会面貌。一方面是人口的迅速增长与财富的极大增加,另一方面是社会更加复杂化,面临的问题前所未有。产业革命也改变着英国的社会结构,使得英国最早从农业文明步入工业社会和城市文明。随着工业革命的进行,越来越多的农业人口离开农村,进入城市变成产业工人;同时以前的乡村迅速地成为大的工业城市,如曼彻斯特、兰开夏等。在人口和社会财富剧增的同时,英国社会也面临着重重的问题,这种情况是每一个转型社会都会遇到的通病。首先是社会阶层的变迁。这一时期仍然是土地财富占有者占据统治地位,但是兴起的工业资本家也在社会中崭露头角,在工业区他们有着自己的势力范围。保尔·芒图写道:"这种威望主要是建立在地方势力上的。我们不打算把工厂主们同封建主们重新作出老生常谈的对比,但是,他们同封建主们有这样的共同点,即某些地方或某些地区是归他们所有的。不仅在他们以主人身份指挥的工厂里,而且还在他们企业以新生命使之活跃起来的那个村庄或城市里,在他们工业成为其必要富源的那个郡里,所有居民都决心把他们看作是自己的自然领袖。兰开夏和德比郡的纱厂主们、伯明翰、塞文河畔的南威尔斯的冶金家们,斯塔福德郡的陶瓷制造者们,在实际权势方面与大地主不相上下,但他们的资格威望已高出于大地主。"②这样在地方社会中,传统的地主乡绅阶层继续主导地方社会的同时,也面临着工业资本家的竞争。其次在基层社会,随着工业化的进程,城市中需要越来越多的劳动者;而传统的济贫制度是以堂区为核心的,限制着人口的流动,特别是1662年的《住

---

① 〔法〕保尔·芒图:《十八世纪产业革命》,杨人楩等译,商务印书馆1983年版,第330页。

② 同上书,第323页。

所法令》更使得农村农业人口流向城市变得困难。此外，在工业城市中，随着城市人口的增加与城市规模的扩大，产业工人们所生活的环境恶化，工人的工作环境恶劣不堪。城市与乡村一样，都迫切地需要地方政府对这些社会问题进行解决。在传统的集权国家，地方政府是中央政府的派出机构，他们执行职能的指向是中央政府，因此只有中央政府发出指令他们才会采取行动。18世纪的英国社会是一个较为松散的国家共同体，特别是在地方与中央关系上尤为如此。在中央政府职能尚不完备的前提下，英国社会又会呈现怎样的景象呢？这是一个自由放任的国度，但是这绝不是一个放任自流的国度。通常我们认为自由放任意味着国家不再管理，这只是片面的理解，所谓的自由放任，更多地体现在国家对经济生活的控制与管理方面，不代表国家与社会无涉。在中央政府无为而治的同时，地方政府与地方精英们担负起治理社会的职责。18世纪的社会环境激发起治安法官们的公共意识，他们把治理地方社会作为自己的一种义务，他们继承了中世纪的传统，实践着自己的政治抱负与社会理想。约翰·霍华德（John Howard，1727—1790年）、托马斯·贝利（Thomas Butterworth Bayley，1744—1802年）、乔治·保罗（George Onesiphorus Paul，1746—1820年）就是这样杰出的代表。由于有关约翰·霍华德的内容在后面论述，这里先简述托马斯·贝利和乔治·保罗。托马斯·贝利[1]出生于一个富裕的家庭，年轻时在爱丁堡大学学习法律。家庭的教育以及作为一名乡绅所具有的特质，使得年轻的贝利抱负远大，立志成为英国社会的精英。18世纪中叶的兰开夏一方面存在着教派的纷争，天主教徒与新教徒势不两立，水火不容；另一方面人口的激增使得兰开夏社会处于不安与暴躁之中。这种社会环境为贝利实现自己的政治梦想提供了绝好的机遇。1768年，年仅24岁的贝利就出任郡守，虽说这时候的郡守是个虚职，却也是一个年轻人成长的锻炼机会。不久，贝利就成为该郡的一名治

---

[1] 参见 Webb, B. and Sidney, *English Local Government from the Revolution to the Municipal Corporations Act: the Parish and the County*, pp.366-368。

安法官。与其他城府很深、圆滑世故的老治安法官不同，贝利年轻气盛，再加上他精通法律，不带有宗教的偏见，使得他在任期间做出了许多的事情。首先，他孜孜不倦地处理济贫事务，检查济贫院的日常工作，严厉整顿那些无能懒惰的官员。其次，由于兰开夏的道路状况很不好，一遇到下雨天，民众的出行就成问题，贝利督促堂区民众修缮道路，方便行人的出行。在社会治安方面，他身体力行，曾经跟踪过一名惯偷，当这名惯偷潜入工厂仓库进行盗窃时，把他抓获。作为一名具有社会责任感的乡绅，贝利继承了中世纪乡绅的品质，具有较强的父权主义思想，他反对让穷人的孩子大批地进入工厂充当童工，而这种情形在工业化城市中是一个较为常见的现象。贝利也对早期工厂制度的残酷性与野蛮性持批判态度，要求工厂主们注意工厂的卫生环境以及工人们的工作时间。到他晚年的时候，他成为地方卫生部门的一员，为城市卫生付出了极大的心血，并且为城市市民修建了一座医院。18世纪中后期的兰开夏社会矛盾较多，经常会有一些游行与骚乱，作为一名乡绅，贝利不希望通过武力的手段来解决，而倾向于说服与安抚。在一次骚乱中，他曾经到骚乱的民众中间，希望通过自己的说教平息骚乱。但是其时局势已经不可控制，此时他果断地采取行动，力擒骚乱的首领，一举解决问题。按照韦伯夫妇的说法，贝利一生中最重要的功绩就是他说服四季法庭，按照约翰·霍华德的原则建立了一所新型的监狱，并以他的名义命名为"新贝利"（New Bailey）。事实上，贝利一直关注监狱这件事情。当时英格兰的监狱条件恶劣，管理混乱，许多的犯人冤死在监狱之中，得不到社会的公正。作为郡治安法官，贝利非常清楚这些情况，1780年左右，他经常与内政大臣通信，探讨有关犯罪与监狱的事宜。格洛切斯特郡的乔治·保罗[①]也是具有社会理想乡绅的代表。保罗出生于富裕的家庭，拥有大量的地产。他在牛津受过教育，然后到欧洲大陆游历了十年，34岁时返回到英国，不久就成

---

① 参见 Webb, B. and Sidney, *English Local Government from the Revolution to the Municipal Corporations Act : the Parish and the County*, p.368。

为郡守,进入到郡内的统治精英阶层。1783年,他成为了郡大陪审团的主席,不久又成为治安法官的一员。为了改变郡内治安法官同僚们的惰性,他积极行动,在公众聚会上进行演讲与宣传。他工作的重点也是改革旧的监狱制度以及管理郡内的济贫事务。在他任职期间,该郡修建了五个济贫院以及一座新式监狱,这些监狱已经不同于先前的监狱了。"他们(罪犯)的衣服是舒适的,但仍有羞辱性;他们与朋友的交往被隔断,由关注他们身心健康的绅士每天巡视;为了他们的生命与健康,给他们准备充足的食物,但拒绝让他们用钱,以此来阻断种种奢华、酗酒与腐化。"[1] 在他的领导下,经过三十多年的艰苦工作,格洛切斯特郡的监狱与济贫事务治理得非常好。

---

[1] Norval Morris and David J. Rothman, *The Oxford History of the Prison*, Oxford: Oxford University Press, 1998, p.83,中译文转引自程汉大、李培峰:《英国司法制度史》,清华大学出版社2007年版,第467—468页。

第八章　变迁社会中的地方试验

一、地方政府的济贫实践

贫困现象本是每个社会都存在的事情,个人由于自身能力、家庭、运气等各种因素的影响,自然会产生贫富差异。在16世纪以前的欧洲社会,村庄共同体的力量比较强大,邻里之间的互助可以有效地缓解贫困造成的社会矛盾。再加上庄园领主对庄园内的农民也负有相应的义务,因此只要不发生特殊的情况,基本不会产生严重的社会问题。在传统社会中,还有一股力量也有助于贫富矛盾的化解,那就是教会的慈善功能。按照教会的说法,什一税的一个用途是用于救济穷人与弱者;此外,教会组织也通过募捐的方式救济穷人。以弗内斯修道院为例,附近的农民们可以从修道院获得60桶淡啤酒、30打小麦面包、制作犁的铁、修建房屋用的木材等。此外,持有犁的农民可以每月送两个人到修道院的斋堂吃晚饭。修道院还为附近的佃户子女提供初级的教育,并在生活上有一定的照顾。如果佃户的孩子学习成绩好,修道院就会着力培养他,使他成为一名修士。[1]劳伦斯·斯通也指出:"在贫民中农民亲属关系的功能能被看出在17世纪趋于衰微的领域,多是对无依无靠者、病患及贫乏者帮助和救济的领域。在传统社会这些问题是靠配偶家庭、亲属及邻居来处理,

---

[1] 参见沈汉:"重新认识英国早期圈地运动",载陈晓律主编:《英国研究》第4辑,南京大学出版社2012年版。

加上得自教会的一些小帮助。"① 然而，从 16 世纪开始，随着农村人口的过快增长、物价的飞涨、圈地运动、宗教改革等因素的叠加，贫困与流民问题日益显现，这成为欧洲社会不稳定的一个重要因素。劳伦斯·斯通写道："在 16 世纪英国，农村中快速的人口成长、都市移民、市镇的贫穷化，及物价飞快上涨意味着从亲属网络及社群中的邻居获得的支持，对大群孤儿、寡妇、伤残人、病患、老年人变得不足够，而有能力工作者的结构性失业问题也初次成为一个问题。"② 受新教思想的影响，社会上出现了一股认为贫困和流浪是因自身的懒惰造成的思潮。新教要求人们努力地创造财富，为上帝增添荣光，步入上帝选民的行列。马克斯·韦伯写道："因此，只有当财富诱使信徒懒散安逸，沉湎于罪恶的人生享乐时，财富才是可疑的。只有当心中抱有一旦获得财富就过无忧无虑的丰裕生活的目标时，追逐财富才变得可疑。但是，如果财富是在尽职地履行个人的职业天职中获得的，那么追逐财富不仅是道德上允许的，而且是道德上期望的。这一观念明确地表现在关于一个仆人因为未能完全利用赋予他的机遇而被罚入地狱的寓言中。经常有人争辩，希望贫穷不啻是希望生病。确实，如果贫穷被视为神圣的话，这对上帝的荣耀是可恶而不利的。进而，那些有能力工作却靠乞讨为生之人的行径，不仅是犯罪，而且，根据使徒们的说法，还与兄弟之爱针锋相对。"③ 托尼也写道："劳动就是崇拜。……它并非仅仅作为一种经济手段，当物质需求得到满足后就可以扔在一边。劳动是一种精神目标，因为，灵魂只有在这里才能找到健康，即便在它已经不再作为一种物质必需之后，劳动仍然必须作为一种伦理职责继续进行。……贪欲会毒害灵魂，但它的危害比不上懒惰。……远离贫困

---

① 〔英〕劳伦斯·斯通：《英国的家庭、性与婚姻 1500—1800》，刁筱华译，商务印书馆 2011 年版，第 100 页。
② 同上。
③ 〔德〕马克斯·韦伯：《新教伦理与资本主义精神》，苏国勋等译，社会科学文献出版社 2010 年版，第 105 页；又见《韦伯作品集》（卷 VII），顾忠华译，广西师范大学出版社 2007 年版，第 159—160 页。

是一种美德,因此,选择更加有利的职业就是一种职责。"① 时人指出:现在,人们的善心早已无影无踪了。无人帮助弱者,更没有人赈济穷人。在这股思潮的影响下,欧洲各国政府都采取了许多的措施,以应对社会转型时期的济贫与流民问题。最初,英国政府制定和实施了一系列以惩贫为主要内容的法令,后来政府逐渐地承担起济贫的责任。亨利七世时期,议会于1495年颁布的有关流民法令规定:所有没有劳动能力的穷人将被遣返回原来的堂区,在那里他们可以行乞,但不能离开他们的百户区。亨利八世时期,议会于1531年颁布的有关流民法令规定:凡是有劳动能力而乞讨的人,将被施以鞭刑;无劳动能力的人由法官监管并许可行乞,假如他们离开规定的地区,将被施以鞭刑。贝尔指出:1495年与1531年议会颁布的法令,主要目的是阻止穷人流浪。② 然而,流民问题光靠简单粗暴的堵的方式是无法解决的,在实际生活中,这些刚性的法令收效甚微,无法缓解紧张的社会矛盾。政府的态度逐渐地发生转变,在惩罚的同时,开始尝试对穷人和流浪者实行救济。亨利八世时期1536年颁布的法令就是国家-堂区救济体系的萌芽。③ 该法令要求堂区执事或者其他两人每周征收救济金或赈济物品,然后分发给无劳动能力的人。这样的救济行为在以前是被禁止的。此外,1536年的法令继续对有劳动能力而行乞的人进行惩罚,同时强制5—14岁的健康流浪儿童去做学徒,以便他们以后有手艺养活自己,违者将被鞭笞。可见,1536年的法令不仅包括对贫民的惩罚,也包含着救济的因素,体现了国家对这一社会问题采取的更为主动的态度。"它是伊丽莎白济贫法的真正开始。"④ 此外,1555年的济贫法规定:以堂区为单位,劝说有财力的居民负担济贫的钱财,如有能力但不愿捐钱者,则由

---

① 〔英〕R. H. 托尼:《宗教与资本主义的兴起》,赵月瑟、夏镇平译,上海译文出版社2006年版,第145—146页。
② 参见 A. L. Beier, *The Problem of the Poor in Tudor and Early Stuart England*, London and New York: Methuen, 1983, p.23。
③ Ibid., p.23.
④ G. R. Elton, *England under the Tudors*, London and New York: Methuen, 1977, p.90.

牧师前去劝诫。到伊丽莎白统治时期，有关济贫的法令发生新的变化。1562年的法令规定：对那些多次劝告仍拒交济贫税者，将采取强制的手段。这一法令体现了由"募"到"征"的转变，对后来的影响巨大。1576年颁布的法令规定：地方政府可以建立济贫院，将那些拒绝工作的行乞者、游手好闲者、消极怠工者送进济贫院，实行强制劳动。保罗·斯莱克认为："英国对欧洲福利政策的首要贡献不是征收全国性济贫税，而是济贫院。"[1]1597年的济贫法令增加了新的内容：每个堂区要任命济贫监督员（overseers of the poor），由他们雇用有劳动能力的穷人，特别是年轻人；对那些拒绝缴纳济贫税的人，堂区执事和济贫监督员有权扣押他们的财产等。[2]真正奠定英国济贫政策基础的是1601年的济贫法。1601年的济贫法规定：堂区是执行济贫的基本单位；负责济贫事务的堂区官员是济贫监督员，济贫监督员由治安法官任命；堂区应该为没有劳动能力的贫困者提供救济，为有工作能力的人提供工作机会，惩罚那些有劳动能力却不工作的人；为了济贫事务，堂区可以向辖区内的居民征收济贫税（poor-rate）。此法令表明，国家正式承认对穷人和社会弱势群体负有责任。但是此时英国中央官僚机构以及财力都显得薄弱，于是实现这一社会公正的任务就交给了堂区，堂区在实施济贫方面的作用是巨大的。在德意志，1548年颁布的法令规定：我们要求每个当局都要帮助乞丐和游手好闲的人，要通情达理，不使任何人乞讨，不能因其身体有病和残疾而歧视他们。不能嫌弃乞丐的子女，而是要接纳他们做手工业者或者是仆役，不使他们也逐渐地沦为乞丐。当局要负责任，每个城市和社团也要自己助养穷人，不允许外来人在帝国的任何地方乞讨。如果某一地区无力对穷人济贫，那么当局要以书面的证据和文件将这些穷人强制送到其他的地方。[3]这表明国

---

[1] Paul Slack, *From Reformation to Improvement Public Welfare in Early Modern England*, Oxford: Clarendon Press, 1998, p.21.
[2] 参见 A. L. Beier, *The Problem of the Poor in Tudor and Early Stuart England*, p.41。
[3] 参见〔德〕里夏德·范迪尔门：《欧洲近代生活：村庄与城市》，王亚平译，第391页。

家意识到,贫穷不完全是个人自身原因造成的,济贫是一个社会问题,政府特别是地方政府应该在这方面承担相应的责任。在巴伐利亚,1770年曾经有关于乞讨的规定:在此之后,这一类邋遢的流浪艺人、外地的雇工、沿途乞讨的和靠救济的乞丐,不论是以救济还是以友好的访问为借口,假托过境而未经许可停留此地的外来的乐师、教士、驯熊的人、耍手影的人、成群结队的戏剧演员、杂耍艺人、跳舞的人、被解雇的士兵、改变宗教信仰的人、学生、书写者……都不能如此轻易地进入我们的邦国;同样,也不能给在各地逗留的臣民制造困难,从而禁止所有人进入。①

随着时间的推移以及社会的发展,17、18世纪的欧洲社会面临着新的挑战,原先的济贫机制逐渐地不再适应新的社会环境。那么,中央政府与地方政府在这历史转型的过程中,又各自扮演着什么样的角色呢?面对着诸多的社会问题,是中央政府首先意识到并命令地方政府采取措施进行解决,还是地方政府首先出于民众的需要而采取革新的手段进行解决?以上问题的回答,对于我们理解地方政府的作用意义重大。诺曼·切斯特指出:"直到19世纪30年代,解决新问题的创制权是由地方政府——而非由议会和中央政府——做出的。"②诺曼·切斯特还把政府行政的变化划分为两个阶段:首先是地方立法;然后是国家立法,并且在国家立法阶段也还有地方立法。以上论述表明了这一时期的地方政府具有能动性与主体性,是充满创新活力的行政机构。

1601年英国颁布的济贫法要求各个堂区在其辖区域内建立济贫院,以救助年老体弱和丧失劳动能力者。这一法案的缺陷在于:让每个堂区建立济贫院是不经济的,因为一些贫穷的堂区负担不起独自济贫的财政负担。为此,地方政府就需要进行制度创新,建立联合济贫院,以解决单个堂区无力济贫的问题。根据安东尼·布鲁达

---

① 参见〔德〕里夏德·范迪尔门:《欧洲近代生活:村庄与城市》,王亚平译,第269页。
② Norman Chester, *The English Administrative System 1780-1870*, Oxford: Clarendon Press, 1981, p.324.

奇的研究，在17世纪末到18世纪末，存在着两种类型的济贫联合区。一种是根据议会通过的地方法令所组建的，另一类属于吉尔伯特式的济贫联合区。[①]由议会通过的地方法令所组建的济贫联合区，最早出现于1696年的布里斯托尔。在布里斯托尔市，19个堂区联合起来建立济贫院，堂区济贫监督员的职能转交给了领取薪俸的济贫委员（corporation of the poor），济贫委员有权征收济贫税，并建立济贫院和医院。布里斯托尔的济贫经验证明，这种方式可以有效地节省资金。当然传统的力量还是强大的，这一时期修建的济贫院绝大多数还是以堂区为基础的。但是联合济贫的优点还是吸引了一些改革者继续这一试验。议员威廉·海就不断地呼吁，以郡或者其他的行政区域取代以堂区为基础的济贫。1735年，他成功地说服议会通过一系列的改革措施，以大的行政区域来支撑大规模的济贫院，在这些济贫院里，不仅为老弱病残与儿童提供帮助，也为有劳动能力的人提供工作的机会。1751年，小说家兼伦敦的警察官员亨利·菲尔德倡议，在米德尔塞克斯郡组建一个大型的济贫院。亨利·菲尔德计划的特点是济贫院与监狱的组合，这一庞大的济贫院可以容纳不少于5 000名穷人以及1 000名犯人。建立济贫联合区的地方试验还在继续。1756年，萨福克郡的卡福德与科尔内伊斯百户区建立联合济贫区。该联合济贫区包含28个堂区，并设立了济贫院，这是联合济贫区第一次在农村地区建立济贫院。[②]在接下来的二十三年里，萨福克郡又建立了九个联合济贫区，约占全郡堂区总数的二分之一。萨福克郡的举措为诺福克郡所效仿。按照克拉潘的说法，此后三十年中，在诺福克和萨福克有13个百户区，后联合起来的百户区都如法炮制。到了1785年，在这两个郡的大部分地域中，济贫法行政都已经由新的联合监理员管理了。[③]1760年，约西亚·塔克提

---

① 参见Anthony Brundage, *The English Poor Laws 1700-1930*, New York: Palgrave, 2002, p.21。
② 参见〔英〕约翰·克拉潘：《现代英国经济史》（上卷），姚曾廙译，商务印书馆1997年版，第438页，该书把"济贫院"（workhouse）翻译为"习艺所"。
③ 同上书，第438—439页，该书把"百户区"（hundred）翻译为"县"。

出，每个市镇六英里半径范围内联合所有的堂区建立联合济贫区。1763年，萨缪尔·库珀提议，在全国以百户区为单位建立济贫院。1764年，威斯特摩兰郡的牧师理查德·本主张以百户区为单位建立济贫联合区。他指出，如果以郡为单位的话，范围太大，不容易控制；传统的以堂区为单位的济贫又显得太小，不经济。理查德·本还提议，应当以领薪的官员取代传统义务性质的济贫监督员，这样的话，可以提高济贫的效率。1783年建立的希鲁兹伯里济贫院是一个非常成功的案例。它经营了一家面粉厂、一家织呢厂和一家农场。在90年代初期，有五个邻近的农村区域效仿希鲁兹伯里的办法，统一了它们的济贫法行政，设立了济贫院。[①]纵观这一时期据地方法令所创建的联合济贫体，有以下的几个特点。一是这一时期济贫联合体的创制在于地方，特别是东盎格利亚地区以及什罗普郡，主导力量是地方乡绅。按照安东尼·布鲁达奇的观点：18世纪济贫法的一个显著特点，就是东盎格利亚地区百户区联合济贫现象，这是对传统行政的一种突破。以百户区为基础的联合济贫实体的本质特征，是以经济和效率为根本的济贫，这一点与1834年济贫法所确立的原则是一致的，或者说，1834年新济贫法的联合济贫就是对18世纪地方济贫的继承。第二个特点是，一部分地方政府已经把以前济贫监督员的权力，转到了领取薪水的济贫委员手中，这实际上就是由堂区中更有地位与能力的人管理地方的济贫。在这之前，法令虽然要求济贫监督员应该从殷实的家庭中产生，但是在实际的生活中，堂区中有身份的居民宁愿花费一笔罚金，也不愿意出任济贫监督员。因此担任济贫监督员的，多为地方上的小商小贩以及小农，他们行政能力弱，没有太多的能力。现在出任济贫委员的多为小乡绅，以及堂区中较富裕的居民。以1775年诺福克郡的弗莱格联合济贫区为例，它是由地方法令组建而成的，担任济贫委员的是不动产达到80英镑的居民，或者在一个联合百户区有30英镑地产的人，或者在乡村有

[①] 参见〔英〕约翰·克拉潘：《现代英国经济史》（上卷），姚曾廙译，第439页。

200英镑财产的人，甚至还有治安法官。①弗莱格联合济贫区的这一情况似乎有些特别，但是济贫委员的身份有所提高，这一点是可以肯定的。以领薪的官员取代以前义务的官员这一做法，在1834年的新济贫法中也有所体现。当然，或许查德威克的法案更多的是从行政效率角度进行安排的，而牧师理查德·本主张用领薪官员的动机，现在我们也并不清楚，但是两者之间有一定的继承。18世纪存在的另一类型的济贫联合体是吉尔伯特式的，这种济贫联合体的特点在于本地居民的自主选择性。1782年，利奇菲尔德自治城镇的议员托马斯·吉尔伯特创制了后来被称为《吉尔伯特法》的法案。该法案规定：只要每个堂区距离联合济贫院的半径不超过10英里，堂区可以联合起来共同经营济贫院；联合济贫院只收容老弱病残，不接收有劳动能力的人，济贫委员有义务为有劳动能力的失业者提供工作的机会，假如不能提供的话，堂区可以提供户外济贫；堂区中纳税额达到5英镑的纳税人从本堂区中选举出三名候选人，治安法官再从中任命济贫委员；而济贫监督员只保留征收税款的职能，其他的职能交给堂区济贫委员。这一法案实施的前提是，只要超过三分之二的纳税人赞同，就可以采用这一法案。该法案通过不久，就形成了约65个吉尔伯特法类型的联合济贫区，包括了约924个堂区。利奇菲尔德市的试验获得了其他地方政府的认可，特别是在东部、东南部以及中部地区逐渐地流行起来。到1834年的济贫法颁布之前，已经形成了125个联合济贫组织。保尔·芒图对此法案的评价是："这项法令在改善公共救济行政管理的同时，采用一些较不严格、更加宽仁的规定。……这样，国家似乎不仅承认了劳动权而且还承认了生存权。这些规定在全英国并不是同时发生效力的，因为吉尔伯特法承认地方选择权的原则，教区可以自由遵从这项法令，也可以坚持先前的法规。"②1786年，吉尔伯特试图使1782年法令成为一个具有强制性的法案，但是没有成功。当然这次努力也不是没有任何

---

① 参见 Anthony Brundage, *The English Poor Laws 1700-1930*, p.20。
② 〔法〕保尔·芒图：《十八世纪产业革命》，杨人楩等译，第353页。

的收获。同年他又制定了两个重要的法令。一是要求全国的济贫委员上报1783—1785年的济贫费用，这些数据为以后的改革者提供了首份国家济贫统计数据，这些资料也为以后的济贫会议经常引用。二是要求堂区执事等堂区官员提供有关堂区慈善事业的情况，这表明在济贫法与慈善之间存在着密切的联系。1787年，吉尔伯特再次提出议案，希望在英格兰以及威尔士建立一种以郡为单元的济贫体系，由领薪的济贫官员负责，并由区委员会与郡委员会监督，这些委员由地方上层人士出任。但是这次提案遭到反对，最终没有实现。安东尼·布鲁达奇总结了这一时期英国济贫改革：这时期的济贫行为都没有受到中央政府的管理，其创新之处在于对济贫地方行政体系的革新。这总体反映了一种新的地方主义。[1]

地方的试验不仅仅体现在1696年与1782年历次的法案与提案所体现的形式上的改革与创新，还体现在地方政府济贫措施的灵活性上。法令的具体条款与内容是固定的，但是法案面临的社会与经济环境千变万化错综复杂，面对纷繁莫测的社会变化，再固守成规就是落后。地方政府变革的前提条件是，它不是国家行政体制中僵化的一环，而是有活力与能动性的主体。18世纪90年代，英国面临着严峻的国内与国际环境。在欧洲大陆，英国与法国之间的战争继续进行；在国内，由于战争的影响，物价不断地上涨，国内民众的日常生活变得困难。"1792年，小麦每夸特价值四十七先令，1793年只涨到五十先令，1794年到五十四先令。但在1795年和1796年中，年成不好造成了空前的高涨。平均价格超过了八十先令。在1795年8月，达到一百零八先令。"[2] 三年间，小麦的价格上涨了一倍多，这对于广大的工薪阶层来讲是一个灾难。许多地方发生了民众请愿活动，有些地区还爆发了骚乱，饥饿的民众抢劫粮店与商店。在这种情况之下，地方政府必须采取灵活的措施来应对严重的社会危机。1795年，伯克郡的地方官员在斯宾汉姆兰德村召

---

[1] 参见 Anthony Brundage, *The English Poor Laws 1700-1930*, p.21.
[2] 〔法〕保尔·芒图：《十八世纪产业革命》，杨人楩等译，第347页。

开会议，商讨相应的对策。这次会议通过了具有浓厚地方特色的《斯宾汉姆兰德法案》，此法案决定扩大救济的范围，对贫民及其家属给予济贫院之外的额外补助。法案规定："当一加仑（重八磅十一盎司）用二等面粉做成的面包值一先令的时候，凡能劳动的贫民每星期应有三先令来供其自己的需要，不管他是以自己的劳动或其家属的劳动得来这笔钱，还是他从教区方面领到津贴。另外，为了养活妻子和家庭的成员，每人还应有一先令六辨士。当一加仑面包值一先令六辨士的时候，他自己每星期应有四先令，他的家属每人应有一先令十辨士。以后就按此比例这样继续下去，但每当面包价格涨一辨士时，对他自己就增加三辨士，对他各个家庭成员就增加一辨士。"[①]《斯宾汉姆兰德法案》是一项成功化解社会危机的地方实验，在这一法案的影响下，英国成功地渡过了骚乱的危机，并取得了对拿破仑战争的胜利。假如说根据地方法令建立的联合济贫区以及吉尔伯特式联合济贫，为以后的新济贫法奠定了联合济贫以及领薪原则基础的话，那么19世纪早期地方济贫的实践则为以后的新济贫法提供了"劣等处置"与"济贫院检验原则"的雏形。当然《斯宾汉姆兰德法案》也为1834年的济贫改革提供了经验——只不过这次改革是要颠覆补贴制度与院外济贫原则！

19世纪20年代，地方政府继续进行着济贫的改革。针对济贫带来的高额开支以及由"补贴制度"带来的普通民众道德的堕落问题，一些地方政府又继续改革的尝试，特别是在诺丁汉郡。其实说起来令人感到不解，因为按照常理来讲，对补贴制度以及院外济贫的改革应该来自于那些经济状况较差的地方政府，他们无法承担高额的济贫支出。诺丁汉的情况却非如此，诺丁汉郡是当时英国第五大工业化郡，该郡的主要产业是缎带制造以及针织工业，此外还有较为丰富的煤矿资源。在1821—1831年，诺丁汉郡的人口增长了20.6%，其中诺丁汉市人口增加了24.9%，乡村人口增加了

---

① 〔法〕保尔·芒图：《十八世纪产业革命》，杨人楩等译，第354页。文中的"辨士"即"便士"，系翻译的差异。

19.5%。^①由于诺丁汉郡雄厚的经济基础与经济实力，所以尽管人口激增，但是劳动者与佃户的生活状况并未发生恶化。在1820—1833年，诺丁汉的乡村并没有太多的贫困人口，农业发展也没有明显的停滞——除了1826年危机以及暂时的经济波动之外。正是由于本地的实际情况，1795年的《斯宾汉姆兰德法案》在诺丁汉郡并没有形成太大的影响，在南威尔地区还被一致否决。按照J. D. 马歇尔的看法，直到1819年以后，工资补助制度才从诺丁汉市传到南威尔；到1824年，在济贫税外增加工资的做法才在诺丁汉的许多地方流行。但是这种补贴还是具有本地特点，如1824年，90个南部诺丁汉堂区只给四个或者超过四个孩子的劳动者家庭给予金钱补助。由于这些措施，在1820—1823年，诺丁汉郡的人均济贫费用低于11先令，这低于全国的平均数。学术界以前对诺丁汉改革者的研究主要关注于乔治·尼科尔斯的改革，事实上，在他之前还有其他的改革者的试验，主要的是J. T. 比彻在南威尔以及罗伯特·洛厄在宾汉的试验。J. T. 比彻是诺丁汉东部新沃克区的四季法庭的主持人，从18世纪90年代起就一直尝试以一种既人道又有效率的方式进行济贫。J. T. 比彻在思想上是矛盾的：一方面他是马尔萨斯主义坚定的支持者，认为穷人之所以贫穷是由于懒惰以及养育的孩子太多；另一方面他又具有典型的英格兰乡绅品质，是个人道主义者。这种性格特质决定了他在以温和方式救济穷人的同时，也向被救济者灌输纪律和道德，以防止穷人在受到救济的情况下出现懒惰的心理。在地方上，他建立储蓄银行、诊疗所，为穷人提供住所，建立互助协会，开办学校与图书馆。另一方面他提出济贫院威慑原则，在济贫时，严格区分老弱病残者与有劳动能力却不劳动的乞丐，迫使那些希望不劳而获的人离开济贫院。在1823年，他建立了包括49个堂区的庞大的吉尔伯特式联合济贫区。1828年，J. T. 比彻把自己的济贫思想以《反贫困体系》为题出书。此外，在诺丁汉的宾汉堂区，罗伯特·洛厄

---

① 参见J. D. Marshall, "The Nottinghamshire Reformers and their Contribution to the New Poor Law", *The Economic History Review*, New Series Vol. 13 No. 3 (1961), p.383。

在1818年首创了"劣等处置原则",即应该使得有劳动能力的穷人受济贫院严酷的考验,从而使得他们放弃那些不劳而获的想法,并重新走向社会,依靠自己的劳动自谋生路。虽然比彻在南威尔以及罗伯特·洛厄在宾汉的试验取得了一些实效,但是由于历史的机遇以及宣传的关系,人们更为熟悉的是乔治·尼科尔斯推行的基于院内救济的济贫活动。乔治·尼科尔斯原先是在东印度公司服务的海军军官,他在1816年4月定居于诺丁汉郡,并与南威尔的一个乡绅家庭联姻。1816年至1819年,他居住于新沃克附近的一个名为法恩登的村庄。在这里,乔治·尼科尔斯积极地投身于当地的堂区事务,从事济贫事务。作为一个有政治抱负的社会中层人士,乔治·尼科尔斯信奉马尔萨斯的理论,认为贫穷是个人的事情,贫穷是上帝对懒惰者的一种惩罚,对穷人的救济会导致被救济者的懒惰与道德堕落。出于对社会与政治改革的热情,乔治·尼科尔斯十分关心国家的济贫法律与政策。下院委员会1817年的报告对他的影响最大。他最终形成了自己的判断:有保障的给养以及补贴制度的施行导致了民众道德的败坏以及乞丐人口的激增。1819年春,乔治·尼科尔斯迁居到南威尔,在这里他发现济贫院成为享乐者以及懒惰者的天堂,这种习气严重地破坏了英格兰人一直以来养成的节俭的传统,补贴政策使得民众的道德与灵魂堕落。乔治·尼科尔斯的想法也代表了当时社会精英对济贫政策的看法。又如当时著名的农业学家阿瑟·扬写道:"对于请求堂区救济,从前在人民中间有着一种遏止不住的憎恶。人们看到有些人为养育大家庭而奋斗,从不请求救助,这种精神现已完全消失了。这种表面上宽仁的政策,其首先的悲惨的结果就是,英国工人变成了乞丐,遭受了布施的堕落的影响……从此产生的祸害是不可胜数的:一切劳动观念和节约观念都被从根底上切断了,贫民知道,如果自己不能养活自己,堂区就应该养活他;另一方面,无论他能怎样勤勉和节约,他也没有自立的希望。这样,给予贫困人的救济就变成了一种对懒惰的奖励和对未来置之不顾。"[1]1821年，由J. T. 比彻任命，他成为济贫委员。虽然比彻与乔治·尼科尔斯在一些问题上有不同的见解，并有一些小的摩擦，但是两人都认为应该采取严格的措施来管理济贫工作。这些措施包括：将男人与女人分开居住；防止任何人外出或者接见来访者，迫使他们过有规律的生活；禁止吸烟与饮酒；监视被救济者的行动，等等。乔治·尼科尔斯希望采取这些严厉的措施来震慑那些希望不劳而获的人，使得他们到工厂工作，减少有劳动能力却领取济贫费用的人，从而减少济贫的开支，并由此实现真正的社会公正。在乔治·尼科尔斯进行改革的许多措施中，最为核心的就是发挥院内济贫的震慑作用。他说：我希望工人阶级看到济贫院就感到恐惧，认为进入济贫院就是一种耻辱。1822年，乔治·尼科尔斯写信给《诺丁汉杂志》，指出济贫政策的核心是把穷人置于堂区的严格监督之下。在乔治·尼科尔斯的管理之下，南威尔的济贫费用大幅度地减少，管理严格的济贫院取代了院外济贫，传统社会那种温情脉脉的济贫方式也为近代社会强调效率与效果的新济贫手段所取代。事实上，人类在自己的世界中，总是处于矛盾的地位——传统的亲情方式无法阻止人类懒惰本性的自然流露，这会导致在经济上的沉重负担；理性与科层式的管理带来的是高效率，也带来了冷冰冰的残酷现实，人与人之间相濡以沫的关系土崩瓦解。虽然先前有J. T. 比彻与罗伯特·洛厄的试验，并且J. T. 比彻还把他的济贫思想在1828年以书的形式出版，但是不管怎么样，1822年乔治·尼科尔斯写给杂志的信宣传了他的济贫理念，也把他置身于社会改革的时代浪潮中。这位雄心勃勃心系天下的改革者也同时实现了自己的抱负。1824年，下院劳资委员会对乔治·尼科尔斯的工作印象深刻，对他倡导的"劣等处置原则"大加赞赏。1832年，皇家济贫委员会采纳了乔治·尼科尔斯的方案，从而使得这一方案得以广泛流传。后来，乔治·尼科尔斯成为济贫委员会中的一员。从这一角度，我们再对1834年的

---

[1] 〔法〕保尔·芒图：《十八世纪产业革命》，杨人楩等译，第355页。

济贫法修正案进行分析。1834年的济贫法修正案与其说是中央政府制定执行的，还不如说是在吸收了许多地方政府前期改革试验基础上的总结与推广；从行政学的角度来看，这并不是原创性的，原创性在于地方政府。我们可以看到，中央政府推行的措施在20年代的诺丁汉郡已经推行了。又如J. D. 马歇尔指出的："众所周知，1834年新济贫法至多是先前已被认识和讨论的某些观念的表达与合理化。其变革特征在于设计行政改革的范围。因此1832年到1834年济贫委员会所讨论的问题是重要的，但不是新颖的。举例来讲，劣等处置原则就非一个新的观念。"[1]

二、地方政府改善卫生的努力

地方政府对社会问题与矛盾解决的首创实践也体现在卫生改革运动之中。由于英国率先开启了工业革命的进程，也最先暴露出诸多的社会问题，因此英国地方政府的实践也就最具有典型性。

工业革命以及经济的快速发展使得英国城市人口急剧增加，众多的乡村人口拥挤到城市之中，一方面促进了经济的发展，另一方面也产生了众多的社会问题与矛盾，诸如社会治安、公共卫生、工人住房以及教育等。在诸多的社会问题中，城镇卫生是一个突出的问题，这是地方当局面临的一个重要课题。时人对工人阶级的生活环境与生活状况已做过很多的描述，比较一致的看法是，工人阶级的生活处于糟糕的状态。首先，工人阶级生活在贫民窟中，居住环境恶劣，卫生状况极差。恩格斯写道："英国一切城市中的这些贫民窟大体上都是一样的；这是城市中最糟糕的地区的最糟糕的房屋，最常见的是一排排的两层或一层的砖房，几乎总是排列得乱七八糟的，其中的许多还有住人的地下室。这些房屋每所仅有三四个房间和一个厨房，叫做小宅子，在全英国（除了伦敦的某些地区），这

---

[1] J. D. Marshall, "The Nottinghamshire Reformers and their Contribution to the New Poor Law", *The English History Review*, New Series Vol.13, No.3 (1961), p.382.

是普通的工人住宅。这里的街道通常是没有铺砌过的,肮脏的,坑坑洼洼的,到处是垃圾,没有排水沟,也没有污水沟,有的只是臭气熏天的死水洼。城市中这些地区的不合理的杂乱无章的建筑形式妨碍了空气的流通,由于很多人住在这一个不大的空间里,所以这些工人区的空气如何,是容易想像的。此外,在天气好的时候街道还用来晒衣服:从一幢房子到另一幢房子,横过街心,拉上绳子,挂满了湿漉漉的破衣服。"①受时代的局限,这一时期的城市建设缺乏规划,显得乱七八糟拥挤不堪,并且缺乏最基本的卫生设施。恩格斯引用了伦敦一位堂区牧师的自述:"这里有1 400幢房子,里面住着2 795个家庭,共约12 000人。安插了这么多人口的空间,总共只有不到400码(1 200英尺)见方的一片地方,由于这样拥挤,往往是丈夫、妻子、四五个孩子,有时还有祖母与祖父,住在仅有的一间10—20英尺见方的屋子里,在这里工作、吃饭、睡觉。我认为在伦敦的主教唤起公众注意这个极端贫穷的教区以前,城市西头的人们知道这个地方并不比知道澳洲和南洋群岛的野人更多一些。只要亲眼看一下这些不幸的人们的苦难,看一看他们吃得多么坏,他们被疾病和失业折磨成什么样子,我们面前就会呈现出这样一个无助和贫穷的深渊,仅仅是这个深渊有可能存在,像我们这样的国家就应该引以为耻。我在工厂最不景气的三年间在哈得兹菲尔德附近做过牧师,可是,我在那里从来没有遇见过像在拜特纳-格林看到的这种穷得毫无希望的情形。全区在十个当家人当中,很难找到一个除了工作服还有其他衣服的人来,而且工作服也是破破烂烂的;他们中有许多人,除了这些破烂衣服,晚上就没有什么可以盖的,他们的床铺也只是装着麦秸或刨花的麻袋。"②通过这位牧师的描述,我们看到,城市中工人阶级的住房拥挤不堪,缺乏基本的卫生措施,更无法顾及私人的生活空间与生活隐私。工人与其说是生活,还不如说是"活着"!其次,工人们的饮食非常简单且不卫生,吃饭是

---

① 〔德〕恩格斯:《英国工人阶级状况》,人民出版社1956年版,第61—62页。
② 同上书,第64—65页。

为了填饱肚皮。恩格斯写道:"在英国的大城市里,各种最好的东西都可以买到,但是价钱很高;而工人必须用他那不多的几文钱来养家,他们是花不起这样多的钱的。加之工人一般都是在星期六晚间才领到工资——不错,有些地方星期五就发了,但是这个很好的办法还远没有普遍实行起来。所以工人要到星期六下午四点、五点或七点钟才能上市场去,而资产阶级在上午老早就把最好的东西挑走了。早晨市场上有的是最好的食品,但是等到工人来的时候,最好的东西都卖光了,即使还剩下一些较好的,工人大概也买不起。工人买的土豆多半都是质量很差的,蔬菜也不新鲜,干酪是质量很坏的陈货,猪板油是发臭的,肉又瘦,又陈,又硬,都是老畜的肉,甚至常常是病畜或死畜的肉,往往已经半腐烂了。做工人的生意的多半是些小商贩。他们收买次货,而且正因为是次货,所以才能够卖得这样便宜。最贫穷的工人为了用不多的钱买必需的食品,哪怕是买质量很差的食品,也还不得不采取一种特殊的办法:因为星期六晚上十二点钟所有的商店都要关门,而星期日又完全停市,所以在十点到十二点的时候商店就把那些不能保存到星期一的货物以想像不到的贱价出卖。但是,这些到晚上十点钟还没有卖出去的东西,十分之九到星期日早晨就不能吃了,而最贫穷的阶级星期日的餐桌正是用这些东西点缀起来的。工人们买到的肉常常是不能吃的,但是既然买来了,也就只好把它吃掉。"① 既然食品变质与不卫生都可以顺利出售,那么商家以次充好就更是平常之事了。《利物浦信使报》是这样描述的:把咸黄油冒充新鲜的出售,不是在一块块的咸黄油上涂上一层新鲜的黄油,就是把一磅新鲜的黄油放在上面让人先尝一尝,在尝过以后却把咸的卖出去,或者洗掉盐再把黄油当做新鲜的出售。糖里面掺上米粉或其他价钱便宜的东西,照净糖的价钱出售。制肥皂时剩下的废弃物也掺上别的东西冒充糖卖。咖啡粉里面掺上菊苣及其他价钱便宜的东西;甚至没有磨过的咖啡里也掺假,而且

---

① 〔德〕恩格斯:《英国工人阶级状况》,第108—109页。

假货还真像咖啡豆。可可里面常掺有捣得很细的褐色黏土,这种黏土是用羊脂油擦过的,掺在真的可可里简直看不出是假的。茶叶里面往往掺上黄荆叶子及其他类似的杂物,或者把泡过的茶叶晒干,放在烧热的铜片上烘烤,使它恢复原来的颜色,然后当做好茶叶出售。胡椒里掺上豆荚磨成的粉末及其他东西。葡萄牙红葡萄酒干脆就是假造的(用颜料、酒精等制成),因为人家都知道,单是在英国喝掉的葡萄牙红葡萄就比整个葡萄牙所生产的还要多。在市面上行销的各种各样的烟草里都掺上了各种令人作呕的东西。[1]在资本主义社会生产力极大发展与社会财富急剧增加的时代,工人阶级们却吃着低劣过期的食物艰难度日。工人生活区的环境卫生更是令人震惊。利兹城的工人居住区的街道大多数既没有铺砌过,也没有污水沟与下水道。在艾尔河泛滥的时候,工人的房屋与地下室常常积满了水,住户不得不把积水用容器舀出去。在这种时候,甚至在有排水沟的地方,水都会从这些水沟里涌上来流入地下室,形成瘴气一样的饱含硫化氢的水蒸气,并留下令人作呕的沉淀物,从而对居民的健康状况产生严重的影响。

在这种情况下,英国政府与社会为了解决城市的环境以及住房问题采取了积极的行动,西方学术界常定义此为"卫生革命"(sanitary revolution)。以前在研究19世纪"卫生革命"历史时,研究者主要关注的是伦敦的社会改革家,如查德威克、史密斯、凯(J. P. Kay)等人,他们是中央卫生改革的领导者;研究者依据的材料也主要是中央政府颁布的文件与法律,诸如1840年的《城镇健康委员会报告》、1842年查德威克的《英国劳动者的卫生状况报告》以及中央卫生部的报告,此外还有查德威克与史密斯等人的书信。这些研究给人留下的总体印象就是:19世纪英国的公共卫生改革就是中央政府的事情,是中央政府的创制。我们认为:以往的研究忽视了在查德威克改革之前,英国地方政府也采取了各种的措施来改善民

---

[1] 参见〔德〕恩格斯:《英国工人阶级状况》,第110—111页。

众的公共卫生。这些地方试验之中,最为引人注目的就是英格兰中部地区一些城镇当局所进行的改革尝试,这些尝试显示了地方政府在公共卫生方面的创制权。

在18世纪早期,就有许多的社会有识之士关注市镇卫生状况以及民众生活卫生问题,他们或写诗或出版书籍与宣传册,向民众宣传卫生常识,说明不卫生的环境可能带来的危害性。此时的医生们虽然不清楚传染病的传播方式与途径,但是也已经明白生活环境与健康之间有着密切的关系,比如通风不畅就会造成疾病的传播。到18世纪70年代,研究者开始以科学的手段研究公共卫生事件,如依据市镇的死亡清单进行统计。1773年,在曼彻斯特市,托马斯·佩斯沃(Thomas Percival)医生就提出议案,要求在曼彻斯特建立更为准确与完善的死亡率档案,在记录死亡事件的时候应该说明死者死亡的原因。这一议案也为包括切斯特、利物浦、沃灵顿等其他城市所采纳。1781年,托马斯·佩斯沃与一些志同道合者成立了一个协会,出版了一系列的书籍与文章,其中就包括研究人口、出生、死亡与人的寿命等健康方面的文章,如《市镇与乡村堂区和村庄人口寿命的差异》《曼彻斯特的人口状况》等。他们的研究表明:在工业化的城镇中,环境与人的健康和寿命有着直接且重要的关联。托马斯·佩斯沃不仅仅从学术的角度对公共卫生问题进行研究,还投身于公共卫生的改革事业当中。1784年,在拉德克利夫爆发了热病,兰开夏的季法庭会议邀请托马斯·佩斯沃参加,并向他咨询相关的事宜。托马斯·佩斯沃提醒地方当局要注意棉纺厂内的卫生状况。几年之后,托马斯·佩斯沃提出一项议案,希望改善曼彻斯特贫民窟的卫生状况。1796年,曼彻斯特爆发热病。同年,托马斯·佩斯沃与费瑞尔(Ferriar)等人组织成立了曼彻斯特卫生委员会,成员由医生与牧师组成,费瑞尔是卫生委员会中医疗方面的主要负责人。曼彻斯特市镇卫生委员会的目标主要有三个:一是防止疾病的滋生;二是预防传染病的流行与爆发;三是向患者提供必要的帮助,以减轻病人的痛苦。托马斯·佩斯沃希望借助诸如警察当局与治安法官等行政部门的力量来推进卫生法案的实施。费瑞尔则对公共住处内的疾病传染给予了特别的关注,希望改善地下室的卫生状况,增加房屋窗户的数目,以便加强房屋的通风性能,改善那些处于闹市区中阴暗潮湿的房屋状况,清扫街道上杂物与垃圾,每年两次对穷人的房屋刷石灰水消毒,对工厂特别是棉纺厂进行卫生检查,改善工厂内工人的居住与生活环境,建立公共浴室。为了预防热病的传播,曼彻斯特卫生委员会购买了一间房子,以此建成了一所医院,用于隔离病人并控制疾病的流行。医院还专门配置了一顶轿子,用于运输病人。同时卫生委员会把受感染人的衣物焚烧,对病人住过的房间用石灰水刷洗。曼彻斯特卫生委员会的措施得到了大多数市民的认可。1804年,该市建成了一所可以容纳100名病人的医院。应该说,曼彻斯特地方当局的措施取得了一定的成效。韦伯夫妇盛赞该市的卫生委员会,认为它为市民提供了勤勉的服务,为城镇建立基本的卫生条件做出了贡献,特别是还建成了一所医院,义务用于治疗热病。[①]改善街道卫生状况是公共卫生革命的另一项重要内容。18世纪末,英国许多的城镇街道还没有建立排水管道,城镇居民的生活污水横流,如果遇上下雨天,成堆的生活垃圾就会滋生各种病菌。因此要改善城镇卫生环境,重要的一环就是设置好下水管道,安排排水设施,并在此基础上铺设道路。从18世纪70年代起,许多城镇都通过了类似的卫生改善法令,沃切斯特就是其中的典型。1770年,沃切斯特从议会那儿获得第一个改善卫生法令。该卫生法令指出:假如能够提供充足的水,通过下水道排水,道路保持清洁并及时修补,将会对市民的健康有益,也会对我们的城市有好处。法令授权委员会采取必要的行动以达到这些目标。刚开始的几年,沃切斯特的卫生环境改善缓慢。到1828年左右,终于取得了很大进展,城镇的卫生状况大为改善。当时人声称:在王国的范围内,没有一座城镇比沃切斯特更卫生了,这里的水供应充足,排水道顺畅,街道空

[①] 参见 Webb, B. and Sidney, *English Local Government from the Revolution to the Municipal Corporations Act: the Parish and the County*, p.368。

气清新，市容整洁卫生。假如说 18 世纪 70 年代的沃切斯特是个案的话，那么到了 19 世纪上半叶，更多的城镇卫生委员会与市镇当局获得新的权力去改善本地区的卫生状况。据不完全统计，从 1800 年到 1845 年，各地方当局获得了大约 400 个各种各样的市镇改善法案。有学者列举了典型法案的内容：新建的房屋应该配有厕所、排水管；地方当局有权要求现有房屋的排水管与城镇的主下水管连通；城镇要建设公共厕所、公共浴室、洗衣房、公园以及公共娱乐场所；环境恶劣的地下室不允许住人；任命卫生检查员，检查修建的房屋单间面积不小于 108 平方英尺，高度不低于 8 英尺；市镇当局要对穷人的房屋进行清洁；检查审批出租公寓等。① 这些法令与规定充分表明，在 1848 年之前，地方政府为了改善本地区的卫生状况，采取了许多的措施。

以前我们的关注点主要集中于中央政府的法令与措施，看到了这一时期中央集权的趋势。假如我们从地方主义的视角进行观察的话，会有不同的结论，我们会看到这一变革当中地方政府的活力与首创。正如基思-卢卡斯指出的："1848 年的公共卫生法基本上是以前地方法令条款的汇集，其唯一创新之处就是建立强有力的中央部门。这一情况与 1834 年的济贫法修正案相似，都是基于更有活力地方当局的实践经验。"②

三、监狱制度的改革试验

近代以前欧洲的监狱状况非常糟糕与混乱。首先是监狱的卫生状况奇差。绝大多数监狱设施极其简陋，房屋年久失修破旧不堪；监狱内犯人们的吃喝拉撒睡都在一起，导致细菌滋生，臭不可闻，经常发生传染病。犯人的伙食也非常不卫生，只能够满足基本的生

---

① 参见 B. Keith-Lucas: "Some Influences Affecting the Development of Sanitary Legislation in England", *Economic History Review*, New Series, Vol. 6, No. 3 (1954), p.295。

② Ibid., p.296.

存需要。约翰·霍华德（1720—1790年）曾经考察过康沃尔郡的一个监狱。他这样描述道：虽然这所监狱是在一个城堡的废墟上建立起来的，但是它十分小，房子和院子总共是16米乘14米这么大，这栋建筑覆盖的面积还不到其土地面积的一半，监狱的房间或者说是走廊差不多7米乘2米，有60个长50厘米、宽60厘米的窗户。对着窗户分布着3个地牢，它长约2米、高约2.7米，有一个2.4米，还有一个不到1.5米。所有的这些房间都是那样令人难以忍受，没有烟囱，没有河流，也没有水。监狱底部是阴冷潮湿的泥土，没有医务室，庭院中没有稳固的外部防护，所以监狱方极少允许囚犯外出。事实上，整个监狱是那样杂乱不堪，监狱长自己居住在另外的地方。有一次霍华德发现，两到三个囚犯被用链子拴在一起，他们的食物要通过房间地板上小小的洞口送出，就连警卫也会经常得危险的监狱热病。在霍华德第一次拜访这个监狱的时候，这所监狱的监狱长、他的助手还有所有的囚犯都还在这里。但是听说几年前，这座监狱的许多囚犯都死了，在一个夜晚，监狱长和他的妻子也死去了。[1] 在一个连监狱长有时候都无法幸免传染病的监狱中，所关押犯人的健康与卫生状况可想而知。其次是监狱的管理混乱。在当时的监狱，关押的对象混杂，经常是轻微犯和重罪犯一起关押，初犯和累犯一起关押，男犯和女犯一起关押，健康的罪犯与患病的罪犯一起关押。时人对英国的监狱有过这样的描述："一大批脏兮兮的年轻妇女同一些男人，一些戴着镣铐的重罪犯混在一起，靠墙坐在地上，晒着太阳，在身上捉虱子。一些妇女把脸枕在男人大腿上呼呼大睡，而一些男人则把脸枕在女人大腿上睡。我通过调查发现，这些女人，大多数是因为放荡和妨碍治安而被法官遣送到这儿的。"[2] 法国的情况也好不到哪里去。如霍华德所描绘的里昂的监狱："我

---

[1] 参见〔德〕乌维·维瑟尔：《欧洲法律史》，刘国良译，中央编译出版社2016年版，第443页。

[2] J. A. Sharp, *Judicial Punishment in England*, London: Faber, 1990, p.68. 中译文转引自程汉大、李培峰：《英国司法制度史》，第465页。

看到很多在地牢中生活的囚犯，地牢虽然很大，但从其他方面看却不比巴黎好多少，在四个悲惨的圣约瑟夫监狱中，在1776年的6月共有29个刑事犯，这里是如此的热，很多犯人只穿了一件衬衫，有一些还生病了，没有看起来健康的人，在监狱的其他九个房间中关押着128个犯人，其中有22个妇女，这表明，这座监狱并没有把男犯和女犯分开，霍华德认为不仅要把男女囚犯分开关押，而且还要设立单独的监狱房间。"[1]再有，当时的监狱主要分为地方政府管理的与私人经营的两种，但是在实际的情况中，郡守通常会把监狱的管理承包给狱卒，自己就免去了许多的麻烦。这导致了狱卒受贿现象成风，监狱的日常开支来自于犯人缴纳的各种费用，包括日常生活用品等。私人经营的监狱之中，存在延期羁押犯人的情况，除非犯人或者罪犯家人缴纳各种释放费用，这导致许多穷人由于无法支付相应的费用，最终死于狱中。当时的监狱规定有如下内容：每名犯人进监狱时需要缴纳1先令；释放犯人时，需要缴纳6先令10便士；两名犯人睡一张床时，需要缴纳4便士；每个负债人释放时，需要缴纳8先令10便士；释放重罪犯时，需要缴纳18先令10便士……[2]

霍华德是英国贝德福德郡的一名乡绅，地产在卡丁顿堂区，1773年担任该郡郡守。霍华德政治生涯的主要贡献就是改革当时的监狱制度，由此他成为"英国狱政改革之父"，并对欧洲大陆各国和美洲的监狱改革产生了重要的影响。当霍华德第一次视察本郡的监狱之后，监狱中的种种乱象深深地震撼了霍华德。作为一名乡绅，一名地方政府的主官，强烈的责任感与使命感使得他无法对此释怀。为了改革监狱制度的种种弊端，他去欧洲大陆进行了较长时间的游历与访问，主要是考察欧洲其他国家监狱的管理情况。埃德蒙·伯克曾经提及霍华德：他跑遍整个欧洲，并不是为了观看那些辉煌的宫殿……而是深入到地牢的深处，那些带有传染病病毒的患者那里，

---

[1] 〔德〕乌维·维瑟尔：《欧洲法律史》，刘国良译，第442页。

[2] 参见 Leonard H. Roberts, "John Howard, England's Great Prison Reformer: His Glimpse Into Hell", *The Journal of Correctional Education*, Vol. 36, No.4 (December, 1985), p.138。

检查医院的住宿条件，查看那些囚犯所受到的痛苦和折磨，考察犯人的贫困程度，所受到的压迫和屈辱，让那些遗忘者记起并照料那些被虐待的人，拜访那些刑满释放者，把不同国家人的痛苦加以比较，整理在一起。[1] 1777 年，他出版了《英格兰与威尔士监狱状况》(The State of Prisons in England and Wales)一书，描绘了监狱的状况，提出了自己的改革主张。霍华德改革秉承的理念是"让他们（犯人们）努力平静与稳定，向他们表明你有仁慈心，你的目的是使他们成为社会有用的成员"[2]。在他看来，监狱不再完全是惩罚的功能，设立监狱的目的是教育和挽救犯人；监狱应该是"干净卫生、有序与救赎的地方"。霍华德主张：犯人在监狱期间，可以培养他们基本的生活技能，这样可以保证他们在出狱之后，有一技之长用来谋生，避免出狱之后由于生活窘困重新走上犯罪的道路。此外，霍华德认为：每个人都有可能受到外界邪恶因素的影响，从而走上犯罪的道路，谁也不能保证自己将永远不会犯错误，因此进行宗教信仰的熏陶更为重要。为此，应该在监狱内设立牧师，对犯人实行感化，以纯洁他们的灵魂。霍华德还认为：之所以出现监狱管理混乱的情况，其中的重要原因就是狱卒没有固定的薪俸，因此为了更好地管理监狱，国家应该统一管理监狱，建立领取固定薪水的职业监狱管理体制。在监狱管理方面，霍华德针对监狱里犯人不加区分的情况，提出应该采取措施分类管理，即男女犯人分开关押，重犯与轻微犯罪者分开关押，同时要建立犯人独居制度，他认为这样有利于犯人自我反省。在他的不懈努力下，1778 年，英国议会通过了《感化院法案》，该法案要求监狱提供安全和卫生的生活设施，废除收费制度。1779 年，英国议会又通过了《监狱法》，并成立了由霍华德、布莱克斯通等人组成的监狱改革委员会，由此开启了英国监狱改革的序幕。1790 年，约翰·霍华德在俄罗斯去世。一百年后，俄国政府为了纪念这

---

[1] 参见〔德〕乌维·维瑟尔：《欧洲法律史》，刘国良译，第 441 页。
[2] Leonard H. Roberts, "John Howard, England's Great Prison Reformer: His Glimpse Into Hell", The Journal of Correctional Education, Vol.36, No.4 (December, 1985), p.138.

位英国监狱改革的先驱,特别举行了一场国际性的论文征集活动,主题就是"监狱改革历史中的约翰·霍华德",优胜者将获得80英镑的奖金以及一枚金质奖章。[1] 后人这样评价他道:"正是约翰·霍华德,这位伟大的英国监狱改革家,通过他的著作、第一手监狱情况调查以及出席议会听证会等方式,揭露了英国社会体制中的某些不平等现象。"[2]

---

[1] 参见 British Medical Journal, July 13, 1889。
[2] Leonard H. Roberts, "John Howard, England's Great Prison Reformer: His Glimpse Into Hell", The Journal of Correctional Education, Vol. 36, No.4 (December, 1985), p.136.

第三编　19 世纪以来的中央与地方关系

第九章　工业化与民主化

一、产业革命

从18世纪后半叶开始,欧洲在政治、社会与经济生活等领域开始发生翻天覆地的变化,这源于18世纪60年代开始的英国工业革命和1789年的法国大革命。按照霍布斯鲍姆的观点,被称为"双元革命"的英国工业革命与法国大革命,影响了人类历史发展的进程。霍氏如是说:"这场双元革命改变了世界,并且还在继续使整个世界发生变革。"[①] 他又继续阐述:"发生在1789—1848年的这种伟大革命,不仅仅是'工业'本身的巨大胜利,而且是资本主义工业的巨大胜利;不仅仅是一般意义上的自由和平等的巨大胜利,而且是中产阶级或资产阶级自由社会的大胜利;不仅仅是'现代经济'或'现代国家'的胜利,而且是世界上某个特定地域(欧洲部分地区和北美少数地区)内的经济和国家的巨大胜利——其中心是英国和法国这两个毗邻而又互为竞争对手的国家。1789—1848年的转变,基本上就是发生在上述这两个国家里的孪生大变革。从那之后,这一变革波及了整个世界。"[②] 霍布斯鲍姆的宏大叙事不仅对于研究者认识历史发展的规律,而且对于我们阐述19世纪以后的中央与地方关系,都具有极大的启示价值。之所以这样说,是因为工业革命与

[①]〔英〕艾瑞克·霍布斯鲍姆:《革命的年代》,王章辉等译,中信出版社2014年版,第2页。

[②] 同上。

大革命带来的城市化与民主化等，极大地改变了欧洲的经济结构、人口结构、政治结构与社会结构，国家与社会变得更加复杂与多元化，这必然使得中央与地方政府承担的责任变得更多且更困难，由此影响到中央与地方政府之间的相互关系。这具体表现为：中央政府是否应该干涉社会与经济生活；如果干涉的话，应该在多大程度上干涉；地方政府在工业化与民主化的进程中，应该扮演何种角色；如何处理它与中央政府之间的角色分工；中央政府与地方政府之间的关系是否有制度与法律的保障；如果没有这些保障，则应该依据何种方式处理。因此，我们首先以19世纪的工业化与民主化为起点，进而在这一背景下探讨欧洲的中央与地方关系。

工业革命源于纺织业的变革，并由此带动织布业、蒸汽机的改进、冶金业、采煤业、交通运输业以及机器制造业等领域巨大的变化，最终形成了影响世界历史以及人类生活的工业革命潮流。

18世纪中叶以前，英国的纺纱技术虽有进步，但是并没有显示产生新生产方式的可能性。1764年，兰开夏的纺织工人哈格里夫斯发明了多锭纺纱机，即大家都熟知的"珍妮机"。珍妮纺纱机的优点在于，它能够让一个工人同时纺出多根纱线，从而使得纺纱的效率大为提高，缺点是纺出的纱细且易断。1769年，阿克莱特发明了水力纺纱机，这种纺纱机的优点在于它不用人力，而是以水力作为动力。由于水力纺纱机的体积很大，传统的家庭生产方式无法适应这种纺纱机，阿克莱特需要建立工厂来运行它。1771年，他在水力资源丰富的克罗姆福德建立了第一家水力纺纱厂，这个工厂雇用了三百多名工人。阿克莱特的水力纺纱机有个缺点，即所纺出的线太粗。1779年，纺纱工人克隆普顿发明了"骡机"，所纺出的棉纱既柔软精细又结实，这一技术得到了广泛的应用。这样经过了一系列的发明，纺纱部门机器化的技术革命基本完成，促进了棉纺业工厂制度的发展。由于新的技术以及生产方式的出现，英国的棉纱产量迅速增长，超过了与之关联的织布行业的加工能力。由此，织布行业的技术革命迫在眉睫。1785年，卡特莱特发明水力织布机，使得织布的效率提高了40倍。1791年,他在曼彻斯特开办了第一家机器棉织工厂。后来又有人对他的织布机进行了改进,使得织布技术更为成熟。不久,英国更多的机器织布厂投入运营。新的生产技术需要强有力的动力支撑,原来的人力逐渐不能适应技术进步,于是水力被广泛应用。但是水力属于"天然资源",受制于地理环境和季节变化等因素,并不能从根本上满足工业化的要求。以蒸汽作为动力的研究很早就开始了,但是一直到詹姆斯·瓦特才最终完成。1769年,格拉斯哥大学的仪器修理员瓦特经过多年的实验,成功地制成了单动式蒸汽机,并取得了专利。后来又经过十多年的努力,瓦特在1782年制成了复动式蒸汽机,该蒸汽机通过传动装置直接与纺纱机连接,使得纺纱机的工作效率大增。蒸汽机取代水力作为动力,大大促进了工业化的进程。1785年英国出现了第一家以蒸汽为动力的棉纺厂,不久之后,该项技术得到了推广。机器纺纱工厂的出现使得机器的制造出现繁荣的景象,从而对冶金行业提出了新的要求。由于长期以来一直以木炭作为燃料,因此英国的冶金业发展缓慢。1720年左右,英国的铁年产量只有17 000吨。直到1734年,达比发明了新的方法,将生石灰掺到矿石中,并用煤作为燃料增加鼓风的力量,生铁的产量才得以提高。"生铁的产量在1740年到1788年间增加了4倍,而在随后的20年间又增加了4倍,在19世纪期间增加了30多倍。"[①]1784年,亨利·科特发明了"搅炼法"与"碾压法",生铁可以炼成熟铁,在炼成熟铁之后,再用碾压机将熟铁碾压成钢。1785年,在谢菲尔德建成了第一座近代化的炼钢厂,其效率是过去的近50倍。这样在炼铁与炼钢技术进步的基础上,机器生产与制造就具备了前提条件。焦炭冶铁技术的推广,使得社会对煤炭的需求量激增,采煤技术顺理成章地提到工业革命的日程上。采煤业的进步得益于蒸汽动力的出现,随着蒸汽机效率的提高,蒸汽抽水机得以应用到更深的矿井中。到19世纪,蒸汽抽水机已经普遍用于矿井

---

① 〔英〕阿萨·布里格斯:《英国社会史》,陈叔平等译,商务印书馆2015年版,第236页。

采煤。与此同时，新的起煤装置也开始出现，特别适合深层矿井的运煤任务。这些技术进步加上采矿业其他的技术革新，使得英国的煤产量增长迅速。1760年到1800年，英国的煤产量由500万吨增加到1100万吨。从1800年到1830年，煤产量又翻了一番；1830年至1845年再翻一番。[①]煤的大量开采，极大地支撑着英国工业革命的进行。交通运输业在国民经济中占据基础的地位，工厂制度的迅速发展，生产了大量的工业产品，这些产品需要交通运输行业的发展。在19世纪之前，陆路交通运输与水运相比，处于次要的地位，这种情况直到铁路的出现才得以改观。近代铁路的雏形是矿车轨道，从18世纪60年代开始，铸铁轨道取代传统的木质轨道与板轨。铁路的发展还需要蒸汽机车的发明与改进。1814年乔治·斯蒂芬制造出比较成形的机车，后来经过多次的改进，到1825年，斯蒂芬的机车成功地牵引着一列80吨重的列车前进，该车的时速达到每小时12英里。1830年，全长31英里的利物浦至曼彻斯特铁路建成，在斯蒂芬制造的蒸汽机车牵引下，全线运行顺利。铁路运输以其运能大和价格便宜等特点显示了巨大的优势，再加上人们对于铁路认识的转变，英国的铁路建设迅速发展。1836年至1837年，大量的资金涌入到铁路建设之中，英国掀起了第一次铁路建设的高潮。1848年英国通车里数为4646英里；1858年为8354英里；1870年为13562英里；1886年为16700英里。[②]

18世纪中后叶开始的工业革命不是一国现象，而是迅速拓展到欧洲各国。法国从18世纪末开始工业革命。在18世纪后半叶，法国的个别工厂已经开始使用蒸汽动力，但是这时候法国的政局动荡，对外战争不断，因此这些技术的使用不是普遍的现象。1815年拿破仑帝国垮台之后，法国的政局逐步地稳定，法国工业革命真正地迅速展开。从19世纪20年代开始，机器生产和工厂制度首先在纺织

---

① 参见〔英〕阿萨·布里格斯：《英国社会史》，陈叔平等译，第235页。
② 参见〔英〕约翰·克拉潘：《现代英国经济史》（中卷），姚曾廙译，商务印书馆1997年版，第237页。

部门中得到推广。到1848年,法国的棉纺纱机已接近12万台,丝织机达9万台,特别是里昂,拥有丝织机近6万台。毛纺织业与麻纺织业中也开始使用机器生产,一些大型的工厂已经建立。与之相关,法国的蒸汽机数量也迅速增加。1820年时,全国只有不到40台蒸汽机,到了1848年,蒸汽机增加到5 000多台,1870年时增至2.8万台,总功率达到了32万匹马力。从19世纪30年代开始,在冶铁业中,法国也开始采用焦炭作为燃料,取代了传统的木炭。1847年,生铁的产量达到了60万吨,钢的产量达到了近2万吨。到19世纪50年代左右,焦炭炼铁法基本普及,同时其他先进的炼铁技术也引进到法国,使得钢铁产量大幅度增加。到1870年普法战争前夕,法国的生铁产量达到了138万吨,钢产量达到了10万吨。此外,煤的产量由1815年的88万吨增加到1848年的400万吨,到1870年增加到1 330万吨。铁路修建也开始起步。19世纪30年代,法国修建了第一条铁路;40年代末,铁路的总里程接近2 000公里;到了1870年左右,铁路总长度接近20 000公里,法国的铁路网基本建成。

德国的工业革命晚于英法两国,造成这种状况的原因是德国政治上长期以来的分裂局面。一直到19世纪20年代左右,德国才开始真正迈入工业革命的行列。在1848年革命之前,德国的工业革命进程缓慢。1848年革命之后,工业革命进程加快,特别是1871年普法战争之后,德国实现了国家统一,还从法国获得了50亿法郎的赔款,并获得了煤铁资源丰富的阿尔萨斯与洛林地区。以上因素都促进了德国工业革命的进程。与英法两国的工业革命形态不同,德国的工业革命以铁路修建为中心,它的交通运输业处于领先位置。究其原因在于英国的先发优势以及德国政治的特点,使得德国不可能重复英国的发展道路。李工真指出:"总之,英国在纺织业中的世界先锋角色,以及容克贵族地主的利益,从根本上阻碍了在德意志走出一条类似于英国式的道路,一条通过纺织业走向全面机械化、工业化的道路。这样,在德意志,铁路业替代纺织业成为了工业化先锋。"[1]在德国铁路建设的过程中,政治经济学历史学派的先驱弗里德里希·李斯特起到了很重要的推动作用。李斯特曾经访问过英国,见证了铁路这一新式的交通工具对英国工业发展的巨大作用。此后他不仅大力宣传铁路建设的重要性与意义,而且还积极参与并规划德国铁路的发展。李斯特有关铁路建设的思想与实践,实际上与他有关一个落后国家如何发展成为工业强国理论联系在一起。在1833年,李斯特写了一篇名为《论萨克森铁路网》的文章,勾画了莱比锡到德累斯顿铁路线的蓝图。1835年,德国修建了本国第一条铁路,即从纽伦堡到菲尔特长为六公里的铁路;李斯特规划的从莱比锡到德累斯顿的铁路1837年开工,1839年顺利建成。40年代之后,铁路的修建迅速发展,到了1872年,德国铁路总长度达到了两万多公里。随着德国统一,它的铁路建设进入了第二个发展时期。到1890年,德国的铁路里程达到了四万多公里。交通运输业特别是铁路的迅速发展,促进了采矿、冶金、煤炭以及机器制造业的发展,德国的经济中心比较早地转移到重工业领域。到1870年,德国的煤产量达到了3 400万吨;1890年煤产量增至7 000万吨,稳居欧洲第二的位置。1870年,生铁产量为139万吨;1875年生铁产量为200万吨;到了1900年产量达到了850万吨。1870年钢产量为17万吨;1875年钢产量为35万吨;到了80年代,由于采用了新的生产技术,钢的产量成倍增加,1890年已达到了320万吨。此外机器制造业也迅速扩张,1861年时德国已经有机器制造工厂300余家,雇佣工人近10万人。1870年之后,更多的机器制造工厂出现,著名的如西门子等企业,在电气工业领域中取得了突出的成就。

18世纪中后叶开始的产业革命,极大地改变了欧洲的经济与社会面貌。一是人口的迅速增长与社会阶层的变化;二是欧洲城市化进程开始,并由此产生了许多的社会治理问题和城市病。首先是人

---

[1] 李工真:《德意志道路——现代化进程研究》,武汉大学出版社2005年版,第79页。

口的激增。以英国为例，1500年左右，英格兰与威尔士的人口总数大约为300万人；1700年左右，人口总数为500万至550万之间；1750年左右，人口总数为650万人；到了1821年，英格兰与威尔士人口总数为1 200万人。①工业革命之前，经济发展水平不高，食物供应短缺，导致人们的抗病能力弱。1740年以前，英国人口的年增长率只有0.25%。工业革命为人口的持续增长提供了坚实的物质基础。从18世纪80年代到19世纪20年代，英国人口的年增长率达到了1.45%，其中1811年到1821年，英国人口年增长率达到1.8%。其次，工业革命使得欧洲城市人口迅速增加，进而促使城市规模扩大。按照霍布斯鲍姆的观点："就其本来的情况而言，1789年的世界绝对是一个乡村世界，这是一个基本事实，谁若没认清这一点，就不能说是认识了这个世界。"②以意大利为例，虽然在近代早期城市共和国繁荣，但是事实上，直到18世纪末，意大利农村人口依旧占主导地位，达到80%左右。随着工业革命在欧洲的进行与扩张，越来越多的农业人口离开农村，进入城市成为产业工人。一些以前的村庄或者小城镇，伴随着工业革命隆隆的机器声，而迅速成为大工业城市，如曼彻斯特。1866年，中国赴欧洲考察的官员斌椿这样描述当时的曼彻斯特："……此地人民五十万。街市繁盛，为英国第二埠头。中华及印度、美国棉花皆集于此。所织之布,发于各路售卖。……往织布大行遍览。楼五重，上下数百间。工匠计三千人，女多于男。棉花包至此始开。由弹而纺，而织，而染，皆用火轮法。总轮有四百匹马力。……棉花分三路，原来泥沙傻杂，弹六七过，则白如雪，柔于绵矣。又以轮纺，由粗卷而为细丝。凡七八过，皆用小轮数百纺之。顷刻成轴，细于发矣。染处则在下层，各色俱备。入浸少时，即鲜明成色。织机万张，刻不停梭。每机二三张以一人司之。计自

---

① 参见〔英〕约翰·克拉潘：《简明不列颠经济史》，范定九、王祖廉译，上海译文出版社1980年版，第258页。
② 〔英〕艾瑞克·霍布斯鲍姆：《革命的年代》，王章辉等译，第14页。

木棉出包时，至纺织染成，不逾晷刻，亦神速哉。"[1]再如布拉德福德，1810年这个小镇有1.6万人，在19世纪前半叶，该镇的人口爆炸式增长，达到了10.3万人，这是同时期欧洲城市中最快的增长速度。[2]在1760年，英国城镇人口占据全国人口的比重为25%，到了1851年城市人口比重上升为50%；1760年至1814年，5万人以上的城市由2个增加到24个；全国1/3以上的人生活在2万人以上的城市中。[3]到19世纪50年代，英国已经实现了初步城市化；到19世纪90年代，英国城市人口占全国人口的75%，实现了高度的城市化。其他西欧国家城市化也经历了相似的过程。1871年，德意志帝国人口约为4 000万人，其中农村人口约为2 600万人，农村人口约为全国人口的65%。到了1890年，德国的总人口约为5 000万人，农村人口占53%；城镇人口占47%。到了1900年，德国农村人口占全国人口的45%；城市人口占全国人口的55%。1871年时，在德国城市人口中，约有196万人居住在10万人以上的大城市中；约有315万人居住在1万人以上的小城市；约有968万人居住在2 000人以上的城镇中。到了1910年，约有1 382万人居住在大城市中；868万人居住在小城市；1 647万人居住在小城镇。由此可见，这时候大城市的人口增加显著。[4]再以柏林为例，18世纪早期，柏林人口大约是6万人；1820年人口达到20万人；1840年人口为33万人；1860年人口为50万人；1870年人口为100万人；1888年人口规模达到150万人。研究者指出："综合起来说，城市化不仅改变了城乡人口的比例，改变了整个国家的面貌，也改变了城市的功能和城市内部的结构，城市成为现代工业生产力的代表。城市化反过来对工业革命和工业化起促进作用。"[5]

---

[1] 参见［清］斌椿：《乘槎笔记》，湖南人民出版社1981年版，第29—30页。
[2] 参见 Theodore Koditschek, *Class Formation and Urban Industrial Society, Bradford, 1750-1850*, Cambridge: Cambridge University Press, 1990, p.79。
[3] 参见王觉非主编：《近代英国史》，第260页。
[4] 参见丁建弘：《德国通史》，上海社会科学院出版社2002年版，第236—237页。
[5] 同上书，第237页。

二、民主化历程

第一次工业革命极大地改变了欧洲以及世界的面貌，这既体现在经济领域，也体现在社会生活方面，还体现在政治领域。因为随着工业革命的进行与发展，财富的定义发生了重要的转变，传统的以土地财富为特征的贵族，在面对咄咄逼人财大气粗的工业资产阶级时，开始丧失先前的优势。新兴的工业资产阶级不满于之前本阶级在国家政治生活中的从属地位，希望成为国家政治的真正领导者，他们渴望取得政治参与权，以改变传统社会的权力分配规则与格局。同时随着工业革命的发展，工人阶级逐渐地登上历史的舞台，他们从幼稚到逐渐地成熟。这些人数众多的工人阶级一方面用自己的辛勤劳动、汗水甚至健康与生命，创造了欧洲社会主要的物质财富，但是他们本身却没有基本的权利。工人阶级逐渐觉醒，他们也希望成为社会和自己生活的主人。由此随着社会物质财富的极大丰富，各个等级与阶级意识的成长，在政治方面，势必要进行一场深刻的变革，欧洲各国的民主化改革的大幕徐徐开启。如刘宗绪所言："19世纪的历史一直存在着两个大的发展趋势，那就是经济上的工业化和政治上的民主化。"[①]

拿破仑战争后，1814年9月至1815年6月，欧洲各国列强在维也纳召开会议，决定恢复拿破仑战争时期被推翻的各国旧王朝，并重建欧洲旧秩序。为了防止法国东山再起，战胜国重新分割欧洲的领土和领地。为了镇压欧洲各国的民主和民族解放运动，巩固维也纳体系，会议结束后不久，俄国沙皇、奥地利皇帝、普鲁士国王又于1815年9月签订了《神圣同盟宣言》。该条约规定：缔约各国均有义务提供相互的帮助与支援，以维持维也纳体系重新划定的边界，同时协力镇压各国的革命。1820年，西班牙发生了资产阶

---

① 刘宗绪：《工业化和民主化的带路人》，中国社会科学出版社2015年版，"写在前面的话"，第5页。

级革命,神圣同盟授权法国出兵镇压。随后,意大利也爆发了资产阶级革命,神圣同盟的各国君主视之为洪水猛兽。1820年秋,奥地利皇帝、俄国沙皇、普鲁士国王发表了联合声明,宣布为了恢复君主和贵族的权力,各国君主对任何国家都有进行干涉的权力。因此,在拿破仑战争之后的岁月中,欧洲又开始陷入君主政体的统治之中,这势必加深资产阶级与封建君主之间的矛盾。但是黑暗是暂时的,欧洲民主化的趋势势不可挡,它不仅让资产阶级掌控国家政权,也使得新兴的无产阶级觉醒与成熟,为自己的权利和幸福而斗争。1830年,法国巴黎人民起义,推翻了波旁王朝,建立了"七月王朝",三色旗又成为国旗。"七月王朝"是君主立宪政体,但是此时的国王已无法与以前的君主相提并论了。原先"法国的国王"变为"法国人的国王",原先的臣民变成了公民。在选举方面,选民的资格依据纳税额而定。1830年,在法国10万人有投票权,而当时法国人口是3 000万。1831年颁布新的选举法,将选举财产资格从纳税500法郎降至200法郎,"才学之士"即法兰西科学院院士、医生、科学家等人的选举资格为11法郎,当选人财产资格从1 000法郎降至500法郎。由此,有选举权的人数从10万增加至16.8万人。[①]从1845年至1846年,欧洲农业歉收,引发经济危机。尤其是爱尔兰,1846年爆发了严重的饥荒,使得该国人口大量减少。随后经济危机波及欧洲大陆各国,由此引发了1848年欧洲各国的革命浪潮。1848年1月12日,意大利西西里人民起义,并蔓延到整个那不勒斯王国,由此揭开了1848年欧洲革命的序幕。随后巴黎"二月革命"吹响了这次革命的号角,革命席卷欧洲大地,从柏林到华沙,从维也纳到布达佩斯,从布加勒斯特到布拉格。"1848年——就像1789年一样——是一个过渡时期社会的产物,也是社会众多矛盾综合作用的产物,这些矛盾已经成为经济

[①] 参见吕一民:《法国通史》,上海社会科学出版社2007年版,第179页。

变革的一部分。"① 在发生革命的欧洲各国,革命猛烈地冲击了封建君主制度。"1848年欧洲革命的任务,总的来说是消灭封建制度,铲除封建残余,推翻异族压迫,建立统一的民族国家,为资本主义的进一步发展扫清道路。"② 当然由于各国具体的情况不同,它所解决的问题也相异。在法国,1848年革命的任务是把金融贵族集团的统治扩展到整个资产阶级。"二月革命"后法国建立的临时政府采取了许多重要的措施,如废除政治犯的死刑、恢复新闻与集会自由,所有成年法国男子只要在一个地方居住满六个月,就可以成为选民。由此法国选民人数一下子猛增到900万人。对德国来讲,革命的任务是结束封建割据的局面,完成国家的统一,建立全国性的市场,然而这是一场"未完成的革命"。"它未能完成建立资产阶级自由、民主共和国的任务,也未能完成建立一个统一民族国家的任务,但它留下了'基本权力'、'宪法国家'、'普遍国民'的概念,留下了德意志工人运动史上的民主主义群众组织。"③ 对意大利而言,首先是驱逐奥地利的统治,消除国家的分裂,建立统一的民族国家。对东欧许多国家而言,这次革命意味着推翻外族的民族压迫,实现民族的独立与解放。

在英国,由于它最早实现了工业化,再加上历史传统,英国的民主化进程走在最前列。英国大众选举权的获得是19世纪三次议会改革的结果。④1832年的议会改革赋予了中产阶级以及新的大工业城市选举议会议员的权力。1832年的改革法规定:人口超过10 000的市镇取得选举权,人口少于2 000的市镇被剥夺选举权。根据这一原则,55个衰败选区失去选区资格,另外30个选区各失去一个议席。这些被剥夺的席位一部分分给较大的工业城市,这就使得新兴有实力的资产阶级工业主们,可以选举代表自己利益的议会议员,

---

① 〔英〕罗杰·普赖斯:《1848年欧洲革命》,郭俊俊译,北京大学出版社2014年版,第126页。
② 韩承文:《1848年欧洲革命史》,河南大学出版社1995年版,第651页。
③ 吴友法、黄正柏主编:《德国资本主义发展史》,武汉大学出版社2000年版,第115页。
④ 本文关于议会改革的内容主要参阅了王觉非主编《近代英国史》。

从而在国家政治生活中拥有话语权。在选举资格方面，城镇选区选举资格统一为年值10英镑以上的房产持有人，原来拥有的选举权可以酌情保留。在农村，除了原有40先令自由持有农继续保留选民资格之外，农村选区收入在10英镑以上的公簿持有农、长期租约农，以及收入在50英镑以上的短期租约农和交租50英镑以上的佃农也获得了选举权。这一选举资格的放宽，使得城乡中产阶级大部分成为选民。在城镇，选举权的扩大以及议会席位的增加，使得工业资产阶级在城市政治生活中逐渐地占据主导地位。他们要求伸张自己权利的愿望，必然要与以寡头统治为特征的传统城市委员会发生冲突，这又成为1835年市镇改革的背景。从欧洲历史发展的历程来看，1832年的改革具有深远的影响，有学者认为这标志着旧制度的结束。J. C. D. 克拉克说："假如象征性日期有任何价值的话，那么不是1642年，不是1688年，也不是1714年或者1776年，而是1832年更有意义。"[1]改革的意义在于，与法国大革命的方式不同，英国民主化的历程以一种新的、改良的、渐进的方式开启了旧制度厚重的大门。1832年的议会改革法使得贵族不再独揽国家政权，但是参与改革的工人阶级并没有取得选举的权利，成为"两手空空"的群体。工人阶级要想获得政治权利，依然任重道远。在工人阶级与资产阶级激进派的努力下，1867年，英国议会通过第二个议会改革法案，使得大市镇的工人阶级获得选举权。1867年改革法案的主要内容如下：在城市，纳税的房屋持有者、拥有房间并有明确收入的房客、居住一年以上并拥有净年值10英镑财产者均可获得选举权。在乡村，自由持有农、公簿持有农、长期契约者、拥有净年值5英镑或有12英镑可付税的财产者都应有选举权。以上具有选举权者均应纳税，即实现权利与义务的统一。4个小城镇停止选派议员，38个城镇由原来选派2名各减少1名，曼彻斯特等4个大城市各选派3名议员。其他新建立的城镇将选派1到2名议员，拥有3名议员的选区投票

---

[1] J. C. D. Clark, *English Society 1660-1832*, Cambridge: Cambridge University Press, 2000, p.16.

人可投 2 票。对比 1832 年改革法案，1867 年改革法案扩大了选举者的范围。对城市而言，拥有房屋所有权的工人毕竟很少，更多的工人只是租房或者充当房客，1867 年改革使得这部分工人获得了政治权利。对农村而言，也使得一部分农村居民获得了选举权。而对城镇议员名额的增减，不过是对 1832 年改革法案的补充而已。经过前两次的议会改革，英国的民主化步伐大大加快，改革的推进不可避免，这是时代的要求。19 世纪 80 年代，英国进行了第三次议会改革，这次议会改革由三个法案组成。一是 1883 年的《取缔选举舞弊法案》，使得选举透明化。二是 1884 年《人民代表法》。该法案规定：在 1867 年选举法案的基础上，下面这些人也拥有选举权：在投票登记前一年住进他的房屋并纳税的房主；一年交纳房租 10 英镑以上，居住期达一年以上的寄宿人，以及自己拥有的土地或者租佃的土地年产值为 10 英镑以上者。按此法案，英国的选民人数从原来的 250 万增加到 450 万，几乎增加了一倍。这一改革法使得乡村的工人阶级获得选举权。三是 1885 年通过的《议席重新分配法》。随着选举资格的放宽，不同的地区与城市所拥有的选举席位也发生了变化，因此需要改变议会席位的分配机制，以实现按照人口决定议席的原则。除了一些城市和大学实行双议员选区外，1885 年的法案根据每个选区一人的原则制定。对城市而言，人口少于 1.5 万的城市丧失代表权，而并入它们所属的郡；1.5 万人以上 5 万以下的城市拥有一个议席；5 万人以上 16.5 万人以下的城市拥有两个议席，超过 16.5 万人的城市拥有三个议席，此外每超过 5 万人增加一个议席。该原则也适用于郡。城市按照人口比例拥有相应的议席，如利物浦有 9 个议席，伯明翰、格拉斯哥等有 7 个议席，曼彻斯特有 6 个议席，利兹、谢菲尔德有 5 个议席，贝尔法斯特、布里斯托尔、都柏林和爱丁堡各有 4 个议席。根据该法案，取消 103 个城市选区的选举权，其中 79 个属于英格兰和威尔士，2 个属于苏格兰，22 个属于爱尔兰。麦克莱斯菲尔德与桑维奇两个城市选区因选举舞弊而取消选举权。①通过这一法案，人口减少的老选区逐渐地丧失了原先的优势，那些新工业中心以及人口激增的地区，在议会民主制度中占据了优势。法案废除了以土地所有权为基础的选区划分原则，改成了以人口为基础的选区划分原则。19世纪三次议会改革使得英国国内政治格局发生了根本的变化，它调整了国家权力分配的机制，适应了工业革命后英国社会发展的趋势。

---

① 参见张怀印：《十九世纪英国宪政改革研究》，中国政法大学出版社2012年版，第136—137页。需要说明的是，《十九世纪英国宪政改革研究》一书有关内容存在着较多的笔误，具体的数字可见 H. J. Hanham ed., *The Nineteenth-Century Constitution 1815-1914: Documents and Commentary*, Cambridge : Cambridge University Press, 1969, pp.281-283。

第十章 19世纪的"政府革命"

一、19世纪英国"政府革命"

理解19世纪的中央与地方关系,需要从两个维度进行考察。一是19世纪的"政府革命",中央政府的权力得到加强,中央政府机构逐渐完善;二是地方自治性质的转变,即从精英寡头主宰下的地方自治,到民选近代地方政府的形成。前一维度主要从纵向的角度进行研究,即19世纪30年代以后,中央集权化对地方自治产生了何种影响。后一维度侧重于地方政府自身性质的转变,这一转变是欧洲社会民主化进程的体现。

我们看到,不同的阶层与阶级对于中央集权与地方自治持有不同的观点,采取了不同的政治与社会改革实践。这些理论与改革实践表明:任何理论都是一个复杂的框架,这种复杂的框架与我们以前所理解的单一纯粹的教条不同。举例来讲,关于自由主义的理解。我们通常认为,19世纪是自由主义的黄金与繁荣时期,自由主义理论是自由放任的观念,国家不干涉社会经济生活,市场是由一只看不见的手来调控,等等,诸如此类。亚当·斯密写道:"在这场合,像在其他许多场合一样,他受着一只看不见的手的指导,去尽力达到一个并非他本意想要达到的目的。也并不因为事非出于本意,就对社会有害。他追求自己的利益,往往使他能比在真正出于本意的情况下更有效地促进社会的利益。我从来没有听说过,那些假装为公众幸福而经营贸易的人做了多少好事。"[①]但是英国社会改革的实践告诉我们，19世纪的社会改革与这些根深蒂固的认识是如何的背离。假如自由主义就是自由放任的话，我们会看到边沁主义的自由理论，就强调统一的立法与全国统一的行政，政府的中央集权是必要的，也是必然的。同时就是在边沁主义内部，我们比较查德威克的社会改革与约翰·密尔的自由观，我们也会发现，他们对自由和中央集权的理解也大相径庭。我们发现，英国人长久以来所珍视的地方自由与地方自治，以及它所代表的自由传统，却是由封建精英们所呵护。因此，要真正深刻理解19世纪的中央与地方关系，就需要摆脱单一思维的束缚，摆脱习以为常以及我们认为理所当然思维的束缚。

所谓19世纪的"政府革命"，就是指从19世纪30年代开始，英国的中央政府机构发生巨大的转变，这种转变表现为中央政府部门的完善以及中央集权的加强。这体现在以下几个领域。一是1834年英国建立了全国统一的济贫体系，中央政府第一次具体插手地方济贫事务，并且在首都伦敦建立了负责全国济贫事务的中央部门。二是1848年英国议会通过了《公共健康法案》，设立了中央卫生部，实施全国统一的卫生健康标准。三是1871年成立地方政府部（Local Government Board），它把内政部、枢密院、贸易部以及济贫部这四个部门拥有的相似权力进行合并。地方政府部的管理权限包括：公共卫生、预防疾病、接种疫苗、登记出生死亡和结婚事务、登记浴室与澡堂、公共建设、住房以及地方税收的返还等事务。后来有关交通和收费公路的事务，也转给了地方政府部。随着法律授权所管辖范围与内容的增多，到1875年又对相关重叠的法律进行了修正与明确。

在教育领域，政府采取了积极干预的方式。以前的观念认为，如果让劳动者或者穷人接受教育，他们会对自己的生活状态产生不

---

① 〔英〕亚当·斯密：《国民财富的性质和原因的研究》（下册），郭大力、王亚南译，商务印书馆2003年，第27页。

满，从而导致社会的动荡不安；因此为了社会的稳定，应该让劳动者与穷人处于蒙昧的状态，从而安心接受统治。但是随着经济的发展以及时代的进步，英国社会越来越意识到，大众教育不仅不会威胁到国家的统治，而且是防止社会革命的有效手段。与其让众多生活贫穷的工人阶级处于无法控制的状态之中，不如由政府主动地引导他们，让他们对政府和社会充满希望与感激。这一认识基于如下理解：一方面国家可以通过教育，向劳动者灌输主流的价值观，引导他们承认现存社会制度的合理性；另一方面通过教育，可以为英国工厂制度提供更多高素质的劳动者，从而提高英国产品的质量和产业的竞争力。1833年，英国议会以50票赞成，30票反对的结果，通过了阿尔索普的资助教育法案。根据该法案，政府资助教会办的学校，这是英国教育从教会或慈善组织负责转变为国家教育的开端。1839年，英国政府为了更好地实现对教育的控制，保证资助的钱有所收获，成立了枢密院教育委员会，管理资助资金的分配与使用，同时任命了第一批督学。1846年，根据枢密院教育委员会秘书凯（J. P. Kay）的建议，建立了师资培训制度，实现了教育的初步规范化。根据该培训制度，学校教师候选人应该具备良好的阅读书写等基本技能，他们可以正确地使用字典，有基本的地理历史知识，女性教师还必须掌握缝纫的技能。这一制度使得原先教师队伍参差不齐良莠不分的情况，得到了较大的改变，教师从业者的素质得到明显的改善。伴随着国家插手教育领域的是，政府也为此付出了巨额的资金。1833年，政府每年资助教育经费为2万英镑；1847年为10万英镑；1861年为80万英镑。1870年，又通过了教育法案，该法案一方面承认国家对民众教育承担的责任，原来由教会控制的学校将继续得到政府的资助，另一方面也确认政府不会干涉教会教育的宗教课程，不会用无神论课程取代宗教课程。此外在新建的学校中，所需要的费用一部分由地方政府征税支付，另一部分由中央政府资助。1880年，英国政府颁布强制义务教育法案，规定适龄的儿童必须接受初等教育。1899年，又成立教育部，统一管理中等教育事务。自此，英国基本实现了对教育的国家干预。

在公共治安领域，英国逐渐地建立了从中央到地方的近代警察制度。近代以前，英国公共治安制度的特征是义务兼职型，具有浓厚的地方自治色彩，强调普通民众的积极参与。17世纪后半叶特别是18世纪以后，由于普通的民众无法承担这样的工作，基层警察队伍的质量急剧下降。再加上工业革命的进行，社会贫富分化严重，众多外来人口涌入城市，犯罪率大增，城市贫民窟内的犯罪更是猖獗，已经影响到社会的稳定。在这种情况下，传统的以社区为中心，以居民兼职和义务性为特征的警役制度，已经无法适应时代的需要。在组建现代警察制度的过程中，由于高犯罪率和首都的特质，伦敦率先进行了警察制度的改革。1748年，亨利·菲尔丁（Henry Fielding）成为伦敦威斯敏斯特区的治安法官。为了打击犯罪，保一方平安，他创建了英国第一家专门抓贼的部门，这是现代专业警察的前身。其后，他的同父异母兄弟约翰·菲尔丁建立了夜间街道骑兵巡逻制度。为了更为有效地打击犯罪，约翰·菲尔丁强调区域之间的合作，建立了情报交流制度。但是在整个社会保守情绪的影响下，直到19世纪20年代，英国才正式开始建立国家主导的警察制度。1828年，内政大臣罗伯特·皮尔（Robert Peel）提出警察制度改革方案。该法案内容包括两方面：一方面中央政府有权监督地方警务，议会负责全国的警察事务，有权罢免地方警察局长；另一方面地方社会有相对独立性，它们在遵守议会制定的标准前提下，直接管理地方公共治安。1829年，英国议会通过了《大都市警察法案》，同年建立了大伦敦警察局，这是英国历史上第一支领国家薪俸的正规职业警察队伍，查尔斯·罗恩（Charles Rowan）与理查德·梅恩（Richard Mayne）是实际负责人。新警察制度很快就发挥了非常积极的作用。根据议会调查委员会的报告，伦敦地区的抢劫案件大幅度地下降，以至于民众对此情况感到非常惊讶。至此，大伦敦警察局掌握了伦敦的公共治安事务。1835年通过《市镇改革法》之后，按照规定，每个市议会都要设立一个治安委员会，以管理城市的警察与公共安全事务,这样城市中形成了统一的警察体制。1839年,政府又颁布《郡警察法》,授权各郡建立新型的警察队伍。这一法令只是授权,而不是命令地方政府一定执行,所以只有一半的郡建立了正式的警察制度。为了更好地促进警察体制的发展,1856年,英国议会又通过了《郡市警察法》。该法案规定:内阁大臣负责警察机构的建设,所有的郡必须建立警察队伍,各郡警察局长的任命要得到内政大臣的批准;城市的警察事务仍然由城市自治政府负责,但是内政大臣对城市的警察事务有监督权。1856年《郡市警察法》的特点就是,中央政府积极地干预地方公共治安事务以及地方警察体制。至此,英国形成了都市警察、伦敦警察、自治城市警察以及郡警察等四种类型的现代警察制度。

监狱管理体制方面,在地方政府改革试验的基础之上,中央政府也开始了集权的历程。程汉大指出:"英国监狱改革的号角是由个人改革家吹响的,序幕是由地方政府拉开的,最终是由中央政府完成的。"[1]18世纪之前,英国的监狱主要分为私人监狱与地方政府的监狱,地方上的监狱主要是郡监狱以及城市监狱,基层看守所主要负责临时羁押犯罪嫌疑人。在旧的监狱体制中,中央政府基本不干涉具体的事务,或者更确切地说,中央政府既无财力也无人力进行干涉。18世纪时,针对监狱管理混乱的状况,也曾经有一些有识之士进行过改革,如前文所述,霍华德是这些改革者的代表。到19世纪时,出于国家治理的需要,中央政府开始行动。1812年,议会在米尔班克修建了一座全国性的监狱,标志着中央政府开始干涉监狱管理。1835年,议会成立了监狱管理委员会。1839年,政府设立监狱总监。1842年,伦敦修建了新的全国性监狱——本顿维尔监狱,该监狱有一座瞭望塔,可以监视牢房的情况,监狱内的牢房分开,采用美国的隔离制度。1865年,英国政府颁布了《监狱法》。根据该法案,领薪水的监狱管理人员取代了传统依靠管理费的监狱看守,

---

[1] 程汉大、李培峰:《英国司法制度史》,第464页。

监狱管理人员包括狱长、医生、牧师以及其他辅助人员。1877年，政府又颁布法令，把监狱的控制权从地方转移到中央政府，这一法案导致地方上的监狱数量锐减。通过六十多年的立法与改革，英国建立了新的监狱管理体制，中央政府的权力逐渐地渗透到监狱体系。密尔指出："人身和财产的安全，以及个人之间的公平审判，是社会的头等需要，也是政府的首要目的。因此，如果这些事情能交给不是最高的负责机关，那么除战争和条约外，就没有什么事情需要一个全国性的政府了。凡是保证这些首要目的的最好的安排都应该全是强制性的，并且，为了保证它们的贯彻施行，都应该置于中央监督之下。"①

这些发展变化表明，1830年后，英国的行政结构已经发生了重要的转变。按照米罗·莫尔特比的观点："自1833年起，处理地方行政的立法显示出两种动向。一是建立完全中央集权行政的目标；另一个是引进对地方行政进行中央控制的体系。"②19世纪英国"政府革命"有着深刻的时代与社会背景。英国从18世纪中后叶开始了工业革命，随着经济的发展和人口的急剧增加，以及人员流动的频繁，社会结构与机制变得越来越复杂，需要解决的事务急剧增多。这就需要中央政府更多地干预社会生活，制定全国统一的标准，如在济贫、城市公共卫生、排水、道路、街道照明等领域。这些措施的实施，必然会导致中央政府权力范围的扩展。与此同时，中央集权化的倾向又与19世纪英国社会的改革运动相联系。米罗·莫尔特比指出："19世纪英国走向（中央集权的）有效行政的原因是，工人阶级恶劣的生存环境没有其他的解决办法，以及这一时期总体的改革趋势。"③在中央集权主义者看来，有效强力的中央政府部门，可以解决历史遗留下来的地方政府效率低下的问

---

① 〔英〕J.S. 密尔:《代议制政府》，汪瑄译，商务印书馆2008年版，第216页。
② Milo R. Maltbie, "The English Local Government Board", *Political Science Quarterly*, Vol. 13, No.2 (Jun., 1898), p.233.
③ Ibid., p.234.

题，以更为有效的方式来解决各类社会问题。这以社会改革家埃德温·查德威克最为典型。

19世纪的"政府革命"还与自由主义者的理论有着密切的关系，这其中最为重要的就是，自由主义对于政府的界定以及对中央集权的理解。近代以来，英国的自由主义思想经历了三个发展阶段。第一阶段为17世纪英国内战时期，这是"政治自由阶段"，主要是新兴的资产阶级反对君主专制统治，争取资产阶级的政治权利，其主要代表就是洛克，这一阶段的自由主义以自然法、社会契约论为基础。第二阶段是"经济自由主义阶段"，代表人物是亚当·斯密、大卫·李嘉图与老密尔，他们理论的中心是经济问题，主张国家实行经济放任政策，不干涉个人的经济活动。第三个阶段是"社会自由阶段"，主要代表人物是约翰·斯图亚特·密尔（学界俗称小密尔）。小密尔对个人自由的探讨，不再是仅限于个人与国家之间的关系，而是扩大为个人与社会的关系。这是自由主义在政治自由、经济自由之后重大的理论发展，由此扩大了自由主义理论的范围，并有效地适应了时代的发展潮流。纵观自由主义理论的发展史，其核心问题还是对政府权力的界定。自由主义提倡自由放任，但是不意味着就不需要政府的存在，在自由主义者看来"政府还是必要的恶"。然而在建立"何种权威政府"的具体问题上，自由主义各种流派的表达大不一样。按照功利主义的理论，政府的主要职责就是促进大多数人最大的幸福，就是在最高程度上满足个人利益的实现。这个时期的自由主义，已经不再是启蒙运动时期的思想家所主张的简单限制政府的权力，他们的理论更加精细化与实用化。从某种意义上讲，这一类型的理论其实走在自由与集权的边缘。按照边沁的理解，在实现大多数人最大幸福的目标之下，应该建立新型的政府，这需要实现政府部门的专业化，进而提高政府的工作效率，减少政府的经济开支。边沁主张政府应当力求实现"绝大多数人的最大幸福"，其基础就是建立一种既比较负责又更有效率的政府。下面具体论述19世纪中央集权的表现。

二、新济贫法：国家对济贫事务的干预

都铎王朝建立起来的济贫制度核心是堂区济贫，实质是把救济的社会职能委托给地方基层。在延续了近三百年的发展后，在工业革命和城市化的潮流下，这一制度到近代逐渐地显示了其弊端。首先是济贫院的环境恶劣，卫生条件极差，病人得不到治疗，儿童得不到教育，许多乞丐由于食物短缺而饿死。其次是这种以堂区为单位的行政管理体制，由于没有全国性的统一管理，得不到中央政府有效的监督，各个堂区救济的标准因经济发展状况的差异而不同。18世纪80年代兴起的吉尔伯特式联合济贫区制度虽然解决了一些问题，"但是因为英格兰或威尔士的教区或济贫法各别行政单位的总数将近一万六千，所以新的部署并不具有很大的全国重要性。而且这些吉尔伯特联合区都是地方化的"[1]。再次，1795年《斯宾汉姆兰法案》实施后，郡多有效仿者，导致了户外救济费用的激增。1780年济贫费用为200万英镑；1801年济贫费用为400万英镑；1810年济贫费用为600万英镑；1820年上升为近800万英镑；1830年维持在700万英镑左右，相当于每个英国人支出13先令9便士。在一些需要济贫人数较多的地区，社区居民被征收更多的税，这严重地影响了社会的稳定与发展。再加上农业歉收等诸多因素的叠加，肯特郡议员布兰德说：一个农人到我这儿来，恳求我指教他该怎么办，因为他无力承受沉重的压力了，他是本郡本堂区最后一名租土地者，因此，济贫税也就自然落到他头上。我听说只剩下他一人，就问他其他租用土地者到哪里去了，那农人说："先生，他们被险恶的时运压垮了，已不能再经营土地。"[2]

思想界与知识界也对旧济贫制度提出了批评。在马尔萨斯看来，

---

[1] 〔英〕约翰·克拉潘：《现代英国经济史》（上卷），姚曾廙译，第440页。
[2] Gilbert Slater, *The Making of Modern England*, Forgotten Books, 2018, pp.3-4, 中译文转引自王觉非主编：《近代英国史》，第399页。

济贫法从根本上来讲是失败的。"然而，济贫法虽说也许减轻了一点个人的不幸，但恐怕却使比以前多得多的人遭到了不幸。英国每年为穷人征收巨额税款，但穷人的痛苦却依然如旧，这个问题常常引起争论，人们提及此事，总是感到大惑不解。"[1] 马尔萨斯从人口与资源之间的关系，对这一结果进行了分析。这是由于济贫法会导致人口的增长，而社会中的生活资源却不见增长，这样每个人所获得的食物减少，从而导致更多的劳动者希望获得堂区的救济。更为严重的后果是，旧济贫法一方面纵容了民众懒惰与大手大脚的习气，另一方面又抑制了民众勤俭与勤劳的美德，导致了社会风气的恶化，这不仅仅是经济上的问题，而是有关英国精神的事情。在马尔萨斯看来，"应该形成一种风气，把没有自立能力而陷于贫困看作是一种耻辱，尽管这对个人来说似乎很残酷。对于促进全人类的幸福来说，这种刺激似乎是绝对必需的，任何削弱这种刺激的企图，不论其用意多么好，总是会产生事与愿违的结果"[2]。如何"缓和"[3] 这一问题，马尔萨斯提出了三点建议。一是完全废除所有现行的堂区法。这样就会使得劳动者自由流动，由此劳动力市场就会处于自由竞争状态。二是鼓励人们开垦新土地，鼓励农业生产，而不是工业生产与畜牧业。在马尔萨斯看来，如果一个国家侧重于手工业与工业，或者倾向于畜牧业的话，这个国家就不可能生产出它所需要的粮食与食物。其三是各郡应该为那些极端贫困的人设立济贫院，由全国统一征收济贫税，救济各郡乃至全国的贫民。济贫院的生活应该是艰苦的，凡是有劳动能力的人都应该劳动。因此济贫院应该是缓和暂时贫困从而获得重新工作的地方，即我们俗称的"救急不

---

[1] 〔英〕马尔萨斯：《人口原理》，朱泱等译，商务印书馆2001年版，第30页。
[2] 同上书，第34页。
[3] 注意马尔萨斯这里用的是"缓和"而不是"解决"。这是因为，在马尔萨斯看来，这一问题"乃是一种顽疾，非人类的智慧所能治愈"。参见〔英〕马尔萨斯：《人口原理》，第37页。马尔萨斯又写道："天啊! 根除贫穷是人力所不及的。我们徒劳无益地力图做根本不可能办到的事，不仅牺牲了有可能获得的利益，而且牺牲了有把握获得的利益。"参见〔英〕马尔萨斯：《人口原理》，朱泱等译，第38页。

救穷"。^①总体看来，马尔萨斯的思想一方面体现了自由主义个人自治原则，另一方面又体现了农本主义理念。他的思想对新济贫法产生了一定的影响。

在1830年左右，托利党与辉格党的领袖们都对堂区济贫工作的混乱忧心忡忡，但是他们又担心中央政府的干涉会带来更大的混乱。一些社会人士也对此问题给予了极大的关注。边沁曾经提议建立一个私人股份公司，来解决这一问题。自由主义经济学家西尼尔则把希望寄托于治安法官，希望治安法官能够解决堂区济贫问题。1832年，辉格党政府组成了济贫委员会，调查济贫法的执行与管理状况，查德威克是该委员会的一名助理委员。查德威克收集了大量济贫事务的资料，他对旧济贫体制的弊病进行了猛烈的抨击。不久，查德威克成为该委员会的重要委员。1834年，西尼尔与查德威克共同起草了《济贫法改革报告》。[②]这一报告确立了以下基本原则：劣等处理原则、济贫院检验原则以及全国执行统一济贫标准和中央集权管理原则。查德威克建议，为了解决全国各地济贫混乱的局面，应该在中央设立一个政府部门管理济贫事务，制订全国统一的济贫标准，并控制地方的济贫事务。同年济贫法修正案在议会获得通过。查德威克确立的中央集权原则如下：小的堂区被联合起来成立更为有效率的联合济贫区，建立济贫院；由支付济贫税的居民选举产生济贫委员（guardian），他们领取薪水，负责堂区的贫民救济工作；在伦敦，建立由三人组成的中央济贫委员会，制定国家济贫政策；由九人组成助理委员会，检查并监督地方济贫委员的救济工作，以确保救济贫民的标准低于普通劳动者的生活标准。1838年该法案运用到爱尔兰，1845年在苏格兰实施。1834年的济贫法修正案对19世纪英国的行政具有两层意义。一是在英国历史上，济贫第一次成为中央政府管理的事情，并且有着全国统一的标准。二是地方堂区主宰济贫事务的时代结束，新的行政单位即联合济贫区取代堂区的济贫功能，

---

① 〔英〕马尔萨斯：《人口原理》，朱泱等译，第37—38页。
② 参见 S. G. and E. O. A. Checkland ed., *The Poor Law Report of 1834*, Penguin, 1974。

新的受中央政府控制的行政官员——济贫委员,取代以前堂区的济贫监督员。因此,查德威克对英国行政的一个贡献就是,他主张把地方事务交给中央政府挑选出来的训练有素的专业人士管理,而非由业余人员管理。1834年中央济贫委员会是边沁功利主义实践的象征,查德威克就是其代表。联合济贫区的建立预示着出于行政效率的考虑,小的地方当局有被合并的趋势。因为随着人口的增长,交通的便利以及地区之间联系更为密切,以单个堂区为基础的救济管理体制,存在着许多的不便与不平等。建立济贫院对单个堂区来讲既没有必要,还可能带来沉重的财政负担,同时会引起各个堂区之间的不平等。在这种情况下,几个堂区联合起来成立联合济贫区,就可以很好地解决这一问题。济贫委员会可以自由地决定组成联合济贫区,而不必受限于1782年《吉尔伯特法》所规定的10英里半径范围。到1837年7月,13 264个堂区被合并为568个联合济贫区;其余的1 300个左右堂区中的大部分,在1782年根据《吉尔伯特法》或者根据地区法令,已经组成了联合济贫区。还有一些很大的堂区,如伦敦的一些堂区,本身就很大,没有必要再组成联合堂区。到1870年,英格兰与威尔士被划分为667个联合济贫区。新济贫法确实起到了一定的效果。首先是济贫人数的减少:1840年,受济贫的人数为120万人,1860年下降为84万人。其次是济贫费用的降低:1840年济贫费用为450万英镑。

三、公共卫生法:国家对大众健康的关注

随着工业化和城市化的发展,欧洲城市人口急剧增加,这导致了城市的环境、住房以及卫生问题日益突出。在比利时,据说自1846年以来,大量饥饿的妇女与儿童从乡村涌入到城市里。[①]这使得城市的住房成为一个突出的问题。在安特卫普,私人住宅的数量

---

① 参见 Peter Clark, *European Cities and Towns: 400-2000*, p.290。

以30%的速度增长，以适应人口200%的增长。在阿姆斯特丹，两者增长速度之比为5%对45%。[①]由于房屋建造的速度赶不上人口增加的速度，大量涌进城市的人口不得不居住在棚户区之中，众多阴暗低矮的棚户区逐渐成为贫民窟，由此引发城市的公共卫生问题。

在19世纪30年代，英国伦敦白教堂（Whitechapel）地区由于没有相应的排水设施，当地臭水坑比比皆是。其中有个名叫惠灵顿的臭水塘附近，更是瘟疫流行。地方当局为了应对瘟疫，向查德威克求计。在查德威克的呼吁下，1839年成立了第一个地方卫生委员会。该委员会的报告——特别是托马斯·索斯伍德·史密斯有关疾病与水源内在关系的报告书——引起了广泛的注意，并成为全国卫生改善运动的样本。在经历了济贫改革实践之后，查德威克意识到，许多的贫穷是由于民众患疾病所导致的，即所谓的"因病致穷"。假如大众的健康状况得到改善的话，那么会减少被救济的人数，这其实是一种更为有效的救济方式。由此，查德威克与其好友托马斯·索斯伍德·史密斯一起，开始进行全国的卫生调查，并于1842年出版了著名的《大不列颠劳动者卫生状况调查的报告》。[②]在该报告中，查德威克指出："在我国的某些城镇里，竟如此缺乏市政管理，以致清洁卫生方面之糟糕，几乎和游牧民族或无纪律的军队不相上下。"查德威克把城镇的卫生状况与英国的监狱作了比较，认为与英国最坏的监狱相比，许多城镇的卫生条件更差。他写道："在利物浦、曼彻斯特或者利兹等城市的地下室中，可以看到比霍华德所描述的更肮脏、物质条件更不堪、道德更混乱的情形，监狱现在比它们周围的情况更糟糕。在爱丁堡，竟有出于人道的动机，而把生病的穷人送到监狱里去，以便让病人得到照顾和医疗。"[③]1844年，查德威克试图建立一个卫生委员会，但是由于《谷物法》的废除而中断

---

① 参见 Peter Clark, *European Cities and Towns: 400-2000*, p.291。
② 参见 M. W. Flinn (edited), *Report on the Sanitary Condition of the Labouring Population of Gt. Britain*, by Edwin Chadwick, 1842, Edinburgh: Elinburgh University Press, 1965。
③ 参见〔英〕约翰·克拉潘：《现代英国经济史》（上卷），姚曾廙译，第657—658页。

了该委员会建立的进程。与此同时,另一个委员会由皮尔(Peel)牵头,也开始调查大城市与人口密集地区的卫生状况,该委员会的报告在1845年公布。皮尔委员会的报告指出:公共卫生管理应该交给地方当局负责;在任何排水方案实施之前,应该进行计划与测量;地方排水区域的大小应该加以规定;地方当局应该统筹修建下水道;主管排水的当局同时负责铺路;地方当局也应该负责街道上的垃圾清除和污水池以及厕所;地方当局应该保护水源地的清洁;地方当局有权为加宽和改良道路而筹集钱款;凡是住人的院落宽不得小于20英尺,进出口不得小于10英尺;地窖与地下室除非备有壁炉、合适的窗户和适当的排水设备,否则不得出租供人居住;凡是新建的房屋,必须设有厕所设施;地方当局有权要求房屋充分的空气流通,并且有权强制不卫生房屋的清洁卫生;地方当局应该核发寄宿舍的许可证,指派卫生医疗官员;同时还应该筹款建立公园,等等。[①]

1847年,查德威克领导了另外一个委员会,调查伦敦的卫生状况,其提出的报告建议,下水道与排水道系统应该分开,以确保城市的卫生。由于查德威克等人的积极推动,以及英国城市面临的严峻卫生状况,1848年英国议会通过了《公共卫生法案》,并且设立了中央卫生部。中央卫生部由三名委员与一名秘书组成;三名委员分别是莫佩斯(Morpeth)勋爵(后成为卡莱尔伯爵)、阿什利勋爵(后成为萨夫茨伯里伯爵)以及查德威克。为了实现中央政府对卫生改革的权威性,中央卫生部规定了全国统一的卫生标准。该卫生标准为:当死亡率七年间超过千分之二十三,或者本地十分之一的居民要求执行中央规定的卫生标准时,中央政府就应该干涉地方政府的卫生工作,命令地方当局采取相应的措施,以确保当地民众的卫生安全。[②] 在卫生健康方面,最具有争议的是1866年通过的由西蒙制定的《卫生法》中的第49条款。该条款规定:任何人可以向首席国务秘书(Principal Secretaries of State)指控任何一个地方当局、下

[①] 参见〔英〕约翰·克拉潘:《现代英国经济史》(上卷),姚曾廙译,第666页。
[②] 参见 https://www.legislation.gov.uk/ukpga/Vict/11-12/63/contents/enacted。

水道管理委员会、卫生部门等不执行法律规定的责任；首席国务秘书在收到个人的指控后，应该派出巡查员到当地调查情况；假如发现确实是地方当局失职，内政部应该命令地方当局在规定的时间内处理相关的事情；假如地方当局拒绝，那么内政部可以任命其他人员与机构来处理这件事情，而费用由地方当局承担。①解读1866年《卫生法》的第49条款，我们可以发现：长期以来中央政府与地方政府之间传统的许可性（permissive）关系，转变为了强制性（compulsory）关系。当地方当局没有尽到相应的责任时，中央政府可以充当个人利益的保护者，同时中央政府可以取代地方当局，执行地方公共事务。因此有学者认为："这是中央政府与地方政府传统关系的一场革命"；"这意味着长久以来具有自治传统的地方政府，处于中央行政的管辖与指导下"。②

四、工厂法案：国家对企业道德伦理的干预

工业革命为欧洲社会创造了巨大的物质财富，但是生产这些社会财富的工人们生活悲惨。在法国，维尔纳夫·巴热蒙、盖潘以及维勒梅等人都对工人阶级的状况进行过调查与研究。维勒梅在对纺织业工人的调查后指出：贫困化几乎要从肉体上消灭工人阶级。一个男性工人一天至少劳动13个小时才能够挣到2个法郎，女工只能够挣到20个苏，童工只能够挣到10个苏。并且这样微薄的工资还得不到保障，遇到经济状况不好的时候，工资还会减少，而且工人们随时可能由于失业而流浪街头。根据调查，工厂工人的平均寿命不超过30岁。③在英国，理查德·奥斯特勒、琼斯·汉威、托马斯·伯纳德、罗伯特·皮尔与米切尔·托马斯·萨德勒等人，也对英国工

---

① 参见 https://www.legislation.gov.uk/ukpga/Vict/29-30/90/contents/enacted。
② Robert M Gutchen, "Local Improvements and Centralization in Nineteenth Century England", *The Historical Journal*, Vol. 4, No.1 (1961), p.91.
③ 参见吕一民：《法国通史》，第185页。

第十章　19世纪的"政府革命"

人的情况进行过调查与改革,工人阶级的生存状况触目惊心。1901年,历史学家弗雷德里克·约克·鲍威尔曾言:英国人民从来不是由于瘟疫、饥馑或战争,而是由于建立了没有正当保护措施的工厂制度,才使自己的生命力遭到如此致命的打击。[1]工人阶级生活在"悲惨世界"中,食不果腹,衣不裹体,而最悲惨的是童工!在工业革命的大潮下,这些大多数不满10岁的儿童,远离原本属于他们无忧无虑的美好童年生活,被迫加入到工厂制度中,从事着非人超强度的体力劳动,遭受着身体与心灵的极大摧残,对童工的剥削成为"维多利亚文明时代"令人发指的一幕。

儿童从事简单的、辅助性的家务劳动,原本是自然的事情。中世纪欧洲普通家庭父母通常要养育三到五个孩子,生活异常艰辛,因此较大的孩子分担一些日常家务,或者到别的家庭做仆人,是一个较为常见的现象。这既增加了家庭的收入,减轻了父母的负担,也锻炼了孩子。有个回忆录这样写道:"我母亲总是拍打筛子上的棉花,然后把它放进一个棕色的深桶内又倒入很浓的肥皂水,然后她把我的小外衣卷起来,卷到我的腰部,把我抱进桶内,要我用脚用力把棉花踩到盆底。……这件事需要从头到尾不停地做下去,做到棉花把桶装满,再也站不住为止。这时,她拿过来一把椅子,放在旁边,让我扶着椅背。"[2]儿童这种普通的日常劳动,是家庭生活与生产的一种体现。在传统社会,儿童们还有着快乐的时光,如"快乐英格兰"所描绘的那样。"在每年的忏悔节,学校的孩子们在老师面前玩斗鸡游戏,整个上午都沉浸在这种欢乐中;晚餐过后,所有的年轻人都去田地里踢球,每个学校的学生都有自己的球和球队;城里的富人和市民骑着马前来观看这些年轻人的运动,孩子们灵活、机敏的动作为他们带来了乐趣。"[3]

---

[1] 参见〔英〕阿萨·布里格斯:《英国社会史》,陈叔平等译,第234—235页。
[2] 〔英〕E.P.汤普森:《英国工人阶级的形成》,钱乘旦等译,译林出版社2001年版,第383页。
[3] 〔英〕亨利·斯坦利·贝内特:《英国庄园生活》,龙秀清等译,第231—232页。

作为一种普遍的社会现象，儿童从事劳动的问题，真正引起社会注意是在工业革命时期。究其原因，家内劳动虽然艰苦，但是属于间歇性的，当儿童感到乏累之时，即使是严厉的父母也会让孩子得到基本的休息。在早期资本主义原始积累阶段，工厂主唯利是图，工人特别是童工只不过是机器大生产中一个环节而已，人已经被异化。童工除了缺乏必要的休息之外，还面临着残酷的现代工厂劳动纪律，以及机器对工人肢体与精神的伤害。如 E. P. 汤普森所说：工厂制度的罪恶就在于它在没有家庭作为补偿的情况下继承了家庭工业制度中最坏的特征，它使得儿童遭受残酷而长久的剥削；在工厂制度下，机器支配着劳动的环境、纪律、速度、节奏以及劳动时间——不管工人们，特别是儿童们是否虚弱或者健壮。[1] 在18世纪早期，一些手工工厂已经开始使用童工，真正普遍使用童工是18世纪后半期以后。随着理查德·阿克莱特发明了水力纺纱机，纺织厂的生产效率得到极大提高，需要越来越多的劳动力。但是，习惯于家庭劳动或者小作坊工作的工人开始时对于新的工厂纪律比较抵触，因此要招到成年的工人在早期比较困难。在这种情况下，工厂主开始大量地雇用儿童，而儿童具有的特点又加剧了这种选择。保尔·芒图归纳了几点，可供参考。一是纱厂工作容易学会，不需要太大的力量，对于某些工序来说，儿童的矮小身材以及纤细的手指更适合成为机器的补充；二是儿童的软弱以及温顺可以使得工厂主随心所欲地使用他们，而不必像对待成年工人那样；三是童工的工资非常低，是成年工人工资的几分之一而已，非常适合工厂原始积累阶段；四是儿童要受到学徒法律的限制。[2] 总之，为了利益最大化以及管理成本的最小化，工厂主愿意雇用更多的童工，由此这些无辜的儿童就被卷入到工厂劳动的浪潮之中了。此后，随着蒸汽机的运用以及骡机的出现，对于劳动力的需求更为旺盛。在"空想社会主义者"罗伯特·欧文的工厂中，1799年，70%的工人是18岁以下的年轻人，

---

[1] 参见〔英〕E. P. 汤普森：《英国工人阶级的形成》，钱乘旦等译，第386页。
[2] 参见〔法〕保尔·芒图：《十八世纪产业革命》，杨人楩等译，第334页。

在这其中绝大多数是 13 岁以下的儿童。① 罗伯特·欧文工厂的情况在当时是一种普遍的现象。兰开夏的最初一批工厂满是儿童。罗伯特·皮尔爵士的工厂里有一千名以上的儿童。② 按照保守的估计,英国工厂特别是纺织厂中,50% 以上的工人都是童工。

这些儿童是怎样被卷入到工厂制度中的呢?首先是孩子父母的意愿。迫于经济与生活的压力,也是传统的习惯,英国的父母们愿意把孩子送入到工厂或者作坊中充当学徒,谋求一技之长,以应付未来的生活。其次是社会观念的作用。绝大部分社会底层的孩子,在童年没有条件进入学校接受教育。社会舆论认为,这些孩子如果不进入工厂干活儿,就有可能在街头闲逛,惹是生非,从而产生社会问题。因此,地方官员倾向于把孩子送到工厂充当学徒进行劳动。1801 年,在埃塞克斯的欧伽百户区,治安法官命令堂区官员挑出那些 12 岁及以上没有活儿干的孩子,送到其他地区当学徒或当仆人。第一年,有超过 500 名儿童成为学徒。接下来的几年中,每年都有 150—200 名儿童被送到外地充当学徒。③ 由此可见,众多的儿童进入工厂充当学徒或者工人,一方面是社会普遍的意愿,另一方面是经济发展与产业革命的需要。这并不是关键的问题,问题的关键在于,这些儿童进入工厂后会遭受什么样的工作状况,工厂提供的工作条件,是否能为儿童以及工人们提供一个基本的劳动环境。在早期工厂制时代,资本家唯利是图,贪得无厌,他们为了追逐经济利益与产出,完全不顾那些鲜活的生命。特别对还没有发育完全的儿童来讲,工厂简直就是地狱,工厂的生活就是儿童的一场梦魇。1785 年,在工业革命的发源地曼彻斯特,医生们进行了一次调查,他们发现工厂的工作环境与卫生状况令人担心,儿童的身心遭受到严重的伤害。为了增加产量,儿童们被迫夜里也工作;为了减少支出,儿童们生

---

① 参见 Norma Landau ed., *Law, Crime and English Society, 1660-1830*, Cambridge: Cambridge University Press, 2004, p.233。
② 参见〔法〕保尔·芒图:《十八世纪产业革命》,杨人楩等译,第 334 页。
③ 参见 Norma Landau ed., *Law, Crime and English Society, 1660-1830*, p.235。

活在没有基本卫生条件的环境中。恶劣的环境加上超负荷的工作，经常导致发生童工死亡的情况。在许多工厂中，雇主与监工虐待学徒儿童的情况也屡见不鲜。1801年，有报道称，在米德尔塞克斯郡，有一个工厂主虐待17名学徒。[①] 更有甚者，在1800—1801年的诺丁汉郡，发生了30名学徒死亡的极端事件。

童工的境况开始引起社会的关注。这是一场错综复杂的社会改革运动，涉及各方面的利益，并且不同的政治派别以及同一派别的内部，都有着复杂的心态。推动这一改革运动的主体是多元的，主要包括医生、地方官员、中央法官以及城市慈善组织。医生主要从专业的角度出发，关注于健康方面；地方官员、中央法官以及慈善家们侧重于道德方面。[②] 据E.P.汤普森的看法："呼声来自各种'利益'方面，即仇视工厂主的地主、要求为自己限制工作时间的成年工会会员，或对这个问题实际上一无所知的中等阶级知识分子。"[③]1785年，曼彻斯特的医生们调查工厂环境后，给出了如下建议：对工作车间进行通风并熏蒸；让孩子们经常洗澡；14岁以下的儿童每天工作时间应不超过10小时；让孩子接受一定的教育。1796年，珀西瓦尔医生以曼彻斯特卫生局的名义发布了一份报告，揭露工厂中工作条件的恶劣与工人生活的艰苦。他写道："1.兹证明：大纱厂中雇用的儿童等人特别有遭受传染性热病的危险，这类疾病一发生，不仅会在密集于同一地方的人中间，而且还在他们的家里和四邻很快地传播开来。2.大工厂对在其中劳动的人们的健康，一般都有有害的影响，甚至于那里没有任何传染病时也是一样，因为大工厂迫使他们过着严密禁闭的生活，因为热气或臭气有令人虚弱的作用，因为缺乏身体锻炼。在童年和青年时期缺乏这种自然的必要的锻炼来增强机体，便无法完成工作和履行成年的义务。3.夜工和延长工作日，当问题有关儿童时，不仅会因损害体力，破坏新

---

① 参见 Norma Landau ed., *Law, Crime and English Society, 1660-1830*, p.242。
② Ibid., p.232.
③ 〔英〕E.P.汤普森：《英国工人阶级的形成》，钱乘旦等译，第382页。

第十章 19世纪的"政府革命"

生一代的生命力,而且会缩短寿命并减少那为未来所指望的积极性,而且还常常赞助那些反乎自然条理、以剥夺自己子女为生的父母的懒惰、浪费和堕落。4. 工厂中雇用的儿童一般都失去各种学习机会和接受道德与宗教教育的机会。5. 某些纱厂中现行的仁慈章程指出,在颇大程度上有可能补救大多数的这类缺点。经验认为,并得到那些经营这些纱厂的慷慨好施人的协助,我们应向议会交涉,以便获得一些合理的人道的制度,行使于所有这些工厂中的法令,如果不能通过别的办法来达到目的的话。"[1]

自由放任时期的政府并不是我们想象的那样无为而治,他们不干涉的领域是经济与商业领域,这并不意味着政府对社会和道德领域的问题熟视无睹,放任自流。政府在行动!兰开夏的治安法官们从1784年就开始关注纱厂学徒的健康与卫生状况。为了保护儿童的健康与安全,治安法官们禁止堂区官员把儿童送入开夜工的工厂里。在曼彻斯特,治安法官根据医生们的建议,也禁止不符合条件的工厂使用童工。他们把实施的方案刊登在《曼彻斯特信使报》之上,让民众与工厂主知道此事,并向邻近几个郡的治安法官做了通报。在西雷丁,1796年,该地区的治安法官们也对学徒的问题给予了关注。他们颁布条令,禁止棉纺厂与其他工厂的雇主让学徒在夜间工作。为了保证法令的执行,治安法官们组建了即决法庭(petty session),负责处理相关的诉讼。此外,治安法官们把这一措施刊登在本地区的报刊上,让地方民众知晓这一法令。前文已述,1801年米德尔塞克斯郡发生了雇主虐待17名学徒的事件,该地的治安法官知晓此事后,对当事人进行了审判,并把相关情况向邻近的郡治安法官进行了通报。治安法官之所以对儿童的问题给予了极大的关注,与当时盛行的父权思想有密切的关系,作为地方社会领导者的乡绅,应该对弱势的群体,特别是儿童倾注关心。其实自伊丽莎白一世以来,国家就赋

---

[1] 〔法〕保尔·芒图:《十八世纪产业革命》,杨人楩等译,第381页。

予治安法官管理学徒的事务，18、19世纪治安法官对童工的关注，是这一传统的延续。童工的悲惨遭遇也引起了中央法庭法官的关注。1801年，米德尔塞克斯郡虐待事件发生后，中央法庭的法官也知道了这一情况，大法官凯恩（Kenyon）斥责当地的官员的失职，并以曼彻斯特治安法官关心儿童的例子，鞭策米德尔塞克斯郡的官员。①

19世纪初，真正推动工厂改革与立法的当属罗伯特·皮尔。1802年4月，罗伯特·皮尔向下院提出《学徒健康与道德法案》，该法案起初针对的是纺织厂。在议会讨论该法案的过程中，议员威尔伯福斯建议把该法案的适用范围扩展到毛纺厂与其他工厂。当时的人们对这一法案是否能够顺利通过，看法并不一致，像曼彻斯特的治安法官们就认为，这一法案并不会走得太远，威尔伯福斯却信心十足。1802年法案的内容包括：在卫生方面，工厂主应该使得工人工作的车间保持通风，并且车间的墙壁与天花板应该每年用石灰刷白两次，以防止细菌的滋生；学徒应该有两身工作服，一换一洗，每年发给学徒一身新的衣服；一张床最多供两名学徒睡觉，并且要为男女儿童分别安排宿舍；学徒每天工作不应该超过12小时，吃饭时间不包括在内，晚上9点到早晨6点工厂不应该开工；在精神道德方面，更多地关注于学徒的情况，男女学徒应该分开休息，在工作期间，学徒们应该受到相应的教育，包括读、写与算术，在学徒工作的前四年中，应该参加周日的礼拜，接受宗教教育。为了监督法案的实施，治安法官应该每年任命两名监督员，一个从当地官员中选出，另一个从国教会牧师中间选任。这些监督员可以在任何时候进入工厂检查，假如他们发现工厂中有传染病的话，监督员有权立刻召集医生。法令要求卫生监督员应该向郡法庭提交卫生报告。假如有工厂违反法令的话，处以2英镑至5英镑的罚金；假如工厂主拒绝接受监督员或者阻挠卫生监督员工作的话，处以5英

---

① 参见 Norma Landau ed., *Law, Crime and English Society, 1660-1830*, p.242。

镑到10英镑的罚金。最终这一法案得到议会的通过，1802年6月22日，国王批准该法案。遗憾的是法案的执行流于形式，治安法官虽然也在报刊上刊登了告示，要求工厂主们向他们登记相关的情况，并任命了监督员负责检查工作，但是不久行动就逐渐地消失了。保尔·芒图对1802年工厂法案的实际效果进行了阐述。他指出："必须承认，这项法令的实际效果几乎等于零。首先，它只适用于大工厂，特别是纱厂。……法令的措辞很模糊，它所规定的制裁也不充分。……法令规定任命视察员，但是视察员对于执行任务却表现得不大殷勤，尤其害怕同老板们弄得不和，因为视察员往往是他们的邻居或朋友。几年之后，在某些区里，人们甚至不再劳神去任命视察员了。最后，工厂中也从来没有张贴这项法令。……这项法令即使认真实行，也只不过提供一点微乎其微的补救而已。"[①] 笔者认为除了以上的原因之外，法令的形同虚设，恐怕与这一法案的超前性有一定的关系。在皮尔提出这一法案时，地方上的治安法官就持消极的态度。治安法官们希望做的是：限制童工的工作时间，禁止工厂在夜间开工，并限制工厂雇用学徒的数量。这些具体政策法规的执行者，并没有从更深层次的道德角度来考虑问题，由此他们对于具体法案的执行力也就可想而知了。当然从历史发展的角度来讲，抛开实施的效果，1802年皮尔的《学徒健康与道德法案》的价值在于"其观念的影响"。[②] 它表明：即使在自由主义的鼎盛时期，在工业资本大行其道的年代，国家也应该对社会生活进行有限的干预，而不是放任社会无节制无道德的发展。保尔·芒图指出："这项法令，其通过几乎不被人注意，却值得史学家十分注意。因为它创立了一个在英国十九世纪期间起了很大作用的制度，而且各文明国家都采用了这种制度，即对工厂的监督。这项法令规定了有关工厂卫生、学徒教育、劳动时间的限制等义务原则。当它对工业家的专断权加以一种不管怎样轻微的限制时，它就在这样一条路上走了

---

① 〔法〕保尔·芒图：《十八世纪产业革命》，杨人楩等译，第384—385页。
② 参见 Norma Landau ed., *Law, Crime and English Society, 1660-1830*, p.230。

第一步：路的起点和终点就是绝对放任主义和国家社会主义。"[①]空想社会主义者欧文也进行了相应的改革。欧文宣称：自己在新纳拉克的工厂，采取了缩短工作时间与改善工作环境的做法，并未使得企业的效益减少。欧文从实践的角度证明，企业的效益与工人的劳动时间并不完全成正比，这有助于打消资本家与企业家对效益问题的顾虑。在1810年左右，罗伯特·皮尔与大法官凯恩又相继组织调查委员会，为后面的改革与立法提供实证的材料。1819年，皮尔提出法案，禁止9岁以下的儿童在纺织厂工作，儿童的工作时间限制在每天9—12小时。此外辉格党的议员也提出相似的议案，比如禁止儿童在夜间工作等。

从19世纪30年代开始，工厂改革运动出现了两位重要的改革者，分别是议会外的理查德·奥斯特勒与议会体制内的米切尔·托马斯·萨德勒。1830年9月，奥斯特勒访问了布雷德福德地区的一家工厂，在这里，他亲眼目睹了童工悲惨的生活状况。其实这家工厂就在他家的附近。这次经历使他异常震惊。1830年10月16日他给《利兹使者报》写了封信，揭露了工厂中童工所受的悲惨遭遇。其大意如下：在约克郡，这个议会所认为的反对奴隶制度的地方，却存在着另一种"奴隶制度"，而且这种"奴隶制度"比殖民地的奴隶制度更为令人震惊与惊骇，也显得更为野蛮。约克郡的街道上洒满了童工心酸的泪水，因为工厂主的贪婪，童工们在工头与监工的驱赶下，来到工厂工作。成千的儿童——主要是女童——从7周岁到14周岁不等，每天被强迫从早上6点一直工作到晚上7点，仅仅有半个小时被允许吃饭与休息。英国人，当你读到这些情况时，你难道不感到脸红与羞愧吗！可怜的孩子，他们是贪婪的牺牲品，在我们这个标榜自由与权利的国度中，儿童却成为了劳动的动物了！[②]奥斯特勒的信在英国社会中引起了巨大的反响，有相信与赞同的，也有怀疑与质疑的。

---

① 〔法〕保尔·芒图：《十八世纪产业革命》，杨人楩等译，第384页。
② 参见 Derek Fraser, *The Evolution of the British Welfare State*, London: Macmillan Press, 1984, p.254.

第十章 19世纪的"政府革命"

代表新兴资产阶级利益的自由主义者就认为：奥斯特勒的描述夸大了实际的情况，也没有给工厂主表达的机会，因此并不可信。另一份1831—1832年童工劳动调查特别委员会的报告，也描述了相似的情况。该报告指出：在工厂工作的女童工每天工作19个小时，她们凌晨3点开始，一直工作到晚上10点。每天花一刻钟吃早饭，半小时吃晚饭，一刻钟时间用于喝水。假如工作太忙的话，只能回到家再吃饭。工头很早就叫醒孩子们，这些孩子们每天的睡觉时间不到4个小时，以至于许多的儿童在吃饭的时候就睡着了。高强度的劳作以及没有安全的保护，孩子的指头被轧断的情况时有发生，而发生了工伤事故之后，工厂主们并不再支付儿童工资，孩子只有到医务室进行治疗。①奥斯特勒成为议会外工厂制度改革运动的领导者。来自不同的社会阶层，持有不同政治见解的人，为了同一个目标——工厂改革——捐弃前嫌走到了一起。他们组织集会发动社会宣传，散发宣传小册子，积极地宣传工厂改革，并在1831年春天成立了"缩减劳动时间委员会"（Short Time Committees）。

当奥斯特勒在社会中进行轰轰烈烈工厂改革运动时，下院的议员萨德勒也在议会内进行改革的准备。萨德勒是托利党的议员，在政治倾向上以替爱尔兰农民、英格兰农业工人与工厂儿童争取权益为政治目标，因而在工厂立法改革上，极力争取10小时工作日。1832年3月，萨德勒提出了著名的《十小时工作法案》，这一明显具有超前性的法案得到了议会外奥斯特勒的支持。在复活节后的星期一，民众从四面八方来到约克郡声援该法案，有超过13万民众在请愿书上签了名，由此可见声势的浩大。②萨德勒的《十小时工作法案》对议会来讲是个烫手的山芋，为了延缓法案的通过，议会要求萨德勒主持一个特别调查委员会，再去收集相关的材料。不久之后，议会解散并进行新的选举，萨德勒只得参加议会的选举，他的两个选举竞争对手非常有竞争力。虽然萨德勒是工厂改革运动的象征人

---

① 参见 Derek Fraser, *The Evolution of the British Welfare State*, p.255。
② Ibid., p.18.

物，获得了广大工人与社会民众的热情支持，但是绝大多数普通民众在选举中没有投票权，而那些有投票权的人不一定支持工厂改革，最终萨德勒只能以一种悲壮的方式结束了自己的政治生涯，从此退出了政坛。德里克·弗雷泽对萨德勒的改革行动进行了高度的评价："虽然萨德勒不再是众人瞩目的中心，但是他的名字已经镌刻在英国的历史之中，因为他的报告是19世纪英国最重要的社会文献之一。"① 萨德勒虽然无法再继续自己的改革事业，但是改革已是必然的趋势。

改革的历程从来就不是平坦的——虽然结果是光明的。尽管广大民众对工厂儿童的悲惨遭遇给予了极大的关注与同情，但是辉格党政府以议会没有倾听雇主与工厂主的声音为由，提出组织"工厂调查委员会"，以推延法案的提出。1833年6月，以查德威克与索斯伍德·史密斯为首的调查委员，给出了其实是体现自由主义者意愿的报告。该报告描述了儿童所受的悲惨遭遇：长时间的劳动严重地损害了工人们的身心健康，由此产生的许多疾病是无法治疗的，特别是儿童所受到的伤害更为严重，他们无法接受教育，也无法培养良好的习惯。由于孩子还不属于"拥有完全自主能力"的人，因此为了孩子的利益，应该进行国家立法干预。② 正如辉格党人麦考莱所说："总的原则是契约自由，国家不应该干涉工人与雇主之间的事务。但是有个例外，即儿童不能够自己保护自己，因此这需要国家的干涉与保护。"③ 这一报告其实蕴含着另一层含义，即成年工人属于"拥有完全自主能力"的人。假如工厂的环境确实非常恶劣，成年工人完全可以选择离开该工厂，这也符合自由资本主义时期倡导的"契约自由"的理念。如果工人不选择离开，则说明工厂环境与工作强度是可以接受的，国家对此不应该干涉。在工人没有选择的权利而处于弱势的情况下，这其实是一种弱肉强食的强者逻辑。

---

① Derek Fraser, *The Evolution of the British Welfare State*, p.20.
② Ibid., pp.256-257.
③ Ibid., p.21.

1833年，辉格党人议员奥尔索普（Althorp）提出自己的议案，并很快成为法律。奥尔索普法案规定：在纺织厂（除了丝绸与饰边的劳动领域），禁止雇用9岁以下的儿童；9—13岁儿童每天工作时间不超过9小时；13—18岁的年轻工人每天工作不超过12小时，儿童每天有2个小时接受教育；任命4名监督员监督法案的实施，监督员有权发布具有法律效应的强制性命令，并可以像治安法官那样对违反者处以罚金，监督员有权了解工厂的情况，特别是有关儿童状况的信息；成年的工人不受法律保护。从表面上来看，1833年的工厂法实现了改革者最初的愿望，即保护处于弱势地位儿童的权利，并使得他们有机会接受基本的教育，而且也设立了监督员监察法律实施的情况。但是在实际生活中，当改革的阀门一旦打开，涌出的潮水只会越来越汹涌。成年工人也是这个国家的工人，凭什么他们就得像奴隶一样过着非人的生活，每天在恶劣的工厂车间工作12小时，作为这个王国的公民，他们也需要共享改革的成果。正如奥斯特勒指出的："工厂法出台后，年轻的工人仍然得工作很长时间，而成年工人成为辉格党政治经济学的牺牲者。"[①]因此工厂改革的目标仍然是"十小时工作制"。但是，这时候工厂改革遇到了一些不利的条件。主要是有关儿童权益的基本目标已经实现之后，社会改革运动开始转向反对新济贫法运动。随后又爆发了宪章运动，由此接下来的一段时间，工厂改革运动式微。1842年，在阿什利的主持下，成立了"皇家调查童工委员会"。该委员会发布的报告揭露了煤矿工人的悲惨状况，又引起了大众的关注。阿什利希望借此机会通过一项煤矿工厂法案，减轻在煤矿中童工的工作量，并使得他们有机会接受教育。由于法案必然涉及具有"完全自主能力"人的界定问题，阿什利的议案把年龄界定为13岁，上院迫于煤矿主的压力，主张把年龄界定为10岁。这一提法显然令阿什利感到失望，但是该法案有一个进步的地方是，把妇女界定为"无自主能力的人"，从而禁止

[①] Derek Fraser, *The Evolution of the British Welfare State*, p.22.

女性从事地下采煤的工作。不久议员格拉姆也提出议案，并于1844年通过。该议案规定：8—13岁的儿童每天工作6.5小时，外加3小时的受教育时间；年轻工人与妇女每天工作12小时。

工人工作时间的真正改变最终与经济萧条关联上了。1847年英国经济衰退，失业人数大增，雇主在实际运作中采用了缩短工作时间的办法，来应对经济危机。于是1847年"十小时工作制"再次提出，得到了社会大众的广泛响应，在各方利益角逐之下，法案顺利通过。该法律规定：年轻工人与妇女在第一年工作时间每天不超过11小时；第二年不超过10小时。该法案在原则上是成功的，但是由于雇主千方百计地规避法律，使得1847年法律没有得到认真的执行。工厂改革的领导者阿什利对此非常失望。在1850年，他写道："十小时工作制失效了，工作又得重新开始，但是时间已经过去了十七年了。"[①]1853年新的工厂法案颁布。该法案规定：正常的工作时间为早上6点到晚上6点，即每天工厂开工12小时；童工工作时间不超过6.5小时；年轻工人与妇女工作每天不超过10.5小时。这一法案虽然没有涉及成年工人，但是在实际中，他们也自然地工作10.5小时。这一法案主要在纺织厂内施行，在阿什利的努力下，该法案逐渐适用于其他工厂领域。事实上，随着工人工作时间的减少，工厂的效率并没有受到影响，这是技术发展以及管理改进的结果。逐渐积累起财富与管理经验的工业资本家们也意识到，提高工作效率并改善工人们的福利是历史的潮流。1867年保守党政府又通过了两项措施，保护金属厂、印刷厂、造纸厂以及玻璃制造厂工人的权利。法律规定：8岁以下儿童禁止进入工厂工作，较大岁数的儿童应该每周有10小时用于学习，年轻工人与妇女也受到保护，这一法案使得140万工人受益。1874年R. A. 科若思提出新的工厂法案，最终使得所有的英国工人都享受10小时工作的权利。1878年又通过一份改革法案，其实是对以前法案的确认与完善。在英国社会不断推

---

① Derek Fraser, *The Evolution of the British Welfare State*, p.27.

进工厂立法保护工人权益的同时，它也面临着经济危机与德国等新兴工业国家的竞争压力。也有不同的声音反对缩短工人的工作时间，但是社会福利的潮流不可阻挡，国家有限干预社会生活的原则，已经在英国民众头脑中确立下来了。市场并不是无所不能的，人的逐利本性会给社会带来巨大的恶，而此时国家不再是恶的象征，而是一个除恶的工具。但是必须指出的是，英国社会中这种国家干预思潮最核心的基础还是自由市场理论，它只是自由主义的另一种表现形式而已。当工人阶级的意识逐渐地形成并且成熟之后，工人阶级形成了自己的工会组织，组织了自己的政党，保护工人权利的方式更为有效与直接，产业工人走向福利的大道更为广阔与光明。

第十一章　地方政府的实践与改革

一、思想界的准备与论证

休谟为人们所熟知，是因为他是一位重要的哲学家、历史学家。同时，他也是一位重要的政治理论家，而关于后一点，我们关注的较少。休谟的政治思想主要体现在他的《道德和政治论文集》（1741、1742年）与《政治论》（1752年）两本书中，国内学界对他政治思想的介绍体现在《休谟政治论文选》一书，系从前面两书中，节选出部分的文章，作为论文集出版的。休谟的思想体系殊为复杂，这也体现在他的政治思想之中。休谟倾向于共和国体制。他写道："许多人认为像法国或大不列颠这样的大国决不能塑造成为共和国，有人认为这种体制的政府只能产生于一个城市中或一个小国中。看来情况很可能与此相反。在幅员广阔的国家中建立一个共和政府虽然比在一个城市中建立一个这样的政府更为困难，但这样的政府一旦建立却更易于保持稳定和统一，不易发生混乱和分裂。"[①] 在论述共和国时，他描绘了自己心中的理想共和国。他设想把大不列颠与爱尔兰分为100个郡，每个郡分为100个教区。在郡里，让所有年收入达20英镑的不动产所有人和城镇教区中所有拥有500英镑财产的户主每年在教区教堂中开会，投票选举郡中一些有地产的人作为他们的代表，即郡代表。郡代表再从他们自己当中选出10名治安

---

① 〔英〕休谟：《休谟政治论文选》，张若衡译，商务印书馆2010年版，第172—173页。

第十一章 地方政府的实践与改革

官以及一名参议员。这样的话,全共和国共有100名参议员、1 000名治安官以及10 000名郡代表。参议员在首都议政,拥有国家全部的权力;郡代表与治安官在郡议政,拥有自己的权力。[①] 在休谟理想共和国的地方社会中,"郡代表拥有英国地方司法机关在治安审判、关押等等事务中的全部权力。治安官可任命各郡的所有的财政税收官员。所有涉及财税收入的案件最终均可向治安官申诉。这些申诉不列入所有财税官员审理的文档,但需另立档案到年终由郡代表审查通过。治安官任命各教区的教区长和牧师。建立长老会式管理机构。教会最高法庭为郡宗教会议,由该郡全体长老组成,治安官可以提审该庭的任何案件,作出判决。治安官可以审讯、免除或开除任何长老。"[②] 以上可见,休谟的理想共和国中,地方政府拥有司法、财税、宗教等权力,从而实现自己管理自己的目标。休谟继续写道:关于国民军,治安官任命所有上校及以下军官。参议院任命上校以上的全部军官。战争时候,将军任命上校及其以下的军官,任命有效期为一年。一年以后则需由该军团隶属的郡治安官认可。郡官可以撤销该郡国民军的任何军官。如果治安官认为将军提名人选不当,他们可以任命另一名军官取代前面的军官。[③] 在这里休谟还赋予了地方政府以军事的权限,这实属不易。此外,郡内的所有犯罪案件均由郡官和陪审团审讯,各郡可以向参议院控告任何人的任何罪行。在制定地方法规时,由郡或区的多数代表决定,在双方票数相等时,治安官可以投票最终决定,同时担任共和国的代表、治安官以及参议员均无薪资。[④] 休谟有关共和国体制下地方自治的论述,体现了那个时代的政治思想家的思考,如有关地方官员属于无薪资的阐述,明显与18世纪的社会现实契合。他的论述也有区别于其他思想家的独特地方,如有关地方政府与国民军的关系,这在其他的思想家论

---

① 参见休谟:《休谟政治论文选》,张若衡译,第162—163页。
② 同上书,第166页。
③ 同上。
④ 同上书,第167页。

述中鲜见。休谟也对普通民众的素质持有疑问。他判断:"下层人民和小业主善于判断一个地位或居住地方离他们不甚远的人,因而在教区会议中很有可能选出最好的或接近最好的代表;但他们完全不适于参加郡级会议,不适于选任共和国的高级职务。他们愚昧无知,易受显贵欺哄。"①休谟的论述代表了18世纪政治思想家的观点,当然他的论述与其他的思想交织在一起,做十分清楚的区分不易。

在法国,被誉为"开始了法国革命,也结束了法国革命"的政治思想家西耶斯(1748—1836年)也论述了中央与地方的关系,以及具体地方行政区划问题。②在1789年7月写的《论适用巴黎之宪法的若干观念》一文中,西耶斯对中央与地方关系进行了如下阐述:"我们的起点立足于如下的原则:整个法兰西应当接受共同的、统一的立法与政府。各市镇应当拥有一个委员会和一个管理机构,用以处理特殊事务,并代表立法权和执行权。然而,必须确保每个城市或市的自由与特殊的宪法,无法篡夺国家的普遍宪法,必须确保前者绝对不能阻挠国家的立法与政府。因此人们能够明白,应当在相同的基础上,建立两座政治大厦。一座是服务于地方,另一座则要和毗邻的大厦和谐共处,要和其他的市镇建立团结,共同构建法兰西君主制。"③简而言之,西耶斯主张,地方的自治权利应该建立在国家统一完整的基础之上,它不是以牺牲国家完整为代价的,核心还在于君主的存在。另外一点值得注意,西耶斯有关委员会与管理机构的主张,类似于后来法国地方行政的"行政双轨制度",即议事机构与执行机构的分立。关于这一点还需做一些说明。对法国来讲,议事机关与执行机关有两个基本不同处。第一,职权性质的不同。议事机关总是只享有单纯的决定权,即决定应该做这件事或不应该做那件事的权力;执行机关则往往同时享有决定权与执行权,

---

① 〔英〕休谟:《休谟政治论文选》,张若衡译,第167—168页。
② 这部分的叙述主要由乐启良翻译。
③ Sieyès, *Quelques idées de Constitution applicables à la ville de Paris*, Versailles: Baudouin, 1789, pp.2-3.

所谓执行就是把所决定应做的事情付诸实施，或把所决定的原则适用于具体的情形上去，执行的标准可以是自己的决定，亦可以是其他机关的决定。第二，组成性质的不同。议事机关总是由多数人所组成的；而执行机关则往往以由一个人组成为原则，因此当它执行公务时，便不采取一定的程序。[1]在具体的行政区划上，西耶斯主张，王国可分为80个省，每省9个市镇，由此有720个市镇，每个市镇由一个边长为6里格的正方形组成，面积是36平方里格，由此每个省面积约为324平方里格。至于巴黎，它的地位特殊。西耶斯说："这些数字对巴黎无足轻重；我只需要指出，由城市与郊区构成的巴黎市处在构成整个王国的720个市镇的中心。……然而，巴黎是法兰西的首都；巴黎及其郊区拥有全国人口的1/30；最后，它缴纳的赋税将近占总税收的1/7。因此，在构成王国的第一省份或中心行省的9个市镇中，应当单列巴黎的核心市区，并赋予它以一个省的所有权利。这种特权或权利只能属于巴黎。由此，我们便有了81个省，而不是80个省。……巴黎及其郊区应当尽可能地接近这种标准。如果有人问我为什么不把巴黎市局限于它的内城，我会回答说，如果它治理的范畴没有跨越其城墙，人们就会陷入无休止的争论。因此，首都不能被某个不属于其自身的外省管理，限制于其城门。"[2]至于巴黎的具体行政区划，西耶斯主张，与其他的省份一样，把巴黎及其郊区的土地划分成9个面积相等的区，而每个区划分成9个街区，其面积也同样相等。因此，巴黎总共有81个街区。但是，这并不是说每个街区只拥有一个公民议会。西耶斯说，他已经注意到街区人口分布的不平等。某个街区的人口有可能是另一个街区的10倍之多。因此需避免作为政治社会之真正基础的初级议会，因为民众的人数而引起失序和混乱。西耶斯主张建立一条普遍的法则——基础性的议会，或者说初级议会将拥有600—700人；如果有权投票的公民人数超过900，就应将之分成个人数大致相等的议会；如果

---

[1] 参见楼邦彦：《各国地方政治制度 法兰西篇》，商务印书馆2012年版，第34页。
[2] Sieyès, *Quelques idées de Constitution applicables à la ville de Paris*, pp.5-7.

人数超过3 000人，将在同一个街区建立三个初级议会；以此类推。所以，每个街区都将至少拥有一个初级议会；但是，考虑到其人口的数量，它有可能拥有若干个初级议会。因此，由城市和郊区构成的巴黎城拥有的基础议会，或者我们亦可称为选举议会（comices）的数量，将超过81个。[1] 1789年10月2日，在《针对宪制委员会关于重新组织法国的报告之思考》一文中，西耶斯又对自己的理论进行了阐述与强调。他说，长期以来，我一直认为有必要对法国国土进行重新划分。机不可失，时不再来！假如我们错过机会，各省将永远地保留它们的团体精神、特权、要求与嫉妒。法国将永远不可能建立一个对于受相同法律规范、受相同行政管理的伟大民族所需的政治大一统。如果不进行更为平等、更容易为人理解的划分，我们如何让王国的各部分产生恰如其分的影响呢？此外，在现存的四种划分模式，即在督军区、主教区、裁判区和财税区中，应当采取哪一种划分呢？其中的任何一种划分，都无法得到格外的青睐。最后，既然建立好的代表制是重要的工作，那么就应当为之提供一种更为平等、更契合新宪法精神的行政划分。然而，划分几乎完全相等的区（districts），在实践上行得通吗？此种行动可能遭遇的困难，或者源于事物的本质，或者来自于人的激情。我们用片刻的时间，考察这两种障碍。我认为对王国的领土重新划分，具有可操作性。[2] 如果客观地评价西耶斯的观点的话，既可以看到这位伟大思想家的闪光点，也可以感觉到其中的理想主义成分，在行政区划方面，把国家分为大小差不多的地区，这在实际的操作当中是无法实现的。

18世纪末政治思想家的思考，并没有因为时间的推移而销声匿迹，反而因为民主革命以及工业革命的推动，而变得更为重要与迫切。在英国，1851年，约书亚·图尔明·史密斯（Joshua Toulmin

---

[1] 参见 Sieyès, *Quelques idées de Constitution applicables à la ville de Paris*, p.8。

[2] 参见 Sieyès, *Observations sur le rapport du comité de constitution,concernant la nouvelle organisation de la France*, Versailles: Baudouin, 1789, pp.1-3。

Smith）这样论述地方自治政府与中央集权："自由、自由的制度与好的政府不仅仅保护人身安全与财产。……真正的自由包括国家的一员——一个自由人不断积极地知晓自己的位置与责任。自由人应该感到：除了获得个人的安逸与舒适之外，他的生活还有别的追求；作为国家的一员，他还拥有重要的积极的权利、义务以及责任。每一种政府都可以归纳为两种因素：一是地方自治政府，一是集权政府。政府通常被划分为君主专制的、贵族寡头的、民主的以及混合的政体，但是这种划分只具有表面上的意义，没有描绘国家内部的真实情况。在地方自治政府制度下，由最多的人参与管理与治理国家，他们最了解最多的具体情况，也对做好工作抱有最大的兴趣。在中央集权制度下，由最少的人参与管理与治理国家，他们最不了解具体的情况，也对做好工作最没有兴趣。自由制度的精神与生活，完全依赖于他们现实的感觉。这种感觉只能来源于他们经常的个人经历。……实际安排有益的调整，适宜于紧急的情况，行政功能令人满意的安排，必须依赖于制度的活力，这种制度给每个自由人充分讨论、听取所有直接相关以及不直接相关于他的问题的机会。在地方自治政府中，可以发现真正的爱国主义。这种爱国主义不是狭隘的爱国主义，而是国家每个地方的每个自由人都欢呼的爱国主义，是每个人都享受的爱国主义。地方自治政府不会挑起一个阶级对另一个阶级的对立，一个利益集团对另一个利益集团的对立。它使得所有的阶级都友好相处，在日常生活中相互依赖。它不会让社会中的腐败隐藏起来不为人所知。地方自治政府为民众提供了真正的教育，在现实生活热烈的工作中，所有的人都积极地参与。一旦他们有事，他们会从蛰伏的状态中苏醒，奉献自己的才智与能量。"[①]

19世纪自由主义的代表人物约翰·密尔从自由以及代议制的角度，也对地方政府的价值与意义进行了论述。在1859年出版的《论自由》一书中，密尔在论述政府干涉限度问题时，涉及中央与地方

---

① H. J. Hanham ed., *The Nineteenth-Century Constitution 1815-1914: Documents and Commentary*, pp.376-379.

之间的关系，以及地方政府与中央政府的权限。他指出："人们之所以主张陪审制度（在非政治性的案件上），主张自由的、平民的地方自治和城市自治，主张自由愿的联合组织来办理工业和慈善事业，这一点乃是主要的理由，虽然不是唯一的理由。……如若干国度中政治自由不充分建筑在地方自由的基础上便往往是昙花一现，就是例证。"[1]密尔在论述中央政府的角色时写道："这个中央机关应当了解一切做过的事情，其特殊义务则在使一个地方所得出的知识能为其他地方所利用。"[2]在密尔看来，中央政府的特点就是权威性，它站得高看得远，没有地方的偏见与狭隘的眼光。在综合各个地方的信息以及经验之后，中央政府可以从更高的高度来监督地方政府，并推广地方政府的试验。密尔反对政府特别是中央政府权力不必要的加强——请注意，密尔是说"不必要的"。他反对通过国有化，把铁路、银行、大学、联合股份公司等，变成政府的分支机构，也反对把乡镇、地方当局及其附属机构变成中央政府直接控制的部门。因为这些机构的人员都由中央政府控制的话，那么所谓的自由就成为"镜中花水中月"。"凡在一般法规中没有预作规定的事、一概应由地方官吏自行裁处，但要对他们的选民负责。"[3]综合看来，在《论自由》一书中，密尔间接地提出了有关中央与地方关系的原则，即法治原则；同时他还界定了中央政府与地方政府各自的权力范围。更为重要的是，密尔在论述地方政府时，强调了地方自治的基础是个人权利，即地方官员应该对选民负责，选民有权罢免没有遵照立法精神执行法规的官员。这一论述不是对中央地方关系简单的集权或分权的解释，而是从更深的层次对中央与地方关系的阐释，即基于个人权利的地方自治，以及基于地方自治的中央与地方关系，中央对地方的监督应该通过法律手段，公民对地方政府的监督也应该是法治原则。在1861年出版的《代议制政府》中，密尔的论述也涉

---

[1] 〔英〕约翰·密尔：《论自由》，许宝骙译，第130—131页。
[2] 同上书，第136页。
[3] 同上。

及中央政府和地方政府。他首先论述了地方行政制度在培养公共精神与发展才智方面的作用。在民主的进程中，公民教育的重要性毋庸置疑。密尔认为有两种途径可以实现这一目的。一是司法方面的陪审团所起的作用，以及在两届议会选举之间的间隔阶段，普通民众可以通过阅读报纸、以给报社写信、公共集会以及对行政当局提意见与建议等方式，参与日常政治活动。但是，这种方式在密尔看来，更多的是在思想方面而不是在行动方面，并且就是在思想方面，也不具有"行动责任"。这种方式"就大多数人来说比消极地接受某个别人的思想好不了多少"。第二种途径就是地方行政实践，"地方行政制度就是实现这一作用的主要手段"。"但在地方团体情况则不同，许多公民除选举职能外，还有依次被选的机会，还有许多人，或者通过选拔，或者通过轮流办法，担任许多地方行政职务中的这个或那个职务。他们在这些职位上必须为公共利益而行动，更不用说思考和说话了，而且这种思考不能全由代表去做。还可以补充说，这些地方职位既然一般说来不为地位较高的人所觊觎，它们就作为一种媒介把重要的政治教育带给社会中地位低得多的阶层了。"① 透过密尔那略显晦涩的论述，我们看到他表达了这样一种思想——地方政府为基层民主意识与实践提供了现实的可能。此外，密尔还对地方政府的权限进行了阐述。在密尔看来，地方机关的"正当职权"是一个相当重要并且是"更为困难的问题"。这一问题涉及两个部分：一是它们的职责是什么；二是它们该享有多大的权力，或者说受中央政府何种程度的干涉。对于第一个问题，密尔认为：一切纯属地方的事务——一切仅涉及一个地区的事务——应归地方当局负责，如铺路、照明、排水以及街道清洁等。但是同时还存在着一些事务既属于地方又可以称为国家的事务，它们是公共行政某些部门属于地方的那部分，其效率如何是全体国民所同样关心的，例如监狱、地方警察、地方司法。密尔主张"凡是保证这些首要目的的最好的

---

① 〔英〕J. S. 密尔：《代议制政府》，汪暄译，第208—209页。

安排都应该全是强制性的,并且,为了保证它们的贯彻施行,都应该置于中央监督之下";否则还需要一个全国性的政府干什么呢!此外还存在着第三种类型的地方事务,"尽管它们真正是全国所关心的,但不能在符合地方行政的目的的情况下,用地方管理以外的方法管理",如济贫法与卫生规则等的管理。这一类型的事务才是中央集权主义与地方自治主义都难以界定的事情,即地方政府应当被授予自由决定权,不受国家与中央政府监督或者控制到什么程度。对于这一棘手的问题,密尔首先从"中央当局和地方当局在有关做这工作的能力以及防止玩忽职守或滥用职权方面所处的相对的地位"这方面进行了分析与论述。在才能与知识程度上、监督舆论以及它们应对之负责的舆论这方面,中央政府具有优势。而在"对结果的直接得多的利害关系"、管理的细节等方面地方政府又具有优势。最后密尔得出的结论是:"最熟悉原则的当局在原则问题上应该是最高的,而在具体问题上最有能力的当局应该负责处理具体问题。中央当局的主要职务应该是发指示,地方当局的主要职务应该是把指示应用到具体问题。"[①]作为一名边沁主义者,密尔从代议制原则的视角对地方和中央关系的论述,更像是中央集权主义者和地方自治主义者之间的中间路线。

在法国,随着大革命的发展,血腥的暴力、外敌的入侵、社会的动荡、集权与分权等多种因素交织在一起。法国思想家们在中央与地方关系这一问题上,继续进行着艰难的思考与抉择。在行政体制的分权改革看起来遥遥无期的时候,法国却诞生了一批主张分权的思想家。[②]关于托克维尔的研究已经非常丰富了。他认为地方分权有助于缓解民主社会中易产生"多数人的暴政"的困境。托克维尔认为,大革命只是继续了旧制度之下中央集权的趋势,而中央政府与人民之间的高度空白需要制衡,所以他赞同美国式地方分权的体制,即将一部分权力给地方,认为这样有利于保持社会的自由。

[①] 〔英〕J. S. 密尔:《代议制政府》,汪暄译,第219页。
[②] 下面有关法国分权思想的部分由李惟一博士撰写,特此说明。

除了托克维尔之外，还有一些思想家值得我们关注。第一个呼吁分权的是约瑟夫·费维（Joseph Fiévée，1767—1839年）。他本来是帝国时期的省长，后来成为记者。他呼吁把省合并成旧制度下的大省（province），并且解放市镇的功能。他指出，市镇已经变成了中央政府的奴仆，应该给予市镇适当的权力；恢复选举，让地方精英发挥自己的作用和影响。复辟王朝到七月王朝时期，自由派涌现了一些思想家，他们对于分权有各自的论述。普罗贝·德·巴朗特（Prosper de Barante，1782—1866年）的思想比较有代表性。他是一名政治学家和历史学家，在1821年出版了《论市镇与贵族政治》（Des communes et de l'aristocratie）一书。巴朗特主张恢复地方贵族的选举，这有利于增强底层对社会的关心，因为集权只能导致民众像牲口一样工作，等待命运摆布，而不是积极地影响社会。巴朗特认为，"公民的意志和良好意愿"不能只通过代表们来体现，公民应当亲自参与到公众利益的制订与维护中去。[①]天主教思想家拉默内也批评集权，在1848革命的时候，拉默内呼吁在新宪法中加上有关地方自主的条文。另一位和托克维尔有私交的律师奥迪龙·巴罗（Odilon Barrot，1791—1873年）也认为应当增强省的权力，解放市镇。他主张建立参议院，由地方共同体的代表组成。这样的思想应当是受到了美国政治的影响。这些人的思想既体现在第三共和国1875年宪法中，也体现在1871年和1884年两个对地方分权有决定性意义的法案中。在地方分权问题上，共和派中也不乏和自由派见解相近的人——尽管他们的观点被称为"雅各宾分权主义"。在1848革命中任内政部办公室主任的共和派记者亚历山大·拉雅（Alenxandre Laya，1809—1883年？）也支持地方分权。他在1850年出版了《论法国的共和国和美国的共和国》一书。他既支持国家的单一性，又主张解放市镇。在书中，拉雅提议将法国分为若干个政治区域，每个区域设议会，议会议员由"国家栋梁"

---

① 转引自 Jean-Marc Ohnet, *Histoire de la décentralisation française*, Paris, 1996, pp.71-72。

（homme d'État）所组成。①议会的工作就是执行中央政府的命令。从"国家栋梁"的概念我们可以看出，拉雅主张国家统一，这个词的结构和"国家理由"（raison d'Etat）——这是经常用来论证国家利益的词——类似。拉雅的观点创新之处在于，他试图调和集权政治与行政分权。在讨论左派的思想时，我们不能忘记无政府主义者约瑟夫·蒲鲁东（Joseph Proudhon，1809—1865年）。蒲鲁东赞成巴枯宁，认为由卢梭式的社会契约论形成的雅各宾中央集权，会导致恐怖主义。他在《论联邦制原则与重建革命政党的必要性》一书中，阐述了他的"联邦体系"（système fédératif）。该联邦体系由各个主权群体（groupes souverains）组成，从政治和行政功能方面将权力分割。②蒲鲁东对卢梭主义、雅各宾主义以及官僚国家有诸多批评，这样的观点和共和主义思想一道，为第二帝国时期一批思想家提供了养分，如埃德加·基奈、儒勒·费里、路易·博朗等。可以说，地方分权思想在19世纪下半叶的法国社会，逐渐成为思想领域中不可忽视的力量。在第二帝国时期，分权的呼声一浪高过一浪。随着拿破仑三世统治中后期对舆论的管控放松，尚博尔伯爵（comte de Chambord，1820—1883年）在1862—1865年激烈地批评了帝国的集权，他代表了保王派的诉求，要把法国的区划恢复到旧制度下的大省。在1865年，甚至有二十多个来自洛林的贵族在南锡发表了《分权计划》（Projet de décentralisation）。③阿纳托尔·普雷沃－帕哈多尔（Anatole Prévost-Paradole，1829—1870年）总结了自1814年以来关于地方自治的讨论。在他看来，分权会使公民变得更有责任感，有利于构建公共生活的框架，并且通过限制国家权威来确保自由和民主。作为第二帝国时期的自由派，他也继承了联省成大区的想法。

---

① 参见 Alexandre Laya, *De la république en France et en Amérique*, Paris, 1850. pp.122-126。
② 参见 Joseph Proudhon, *Du principe fédératif et la nécessité de reconstituer le parti de la révolution*, Paris, 1863。
③ 参见 Jean-Marc Ohnet, *Histoire de la décentralisation française*, pp.82-83。

二、地方政府的实践

何谓"集权"？这一看似简单的问题，其实蕴含着复杂的政治意蕴。欧洲社会在中央集权发展的过程中，并不是以地方权利的丧失为代价，而是伴随着地方自治制度的继承与发展。罗伯特·冈成在研究19世纪英国中央与地方关系后认为，到19世纪中叶，英国人极力反对中央集权的原则，议会在行政方面中央集权的努力最后几乎全部失败。[①] 地方主义既体现在地方政府的先行实践与改革措施之中，也表现在其与中央集权博弈的过程之中。前者体现出地方主义的主体特征，后者体现出地方主义的能动性特征。在中央集权与地方主义博弈的过程中，集权与分权得到了充分的表达，并取得各自的空间。值得研究者回味的是：边沁主义者希望以集权、有效率的政府取代古老的封建精英自治政府，而这种封建自治的地方政府，却是另外一些自由主义者一直引以为豪的。如对于治安法官制度，边沁主义的代表人物约翰·密尔持批评的态度。密尔写道："我们现有的唯一的地方委员会，即仅由治安法官组成的每季开审的地方法庭，则不具有这样的优点。……这些机构的组成方式是极不正规的，它们既不是通过选举产生，也不是通过在任何本来意义上的提名，而是和他们所继承的封建贵族那样，事实上是根据他们对土地的权利而保有重要职位的。……这种制度由贵族阶级相当固执地坚持着，但它显然和作为代议制政府的基础的一切原则相矛盾。"[②] 历史法学派的代表人物梅特兰却以遗憾的心情评价治安法官制度。他说，延续了五百年古老的地方政府机制结束了，治安法官其实比市镇官员、济贫官员更为能干。治安法官作为统治者的时代结束了，但是它不应该受到指责。治安法官纯粹、能干并且是义务的。它是时代精神

[①] 参见 Robert M. Gutchen, "Local Improvements and Centralization in Nineteenth-Century England", *The Historical Journal*, Vol.4, No.1 (1961), p.85.

[②] 〔英〕J. S. 密尔：《代议制政府》，汪瑄译，第210—211页。

的牺牲品。①

我们首先论述有关济贫法案的博弈。1834年的济贫改革法案获得了巨大的成功,彰显了中央集权的优点。同时我们还应该看到,英国社会中存在着不同的意见与看法。如新闻界特别是《泰晤士报》,以及议会激进派如科贝特等人,他们代表中产阶级。这些持反对与怀疑态度的人担心中央政府对地方事务过度的干预。1834—1836年,虽然在南部地区新济贫法受到一些抵制,但是总体来看是成功的,其表现就是济贫费用大幅地下降。1834年后的十年间,全国的济贫费用降低到每年500万英镑左右。查德威克希望借助1835年左右欣欣向荣的经济形势,把新济贫法推广到英格兰的北部地区,但是这一建议遭到三人委员会的否决。1837年,济贫委员会开始在北部工业区建立联合济贫区时,正值经济大衰退,因此新济贫法遭到巨大的阻力和强烈的抗议,北部工业区发生了大规模的抗议运动。新济贫法在北部工业区之所以遭受到抵制,原因在于这些地区工人的失业是短暂性与暂时性的。只要经济好转,工人们就会找到工作,就有基本的工资。如果按照新济贫法的标准,这些暂时失业的工人就会进入如"巴士底狱"般的济贫院,遭受经济与精神上的痛苦。因此工人阶级对自己的生活充满着不安,他们感到自己会被投进恐怖的济贫院中。这些恐惧心理弥散到大众之中,使得大规模反对新济贫法和济贫院的运动出现,大众开始集会。在卫斯理公会牧师斯蒂芬斯的宣传鼓动下,以兰开夏和约克郡为中心,成立了"反济贫法协会"。1838年,斯蒂芬斯在纽卡斯尔的演讲中宣称:不久丈夫与妻子、父亲与孩子将被分开并投入到地狱;他们将穿上囚犯的衣服。……纽卡斯尔的民众应该爆发,让那些支持令人憎恶措施人的鲜血说明一切。……我们每个人应该一手拿着火炬一手拿着匕首,把那些企图迫害我们的人杀死。另一位宣传者奥斯特勒的鼓动也令失业的工人们热血沸腾。他说,(新济贫)法案是一部该死的法律,

---

① 转引自 J. P. D. Dunbabin, "British Local Government Reform: The Nineteenth Century and After", *The English Historical Review*, Vol.92, No.365 (Oct., 1977), p.777。

它违背了基督教的基本精神，是非社会的。这是魔鬼的宣言。它应该被烧掉。不满的情绪导致1837—1838年许多地区发生了动乱，一些地方的动乱直到政府派兵进行镇压才停息。为什么新济贫法会在英国南北两个地区产生不同的政策效果呢？这是因为英格兰南部是农业人口密集地区，这些地区的贫困是长期积累而成的，因此在这些地区实行济贫法与建立济贫院可行。但是任何政策都不是万能的，需要考虑到各个地区的差异，这样政策才能够成功推行。我们再考察英格兰北部地区，这些地区是工业区，也会产生失业和贫困现象，但是这种失业与贫困是暂时的，只要工业形势好转，这些失业者就可以立即就业。在这种情况下，把这些暂时失业的人员关进济贫院，对这些人来讲不公平。在相似的情况下，其实蕴含着极大的差异。假如政府一味追求全国统一的标准与措施，其结果必然是失败。事实上，在北部工业区，虽然最终凭借武力推行了新济贫法，也联合堂区建立了济贫院，但是实际的生活中，在济贫院外还是存在着对失业工人的临时救济活动。

我们还要对中央济贫委员会的权责范围进行界定。中央济贫委员会一方面在全国范围内建立了相应的体制，另一方面它并不可以强制地方联合堂区建立济贫院。此外，在新组建的联合济贫区，新上任的济贫委员与其他济贫官员，绝大多数还是旧济贫体制下的工作人员。从性质上来看，中央济贫委员会的功能是监督性质的，它可以鼓励、斥责、检查，但是不能够强制联合济贫。在实际的运作过程中，假如没有联合济贫区的合作与协同，中央济贫委员会是不会取得相应进展的。例如在利兹，济贫工作就是由于地方当局的不配合而进展不顺利。在利兹，旧的济贫院环境恶劣，卫生状况极差。老人与年轻人、有劳动能力的与没有劳动能力的、男人与女人都没有被区别对待，而是聚居在一起，这显然不符合查德威克的济贫院标准。济贫委员会助理委员查理·克莱门特称，利兹的济贫院是文明社会不可想象的。当时民众都希望建新型的济贫院，但是堂区会议却不肯批准这一笔花费。随着新济贫法的通过，民众认为可以避开堂区会议，借助济贫委员会的权威修建一座新的济贫院。但是经选举产生的济贫委员，仍然处于反新济贫法的保守派控制下，他们宁愿修建工业学校，也不愿意修建新的济贫院。中央济贫委员会对利兹济贫委员会的威胁全无效果，造成了旧的济贫丑闻在新济贫法下继续存在。事情最终的解决，还是由于地方舆论与利兹济贫委员自己的决定，此时已是1844年了。此外在利兹，户外济贫活动仍然继续，并且在引进了新济贫法后，救济的费用却不断增加。[1]可见，国家的政策如果得不到地方社会的认同与地方政府的有力执行，最终只会流于形式或归于失败。作为边沁的秘书与好友，查德威克是坚定的功利主义者，他被认为是边沁最杰出的学生。作为一名社会改革家，查德威克恃才傲物，他被当时的人形容为是一个"令人讨厌的、自命不凡的、狂热的社会改革家。'令人讨厌'是由于他从事的事业令人感到困惑，且他又全身心地投入其中；'狂热'是由于他是坚定的功利主义者，甚至甚于边沁，鼓吹国家干预；'自命不凡'是由于他极其自信，在别人看来他很傲慢，令人不能容忍"[2]。从1834年他在中央济贫委员会工作起，他只能得到其他两名委员半心半意的支持。当乔治·刘易斯（Geogre Cornewall Lewis）与弗朗西斯·海德（Francis Head）爵士接任委员职位时，查德威克与他们产生了尖锐的矛盾，这严重影响了中央济贫委员会的工作。1847年，具有强烈中央集权色彩的中央济贫委员会为中央济贫部所取代，这一新部门努力地淡化中央干涉的色彩，并处于内阁与议会的控制之下。这样在济贫领域的中央干涉主义基本结束。

如何应对脏乱差的城市卫生环境，是摆在城市管理者面前另一个重要的问题，特别是霍乱等瘟疫的流行，使得城市公共卫生体制的建立更为急迫。在法国，巴黎和里昂等城市的医生们对健康、环境、住房以及卫生设施等之间的关系，进行过初步的研究与探讨。在德国汉堡，1842年大火之后，威廉·林德利主持修建了集供水与

---

[1] 参见 Derek Fraser, *The Evolution of the British Welfare State*, p.49。
[2] Http: www.victorianweb.org/history/chad1.html.

排污于一体的城市水道系统。柏林在 19 世纪 70 年代也采用了这一供水与排水系统。[1] 与此同时，为了改善城市环境卫生状况，欧洲许多城市陆续把屠宰场、墓地以及污染严重的工厂搬离市区，安置到偏远的郊区。在英国，城市环境治理与公共卫生体制的建立，则在中央和地方博弈的过程中推进发展。1848 年，议会通过了《公共卫生法案》，根据该法案在中央成立了卫生部。这是第一部公共卫生法案。[2] 在议会讨论该法案时，就有一些议员对法案进行了抨击。根据英国议会议事录记载：1848 年 5 月 5 日，大卫·厄克特在有关《公共卫生法案》的议会发言中，对中央集权进行了猛烈的抨击。他指出，最近的议会选举已经显示了民众强烈反对中央集权的情绪。中央集权瓦解了社会的纽带，中央政府篡夺地方社会的权力，侵犯了地方利益。英格兰人民不会容忍它，集权是公开的篡权。大卫·厄克特以法国政府为例，指出该法令最终会导致中央集权。他反对这一法令，是因为它"非英国"以及"非宪法"的性质。假如执行《公共卫生法案》的话，会破坏地方自治的悠久传统，并把地方社会变成呆板的单调的社会；同时这一法令的通过，还会增加民众的税收负担。[3] 在该法案通过后，地方社会对此持抵制态度；而主持中央卫生部工作的查德威克，由于地方上的压力以及其恃才傲物的性格，在 1854 年被迫以退休年薪 1 000 英镑而引退。这位极具争议的社会改革家在 1854 年结束了其不凡的公共领域生涯。对于埃德温·查德威克被迫辞职这一事件，《泰晤士报》是这样评价的：假如在我们之中存在着一件政治必然事件的话，那就是在我们的国家不容忍专制与独裁。查德威克先生与史密斯博士被免职了。我们宁愿冒着感染霍乱的危险，也不愿意被强迫过卫生的日子。不久，政府通过了新的公共卫生法，对 1848 年的《公共卫生法案》进行了修改。即使在这种

---

[1] 参见 Peter Clark, *European Cities and Towns: 400-2000*, pp.334-335。

[2] 参见 http://www.parliament.uk/about/living-heritage/transformingsociety/towncountry/towns/tyne-and-wear-case-study/about-the-group/public-administration/the-1848-public-health-act/。

[3] 参见 H. J. Hanham ed., *The Nineteenth-Century Constitution 1815-1914: Documents and Commentary*, p.376。

情况下，中央政府仍然承受着来自地方的巨大压力，并最终在1858年通过《地方政府法》，试图消除在公共卫生领域的中央集权倾向。根据英国议会议事录的记载：1858年4月22日，卫生部主席C. B. 艾德莱在议会中对取消卫生部的事宜进行了发言。他希望议会让拥有自治权利的城镇组建地方卫生部门；同时建议组建的地方卫生部门有充分的自治权限，不再听命于伦敦的中央部门。1858年4月30日，他又指出，那些希望保留中央卫生部的人是极少数的，应该把地方事务交给地方政府，这比把地方事务转让给中央政府处理会更好。取消中央卫生部的议案二审没有遇到反对的意见。[1] 随后，中央卫生部的权力转交给了枢密院的医疗部门以及内政部的地方政府法部（LGAO）。1858年《地方政府法》在当时得到了普遍的赞许。地方社会认为这是一个"伟大的宪章"，议员们拍手喝彩，新闻界也热情地赞扬依赖于地方经验、知识、智慧和力量而建立的卫生行政体制时代的到来。1859年11月12日的《泰晤士报》就刊文指出：《地方政府法》是依据地方自治原则构建起来的法律体系。[2] 关于这一事件，有一些历史学家认为，1858年是英国中央与地方政府关系的一个转折点，标志着理想中的地方政府从中央政权的干涉与控制之中解脱出来。为什么会有这样的判断，原因有以下几点。一是1858年卫生部的取消，同时地方卫生当局却继续发展。中央卫生部的取消不简单是一个权力转移的问题，它反映了中央对地方控制能力的丧失。中央下达给地方当局的命令，从以前的强制性和命令性转变成建议性；中央政府试图利用而不是迫使地方当局执行相关的行政命令。二是《地方政府法》意味着地方居民有权力解决自己的事情。到1870年，皇家卫生委员会也宣称："地方自治原则被认为是我们国家活力的本质。在中央政府监督下的地方行政，是我们国家与众

---

[1] 参见 H. J. Hanham ed., *The Nineteenth-Century Constitution 1815-1914: Documents and Commentary*, pp.379-380。

[2] 参见 Royston Lambert, "Central and Local Relations in Mid-Victorian England: The Local Government Act Office 1858-1871", *Victorian Studies*, Vol.6, No.2 (Dec., 1962), p.123。

不同的特征。这一理论就是：能由地方政府做的就由它做，公共花费由那些纳税人掌握；国家的归国家，地方的归地方。"[1]

彼得·克拉克在论述欧洲城市管理时，曾经归纳出几种张力。如强烈的市镇认同和地方自治意识，与寡头市政当局之间的矛盾；重要的市民自治权与国家中央集权扩张之间的矛盾；城市之间竞争关系与城市之间联合需求之间的矛盾，等等。[2]在有关市镇认同和地方自治方面，伯明翰的"公民福音"倡导者就宣称：市镇是一种庄严的有机体，人的道德本质的一切最高尚的和最纯真的目的，应当得以从中形成并贯通。[3]在这些众多张力之下，城市的发展与进步，必然与传统的势力和习惯产生矛盾，如何冲破这一障碍，新兴的工业城市可以起到带头作用。19世纪后半叶，地方政府积极处理本地区社会问题的典型，当属英国新兴的工业城市伯明翰。阿萨·布里格斯说："地方在什么程度上享有决策权，这对于让市、镇议员相信创制权是掌握在他们手里而不归威斯敏斯特的议会所掌握，是很重要的。……白哲特写这段话的时候，正是伯明翰处在一种积极而有效的地方政治生动地表现其力量的前夕。"[4]在杰出的社会改革家约瑟夫·张伯伦的领导下，伯明翰的城市改善运动取得了巨大的成就。[5]彼得·克拉克认为，伯明翰所开创的是一种市政社会主义观念。[6]这一改革的本质，其实是以一种工业资产阶级的做事方式和理念实现对社会的改造，它强调效率、收益、盈利以及参与等概念。约瑟夫·张伯伦（1836—1914年）是19世纪后期英国著名的政治家。他出生在伦敦一个富裕的中产阶级家庭，自幼受过良好的教育。1854年，年轻的张伯伦来到伯明翰，开始自己的经商生涯。张伯伦展现了杰出的经商才能，很快就成为一个成功的企业家。随后他步入政坛，

---

[1] Norman Chester, *The English Administrative System 1780-1870*, p.361.
[2] 参见 Peter Clark, *European Cities and Towns: 400-2000*, p.331。
[3] 参见〔英〕阿萨·布里格斯：《英国社会史》，陈叔平等译，第249页。
[4] 同上。
[5] 本小节内容参阅了王蓓：《约瑟夫·张伯伦和他的时代》，南京大学博士论文，2011年。
[6] 参见 Peter Clark, *European Cities and Towns: 400-2000*, p.337。

1872—1875年史无前例地连续担任伯明翰市长。伯明翰原本是英格兰中部的一个小镇，由于优越的地理位置[①]和丰富的资源，在工业革命时期，伯明翰迅速崛起。按照阿萨·布里格斯的说法，在拿破仑战争之后到1848年革命期间，伯明翰是欧洲两个最重要的城镇之一。[②] 随着工业的迅速发展，1801年时，伯明翰市有市民7万多人，1838年时获得了社团（corporate）的地位。1868年时，伯明翰的人口达到了15万人。由于经济发展很好，伯明翰的工人们工资水平较高，要高于同类型的曼彻斯特工人。伯明翰的工厂主要是小型工厂，雇用的工人一般在6—30人，在社会生活中，小工厂主与商人阶层对于社会与政治改革，具有很强的参与感和认同感，然而相对于其他的工业城市，伯明翰的市政建设非常落后。这具体表现在：贫民窟很多、城市道路狭窄且没有硬化、街道夜间照明落后以及城市水体污染严重。这些现象在其他城市也常见，不过伯明翰的程度更重些。"张伯伦认为要想根本解决问题，必须改变解决问题的指导思想，即加强市政府对市政事务的介入，依靠集体力量完成对这些公共事务的改革，这就构成张伯伦进行市政改革的主题思想。"[③] 19世纪是自由主义盛行的年代，英国社会普遍的观念是政府应该尽量少地干预社会事务与经济生活，这是因为政府的干预与管理，未必比"无为而治"更为有效率。正是在这种思想的影响下，英国社会既对中央集权怀有强烈的戒心，也对地方政府的公共管理持怀疑态度。张伯伦所面对的困难可想而知。

伯明翰的城市改善运动主要包括三方面的内容：一是城市的照明；二是城市的供水；三是城市贫民窟的改造。首先是城市照明的改善。在自由竞争阶段，城市照明、供水等公共服务基本上处于私人公司的经营范畴。私人企业的社会服务从形式上来讲，符合自由

[①] 参见 William Hutton, *The History of Birmingham*, London, 1835, p.3。
[②] 参见 Asa Briggs, "Social Structure and Politics in Birmingham and Lyons", *The British Journal of Sociology*, Vol. 1, No.1 (Mar., 1950), pp.67-80。
[③] 王蓓：《约瑟夫·张伯伦和他的时代》，第44页。

竞争的原则，有利于资源的分配与合理使用，但是这并不意味着地方政府不承担相应的责任。事实上，在城市规模快速发展的时期，由于缺乏有效的监管，企业提供的服务与民众的需求之间，存在着较大的差距。以伯明翰的城市煤气照明为例，该市的煤气照明控制在两家私人煤气公司手中，但是在他们的经营下，伯明翰的煤气价格不仅价高而且照明质量差。1874年初，张伯伦向市议会提议，由市政府直接提供煤气的供应，取代私人企业的经营，从而保证煤气与照明的质量。这一建议与传统的观念相距甚远，引起了强烈的反响与争议。张伯伦在辩论中指出，公共事务应该由公共权力管理，从而服务于广大的市民，并让市民受益。那么谁可以代表广大市民的利益呢？"张伯伦告诉大家，地方政府就是人民代表，地方政府的权力必须扩大，市议会应代替私人公司对一切公共事务进行有效管理，这不但是它拥有的权力也是它必须承担的义务。"[①]在张伯伦的努力下，通过艰苦的谈判，伯明翰市政府成功地把煤气供应管理权掌握在自己的手中。其次是改善城市生活用水的水质。人口的增加以及工业的发展，使得日常用水量大增，但是这时的伯明翰还没有建立完善的污水处理系统，大量的生活用水以及工业废水，直接排进城市附近的河流之中，由此带来严重的水体污染问题。虽然城市中有水井，但是远远不能满足市民们生活的需要，大部分城市居民只能饮用那些污浊不堪的水，这严重地影响市民们的健康。水源地的污染和密集的人口使得传染病非常容易爆发。1874年，张伯伦再次被选举为伯明翰市长，他开始着手改善城市的水问题。1874年，伯明翰爆发了猩红热，造成市民的大量死亡。在张伯伦的大力宣传下，伯明翰市政府决定购买私人供水公司，经过几个月的谈判，市政府终于取得了供水管理权。其三是对市区贫民窟的改造。城市化进程中由于贫富差距，形成了"贫民窟"，工人阶级的居住状况非常糟糕。众多的贫民窟不仅有碍城市的形象，也对城市的治安造成了严重的

---

① 王蓓：《约瑟夫·张伯伦和他的时代》，第45页。

威胁。1875年7月，张伯伦向市议会提出了改革的方案，该改造计划包括两个内容。首先，在市中心的贫民区修建一条商业街，商业街的两侧修建商场与办公楼。其次，通过商业街获得利润再来改造旁边的工人居住区，修建低廉的工人住宅，通过为工人提供低息贷款，让穷人们可以购买这些房屋。

伯明翰市政府所进行的"城市改善运动"取得了丰硕的成果。煤气改革使得城市的照明得到较大的改善。新成立的市政煤气公司盈利丰厚，市民们使用煤气的价格却下降至原来的四分之一，市民与煤气公司都获得利益。供水改革改善了城市市民饮用水的质量，降低了疾病的传播几率，并使得市民用水的价格降低了很多。最后是贫民窟改造计划，提升了城市的形象，改善了普通工人们的居住环境。改造后的城市商业街面貌一新，成为城市一道亮丽的风景线。此外，伯明翰市政府还修建了图书馆、艺术馆、公园、学校以及公共浴室等众多的公共设施，既提升了城市的档次与品位，又改善了普通市民们的生活环境。更为重要的是，伯明翰的"城市改善运动"所处的大环境。在自由放任的大背景下，地方政府如何扮演自己的角色，是一个非常重要的问题。是放任自流，让贫困与肮脏自行发展，还是采取积极的行动消除它们，这是一个艰难的抉择。在经历了19世纪40年代中央政府强有力的干预之后，英国民众对政府的行动更加持怀疑态度。既然中央政府无法直接介入市政的管理，那么地方政府更应该发挥自己的能动性与积极性。笔者认为，不论是集权还是地方自治，它最终的目标应该是普通民众的福祉与幸福。正是在这层意义上来讲，伯明翰地方政府的实践具有重要的现实意义与理论价值。

三、英国地方政府改革

前文论述了地方政府在制度创新、改革实践、缓和社会矛盾和维护社会稳定等诸方面的积极作用，这是我们认识地方政府的一个视角。如要全面客观地认识这一制度，还需要看到它的负面作用与消极影响。地方政府经历了几百年的发展与演变，带着沉重的历史枷锁与负担，步履蹒跚地跨入近代工业化社会，其效率与现代性就可想而知了。因此，它需要随着时代的发展和社会的进步不断地改革。

在行政法研究领域，中央集权者对地方政府、地方自治与地方分权提出了不少的批评意见。"（一）地方政府的存在导致各地公务的执行存在不同的标准，在各地之间产生不公平不平等现象。（二）很多地方政府的区域太小，不能有效地利用现代技术和提供现代服务。此外，地方政府在当地各种公务之间究竟能够发挥多大的协调作用很难确定。现在交通发达，中央政府完全可以有效地管理地方事务。（三）地方政府虽然可以在某些行政领域中发挥创造性和进行试验，但地方政府也可能固执旧观念，妨碍改革的进展，为地方主义保留活动场所。（四）地方政府对民主政治的促进作用不能夸大。不是全体居民对地方政府都感兴趣，近年来更是如此。总之，中央对地方政府控制的加强为今后发展的一种趋势。"[1]戴维·威尔逊与克里斯·盖姆也提出了自己的看法与观点，可作佐证。首先是对中央政府而言，地方政府最普遍的问题就是拒绝按照中央的意志行事，即地方政府追求的目标，同执政党的目标有可能不一样。其次是分权会造成对稀缺的财政和人力资源的重复安排，而许多的事情假如让中央政府来统一管理，可以降低更多的成本。再次是效率，反对分权者认为，在分权的情况下，地方政府很难吸引有经验的人员和管理者，尤其是在一些又穷又小的地方政府中，这种情况更是如此。复次，反对地方分权者认为，地方分权会导致不公平。一项服务的权力越分散，必然越容易在不同的地区和群体之间造成不一致。最后就是地方政府似乎更容易产生腐败问题。在普通民众的直观印象中，处于中央的政府官员与领导似乎比与他们朝夕相处的地

---

[1] 王名扬：《英国行政法》，北京大学出版社2007年版，第40—41页。

方官员更为廉洁奉公,更为正直善良。①以上的论述与观点是从现代行政学研究的角度进行论述的,它在一定程度和范围内阐述了地方政府存在的弊端,对于我们研究20世纪之前的地方政府的缺点,具有一定的启示意义。在此基础上,我们还需要结合历史过程进行具体的分析。

到19世纪时,英国地方政府存在的弊病表现在以下几个方面。一是行政地位不适应经济与社会发展的客观现实与需要,特别是一些新兴的工业城市。以曼彻斯特为例,17世纪时人口有2 356人;1801年人口有94 876人;到1841年人口达到311 269人。②但是这时的曼彻斯特还只是个村级行政单元,只有两座教堂,依然承担封建磨坊税等旧制度的义务。在1835年前,庄园民事法庭(leet court)一直是曼彻斯特主要的政府机构。在政治上,该城也没有任何的地位。"棉纺工业出现于十七世纪。正是这个时候,曼彻斯特才变成为城市,但当时以及后来长时期都未被正式承认为城市。它没有市政机关,也不选派议员到下议院去。"③经济的发展和人口的剧增,需要地方政府管理体制的改变,需要地方政府从农业文明的思维转向工业化近代治理方式。这要求地方政府对城市卫生、基础设施、社会的公平、民众特别是工人的福利等领域进行干预,以适应工业化社会的要求。另一方面,城市新兴的市民阶层需要在中央与议会中有自己的代言人,这需要基本的行政权力,村庄行政显然无法承担与执行。二是地方主义导致的社会不公。以济贫法为例,每个堂区都希望济贫税救济本堂区内的穷人,以减轻堂区居民的负担。但是有些堂区比较贫穷,无法救济本地区内的所有贫民。这使得一些穷人被迫离开家乡,流浪到其他的堂区,从而增加其所到地

---

① 参见 David Wilson and Chris Game, *Local Government in the United Kingdom*, London: Macmillan, 1994, p.30;〔英〕戴维·威尔逊、〔英〕克里斯·盖姆:《英国地方政府》,张勇译,第38—40页。

② 参见 Peter Clark, *The Cambridge Urban History of Britain*, Vol. II, Cambridge: Cambridge University Press, 2000, p.474.

③ 〔法〕保尔·芒图:《十八世纪产业革命》,杨人楩等译,第288页。

区的经济负担，引起这些堂区民众的不满与不安。于是在1662年，政府颁布了《住所法令》。该法令指出："由于法律的漏洞，那些未受到禁止从这一教区迁到另一教区的贫民，就力求搬到最有资源的教区里去安家，在那里，他们可以找到最广阔的公地来建筑小房子，以及最大的树林来燃烧和破坏；当他们吞没了一切以后，就到另一教区去，并终于堕入流浪状态。这种情形致使教区感到失望，因为当教区看到自己的救助基金有被外人毁掉的危险时，就对救助基金的设立犹豫起来了。"① 在这种情况下，只要本地居民提出异议，地方政府就会依据该法令驱逐那些迁徙的人，把他们送回原来的居住地。这一法令在一定程度上保护了堂区居民的利益，但是它同时又存在着不公。首先是民众迁徙的自由，在传统社会向工业社会过渡的过程中，需要劳动力的自由迁徙与流动。一个人因为没有工作或者为了取得更高的收入，想离开自己的故土，这时候他就面临着被驱逐的危险，因为他所到的堂区害怕他会带来不必要的负担，那么此人就失去了谋生以及继续发展的机会。其次，一些堂区为了不增加自己的额外负担，对贫民采取不人道的措施。正如时人所记述的："上星期天，我来到城里时，看到一个骇人听闻的事例：一个垂死的可怜人被人放在一个二轮车上把他运走，免得教区要负担埋葬他的大笔费用。另一个天天可以碰到的事例就是一个即将分娩的妇人的事例，人们冒着两条性命的危险去驱逐她，以免小孩生在教区境内。"② 地方政府的区域性决定了其服务的对象是本区域内的民众，这种排他性的制度安排从地方政府的角度来讲，是合理的，也是必要的。地方政府假如不为自己的社区民众服务，转而把这种服务让渡给其他地区的民众，不符合地方政府的特征。因而，地方主义的排他性是这一制度的必然属性，也势必会造成事实上的社会不公。解决这一问题不是地方政府的职责与任务，而是国家共同体的职责与义务。这也验证了密尔的担忧。"……另一方面也有一些事务，

---

① 〔法〕保尔·芒图：《十八世纪产业革命》，杨人楩等译，第507页。
② 同上书，第351—352页。

如济贫法、卫生规则等等的管理，尽管它们真正是全国所关心的，但不能在符合地方行政的目的的情况下，用地方管理以外的方法管理。关于这样一些任务产生这样的问题：地方当局应当被授予自由决定权，不受国家监督或控制到什么程度。"[1] 三是地方政府在形式上杂乱无章。地方政府改革前，存在着各种历史渊源的地方政府。既有属于盎格鲁－撒克逊时代的郡守；又有封建社会时期形成的庄园与享有特权的市镇；还有治安法官与堂区；以及为了应对各种临时需要而成立的专门委员会。这些机构与组织分别代表着不同时代的特征，许多机构在很大程度上是为了应付一时社会需要而建立的；这些机构在职能上相互重叠，效率低下。"然而，这种综合性的地方政府体系不具备条理性与连贯性。本质上，它属于拼凑式的任命与选举实体，不论是单一的，还是多元目的的。"[2] 按照萨缪尔·P.亨廷顿的理论，这种地方政府结构体现了"政府机构与职能的模糊性"。戴维·罗伯兹概括了19世纪初英国地方政府的情形："英国地方政府的权力所在，杂乱无章，既无严密的组织，也缺乏效率。在乡区农村，治安法官和教区委员会（包括贫民监督、教堂监理和警官）是最重要的掌权者；在城市，则市务管理公所和市区法官大权在握。不过，有些由国会特殊法案通过设置的特别委员会，如铺街、装灯、修阴沟等等工务或改进委员会（commissions），各管各的事，各掌各的权。这些乡区城区主管人员，大多不领薪，且通常自行任命，不受中央政府的管辖。他们的服务状况，一般很不划一。在治安方面，除了乡区的几个警官和城市雇用的少数看守人员而外，别无巡警队伍。如果发生暴动骚乱，就得用军队弹压。但军队不能管罪犯，而罪犯是随城市的扩张和人口的增加而增加的。有些城市的街道非常糟糕，垃圾清除和用水供给都没有保障，但也有一些城市情况好

---

[1] 〔英〕J. S. 密尔：《代议制政府》，汪瑄译，第217页。
[2] Hugh Atkinson and Stuart Wilks-Heeg, *Local Government from Thatcher to Blair*, Cambridge: Polity Press, 2000, p.13.

得多——这同样也是不划一的。"①因此，在面对日益发展的工业社会时，人们越来越感觉到地方行政改革的必要性。

19世纪英国地方政府改革的历史背景是英国政治的民主化进程。从传统的地方精英管理模式过渡到地方民选政府的类型，这种转变是英国政治民主化的体现，也是议会改革成果在地方行政中的具体应用。爱德华·波利特指出："每次议会改革法案后，总是跟随着国家政治生活的活跃，以及议会出台的各种改革措施。"②19世纪议会政治的变革必然要反映在社会生活中，与之密切相关的是1835年市镇自治法、1888年地方政府法以及1894年地方政府法的颁布。这种先后的顺序也说明，近代英国地方政府的形成是议会改革的体现。议会改革反对的是中世纪封建主义的残余，更确切地说是反对地主阶级的权力。具体到地方行政领域，就是反对地主阶级在地方社会的寡头统治，实现地方行政权与司法权的分离，把隐藏在地方自治制度身后，与现代化进程相背离的东西剥离出来，使得地方自治所具有的近代民主与宪制的特征，更为明白地表达出来。

地方政府改革首先从市镇自治团体开始。③为什么首先从市镇改革开始呢？学界对于这一问题原因的分析还不多，我们将从以下几个方面进行阐述。一是城市在行政体系中的特殊地位，特别是联系中世纪城市的自治性质后，就比较容易理解。从中世纪发展而来的自治城市具有鲜明的特征，具备从传统团体自治形态走向近代民选政府的先决条件。其二就是议会改革所带来的城市社会结构的变化。前文已叙述了相关的议会改革法案，特别是1832年议会改革法案，它使得原先在政治中失语的工业资产阶级获得了政治话语权，他们的兴起势必与传统的城市寡头发生矛盾。其三，随着工业化的进行，

---

① 〔美〕戴维·罗伯兹：《英国史：1688年至今》，鲁光桓译，中山大学出版社1990年版，第207—208页。

② Edward Porritt, "The Revolt Against Feudalism in England", *Political Science Quarterly*, Vol. 9, No. 1 (Mar., 1894), p.64.

③ 参见 G. B. A. M. Finlayson, "The Politics of Municipal Reform, 1835", *The English Historical Review*, Vol. 81, No. 321 (Oct., 1966), pp.673-6920.

英国的城市化进程加快，但是城市管理机制并没有随之发生质的变化，无法适应时代的要求。新兴的拥有经济实力与政治权力的资产阶级绝对不会容忍这种情况再继续下去，对城市的行政改革应运而生。市镇改革前的英国存在着大约200个市镇共同体（或称为市镇自治团体）。这些众多的自治团体产生的时间不一，多由国王颁布的特许状设立。特许状赋予了自治市镇广泛的统治权力，它们可以制定市法（by-law），征收市场费（fee），管理市镇土地的出租、租赁，管理市镇拥有的渔场与港口等公共设施。拥有自治权的市镇还具有独立的治安职能，不受郡治安法官的司法与行政管辖。许多自治市镇为了有效地管理社区，自己拥有治安法官，这些治安法官属于市镇，不属于郡政府。城市治安法官可以独立地召开即决法庭或者特别法庭，一些大城市有权召开四季法庭。由此可见，这些自治市镇拥有巨大的自治权力。自治市镇团体在封建时代体现的是团体自治的特征，在对抗王权和封建领主渗透与入侵的过程中，有力地保护了社区的权利与利益。

中世纪的城市从本质上来讲，属于欧洲封建文明的要素。中世纪的城市规模一般都不大，1 000人的居住地就是一座不小的市镇，在城市的周围还有着农田、草地与森林，市民们可以在此种菜或种庄稼。国王特许状赋予的权利包括财政自主、司法自治、行政自治以及人身自由等诸多的方面，这些权利在欧洲封建社会中弥足珍贵。但是随着社会的发展，城市的权力越来越集中于少数人的手中，逐渐地带有寡头政治的色彩。"所谓寡头政治，其基本特征就是极少数富人构成一个封闭的政治团体，垄断城市领导权，甚至还实行家族世袭制。"[①] 事实上，在近代民主改革之前，基于团体本位的治理自然而然地会形成权力的垄断，这是一个普遍的现象。在北安普顿，梅纳德家族、麦尼克家族、斯里克家族以及莱昂家族，占据统治地位长达一个世纪。在伊普斯维奇，多恩迪家族、斯帕罗家族以

---

① 侯建新等：《世界历史》第10册《中古政治制度》，江西人民出版社2011年版，第212页。

第十一章　地方政府的实践与改革

及布洛伊家族，统治该市时期从 16 世纪初到 17 世纪末。大城市这样，小城镇有时候也不例外。上威库姆城的市长一职在亨利八世在位期间为 15 人所垄断，罗伯特在 1489—1530 年 11 次出任该职位。17 世纪中叶，博辛斯托克镇建立的寡头政治机构，由一名市长、七名长老和七名市民组成，该封闭的政治集团随着时间的推移，变成了一个家族党，它所有成员都通过血缘和婚姻关系而相互依赖。[1]按照威廉·巴希尔的观点："它们在形式上是民主性质的，但是实际上是地方寡头统治。这些民主的形式在提升地方自我意识与认同方面是成功的；但是对自治政府统治下的大多数普通民众来讲，就没有教育意义了。"[2]如果说封闭性质的市镇自治团体在中世纪还有存在的合理性的话，那么到了 19 世纪时，伴随着英国社会的民主化浪潮，这种寡头统治已经违背了历史发展的潮流。1832 年的议会改革扩大了民众的选举权利，地方民主成为时代的主旋律，1835 年对自治市镇团体的改革正顺应着这一潮流。1833 年 6 月，下院市镇改革委员会的报告称，当前的市镇团体已经不能够适应现实发展的需要，因此对之进行改革势在必行。[3]1833 年 7 月，辉格党内阁成立了专门委员会，调查英格兰与威尔士城市自治团体的情况。该委员会经过一年多的实地调查，提交了一份详细的调查报告，列举了市镇自治团体存在的问题。根据这份报告，1835 年政府颁布了《市镇法》（Municipal Corporations Act），对城市行政进行近代民主化改革。《市镇法》的内容主要包括两个方面。一是行政权与司法权的分离。法案剥夺了市长与高级市政官的司法权限；市镇法庭丧失了审理财产案件的权力以及海事裁判权。二是民选市政委员会取代传统"封闭的"委员会，市政议员从纳税三年以上的成年男子中选举产生，议员任期三年，参事任期六年，这些城市官员定期改选。财政方面，规定了财务审核程序，定期公开政府财务账目以及预算，任何基金剩余

---

[1] 侯建新等：《世界历史》第 10 册《中古政治制度》，第 213 页。
[2] Williams Basil, *The Whig Supremacy 1714-1760*, p.45.
[3] 参见 Asa Briggs, *The Age of Improvement 1783-1867*, London: Longman, 1999, p. 276。

部分将纳入市镇发展规划中，不足的部分将通过征税补充。此外改革法案剥夺了教会的行政管理权。1835年的《市镇法》所确立的原则在英国近代地方政府体系构建的过程中，具有重要的意义。按照戴维·威尔逊的看法："这个法案可以被看成当今地方政府的基础……这种新的地方政府的权力是受约束的，这些地方的选举权更加如此，只有在该地区居住满三年的男性纳税公民才有选举权。尽管如此，选举的地方政府的自治原则还是这样确立下来了。"①

郡层次上，1888年《地方政府法》颁布之前，郡内的权贵垄断地方政权，乡绅主管郡内的日常事务。基于父权主义的乡绅地方治理，固然为普通的民众带来了幸福与安全，但是这种治理方式使得受益主体处于被动接受的状态，忽略了中产阶级与普通民众的权利与感受，因为民众无权免他们的职。J. S. 密尔在1861年出版的《代议制政府》一书中对英国的治安法官制度进行了批评。一是与1834年设立的贫民救济委员会相比，它不具有贫民救济委员会的优点。密尔认为贫民救济委员会是一个混合体，它由治安法官与选举出来的济贫委员组成，而治安法官的人数不超过总人数的三分之一。这种构成的好处在于：一方面可以吸收更为有教养的阶级，同时又不让非选举产生的治安法官具有决定性的作用；另一方面占据救济委员会大多数名额的小农场主或者小店主体现了选举的意义，同时他们又会受到治安法官的制约。二是治安法官这一机构的组成方式是很不正规的，他们事实上是根据其对土地的权利而保有这些重要职位的。密尔认为，治安法官机构是英国现在遗留下来的原则上最贵族式的机构，远甚于英国上议院，因为它不是会同人民议会，而是单独地决定拨款和处置重要的公共利益。在郡委员会，也没有和在贫民救济委员会同样的理由，实行哪怕是"当然成员"和"被选成员"的混合。因为一个郡的事务在相当大的程度上是地方乡绅所关心和被吸引的对象，他们要被选入郡委员会，不会比作为郡的议员被选

---

① 〔英〕戴维·威尔逊、〔英〕克里斯·盖姆：《英国地方政府》，张勇译，第57页。

入议会更困难。① 简单地说，密尔是从代议制度的角度，认为治安法官制度不具有选举的色彩。1888年地方政府改革的契机是1884年的议会改革。格拉斯顿进行1885年大选的一个目的，就是实现郡民选政府，假如不是后来意外的发生，毫无疑问格拉斯顿与其在议会下院的支持者，就会通过地方选举政府的方案。尽管如此，下届政府还是着手准备建立英格兰与威尔士郡民主选举的地方政府体系，该法案于1888年通过。② 法案规定：郡、郡级市以及伦敦的地方权力机关是郡议会，郡议会由选民直接选举产生。根据郡和主要大城市的人口规模，英国建立了62个郡议会、61个郡级市议会和1个伦敦议会。这是地方行政的第一层级。在新成立的郡中，52个是原来就有的郡，其余的10个郡是重新设立与划分的。具有郡同等地位的郡级市人口规模为50 000人以上的自治市，这61个郡级市不受郡的管辖。1888年地方政府改革法剥夺了郡内权贵几乎所有的行政权限，如道路和食品卫生的监管、有关收容的管理、对啤酒馆的审批与检查等。留给治安法官的是象征性的司法行政权，如分享部分的郡警察权，治安法官与联合委员会共同负责郡治安管理权。此外，治安法官也是联合济贫委员会的成员，分享有关郡济贫事务的职能。因此有学者认为，相比于1835年《市镇法》赋予市政委员会的权限，根据1888年《地方政府法》建立的郡议会，拥有的权力有限。总体看来，1888年的《地方政府法》趋于保守，对郡行政赋予的权限较小。假如这次改革由自由主义政府来执行的话，将会变得更为激进，并且改革的范围会更加的广泛。当然与1888年前的郡政府相比，这已经取得了巨大的进步。如果我们再考虑到，该法案是由以索尔兹伯里伯爵为首的保守主义政府提请议会通过的话，那么我们就更加能够接受了。按照最初的设想，1888年《地方政府法》不仅包括郡，还包括乡村堂区与城市区议会的内容，但是这一部分在上议院被拖

---

① 参见〔英〕J. S. 密尔：《代议制政府》，汪暄译，第210—211页。
② 参见 H. J. Hanham ed., *The Nineteenth-Century Constitution 1815-1914: Documents and Commentary*, pp.390-396。

延下来,留给了1894年的《地方政府法》解决。

根据公共卫生法和济贫法的规定,卫生当局和济贫委员会侵蚀着城区和乡村堂区地方政府的权力。如有关城区的卫生、下水道管理、排污等问题,本应该由城市当局处理,但是实际上却交给了卫生当局负责。济贫方面亦面临着相似的情况与问题。这造成了地方治理权力的重叠与分割。再加上这需要向居民征税,使得民众的税收负担增加。由此1894年《地方政府法》主要是为了简化郡所辖的基层地方政府机构。法案规定:郡级市与郡的下级行政分别为城区和乡区,乡区再划分为堂区,在人口不足50 000人的城市建立非郡级市,或称为"郡属市"。按照此原则,全国的郡(包括郡级市)划分为535个城区、472个乡区,以及270个郡属市。[①] 城区、乡区等地方政府的权力机构为民选产生的相应议会,负责辖区内的地方事务治理。乡区下面设堂区议会(parish council)或堂区会议(parish meeting)。人口在300人以下的乡村堂区因为人数较少,设立堂区会议,直接进行管理。人口达到或者超过300人的乡村堂区,设立堂区议会。人口在100—300人的乡村堂区,或者几个类似的堂区一起要求成立堂区议会,并且得到郡议会批准的话,也可以成立堂区议会。在选举前一年一直居住在本堂区内或者在三英里半径范围内的人,拥有选举堂区议会官员的权利,任何人不得因为性别或者婚姻被剥夺选举与被选举的资格。堂区议会由一名主席与5—15名议员组成,议员任期一年,每年的4月15日前卸任。堂区议会应该任命议员中一人担任文书,该文书不领取薪酬;假如没有议员愿意担任的话,其他人可以代替担任,但是需要付薪酬。堂区议会应该任命一名不领取报酬的司库,他负责财务管理。关于堂区议会(会议)的权限,《地方政府法》也做了规定。在乡村,乡村堂区议会成立之后,以前的堂区执事、检查员、济贫监督员等官员的权力一并转由堂区议会负责。此外,堂区议会有权对卫生环境差的住宅与有碍

---

① 参见〔英〕戴维·威尔逊、〔英〕克里斯·盖姆:《英国地方政府》,张勇译,第57页。

公共通行的建筑物提出异议；堂区议会对办公场地、休闲场所以及公众的行道等事务负责。堂区议会可以根据相关的议会法案处理挖掘水井、清理池塘、出租房屋等一般事务，也可以出租小块土地收取一定的租金。城区议会官员主要包括区议会主席与区议员，区议员应该为城区中有选举权的人或者居住满一年的居民，他们任期三年，每年换届三分之一。以前城市中卫生当局与道路管理当局的权限转交给区议会；某些治安法官的权力转交给区议会；道路、公地、路边荒地的某些权力转交给区议会。[①] 伦敦的地位比较独特，从中世纪以来一直如此。1888年的《地方政府法》确定了伦敦地区郡的地位，它亦由选举产生的郡议会管理。1899年《伦敦政府法》又进一步对其地位和政府结构进行了调整与完善。伦敦被分为28个自治市和一个伦敦城，分别建立相当于城区性质的由选举产生的地方政府。

经过1835年、1888年、1894年以及1899年历次的改革，英国的地方政府更进一步地摆脱了治安法官的管辖，走向了民选政府的阶段。如陈国申归纳的："……随着国王任命的郡治安法官在郡内统治的结束，郡自从形成以来就是国王在地方代理机构的长达千年之久的历史也宣告结束，郡从传统的国王在地方的代理变成了一个郡居民对郡事务进行民主治理的政府机构，主权在民的原则最终也能够在郡事务的治理中得到了充分的体现，英国现代地方自治终于完全形成，英国进入了'地方自治政府的黄金时代'中的最佳时期——充分的居民自治，最弱的中央干预，这种状况一直持续到福利国家的建成。"[②]

---

① 参见 H. J. Hanham ed., *The Nineteenth-Century Constitution 1815-1914: Documents and Commentary*, pp.399-400.
② 陈国申：《从传统到现代：英国地方治理变迁》，中国社会科学出版社2009年版，第167页。

四、其他国家地方政府的改革

从1789年大革命到"二战"时期,法国的中央与地方关系经历了一个曲折的发展,呈现出如下特点:集权的惯性、地方分权的曲折性。大革命期间主要是消除封建割据局面,适应的是新国家建设的需要,在中央集权的基础上,赋予了地方社会较大的权限。拿破仑统治期间,出于国际形势的压力和战争的需要,法国的中央集权得到了极大增强。这一方面有助于法国应付极端残酷的外部环境,另一方面又削弱了地方自治,并剥夺了地方的权力。拿破仑下野之后,在民主化浪潮和资产阶级法治化的大背景之下,法国的地方分权得到了一些发展,特别是市镇的自治发展较快。19世纪末颁布的市镇法,奠定了20世纪法国市镇法的基础,是法国地方分权的集中体现。

自1789年大革命以来,法国进行了多次地方政府改革。第一次是大革命期间形成的"雅各宾传统",摧毁了原来的封建割据局面,重建了新的国家行政区划。大革命之前,法国的地方行政区划非常复杂且异常混乱,存在着性质不同的区域,地方组织的结构形式也迥异。1789年7月14日巴黎起义之后,制宪会议成为法国事实上的立法机关和最高权力机构。以米拉波、西耶斯、拉法耶特等人为代表的君主立宪派,在改造旧制度进而建立新的国家制度方面做出了巨大的贡献。8月4日到11日,制宪会议讨论并陆续通过了一系列的法令,即俗称的《八月法令》。《八月法令》的主要内容包括:废除封建制度,用赎买的方式废除以前的封建义务;废除领主法庭、教会的十一税、特权等级的免税权以及买卖官职制度等;规定法兰西的公民地位一律平等,公民担任国家或者教会的职位不受身份的限制;制定一部全国性的宪法。8月26日,制宪会议又通过了著名的《人权与公民权宣言》,即《人权宣言》。《人权宣言》包括17条,与国家基本制度相关的是第三条,即"整个主权的本原主要是寄托于国民。任何团体、任何个人都不得行使主权所未明白授予的权力"①。它强调人民主权原则,国家取代了以前的国王,民族取代了王室,公民取代了臣民,这些确定了近代国家的基本原则。如果说《八月法令》摧毁了封建制度,那么《人权宣言》则确定了新社会制度的基本原则。正是在这样的思想指导之下,法国中央与地方之间的关系也逐渐地确立。随着革命的发展,制宪会议又通过了一系列的法令。在国家层面,制宪会议法令规定:立法权属于议会,国王的权力必须按照法律行使;税收权也由议会垄断,不经过议会的批准,不得征税。在地方政府改革方面,1789年12月14日的法令认定:那些新的市镇政府具有合法性;由选举产生的市长或者市议会,代表中央管理市镇内部的事务。尽管有人认为,革命废除封建特权,重新确立地方选举,是极度分权的表现,但赋予地方选举自由与中央集权并不绝对矛盾。在后来的法国历史中,我们会发现这一点。然而,尽管地方上的"积极公民"有选举市镇议会的权力,但由于时间仓促,12月14日法令对于市镇议会的职能并没有明确规定,说明这一改革还不够成熟。地方议会的职能需要在随后的历史中逐步清晰。虽然建立市镇选举体系是对绝对主义王权的否定,也是欧洲启蒙运动的体现,但这样的地方分权理想从革命开始,就受到其他政治派别特别是雅各宾俱乐部的干扰,因此并没有达到真正的地方分权。但在1789—1790年,席卷全国的大恐慌动摇了巴黎的统治,出于现实情况的考虑,为了应付处于崩溃边缘的地方治理,制宪会议承认了市镇体系。在革命进入高潮阶段之后,昙花一现的市镇选举在中央集权的大背景下,不再有重要地位。同时,由于吉伦特派掀起的联邦主义者的叛乱,使得市镇政府更不受中央政府信任,这表现在雅各宾派的特派员与督政府时期的军事戒严,这些都削弱了地方政府的作用。1790年6月,制宪会议颁布法令宣布,永久废除世袭的贵族,任何人都不能被授予亲王、公爵、侯爵、伯爵、子爵、男爵等封建社会的等级头衔,由此贵族在地方社会中不

---

① 姜士林等主编:《世界宪法全书》,青岛出版社1997年版,第893页。

再享有统治权。同年的7月，又颁布《教士公民组织法》，废除旧的教区体制，各省重新划分新的主教区，主教由法国教民选举产生，不再由教宗任命，高级神职人员的薪酬由国家统一支付，这使得法国的教会世俗化、民族化。这一时期法国的地方行政单元分为省（departement）、区（district）、县（canton）以及市镇（commune），由此初步奠定了以后法国地方行政的框架。当时确定全国省的数目为83个。从划分的方法上看，从省会到省界，以马车跑一天的距离为边界，将全国土地平均分配。这种划分是以国家需要为主，以理性与公共精神为出发点，不考虑地区以及民众的生活与文化习惯。从法律意义上讲，这时候的省只是单纯的行政单元，并不享有法人的地位。与此同时，国家赋予了地方政府较大的自治权利，允许地方社会选出代表进行地方自治，地方政府也拥有较大的权限处理地方事务。1791年的宪法规定，行政官由人民选举，在国王的监督和管辖下执行行政职务。[①] 客观地讲，革命的步伐迈得太大了，与传统一刀两断，因此它不具有持久性。楼邦彦指出："然而法国人民究竟是久处于专制的君主政治之下，在政治上是毫无习惯、经验和训练之可言，一个早产的制度是根本不会存在得很长久的，极端的地方自治制度之理想虽已付诸实现，它只享有极短的数年的寿命。"[②] 可以这样讲，革命初期这段时间是分权的奠基时期。当革命高潮来临时，内乱外战不断，出于现实因素，"统一而不可分割的共和国"的思想占据了上风。在内外交困的情况下，分权的思想无异于"联邦主义"，会导致国家的分裂。共和二年霜月14日（1793年12月4日）革命政府把所有省级议会的权力取消，由公安委员会统管一切，基本取消了所有的地方自由。"雅各宾传统"具有它特殊的历史地位。吴国庆认为："新的地方管理体制和制度使法兰西语言和文化逐渐普及，地方风俗习惯的差别逐渐缩小，种族逐渐同化，从而加速了

---

① 参见姜士林等主编：《世界宪法全书》，第902页。
② 楼邦彦：《各国地方政治制度 法兰西篇》，第4—5页。

法国政治统一，促进了法兰西民族的最后形成。"①

第二阶段是拿破仑统治时代。王名扬指出："大革命时期决定了地方区划的形式，拿破仑一世时期决定了地方行政组织的格局。以后的演变是在这个基础上的改进，主要是改变中央和地方的关系，以及逐渐发展地方分权制度。"②1800年2月17日颁布的《共和国领土划分和行政组织法》，虽然对大革命时期确定的行政区域没有变动，保留下来省、区、县和市镇的区划，但是对地方政府的组织进行了根本性的调整。原先的地方官员民选制度被取消，代之以上级政府的任命制，由此建立了高度中央集权的制度。拿破仑一世建立的地方政府模式主要包括两个部分：一是议事机构，二是执行机构。议事机构主要指各级地方议会或者是参政院。如省议会是省长的咨询机构，并受理有关行政诉讼的案件，它不享有最后的决定权，附属于省长（préfet）。再如市镇议会是市长的咨询机构，市议会由10—30名议员组成，他们都是由省长任命。执行机构主要指各级的行政首长，如省长、区长、市长等，他们由中央政府或者上级政府任命。如省长，他是省级议会与国家沟通的桥梁，由第一执政（也就是波拿巴·拿破仑）亲自任命，省长被赋予一切省级的行政权力。市长或者副市长则由省长任命，一些大市镇的市长则由中央任命，并受省长的指导与监督。"全部行政组织好像军队编制一样，构成一个等级森严的制度。各级地方政府都是中央政府的派出机关，没有地方团体存在。"③正是在这样单一制的政府统治下，通过行政与司法的现代化，加以征兵制、民法典以及教育推广，使得法国完成了社会的现代化，并建立了"拿破仑式"的中央集权体制。首先拿破仑对国家高级官员加强了控制。大革命之后的法国，虽然废除了封建贵族，但是随着拿破仑执政的开始，又形成了新的显贵阶层——庞大的公务员队伍，他们包括各省的省长、各部的部长以及众多的

---

① 吴国庆：《当代各国政治体制法国》，兰州大学出版社1998年版，第71页。
② 王名扬：《法国行政法》，第66页。
③ 同上书，第67页。

司长和局长。以年薪为例,省长的年薪基本在10 000法郎左右,重要省的省长年薪超过30 000法郎。与之对应的是,普通工人的年薪不到1 000法郎,农民的收入更是少得可怜。为了实现自己的欧洲帝国梦想,拿破仑需要绝对服从的政治制度,他把这些官员的任命权牢牢地控制在自己的手中,皇帝拥有任命和罢免省长的绝对权力。在拿破仑统治期间,他建立了省、区和市镇三级地方行政体系,除了省长由皇帝直接任命之外,其他重要的官员也都由中央政府委任。但是皇帝一个人无法处理所有的地方事务,最终是中央与地方行政机构膨胀。在税收方面,为了应付庞大的战争开支和官员的薪俸,拿破仑取消了地方政府征税的权力,建立中央税收管理部门,由中央统一支配全国的税收。为了加强对民众的控制,拿破仑收回原来属于地方政府的警察权,置于中央政府的控制之下,地方警察局只是中央政府驻省警务部门的派出机构。在他统治期间,暗探密布,以富歇为首的警察部门采用监视、跟踪、窃听等手段,对法国公民实行严密的控制,这不仅仅是为了对付革命派、共和派,也是为了对付王党复辟分子。简而言之,就是对付反对拿破仑的人。尽管如此,在拿破仑执政期间,还是存在着限制中央政府权力的因素,其中最主要的就是拿破仑自己颁布的《民法典》。拿破仑的统治处于法国历史发展的特殊时期,再加上他也具有雄才大略,希望实现查理曼欧洲统一的梦想,因此他的统治不可避免地带有中央集权的特征。但是1789年大革命之后,资本主义的潮流已是大势,他所建立的帝国的基石是以资本为特征的新显贵,而不是传统的封建贵族,因此这个国家的行政也是资本主义的性质。在拿破仑一生戎马生涯中,他最为看中的是《民法典》。为了编纂《民法典》一共开会102次,虽然拿破仑事务繁忙,但是他却出席了97次编纂会议,足见他对该法典的重视程度,他把此法典看得比几十次战役更为重要。《民法典》包括总则、3编36章,共2181条。它包括了三项基本原则:自由平等原则、所有权原则和契约自由原则。这些原则保障了个人的权利,限制了政府特别是中央政权的权力,进而从另一个角度限制了中央集权的发展。

从拿破仑统治期间到第三共和国时期,包括行政区划以及中央和地方关系在内的法国政治制度,都是沿袭"拿破仑模式"。与此同时,法国也在不断地部分调整这些行政关系,以期适应资本主义发展和民主化的时代大潮流。1830年,法国建立了"七月王朝"。在"七月王朝"统治期间,法国的地方分权得到了一些发展,这主要体现在市镇的选举方面。1831年政府颁布《市镇法》,规定每个市镇纳税最多的人中的十分之一,拥有选举市镇议会的权利,这样在全国范围内,地方有选举权的人达到了100万人。虽然大市镇的市长仍然由中央政府任命,然而中小市镇的市长需要由省长在市镇议员中任命,这可以视为一个进步。1837年,通过另一个法案,承认了市镇的法人地位,即市议会有决定权,市长是市镇的代表。1838年,省也获得了"地方共同体"(collectivité locale)的地位,即省议会有决议权,不再只是一个咨询机构。在最初的时候,省拥有的决议权范围比较有限,但是法律毕竟承认省具有法律人格,是一个地方团体。第二共和国时期,由于只存在四年的时间,中央与地方关系不可能出现根本性的改变,不过还是有一些发展。如承认有6 000名居民以下市镇的市长由选举产生,实现了市长的普选。但在第二帝国初年,中央政府又加强了对地方议会的控制。1852年的法令规定:国家元首可以在市镇议会议员之外选择市长、直接任命巴黎和里昂的市镇议会成员,当然也可以任命省议会的议长。这直到第二帝国后期才有所松动。面对社会各界的呼声,拿破仑三世不得不考虑这个问题。1866年7月法令规定,市政府有某些公共事务的职权,如道路养护、贷款等。1867年7月的法令则减少了省长的监督权,但这一进程被普法战争打断,直到停火之后,法国的分权进程才得以重启。出现以上变化的原因在于,路易·拿破仑·波拿巴在其统治后期,为了缓和社会矛盾,巩固自己的统治,而不得不采取放权的策略。这为后来第三共和国的放权和地方自治提供了有益的借鉴。有趣的是,当时无论左派还是右派都同意进行改革。

左派认为给予市镇更多权力，可以削弱右派在议会中的影响，而右派自恃各地农民比较传统，出于对巴黎公社的恐惧也不会投票给左派。后来的总统梯也尔本人虽然是个中央集权派，但他也曾在1869年批评市长在选举中权力过大的问题。①

第三共和国时期，地方分权得到较快的发展。这里需要指出的是，第三共和国的分权改革虽然有思想上的铺垫，但现实状况的考量也非常重要。一方面，有鉴于1848革命中小资产者与工人的联合，以及第二帝国时期富裕农民对拿破仑三世的支持，共和主义的立法者们需要通过稳定地方上的城市来维护稳定，这需要让渡一部分权力。另一方面，巴黎公社的产生也使得政府认识到迅速恢复基层统治、建立地方治理体系的必要性。1871年，议会在波尔多设立了分权委员会，研究地方分权的事宜。1871年8月10日通过的分权法案，直到现在都还是法国省级组织框架的指导性文件。该法律重建了省一级的机构，赋予省议会以政治上的领导地位，省议会议员通过直选产生。同时，中央政府把省级预算、一些可由地方决定的税收、教育、公共卫生，司法与警察、铁路建设等职能，下放给了省议会。依据该法案，省议会不再仅仅是省长的附属机构，而是与省长平行，有时候甚至会高于省长。此外，1871年的法令成立了省委员会，该委员会是省议会每年选举产生的一个机构，既可以行使原来属于省长的几种权限，同时还可以对省长行使某些监督的功能。按照楼邦彦的看法："省委员会之成立是两种极端主张之调和的结果，在1871年的时候，有一派人主张取消省长制度，而代之以民选的机关，另有一派人则主张保留，维持省长原来的地位；省委员会就是折中这两种主张而设立的。"②除此之外，1899年的法令规定设立省级常委会，常委会从省议会中产生，成员为四至七名，任期一年；常委会每月开会，行使省议会所赋予的权力。省级常委会的

---

① 参见 Vivien A. Schmidt, *Democratizing France: The Political and Administrative History of Decentralization*, Cambridge: Cambridge University Press, 1990, p.46。
② 楼邦彦:《各国地方政治制度 法兰西篇》，第8页。

设立方便了政策的制定与实施,也创造了一个自下而上选举出来的,并对省长实现制衡的机构。1926年法令规定,省议会的决议也无须得到其他机构的核准,同时如果省议会的决议不违法,就不得撤销,这样省议会取得与市镇议会同样的权限。在市镇一级,分权的规划更明晰,市镇比省更"自由与自治"。1882年,法律规定市长应该由选举产生,赋予了市镇较大的自由权限。1884年,《市镇法》又有补充,确认了二级选举体制,规定市镇议会也由直选产生,从议会议员中选出市长,市长负责政令实施。这个规定除了在维希政府时期中止之外,一直持续到今天。1884年的法令进一步加强了市镇的权力。市镇议会权力的增加体现在如下方面:其一,除非法令另外有规定,市镇议会的决议不再需要得到其他上级机构的核准,这显示了市镇议会极大的自主权和独立性。其二,市镇议会做出的决议如果不违法就不得撤销,"不当"不能成为撤销的原因。此后,1890年3月22日的法律规定,成立市镇之间的联盟(syndicat),旨在维护各地区共同的经济、社会以及人事方面的利益,这也是地方行政体系的一个重大突破。因为大革命时期,为了防止地方割据,形成对中央政府的威胁,国家禁止诸如市镇这样的地方行政单元联合起来,以免出现分裂的危险。但是随着资本主义经济在法国的长足发展,原先的地方行政单元在许多时候无法满足社会与经济发展的需要,无法解决效率与公平的问题。因此,地区间的联合成为必要,1890年的法令为地区联合提供了法律的保障。

  近代德国地方政府的发展具有自身的特点,这与神圣罗马帝国的兴衰密切相关。1814—1815年的维也纳会议上,由奥地利、普鲁士、巴伐利亚、汉诺威与符腾堡组成"五国委员会",负责处理战后的神圣罗马帝国问题,并于1815年6月8日签订了《德意志联邦条例》。该条例规定,在神圣罗马帝国废墟之上组成一个"德意志邦联",它由34个邦与4个自由市组成,这38个实体都是拥有主权的国家。《德意志联邦条例》规定,所有联邦成员都应该把德意志作为整体加以保卫,保证联邦不受到侵犯;如果联邦宣战,单独成员不能同敌对方谈判媾和；各成员可以与外国结盟，但是必须保证不反对联邦及其成员。设在法兰克福的邦联议会是联邦唯一的中央机构，奥地利担任联邦会议的主席国。由于联邦实际上没有中央政府，没有国家元首，没有统一的最高法院，因此在内政外交和军事等方面，各邦都有自主权。《德意志联邦条例》实际上使得德意志处于分裂的状态。值得注意的是，1815年《联邦条例》第13条规定，联邦的所有各邦都可以制定一部邦议会的宪法。据此，1818—1820年，德国南部的巴伐利亚、巴登、符腾堡以及黑森先后颁布了宪法。随着1848年革命的爆发与结束，德国的中央与地方关系呈现为"二元政体"中的地方自治形式。[①]何谓"二元政体"？1848年革命失败之后，资产阶级在政治上处于劣势，在经济上处于支配地位，他们在"非政治"性的经济与社会舞台上施展拳脚；容克地主阶层经济上弱势，政治上处于统治地位，他们在"政治"性的国家领域发号施令。这种心照不宣的体系成为19世纪德国地方自治发展的制度性因素。在这一体系下，德国地方政府的活动日益频繁，地方政府承担了包括城市规划、供水、排污、卫生、交通以及城市建设等领域的工作。地方行政的调整与改革也在紧锣密鼓地进行着。在普鲁士，拿破仑战争之后，全国设立省级行政单元，分为10个省，分别为东普鲁士、西普鲁士、勃兰登堡、西里西亚、波莫瑞、波森、萨克森、威斯特法伦、下莱茵、于利希-克勒弗-贝尔格。这些省取代的是原先的军事与王室领地委员会，原来的管理机构委员会变成省政府，省长的职能由法律规定。1808年的法律确定了省长的三项职能——管理、监督与协商。1817年增加了执行新考试制度的职责，以后根据社会与经济的需要，陆续有所增加。总体来看，省长的职能包括：帮助建立行政区政府，并授权行政区政府主席管理行政区事务；监督了解但不是亲自处理行政区政府工作；主持跨行政区事务，负责与当地驻军指挥官保持联系；担任教会监理会、学校校务会以及医

[①] 参见〔德〕赫尔穆特·沃尔曼：《德国地方政府》，陈伟、段德敏译，北京大学出版社2005年版，第6页。

药委员会主席之职,并领导该类事务;协调军民关系等。[①]在省的下面是行政区,一般一个省有两个行政区,最多的是四个。1815年,普鲁士有25个行政区,1866年增加到28个。行政区政府按照日常事务划分为内务、教会和学校管理、直接税和王室土地及森林管理等部门。

---

① 参见徐建:《近代普鲁士官僚制度研究》,北京大学出版社2005年版,第85页。

第十二章　现代国家视野下的地方治理

一、多元化的地方治理

何谓"治理"？"治理是指地方政府从作为独立的单一的服务提供者，转变为一个复杂地方机制网络的战略指导者，这个机制与网络包括公共的、半公共的、私人的、志愿性质的部门组织等。"[1]治理理论的基础是西方社会的多元主义理论。1961年，罗伯特·达尔出版《谁统治：一个美国城市的民主与权力》一书，阐述了多元主义的理论。他指出，由于社会中存在着不同的群体，他们有着各自的资源与影响力，因此任何一个群体都不可能主导地方政府的决策。[2]因此达尔认为，政治结果总是趋向于反映大多数人的意见。由此多元主义为人们展现了一个乐观的地方治理观，它假设地方决策系统是开放的，可以代表大多数人的利益与意见。有学者归纳了治理的几个特征，可供参考。一是治理是指一个由机制与参与者组成的复杂的体系，它们从政府中产生，但是又不属于政府；二是治理具有处理社会与经济事务模糊的界限与责任；三是治理具有集体活动中机构间关系的权力依赖；四是治理是有关自治行动者的网络；五是治理可以不借助地方当局的力量，而有处理事务的能力，它认为政府有能力借助新的工具与

---

[1] Hugh Atkinson, and Stuart Wilks-Heeg, *Local Government from Thatcher to Blair*, p.35.
[2] 参见〔美〕罗伯特·A.达尔：《谁统治：一个美国城市的民主与权力》，范春辉、张宇译，江苏人民出版社2011年版，第96页。

第十二章 现代国家视野下的地方治理

技术去指导与引导。[①] 在欧洲各国,这表现为地方治理机构的多元化趋势。以英国为例,英国的地方治理机构分别为:一是中央行政机构的分支机构;二是特殊任务的非部分公务机关,如1973年根据《自来水管理条例》,在英格兰成立的九个专区,在威尔士成立的一个专区,1974年成立的卫生委员会等;三是垄断性的国营企业,如煤气公司以及电力公司;四是非官方组织;五是地方政府。

20世纪以来,特别是"二战"之后,欧洲中央与地方关系呈现出两种趋势。一是中央集权的趋势,国家越来越多地卷入到社会生活,特别是福利国家的发展,使得国家成为许多公共事务的提供者。二是面对中央集权的趋势,地方政府也获得了巨大的发展空间,它既实现了自己权限的扩大,又对中央集权的压力进行了规避,即虽然中央集权是一个趋势,但是并非所有的中央集权措施都可以得到实现。地方政府可以有很多的空间规避中央集权的压力,从而实现自己的独立地位,维持地方自治的本质。由此有学者称之为"创造性的自治"。那么为什么会产生"创造性的自治"?其原因是多方面的。一是经济的全球化削弱了中央政府管理国家经济的能力,统一的国家集权经济体制无法适应变化多端的全球化发展,由此地方特别是区域经济灵活性与能动性的优点逐渐显现。二是欧洲一体化进程为地方政府提供了制度保障,欧盟的法律也为地方政府的合法性提供了外部的环境。三是决策安排的全球化,使得人们重新认识到地方层次是行为最合适的领域。[②] 地方政府为了应对中央集权的趋势以及经济危机的影响,自身也进行了各种创造性的尝试,如地方政府的征税权。以伦敦为例,为了解决困扰伦敦多年的交通问题,市长利文斯通大刀阔斧地进行改革。2003年2月,在利文斯通的努力下,伦敦开始正式征收进城费,车辆进入伦敦市中心方圆八英里地区内,

---

[①] 参见 Hugh Atkinson, and Stuart Wilks-Heeg, *Local Government from Thatcher to Blair*, pp. 42-43.

[②] Ibid., p. 80.

都会被征收五英镑。此举在公布之初就遭到各方的反对,有人甚至称利文斯通以此"敛财","将伦敦分裂为一个国家"。但事实证明,征收进城费的确缓解了伦敦交通拥堵的状况,为纽约等其他国际都市解决此类问题提供了一个成功的模板。

二、英国中央与地方的冲突

中央对地方政府的控制可以分为如下方面:一是行政手段;二是财政手段;三是司法手段。在民主政治和政党政治的大背景下,中央与地方政府之间冲突是必然的,也是必要的。

"二战"之后的欧洲,中央政府与地方政府之间最为典型的冲突是英国撒切尔夫人执政期间(1979—1990年),这造成了两者之间严重的危机。1979年,保守党的撒切尔夫人执政,上台伊始,她就推行"撒切尔主义"。这是因为工党执政期间,为了赢得民众的支持,积极推行社会福利制度,赋予地方政府很大的财权,在教育、住房、医疗等方面花费巨大。为了扭转这一局面,提高政府社会服务的效率,撒切尔政府采取了一系列的措施,以控制地方政府巨大的开支,由此与工党控制的地方政府产生了激烈的冲突,并引发了严重的危机。首先是在1980年,保守党政府通过了《地方政府计划与土地条例》,希望地方政府以订立指标的方式合理地进行日常开支,超过指标的地方政府,得到的中央拨款就会相应地减少。但是这一方案收效不明显,因为虽然中央拨款减少了,但是地方政府可以通过增加地方税等方式和手段,来弥补自己的日常开支。于是中央政府1982年颁布了《地方政府财政法》,废止了地方政府征收额外税种的权力。为了进一步控制地方政府的日常开支,撒切尔政府采取控制地方政府收入的手段,进而控制其支出。1984年,撒切尔政府又通过了《地方税法案》,该法案对地方议会通过地方税从而提高地方政府财政收入的做法,进行了更为严格的限制。该法案授权国务秘书执行征税限制,这是对地方政府财政一个极大的限制。1984

年7月,撒切尔政府选定18个地方当局,在1985—1986财政年度实行"地方税收封顶"政策。但是,这次地税封顶试验带有鲜明的党派色彩。除了由保守党控制的朴次茅斯和由劳工联盟控制的布伦特之外,其余的16个地方政府都是由工党控制的。杨光斌指出:"1984年的税收法是保守党政府自1979年以来地方政府政策的必然结果。保守党宣称这是根据需要去控制公共开支。如果此话属实,那么控制支出的措施应该适用于更广泛的地方政府。因为仅仅控制18个地方政府的税收对地方政府的总开支几乎没什么影响。显然,税收限制主要是保守党政府用来打击受工党控制的地方政府的颇具意识形态色彩的武器。保守党政府这项政策导致了地方政府财政管理上空前的集权化,同时也加剧了中央与地方之间的矛盾。"[1]当中央政府公布名单之后,涉及此法案的地方政府试图团结起来抵制该政策。但是由于各个地方政府的预期不同,有的地方政府希望中央政府在实施地方税法案时有所让步,有的地方政府态度比较激进,要求中央政府撤销此法案,地方政府阵营内部意见并不统一。再加上抵制中央政府的行为涉嫌违法,这也是地方政府不得不考虑的问题。1985年初,撒切尔政府为了顺利地推进地方税收改革,也进行了一定的让步,如提高了一些地方政府地税封顶的上限,这有效地分化了反对派联盟。随后,利文斯通领导的大伦敦议会以及南约克郡等地方政府执行了中央政府的法令,设立了本地的地方税封顶额度。到了1985年6月,18个相关的地方政府中,只有大伦敦地区的朗伯斯自治市还在反对地税封顶政策。该自治市议会领导人特德·奈特表示:"地方税封顶意味着非常暗淡的现实,这就是我们为什么要站在朗伯斯利益的角度反对该政策。""在1984年秋季以及近数月,我们广泛讨论了朗伯斯面临的危机。……现在受地税封顶影响,我们要大幅削减服务,遣散2 000多名工作人员,这很明显不符合自治市的利益……我们将不会按照中央要求进行削减,我们会继续

---

[1] 杨光斌:"中央集权与大众自治:英国中央-地方的新型关系——以财政变革为中心的分析",《欧洲》1995年第4期。

坚持要求中央返还我们应得的拨款。""地税封顶没有理由，唯一有意义的是中央政府返还拨款，我们知道卷入这场斗争将面临法庭处罚的巨大压力，但只有当中央政府为朗伯斯提供一个公平方案，我们才有理由设定地方税。"①考虑到朗伯斯确实面临着经济与社会的困境，如果继续坚持原先的计划，那么该市将会出现严重的社会问题。于是1985年6月底，撒切尔政府也进行了让步，向该自治市额外拨付550万英镑的住房补贴。此外，大伦敦议会也向该自治市提供了660万英镑的贷款，由此填补了地方财政收入与支出之间的大部分缺口。在这种情况下，1985年7月初，朗伯斯最终设定了地方税封顶额度。但是该事件并没到此结束。中央政府认为朗伯斯的部分议会议员涉嫌违法，对他们进行了罚款。这些议员不服，上诉至高等法院，希望通过司法手段维护自身的权利。1986年，虽然得到了朗伯斯市民的声援，法院最终还是判决朗伯斯的部分议员违法。这一事件是撒切尔执政期间中央与地方冲突的一个典型案例。

如何评价这一时期中央政府对地方自治的影响，值得研究者思考。一般的观点认为，撒切尔政府的这些措施严重地破坏了地方自治传统，是典型的中央集权。杨光斌提出了不同的看法，笔者比较赞同他的观点。他认为首先要区别地方自治与地方政府自治，两者之间的关系密切，但又不是同一概念。②因为地方自治不仅仅包括地方政府，还涉及个人、利益共同体以及其他形式的小共同体。从宏观的角度来看，一国要想健康有序地发展，需要进行统筹规划与分配。但是地方政府不会面临着这样的压力，它更多的是满足当地当时的需要，只要取悦于本地方的民众特别是那些有投票权的公民，这届地方政府就可以连任下去。但是这种不计后果的征税与扩大福利，从根本上讲对地区经济以及国家经济不利。因此撒切尔政府的改革

---

① 黄小东："伦敦朗伯斯区反对中央"地税封顶"运动探析"，《辽宁师范大学学报》（社会科学版）2012年第7期。
② 参见杨光斌："中央集权与大众自治：英国中央-地方的新型关系——以财政变革为中心的分析"，《欧洲》1995年第4期。

措施，与其说侵犯了地方自治传统，不如说是限制了地方政府无原则的福利与消费，其效果是积极的。

欧洲近代政治变革逐渐形成了资本主义国家的政党制度，不论是两党制，还是多党制，都会或多或少地影响中央与地方之间的关系，毕竟执政党需要治理国家。这一点在英国尤为明显。19世纪约瑟夫·张伯伦担任伯明翰市长期间，就已经存在着政党因素了。"二战"之后，政党政治的因素更为明显。1967年，约50%的地方政府或处于保守党或处于工党的控制与影响下，即执政党可以借助党组织，实现对地方政府有效的控制与管理，执行国家的各项政策。而对由在野党控制的地方政府而言，他们可以借助自己控制的地方政府对执政党施加影响或者压力，使得执政党实行的对自己不利的政策与措施难以施行。到了1985年，80%的地方政府处于政党政治的控制之下。其余不到20%的地方政府处于独立人士的管理之下，但是这大部分属于乡村地区，对整个国家政治起不到决定性的影响。到了1995年时，这一比例更是下降到10%左右。具体到保守党与工党，情况也不相同。英国的工党由于受费边主义的影响，党的工作重点是中央，对地方的控制显得松散。保守党则采用了另一种方式，即在处理中央与地方关系试验时，保守党通常会以苏格兰作为试验田。保守党一些有争议的政策常常会在苏格兰首先施行，观其后效后再推广到英格兰与威尔士。这其中一个重要的原因就是政党因素。因为苏格兰是一个较为特殊的地区，苏格兰保守的地方主义色彩浓厚，工党在此有着强大的优势，而保守党在此势力较弱。如果保守党的新政策在苏格兰获得成功与认可，那么推广到其他地区，就不会遇到大的阻碍。假如不成功的话，失败成本也会由工党承担。假如保守党首先在英格兰推行新的政策，失败的话，对于保守党来讲，损失就会很大，弄不好还会危及自己的执政地位。这种情况在撒切尔统治期间尤为明显，"铁娘子"也借此打击工党的气焰。

在实际的地方社会生活中，地方事务受政党政治影响的情况很多,并由此产生出众多的冲突。20世纪初,伦敦所辖的杨树镇的市议会由工党控制,市镇议会为工人提供较高的工资水平,并对其他人征收高额的济贫税,这自然引起有钱人的不满。此外,市镇议会还拒绝中央政府的一些命令,维护本镇的独立。结果30名地方参议员被逮捕,市镇被征收了额外的费用。[1]在中等教育问题上,中央与地方之间冲突的根源也是政党因素。1964—1970年,执政党工党希望实行综合性教育政策,于是采用了比较温和的方式,即通过发布通知与财政辅助的方式。但是综合性教育政策遭到了保守党控制的一些地方政府的抵制。执政党工党于是决定采用强硬的手段推行这一政策,但是由于工党在1970年大选中失利,这一措施没有实行。1970—1974年保守党上台执政,主管教育的内阁大臣撒切尔在任职不久,就废除了工党的综合教育政策,即"取消托尼·克罗斯兰的第10/65号通知和第二年发出的第10/66号通知,前者要求地方当局按彻底实行综合教育方针提出改组中等教育的计划,后者规定,凡是拒绝实行学校综合化的地方教育当局,要收回发给它们的基本建设资金"[2]。1970年6月30日,撒切尔颁发了10/70号通知,正式宣布取消工党的综合教育政策,由此在地方当局和中央教育部之间,以及工党和保守党之间展开了博弈。撒切尔回忆录写道:"在我整个担任教育大臣期间,我们权衡考虑了大约3 600件改组建议——绝大部分建议实行综合化——其中我只驳回了325件,约占9%。1970年夏,似乎出现了更多地方当局决定彻底改变或停止执行它们的改组计划的可能性。例如,保守党控制的伯明翰市是最早欢迎10/70号通知的教育当局之一,为挽救该市36所文法学校曾进行激烈斗争。但到1972年,工党控制该市,提出了他们自己的综合化计划。1973年6月,我驳回了该市市政会

---

[1] 参见 Hugh Atkinson, and Stuart Wilks-Heeg, *Local Government from Thatcher to Blair*, p. 27。
[2] 〔英〕玛格丽特·撒切尔:《通往权力之路:撒切尔夫人自传》,李宏强译,当代世界出版社1998年版,第167页。

提出的 112 件建议中的 60 件，拯救了该市 18 所文法学校。萨里郡里士满市政会的情况大致相似。他们曾拒绝按工党政府 10/65 通知提出改组计划，但 1970 年 9 月以很大的多数票表决通过结束选择制。我毫无选择余地，只能同意他们在下一年实行改组。"①1974 年英国再次举行大选，保守党失利下台，工党重新执政，于是有关综合性教育的问题，再次成为中央与地方政府冲突的焦点。面对保守党控制的一些地方政府的抵制，工党直接与塔姆塞德地方政府发生冲突，并最终颁布了 1974 年《教育法》，采用强制的手段推行该计划。撒切尔取消免费为小学生提供牛奶事件，是另一个典型案例。1970—1974 年保守党执政期间，希思首相任命撒切尔为主管教育的内阁大臣。为了节约政府的开支，撒切尔不顾英国民众的反对，取消了对小学生提供免费牛奶的制度，同时提高学校的伙食费。这种大刀阔斧对福利制度进行开刀的做法，遭到了工党控制的地方政府的坚决抵制。撒切尔夫人在自传中是这样描述的："1970 年秋，对政府开支问题讨论得很多。财政部开了一张紧缩教育经费的单子——包括图书馆、博物馆、学校膳食和牛奶实行收费。……我不得不承认，学校提供的膳食和牛奶是可以首先考虑的节约开支项目。有条件的家庭似乎没有理由不为负担学校膳费多作一些贡献。……至于学校供应牛奶，对于从健康需要考虑供应牛奶有好处，早已存在不同看法。……我设法将界线划在：提高学校膳食的价格，同时对年满 7 岁的小学生取消免费供奶。为防止招致不满，这些温和的改革还附加了一条规定：因医疗原因需要喝牛奶的儿童可继续得到供应，直至进入中学为止。总之，我有效地保护了教育预算。新闻界的反应也不错。……这种情况如能维持下去，那是令人愉快的。麻烦在于这种情况持续的时间不长。6 个月后，我们提出一项法案，解除地方教育当局向学生免费供应牛奶的法律义务，并允许它们自行决定是否收取少量牛奶费。这为工党提供了在议会制造事端的机

---

① 〔英〕玛格丽特·撒切尔：《通往权力之路：撒切尔夫人自传》，李宏强译，第 170—171 页。

会。……原先赞扬我通过削减牛奶和膳费开支成功地保护了教育预算的报纸，突然改变了调门。……工党年会上的一名发言者建议报界用一个顺口溜式的标题：'撒切尔夫人，抢夺牛奶的人'。……于是，报纸上几乎每天都会出现新的报道内容。例如，某地工党市政会正在考虑购买一批乳牛，给本地孩子供应牛奶；某些地方教育当局为了回避执行有关法律，以含乳饮料代替牛奶；有些非教育当局的市政会根据1963年《地方政府法》规定的权力，开始采取步骤给7—11岁儿童免费供应牛奶。……这场反对我的运动1971年11月达到高潮，《太阳报》把我说成是'英国最不受欢迎的女人'。也许我过于天真，以为做了普遍认为对教育非常有益的事情，在争论为此做出的牺牲时，是会考虑到的。地方当局出于赤裸裸的政治原因，不愿向孩子们出售牛奶，而强迫他们出售几乎是不可能的。我学到了宝贵的经验教训。我为微不足道的政治利益招致了最大的政治臭名。在与地方当局几个月的斗争中，我和我的同事们受害不浅；在这段时间内我们不断受到新闻媒体的冷枪和暗箭，所有这一切只是为了节省900万英镑，而如果从基本建设预算中削减这个数目几乎不会产生丝毫影响。"[1] 再如，希思政府颁布了《住房财政法》，宣布对公房采用市场租金，但是克莱克罗斯地方政府拒绝执行中央的政策，引发了中央与地方之间关系的紧张。再如伦敦郡议会（LCC），自从1899年成立之后，就笼罩着浓厚的政党政治色彩。在伦敦现代发展的历史中，肯·利文斯通书写了自己浓重的一笔。1945年，肯·利文斯通出生于伦敦南部，是一个地地道道的伦敦人。他的家庭本是保守党之家，但是他从小就表现出不同一般人的性格，他对自己的家庭政党色彩表现出极大的叛逆。1969年，年轻的利文斯通受左派思想的影响，加入工党，并开始了自己的政治生涯。但是他的立场属于工党中的左派，虽为工党的上层不容，却受到工党普通党员的认同。他的政治观点激进，这表现在他与当

---

[1] 〔英〕玛格丽特·撒切尔：《通往权力之路：撒切尔夫人自传》，李宏强译，第179—181页。

时的撒切尔夫人产生了巨大的矛盾。1981年，利文斯通成为大伦敦议会的领导人，在他领导大伦敦议会期间，他把新左派的价值观用于地方政府，对抗撒切尔政府的主要政策，由此与中央政府之间产生了不可调和的矛盾。由于利文斯通的左派立场，他被人称为"红色的肯"，即他带有鲜明的共产主义色彩。首相撒切尔夫人认为他是个"麻烦制造者"。1986年，撒切尔政府废除了由利文斯通领导的大伦敦地方议会（Greater London Council）以及六个都市郡。

三、法国地方分权的演变

在维希政府时期，共和国不复存在，地方议会选举的原则被废弃。1940年，根据贝当的想法，维希政府用旧制度下的大省代替大革命时期建立的省。但是处于战争中的法国，无论从内部环境还是从国际形势来讲，都不可能进行行政体制方面的改革。1945年法国解放后，国家的作用没有减弱，反而加强了。法国战后的国家建设体现了技术官僚倾向以及某种程度的雅各宾主义，因为重建需要很多专业人才。这样中央集权的体系正好和战后经济增长的"光荣三十年"吻合，经济的发展给这一体制增加了合法性。这也是世界各国发展的普遍路径。同时第四共和国（1945—1957年）的软弱，使得第五共和国不得不以更强的行政权来消除和压制分歧，1958年的宪法就体现了这一点。但随着公民意识的提高，集权的行政体制在面对一些社会问题时显得力不从心，地方自治的呼声也变得响亮。1968年"五月风暴"之后，戴高乐换汤不换药的方案并没有得到民众的拥护。虽然传统的行政体系在自我完善，以求更适应现代社会的需求，但行政区域的划分还只是为了行政管理，而非真正为了地方政治参与的提高。国家本应起的是监管作用，但往往最终国家还是为地方做决定；大区虽然在地方经济事务上有一定的自主权，但仅仅局限于经济方面的权限，这也使得大区并不具备"地方共同体"的法人地位。[1]

"二战"后，法国经济迅速恢复。新的形势需要新的行政体制，区域化的讨论就是在这样的背景下展开的。另外，巴黎的发展速度远远超过外省，这也引起了人们的担心。1947年，让·弗朗索瓦·格拉维耶发表了题为《巴黎与法国的荒漠》的报告，描绘了巴黎的发展与外省的退步的景象。但是，格拉维耶的警示在当时并没有引起足够的重视，因为制订政策的政治家与经济学家们关心的只是经济的增长率。随着第二个计划（1954—1957年）的推行，格拉维耶所担心的情况加剧了。巴黎及其邻近地区平均每年增加13.5万人，到了1967年已经有930万人。2%的土地上聚集了当时法国约18%的人口，巴黎的人口规模超过任何一个外省城市的十倍。格拉维耶的报告在1972年再版，更新了各个地区的人口与经济数据，说明巴黎的规模过大。[2] 在人口再组合的过程中，很多地区人口外流严重，这导致地区经济竞争力下降，本土文化也受到冲击。在全国分工的大环境下，一些地区的传统产业消失，投资者也多为大城市来的外地投资者，本地人则缺乏资本。格拉维耶的想法得到了很多人的响应，包括总理雅克·沙邦-戴尔玛、社会学家米歇尔·克罗齐埃（Michel Crozier）、哲学家亚历山大·马克（Alexandre Marc）等。皮埃尔·芒德·弗朗斯（Pierre Mendès France）在20世纪60年代末期所写的《现代共和国》（*La République moderne*）一书中，主张建立区域经济委员会，将国家区域化。1982年任内政部长的加斯东·德菲尔在1965年呼吁，将权限与资源转移给地方所建立的"选出来的区域权力机构"。1966年，米歇尔·洛加尔（Michel Rocard）的报告《法国去殖民》（*Décoloniser la France*）成为左派关于分权改革的重要

---

[1] 参见郁建兴、金蕾："法国地方治理体系中的市镇联合体"，《中共浙江省委党校学报》2006年第1期。关于地方共同体在30年的分权改革中的变化，比较全面的是 Philippe Tronquoy (dir.), "Les collectivités territoriales, trente ans de décentralisation", *Cahiers français*, Paris, mai-juin 2011, p. 362。

[2] 参见 Jean François Gravier, *Paris et le désert français en 1972*, Paris: Flammarion, 1972, pp.105-111。

纲领之一。他说："所有承载着国家经济、社会、文化和政治未来的人，现在想要主导而非只能选举，想要掌控而非执行，想要了解而非只是承受，想要选择而非只是批准。"[1]1970年，米歇尔·克罗齐埃撰写了《被封锁的社会》（*La Société bloquée*）一书，从社会学的视角对法国的行政体制进行批判。克罗齐埃指出："……这是一个高度集中的系统。但是，所有的观察家都一致认为，这种集中化的深刻含义根本不在于把绝对的权力集中于宝塔尖上，而是使有权决策的人和决策所涉及的人保持一个距离，或在他们之间筑起一道有保护作用的屏障。力图要在宝塔尖上切实集中的权力主要是形式上的权力，这种权力由于缺乏信息的沟通和与人的接触，是处于瘫痪状态的。决策的人无法充分了解所要处理的一些问题的种种实际情况，而了解情况的人又没有决策的权力。这两组人之间，或者更确切地说这两种角色之间的鸿沟几乎不可避免地反复出现。"[2]他进一步指出："我们确实已经走到了集中化的尽头，在我们无法改革的系统中已到了完全被封锁隔绝的地步。……在我们的政治行政组织中，没有任何一个中间权力机构具有足够权威能够在认识问题和体现自己的代表性方面采取主动或承担责任。"[3]区域化的启动是从经济方面着手的。1955年法国制订了"区域行动计划"，目的是促进不同地区经济与社会发展的平衡。1956年，内政部的法令确定了大区的边界。到了1964年，设立了大区的区长，成立了区域经济发展委员会（CODER）。1969年4月，虽然戴高乐派有关扩大区域职能的全民公投失败，戴高乐将军下台，但是他的努力没有白费。1972年7月的法律规定，每个大区成立以大区命名的区域公共机构，实际上是赋予大区以法人地位，并确定了大区议会的职责。

20世纪70年代，社会党逐渐确定了分权的计划。由社会党确

---

[1] Jean-Marc Ohnet, *Histoire de la décentralisation française*, pp. 167-169.
[2] 〔法〕克罗齐埃：《被封锁的社会》，狄玉明、刘培龙译，商务印书馆1989年版，第77—78页。
[3] 同上书，第178页。

361

定分权的方针,其实是比较奇怪的,因为在一般法国人心中,社会党的政治倾向为左派,和历史上的雅各宾主义有着千丝万缕的联系,而雅各宾派是崇尚中央集权的。但在1968年"五月风暴"之后,民众对自治以及政治参与的普遍要求,使得社会党若想在政坛中取得更大成绩,不得不考虑这一思潮。20世纪70年代初,社会党在地方的选举建树颇丰,并在1977年赢得了很多市镇。1979年,米歇尔·克罗齐埃又写作了《法令改变不了社会》(*On ne change pas la société par décret*),继续批判集权体制。这使得人们思考,自从19世纪以来建立的上级监管式的体制和选举出来的、更了解地方的体制之间的差异。1979年,在一份社会党的提案中,议员建议让地方共同体更加活跃,成为抵抗经济危机的主体。这个想法和左派的共同体观点比较吻合。把地方社会共同体作为平衡资本主义危机的杠杆,用地方自治来对抗国家资本主义,是左派观点的一个转变,成为左派的意识形态。而且,在德斯坦总统任期的最后几年,中央政府不再参与对地方政府的效用评比,这个进步非常重要。之前地方政府会用财政数据来"讨国家的欢心",现在则脱离了这一层依附关系。右派在1977年选举失败之后,意识到左派会建立集权的行政体制,法国将面临社会主义化的可能,这是右派不能接受的。好在1981年大区选举中,右派联盟拿下了22个大区中的13个,次年的省级选举中,又拿下了59个省。右派也希望借此机会,把省变成能和国家制衡的力量。

所以说,在1982年的分权改革时,社会党更多从国家需要角度出发,而非从政治角度出发打击右派,而右派也乐见地方自治的加强。这一举动也为社会党人赢得了一些主张区域主义人的支持。1982年3月2日通过了第213号法律,该法律及其附属的系列法令被称为分权改革的"一号文件"。它由若干具体的法令组成,其中规定了市镇、省和大区的权利和自治权力。法案开宗明义地在第一条就指出:将决定市镇和省、大区以及国家之间的权限;公共资源的分配;选举人的地位;市镇、省和大区之间合作的功能;公民在地方生活中参与的发展。1982年的地方分权改革从行政角度讲，在不改变宪法框架的前提下，引入了三个原则性的变革，分别指向市镇、省、大区三个行政级别。①

重点是取消监管（tutelle）。需要补充解释的是，取消监管不是没有监管，而是将事前的行政监管改为事后的合法性监管。在以往，监管权力包括取消地方议会的决议，或者对议员进行监管。在通过一项决定时，议会里支持的人数需要达到一定数目，才能获得省长批准，而当省长要否决的时候，他可以将市长、副市长撤职，甚至可以直接把市镇议会给解散。大体来讲，这样的监管在农村地区比较适合，地方议会与国家的"共治"能更好地保护农民。而在大城市里，由于财政状况良好，公民希望自行决定共同体内部的事务，所以监管就变成了束缚。根据改革法案，通过选举产生的地区议会可以自行做出决定，但需要公布决定并抄送省长，省长可以判断直接通过该决定，或者交给行政法院复议。省长不再有裁判权，行政法院变成唯一能裁定行政决定是否违法的机构。在法令中，还详细地规定了移交行政法院的法令范围，以及省长具有该权力的时限、该时限能以怎样的理由推迟。同时，宪法委员会对于有关地方自治的立法比较关注，从立法层面防止影响地方自治法律的出现。以上都体现了分权的原则。给地方共同体以自由的行政权，而且免除一切监督，这种改变与戴高乐派中央集权者的思想决裂了。在中央集权主义者看来，这可能会威胁到共和国的统一性。对于预算的监管又有不同。省长在下列四种情况下，有权向地区的审计法庭提请诉讼：一是预算在每年5月31日之前没有被表决；二是预算不尊重实际情况；三是某一项必需的开支没有包含在预算里；四是预算在表决时就已经表明肯定会是赤字。为此，1982年7月10日设立了审计法庭，法庭由全国的审计法庭中的一名法官和其他不可撤

---

① 由于本文只是对分权改革的过程进行历史学的概述，很多改革的细节不涉及。若想具体了解分权改革后市镇、省和大区的权限分割及演变，参见 Eric Landot, Bruno Malhey, Michel Verpeaux (éd.), *La réforme des collectivités territoriales*, Paris: Berger-Levrault, 2011.

职的法官所组成。各个大区也设置了各自的审计办公室,驻扎由财政部派来的公共会计。[1]这一系列的改革使得很多小市镇议会很不适应,地方议员已经习惯了和省长打交道,让省长修改决议再付诸实施。现在要他们进入他们并不熟悉的司法领域,地方的议员也不习惯,所以这一规定与执行情况有出入。1992年,曾任最高行政法院法官的居伊·布莱邦(Guy Braibant)观察到:在地方共同体与省长之间,就地方法令的合法性进行的商量非常普遍,弱化了行政法院的作用。他写道:"受到复议的法案数目,省之间差别很大……1989年,关于城市建设方面有737 771个法案被通报给省长,其中7 011个被复议,272个被驳回,也就是说一个省一年只有三个被驳回。"[2]实际上,受制于法律和现实情况,用司法驳回法令的方式,并没有消除省长的干预。在一些小的市镇,进行完全的自治有一定难度,国家在给予地方政府司法援助方面,仍然起重要的作用。从经济角度来看,本次改革打破了从大革命以来的一个禁忌,即地方可以以促进经济发展为目标,通过间接或者直接的援助,以"法律面前人人平等和保证商业和工业的自由"为原则,来介入经济。换而言之,市镇、省和大区政府成为经济舞台上的一员,这也是为了对抗经济危机和保证就业的尝试。这样的创新让保守主义者有质疑:一是中央与地方在经济方面的权限变得模糊;二是地区政府干预经济救助企业是否公平,对于后者,1988年1月5日的加兰(Yves Galland)法取消了市镇政府对困难企业的援助,对贷款担保做出限制,并且禁止市镇以任何形式参与不能产生普遍利益或者提供公共服务的企业。1992年,经济与财政部估算,市镇对于经济的投入达到60亿法郎,省投入了40亿,大区投入了45亿。这一政策创造了很多混合所有制的企业,有利于吸引投资,保证当地就业,当然也促进了法国的社会主义化,符合社会党的政治路线。但随着法国经

---

[1] 参见魏涛、蔡红英"地方财政监督体制改革探析——以法国的经验为例",《财政监督》2014年第4期。

[2] Jean-Marc Ohnet, *Histoire de la décentralisation française*, p.179.

济变得不景气，过度投资也给各级地方政府带来了不少负担，这种情况值得关注。二是将省级行政权从省长转移到普遍议会的主席。在1982年之前，省是提供公共服务的部门，又是具有法人地位的地方共同体。这次改革结束了省的双重身份，省长的权力正式移交给普遍议会主席。和市镇议会主席不同，普遍议会的主席要做出财政预算，并负责其实施，还要对省级行政做出指导。在普遍议会的议员里，选出负责执行法令的议会主席，议会主席由副主席和一个办公室来辅佐，副主席和办公室成员也在普遍议会里选出。普遍议会必须每四个月开一次会，会议由主席召集，或者由主席办公室，也可以是议会的三分之一成员的要求。在这一制度下，主席变成了新省长，他具有地方共同体的行政全权，负责制订预算，是省的法人代表，召集会议并制订议程，主持会议，对于议会所投票通过的职位，由主席亲自任命。可以说，普遍议会的主席有了很大的权力。这使得省的选举变得更激烈，为了竞争主席的职位，每个党派竭尽所能争取普遍议会的席位。三是建立有全权地位的大区，把大区视为地区共同体，有法人地位。在大区的行政改革中，也践行了在市镇和省实行的原则，即把行政权赋予在1986年建立的新大区议会，大区长的监管也遵循事后司法监管的方式。大区长的权力移交之后，22个本土大区议会主席和4个海外领地议会主席开始行使大区行政权力。大区的职能主要包括：制定并实施大区规划、经济与社会发展、土地管理、科研与文化、能源和环保、促进地区语言与文化的多样性以及区域身份的表达。大区的经济职能比较突出，可以投资企业，以大区名义免除一些企业的特殊税收。另一方面，大区的功能还体现在执行国家计划。在第九个五年计划（1984—1988年）期间，由大区议会和大区长所制订的区域计划数量翻了一番。中央政府希望国家计划和大区计划不要矛盾，但通常事与愿违。在财政问题上，中央政府和大区之间经常产生矛盾，大区指责国家计划成为集权化的工具。然而，经济不景气使得国家与大区之间需要更紧密的合作，而不是政令到大区不通。有关1982年的地方行政改革，对科西嘉以及海外领地还需补充说明。从1982年8月起,科西嘉比其他21个大区先行拥有法人地位,科西嘉议会的代表需经过投票选举产生,同时科西嘉地方议会的经济和文化职能得到强化。1991年5月13日和2002年1月22日又通过两部法律,科西嘉的自治地位进一步加强。1983年后,海外大区也获得了和科西嘉类似的地位。在有关自身的立法时,海外大区具有建议权。在海外领地,如波利尼西亚、新喀里多尼亚,分权改革也在推行,它们获得了类似自治的地位。

如果说1982法案从法律角度为地方行政打下了基础,这个法案也应被视以后一系列立法的先导,这些改革对法国社会产生了深远的影响。乔治·杜比主编的《法国史》这样评价1982年分权改革:"经过多个世纪以来的君主和共和权力集中化,法国在1982年3月3日通过了《德菲尔法案》,从此终于进入了地方享有自由行政权力的时代,该法案明确了'城镇、省、大区的权力和自由'。实际上,该法案的实施仅仅是一连串改革进程的开端,权力在中央政府和地方当局之间的平衡将经历深刻的变化,中央政府将放弃一些权力,而地方政府的得失成败将成为全国政治生活的关键所在。"[1]20世纪80年代的法国地方社会确实经历了一场富有生机的变化,政府支出也从1983年的4 000亿法郎增加到了1989年的6 000亿法郎。刚开始分权改革的时候,公共支出掩盖了地方与国家之间在财政方面僵化的关系。随着改革深入,需要把一些公共服务如自来水、公共交通、学校食堂等私有化。此外,为了应对基础设施建设以及社会改革的投入,要提高负债率。20世纪80年代末到90年代初,因为经济不景气,财政收入有限,省级预算也开始变得更理性,设立合理的目标,更精打细算。同时,地方政府还不能过度地透支本地区的财力,在这种情况下,各地方议会逐渐适应了新的地方治理模式。分权改革对于政治和管理领域之间没有明确的界限,因为政治和管理的领域与经济社会领域有很多互动,现实要求更现代化的管理方

---

[1] 〔法〕乔治·杜比主编:《法国史》(下卷),吕一民、沈坚、黄艳红等译,第1624页。

式，以适应地区民主、经济以及政治等方面的挑战。被选出来的人不能只是证明自己能深入地区居民中，或者促进一个工程，他还需要展示出解决具体问题的能力，比如就业、居住、交通、环境、教育，等等。他的任务是回应社会需求，从而赢得选民的支持，成为一个脚踏实地的政治家。这个现象在市镇比在省和大区更明显，因为市镇议员和地区居民距离更近，对议员的评价标准结合了选举能力、提供公共服务的能力和处理具体事务能力等几方面。

四、欧洲一体化背景下的地方自治

《欧洲地方自治宪章》[①]于1985年通过，1988年开始生效，对欧洲各国地方自治和地方权利做了规定。该宪章首先指出，地方公共团体是民主政体的重要根基。这表现为：第一，民主原则之一是公民对公共事务管理具有参与权；第二，该权利在地方层面上才能够被直接地行使；第三，地方公共团体能够提供更有效和更贴近公民的管理。该宪章的第一部分解释了地方自治的宪法与法律基础——地方自治的原则应该由国内立法确认，或者在可行的情况下由宪法确认。有关地方自治的内容具体如下：第一，在法律的界限内，地方公共团体应有充分的自由裁量权，以处理有关的事务；第二，公共职责的履行应优先交由最贴近公民的团体；第三，授予地方公共团体的权限通常应为充分和排他的，除非有其他法律规定，否则此类授权不受其他团体的侵犯和限制，无论该团体是中央性的还是区域性的；第四，中央政府或区域性团体授予地方公共团体的权限，地方公共团体应尽可能享有自由裁量权，并根据具体的条件予以行使；第五，在计划或者决定所有直接涉及地方公共团体的事务的过程中，应当尽可能在适当的时间并以适当的方式，听取地方公共团

---

① 有关《欧洲地方自治宪章》的具体内容，参见王建学：《作为基本权利的地方自治》，厦门大学出版社2010年版，第245—250页。在不改变基本意思的前提下，本文对一些表述进行了略微的改动。

体的意见。在地方行政地理界线方面,《欧洲地方自治宪章》确立了如下原则：除非事先咨询地方公共团体的意见，否则不得变更地方行政的地理界线；如果法律允许，应该通过公民投票的方式咨询地方公共团体的意见。之所以做出这样的规定，是由于地方共同体的形成与划分凝聚了历史、文化、风俗、习惯等因素。在欧洲历史上，曾经有很多次依据政府首脑个人好恶与意志，强行拆分或合并原先的地方共同体，使得共同体内的居民或族群产生严重矛盾与冲突。比较典型的是法国大革命期间，对地方行政革命性的改变，割裂了原先的历史与传统。无论是省、郡、市、镇、区、村等地方行政单元，都是地方民众实实在在的生活空间，对它们的改变或者重新划分，都直接地影响着民众的日常生活。如果中央政府随意破坏民众日常生活的地理空间，势必对地方自治权利造成破坏。那么，以上的规定是否就意味着，地方行政单元只能保持不变呢？答案是否定的。《欧洲地方自治宪章》第十条做出如下的规定：地方公共团体在行使权力的过程中有权相互合作，以及在法律框架内与其他地方公共团体组成联合体，以便执行其共同利益所需的任务；地方公共团体加入某一联合体，以保护和促进其共同利益的权利，以及加入某一地方公共团体国际组织的权利，应受到各缔约国之承认；地方公共团体有权按法律规定的条件，与外国地方公共团体展开合作。之所以做出这样的规定，一方面是出于效率和可行性的需要。在现代社会，诸如环境（如水质、空气质量）的治理，打击犯罪（如打击毒品、预防流窜犯罪），医疗保险（如瘟疫与疾病的全球防控），教育公平等诸多社会问题的解决，单个的地方政府对此已经无能为力，需要若干地方政府参与和合作。在欧洲历史上，其实已经有过这样的先例，比较典型的是近代英国地方政府在济贫领域的实践，组成了济贫联合体来解决济贫事务。再如莱茵河的治理，需要沿河各国的通力合作，才能够成功。另一方面，作为地方自治的主体，与其他地方公共团体进行合作与交流，是其基本权利的一种体现，特别是地方政府有权与外国的地方公共团体展开合作，拓宽了地方自治主体的权限。王建学指出:"地方公共团体的跨国交往还具有促进地方公共团体之间相互借鉴的功能。由于各国地方公共团体需要处理的自治事务往往有很多相同之处,而不同国家的地方公共团体在处理自治事务时可能采取完全不同的方式。跨国性的地方公共团体交往就提供了一个非常重要的借鉴途径,以便地方公共团体能够经常地接触到那些可能是更好但却没有被注意到的具体的自治技术。"[1] 在这种情况下,传统的地方政府和地方行政的含义就具有了全球治理的色彩。这让研究者意识到,地方政府不仅仅是一国家范畴内的行政单元,它具有的自治性质也不仅仅是原先传统意义上的共同体治理,这种地方自治性质具有跨国性与普遍性。由此可见,《欧洲地方自治宪章》第十条是在更高的层面对地方自治的定义,扩展了地方自治的内容与范畴。

另一个重要条约是《里斯本条约》,它的签署是在《欧盟宪法条约》无法获得全体成员国的批准的情况下,而采取的一种变通措施。2004年,欧盟25国首脑在罗马签署了《欧盟宪法条约》,该宪法条约旨在保证欧盟的有效运作,并推动欧洲一体化进程。《欧盟宪法条约》具有宪法性质,是对传统国家主权的一种颠覆。该条约需要得到所有成员国的批准才可以生效,假如有一个成员国不批准的话,该条约将无法通过。在成员国中,有关宪法性质的法律需要全民公决。然而,法国和荷兰2005年先后在全民公决中否决了《欧盟宪法条约》,这使得条约的顺利通过前途渺茫。但是欧洲一体化的进程是大势所趋,为了有效地推进一体化进程,欧盟首脑会议修改了原先的思路,采用渐进的方式,逐步地推行。于是,首脑会议不再追求近期内制定具有宪法性质的《欧盟宪法条约》。根据各国首脑达成的框架协议,决定对创建"欧洲经济共同体"的《罗马条约》(1957年签署)和建立"欧洲联盟"的《马斯特里赫特条约》(1991年签署),进行修改增补,从而形成一部普通法律。由于新条约的

---

[1] 王建学:《作为基本权利的地方自治》,第176页。

重要性下降，各成员国不需要再举行修宪性质的全民公投，而可以议会审批方式核准条约。新的条约删去了一切带有宪法意味的内容，包括更改宪法条约名称等。相比具有宪法性质的《欧盟宪法条约》，新条约大为简化，但仍保留了宪法条约的实质。因此《里斯本条约》又被称为简版《欧盟宪法条约》。新条约于2007年12月由欧盟各国首脑在里斯本签署，随后交由各成员国批准。各国批准后，条约于2009年1月生效。作为一部事实上具有宪法效力的法律，《里斯本条约》也涉及中央与地方关系，并对欧盟成员国的地方制度产生了一定的影响。按照任进的理解，《里斯本条约》的影响涉及如下的方面。一是明确承认地方自治和地区自治。根据《里斯本条约》第三条第一款的规定，欧盟应当尊重各成员国在条约上的平等，承认各成员国在地区自治和地方自治方面所固有的民族特性。这是欧洲条约中首次提到地方自治和地区自治的概念。这也是对《欧洲地方自治宪章》原则的重申。二是将"从属性"原则扩大到包括地方政府和地区政府。《马斯特里赫特条约》确立了"从属性"原则，即应该由最接近居民的政府（自然是地方政府）来决定和行动，这样才可以提高工作效率。《里斯本条约》第八条重申了从属性原则。如果成员国的中央政府或者地区政府或者地方政府，能更好地实现其目标的话，欧盟不应该再采取行动。这表明欧盟虽然作为一个超国家的机构，它在实施行为时不能够侵犯包括地方政府与地区政府在内的共同体的权利，这也间接地体现了对地方自治的尊重和保护。三是欧盟希望与地方政府和地区政府进行有效的合作。《里斯本条约》要求欧盟应该保持与重要的非政府组织进行对话、沟通与协商。这意味着诸如欧洲城市与地区理事会等非政府组织，将获得重要的法律地位。这也表明欧盟重视代表地方利益的非政府组织，认为这些非政府组织，是实现欧洲从统治到治理转变的一种重要力量。欧盟在立法之前，将会广泛地征求各方面的意见和建议，并会考虑自己的行为和立法将会对地方民众产生哪些影响。四是更多地考虑欧盟立法对地方和地区政府的财政影响。五是确定了司法救济权。《里斯本条约》首次规定，欧盟地区委员会有权向欧盟法院起诉，即如果地区委员会认为欧盟违反了"从属性"原则，可以向欧盟法院起诉；另外如果地区委员会的合法权利受到侵犯，也可以向欧盟法院提请诉讼。这从法律技术层面保障了地区委员会的权利。六是加强区域合作。在《里斯本条约》之前的欧洲条约中，主要涉及经济与社会的合作。《里斯本条约》更近了一步，该条约第二条论述的目标包括"促进经济的、社会的和区域的合作"，而地方政府与区域政府自然是区域合作的主要角色。[①]

[①] 参见任进：《比较地方政府与制度》，北京大学出版社2008年版，第335—336页。

附录一　1200年伊普斯维奇地方自治政府成立记录①

约翰王统治第二年，在施洗者圣约翰诞辰日之后的周四（6月29日），伊普斯维奇自治市镇的全体成员聚集在（拥有一个庞大塔楼的）圣玛丽教堂的庭院里，根据国王最近授予自治市镇特许状中的详细内容，为整个市镇选出两名市政官（bailiff）和四名验尸官（coroner）。当天，经由大家一致同意，从伊普斯维奇城市民中选出了两名正直守法的人，即约翰·菲兹·诺曼和威廉·德·博姆。他们宣誓对城中的行政事务负责，尽忠职守，对穷人富人采取一视同仁的态度。

当天，他们还一致选出了四名验尸官，即约翰·菲兹·诺曼、威廉·德·博姆、菲利普·德·波尔塔、罗杰·卢。他们宣誓负责王室诉讼的执行，掌管城中涉及王权的相关事宜，监督市政官，以让他们公正合法对待每一位穷人与富人。

在同一天，经由全市镇共同协商，对新任官员进行了授职，此后，和英格兰其他地方的自治市镇一样，伊普斯维奇市拥有12名宣誓任职的市民贤达（capital portman），他们全权代表民众对自治市进行统治，坚定维护自治市的特权，他们掌管自治市内司法事务的宣判，

---

① 该文译自 http://users.trytel.com/~tristan/towns/ipswich2.html，并参考了〔美〕哈罗德·J.伯尔曼：《法律与革命：西方法律传统的形成》，贺卫方等译，第463—466页。邱迪翻译出初稿，陈日华进行了校对。

并为自治市地位与声誉的保持做出努力。鉴于此,市政官和验尸官宣布,全市人民应于使徒彼得、使徒保罗纪念日后的周日在教堂庭院内聚集,根据这一条例的精神,选出12名市民贤达。

在接下来使徒彼得、使徒保罗纪念日之后的周日(7月2日),像之前所说的那样,伊普斯维奇全城人在市政官和验尸官面前聚集,选出12名市民贤达。经由全城人同意,市政官和验尸官从城中的每个教区都选出4名正直守法的人,如前所述,这些正直守法的人宣誓从城镇市民中选出12名更优秀、更贤明、更有能力的人,来为市镇的幸福安宁制定条例。各教区的宣誓者代表他们自身和整个市镇的利益出席并进行选举,入选的12人名单如下:约翰·菲兹·诺曼、威廉·德·博姆、菲利普·德·波尔塔、罗杰·卢、彼得·埃弗拉德、威廉·高斯卡克、艾米斯·博莱、约翰·德·赛因特·乔治、约翰·勒·美斯特、塞耶·菲兹·瑟斯坦、罗伯特·帕雷斯、安德鲁·佩佩尔。他们在全市镇人民面前宣誓,将会忠实地治理伊普斯维奇城,尽他们所能维护近期国王所颁布的特许状中市民们所获得的全部自治特权;维护市镇自治权和习惯法;在市区法庭不偏向任何个人,做出公正判决;参与所有涉及市镇地位和名誉的事件;依法公正处理穷人和富人的诉讼。

当天,12名市民贤达以这种方式进行宣誓,他们需要全市人将手放置在《圣经》上,一起庄严宣誓,从那一刻起,他们服从、参与、协商以及支持市政官、验尸官和12名市民贤达,在任何必要的场合(除了反对国王及其权力),都投入全身心和全部财产,来保护和维持市镇的声誉、特权、习惯,在公正和理智的范围内付出所有的力量,做他们应该做的。

在同一天,达成一致:国王授予的新特许状应当移交给两位正直守法的人即约翰·菲兹·诺曼和威廉·德·博姆来保管,他们二人宣誓忠实保管特许状,并在当他们被通知、当特许状有需要的时候,把特许状送到市镇。因为在这一天完成了授职,巩固了城市的地位和声誉,经由大家一致同意,市政官、验尸官和所有的市民贤达要在接下来的圣托马斯移骨纪念日之后的周四聚会，制订并执行为维护市镇地位和声誉所需做的事项。

在圣托马斯移骨纪念日之后的周四（7月13日），市政官、验尸官和所有的市民贤达聚集在一起，共同商议处理牵涉伊普斯维奇城地位的事宜。

首先，他们规定，从今以后自治市所有的关税一律由市政官和四名正直守法的人来征收。他们每年需合法按惯例向国王的财政署缴纳包税。

他们任命了两名市镇办事员（beadle），他们宣誓就职，掌管所有的财产扣押工作，执行市政官、验尸官以及市民贤达下达的命令，完成市镇内诸事项。其中的一个办事员负责监管所有被市政官逮捕的囚犯，作为监管者，他需为所有囚犯的安全作保。

同时，他们还规定，经由全城市民共同协商，将制作一枚公章，以用于涉及城市共同体的重要事项，这样一来可以在给所有市民的官方意见信上盖章封口，并有效维护了城市的共同声誉与效用。公章由三到四名正直守法的人保管，他们在城市共同体前宣誓接收该任务。

此外，他们规定，经由全城人民共同协商，自治市需要一个正直、守法、合适的人担任掌管商人行会的市府参事（alderman），此外还需四名正直守法的人协助他。市府参事和这四名正直守法的人需宣誓忠实地维护行会以及所有与之相关的事项。

还有，他们规定，新的特许状需被传递至萨福克、诺维奇的诺福克郡法庭进行公示。特许状在这些法院之内进行宣读，以便让自治市的特权内容在郡中传播，广为人知。

再有，他们规定，城中的市民，倘若是商人，除非他已经按能力为自治市的公共协助与公共事务缴纳过税款，否则其商品必须要缴纳关税。

在接下来的圣母玛利亚诞生节之后的周日（9月10日），伊普斯维奇共同体的市民在市政官、验尸官、市民贤达面前聚集，听取上述所有条例，这些条例将在（拥有一个庞大塔楼的）圣玛丽教堂的庭院里进行宣读。在宣读之后，共同体成员一致同意通过这些条例。之后，他们选出来年任职的市政官，即约翰·菲兹·诺曼和威廉·德·博姆。当天他们选出了四个人来协助市政官征收关税，即彼得·佩佩尔、诺曼·哈利诺斯、克莱门特·勒·帕尔默、莱曼·德·庞特。当天，他们选出了两位办事员，即约翰·普瑞克合特、约翰·霍；他们宣誓将会忠实执行财产扣押，在职责范围内完成市政官、验尸官、市民贤达的命令。约翰·普瑞克合特被选为城中囚犯的看守官员，倘若发生（上帝所禁止的）囚犯逃脱的情况时，他要求埃德蒙·德·马里斯克、彼得·佩佩尔、约翰·霍、托马斯·德·霍纳为担保人。因为在那天无法完成更多的事情，故一致同意，市政官和共同体应该在接下来的圣费丝日之后的周四选出一名市府参事，以继续完成当下无法进行的事。在此期间，鉴于上述规定，市政官被要求拥有一个公章。

在接下来的圣费丝日（10月12日）之后的周四，市政官、验尸官、市民贤达、全部共同体成员聚集在（拥有一个庞大塔楼的）圣玛丽教堂，市政官向大家展示了近期已经制好的公章。之后，大家选出三位正直守法的人来保管公章，他们分别是约翰·菲兹·诺曼、威廉·德·博姆、菲利普·德·波尔塔，他们在市民面前宣誓，将会妥善保管公章，经由市民一致同意，除非涉及城市或市民的共同荣誉与利益，否则公章不允许被用于任何其他信件或是书面文件。此外，他们一致认为，城镇特许状需始终处在他们的监管之下。

在同一天，经由共同协商，选出了一位市府参事，即威廉·高斯卡克。另有四人当选为他的助手，即彼得·埃弗拉德、约翰·勒·美斯特、罗杰·卢、约翰·德·赛因特·乔治；他们和市府参事一同宣誓，将会好好管理伊普斯维奇城的商人行会、忠实执行行会行规，依法对待每一位行会成员。之后，市府参事和他的四位助手，在全体市民面前出现，宣称所有城市自由民都必须于某一天到他们面前，为他们在行会内安排职务，为行会做出贡献，时间地点到时另行通知。

［以下的部分只在16世纪伊普斯维奇城末日审判书的抄本发现。另外一些事实证据（例如习惯法汇编第75章）和一些字的拼写，使得文本不可能是中世纪后期的插入页。但是，如果13世纪的部分源自来自末日审判书的中世纪抄本，为何这一部分不隶属于更早时间的抄本，这还并不明确。或许，该文本被遗漏了，因为其被单独记录在商人行会自己的档案中，人们没有考虑到在自治市行政管理的相关日常工作中，末日审判书是一个参考工具，而不仅仅只是一个历史记录。］

在同一天，市政官、验尸官、市民贤达和全共同体成员一同讨论，如何并以何种方式维护商人行会及其所属事务是为最佳。市政官、验尸官、市民贤达和全共同体成员一致同意，新选出的市府参事，以及未来所有的市府参事都应该由选举产生，他们应当控制行会在买卖下列商品过程中产生的利润，即磨石、砥石、碎石、砂石、砾石、碑石、灰浆大理石、块状大理石等。市府参事宣誓，每年要给市政官、验尸官提供过去一年买卖上述商品所获利润的一份正确而公正的账单。此外，他们全体一致同意，从今以后，自治市的居民、住户或是外国人，均不得参与上述商品的买卖过程，仅有行会的市府参事为了行会的利润和花费可以例外。倘若触犯此例，所有涉及的商品一律罚没。

当天，应12名市民贤达之请，经由共同体许可，他们获准可以在奥登霍姆草地喂养马匹，以作为承担共同体公共事务的报偿。

此外，经由共同体批准同意，市镇的法律和习惯法应载入一个特定的卷轴，这可以被称作末日审判书，该卷轴应由在职的市政官监护保管，以便知道该如何执行公务。和其他拥有商人行会的城市与自治市镇一样，所有的行会法令被安排在另一个卷轴之中，卷轴由市府参事持有，以便他可以知道如何执行公务。

附录二　约书亚·图尔明·史密斯论地方自治与中央集权[①]

由于这个问题相当重要，而且几乎没有得到透彻的解释，因此似乎理应对地方自治（Local Self-Government）的精神内涵和真正原则做更全面的思考。更具体地说，应该从政治、社会、道德和智识（intellectual）等方面的状态与关系进行考虑，关注这种体系的活动在社会和个人两个层面上的实际成效。

首先是政治方面的实际效果。

唯有通过真正的地方自治机构的充分行动，才能彻底理解各项事务——无论是涉及地方利益还是普遍利益的事务——，进而迅速准确地提出合理完整而不是反复变动的观点。

唯有通过它们的行动，才能谨慎地防范对专门受托办理事务的侵扰——无论是地方事务还是普遍事务，这对于防止专制权力的渗透，防止对宪制基本原则的违背，都很有必要。

唯有地方自治能确保通过明白易懂的方法，高效地处理涉及当地利益的事务，因此也唯有这样，才能让所有人做好心理准备，去理解和处理涉及更广泛利益的事务。这些地方自治机构给人们提供机会，让人们合情合理平心静气地阐述真实的民意，这是防止暴政和恐慌的最坚强屏障。这样也可以避免仅凭轻率的看法、少数人的

[①] 该文译自 J. Toulmin Smith, *Local Self-government and Centralization*, London, 1851, pp. 37—53。钟雨吟译出初稿，李兆鹏译出第二稿，陈日华进行了校对。

利益或不充足的理由——这些都很可能引发不满和分歧——就采取行动。事实上，对于真正建立起来的地方自治而言，其特征便是能够确保每项提议在通过之前，都首先得到详细论证、充分讨论和透彻理解，因而不会轻易提出或采纳任何粗陋的方案。

无论在何处实现地方自治，它都能给人类制度提供最佳的保障，最有力地确保不仓促办理任何事务。每一项提议都会考虑所有人的切身利益。问题所涉及的方面越多，牵涉的利益就越广泛，因此在处理此类问题时，也就更有必要顾及各种不同的想法。在不同的人身上，人的心理活动能产生出不同的影响，因此相比于只由一两个人做出决断，或者只由仓促召集的一群人名义上通过，如果一个问题综合参考了各种观点——且人们真正有机会冷静地对这些观点加以探讨，便更有可能得到妥善处理。

在这种体制下产生偏见与自负的概率，比其他任何体制都要小。与此同时，个人的活力总能得到机会，为那些既有利于自己又有利于公益的事发出呼吁。

还有一件事也非常重要，即在一个真正的地方自治体制下，实实在在的"真"（true）与"善"（best）最终将蔚然成风。人的本性并非完满，经常会出现这样的情况：那些宏观的问题无论参考多少意见，在最终达成目标的过程中，都难免为谬误和偏见所阻碍。当然，这些阻碍绝不可能像在个人或少数人专制意志的情况下那样，出现得那么多、那么频繁。不过行动一旦开始，所有人都会意识到自己的权利和责任，所有人都将清醒地关注结果。事情经过反复论证推敲，方可最终达到理想目标。在此过程中，每个人越是有充分与自由的机会施展活力，或者换句话说，地方自治的体制越是务实高效，那么所有人最真实与最美好的利益，越是能快速清晰地得到理解和实现。

在基层地方自治机构与代议制机构之间，不会发生冲突。代议制机构能够更迅捷高效地收集并传达人民群众的呼声。很显然，这些机构了解人民群众诉求的渠道越是明确有效，就越能迅速与有效地履行各项职能，正是这些职能使此类机构具有价值，并为自由人所接受。如果能经常性、有规律、不设门槛地召集自由人开会，让各项事务一出现就得到讨论，那该地或者该国必将以雷厉风行的民风而著称，能毫不犹豫地采取果断措施，并很快取得实效。代表们会直接在集会上将方案公之于众，并立即对该方案表示支持或反对。只有当代表们意识到，自己有责任根据最恰当的观点与论据展开讨论并做出决断，同时他们也有实践经验，能切实理解这些观点与论据的时候，在代表大会上提出的真知灼见，才体现出其对于被代表之人的全部重要性。代表们还会知道，他们提出的理由和论据，都将受到经验丰富教养良好的人详细研究。

至于频繁集会带来的"不便"这一问题，我们的回答很简单，而且毋庸置疑。要想拥有自由，就必须维护自由。若自由值得拥有，则为了维护自由所必须付出的努力亦是值得。正如继承最为珍贵的遗产一样，没有一个诚实可靠的人会不尽力理解和探讨那些特殊的问题，他们也会通过有益的方式来组织并表达独立的观点。

在此很有必要指出，广大人民群众对那些合理的论据和理由并不麻木。这种指控是那些自认为高人一等的人编造出来的。而事情的真相却是，那些最冥顽不化、闭目塞听的人，通常就是那些所谓的"受教育阶层"（educated classes）之中的人。出现这种情况的原因也很简单。目前所谓的"教育"，以及现在很多人急于通过一种国家体系向人们灌输的东西，不过是要在人们的头脑中植入某种人为制造出的模式罢了，不是要让人发展自己的能力，而是要用偏见和陈规束缚人们的心灵。而手工业工人阶层在运用天然的心智力量时，更少受偏见的阻碍，因此能冷静地分析论点和理由。

毫无疑问，总会有一些任性妄为不重荣誉之人，他们会忘记自治是自由人最高贵的天赋权利和最高级的义务，只是出于"方便"就任由别人来加以庇护与进行统治。不过，"己所不欲，勿施于人"这条格言，在政治领域和基督教领域中都同样适用。地方自治体制正是以此格言作为基础。那些不愿积极参与地方事务与地区集会的人，不仅无权分享民族共同体和市民共同体带来的福利，而且也在拒绝履行对自己、对家庭、对国家以及对上帝的义务。他的行为表明，及时行乐的个人满足和安逸就是生活的主要追求；至于他邻居的福祉、子孙的福祉、国家的福祉，和这些比起来都不值一提。无论他如何宣称自己宅心仁厚悲天悯人，也无论他为慈善事业捐了多少钱，他都与真正有价值的慈善事业完全不搭边，而那种真正有价值的慈善事业，是由积极的、个性化的、不计代价的努力完成的，也为一种公共责任感所促进，更是不可能仅靠托人代办或满足于捐几个钱就能完成的。对于秉性如此的人而言，他们永远都无法理解也无法维持一种自由的体制。

至于需要牺牲的时间——确实要为常规的定期活动牺牲一点儿时间，这是自治体系中必不可少的一部分。实际上，事实已经证明，这一体系最为关键的基础恰恰在于，能够如此方便地安排集会，而且参与集会的人数也足够多，这样才能形成真正热烈的讨论——而不只是由少数人把持发言平台，让大部分人只能在一旁当听众。

然而，如果活动要求的时间比实际需要的时间长得多，那这样耗费掉的时间作为自由的代价是否太大了呢？若果真如此，那自由就几乎无法为人所理解和珍视了。说实在的，如果人们不是把所有时间都用在激烈的竞争中，而是愿意花上几个小时，真正地认识到他们和其他同胞情同手足，分享着很多共同的利益，那么即便在激烈的竞争中有一些停顿，也是不会对社会福祉产生影响的。任何就此提出的反对意见，至少也都同样反对以下这个健康有益的制度，即现在全国大部分地方都明确规定，要在每周之中留出一天时间，来思考高于个人的利益和责任。如果我们尊重那份要求我们每星期留出一天时间来爱上帝的戒律——那么，就在同一戒律中还有另一部分"和它很像"的内容让我们爱邻如己，它当然也可以要求我们在每个月留出一天来这样做。

真正的地方自治体制是高效的，也是唯一的能够预防革命风险的体制。

如果一种体制能让尽可能多的人参与其中，能有办法了解每一种提议的背景状况，还能对于采取最佳方案怀有最强烈的实际兴趣，那么结局必然是稳步前进的发展。这些体制的参与者并不是在某些特殊情况下才被匆忙召集起来，仅就某些特殊事宜做出决断；在这种情形之下，他们在习惯和经验上都没有做好准备，不足以有效地开展讨论。惯例启迪了他们的判断力和理性。这种启迪就是这样习惯性地发生在他们的日常琐事中。对这类事务的兴趣早已出现，而且始终在增长。每当有任何需求出现，它都能迅速找到表达方式；而且每个人都希望用最快最好的方式来满足这些需求。如此一来，持久与稳定的进步就有了保障，再也不需要暴力革命了。

当真正的地方自治存在时，并不需要那种"迫于外部压力"的不健康体制，而最近一段时间以来经常在政府活动中出现，或许也是当前政府想要采用的，恰恰是这种不健康的体制。这种"外部压力"一般都是人为造成的，通常都很令人生疑，而且从来都不是健康有益的。对于所有出现的问题，地方自治始终能够提供机会，使真实于完善的民意通过合法与温和的方式表达出来。

最后，值得一提的是，地方自治终结了煽动行为。如果所有人都能在自治体系中身体力行积累经验，那些煽动性的聒噪就只会得到应得的轻视。人们只会倾听合乎情理的辩论以及切合实际的判断。那些来源于冲动、偏见和恶意的空洞诉求，都无法成为换取政治资本的筹码。"那些披着宗教外衣鼓动民众参军的虚伪借口，都是对公共自由的违背，是正义的堕落；这是用能想象出来的最公正的说辞，来掩盖有史以来最该受诅咒的不道德行为"，这种看法很有见地。如果人们都始终对自己的权利和责任有着清醒的认识，都始终坚持亲自探讨和控制所有这些事情，那么类似的花言巧语就不会再起作用；这样一来，以它们的名义犯下的"该受诅咒的不道德行为"也就不再危险了。

常常有人公正地指出，在本国当前的政治环境之下，小自治市镇已经几乎成了某些最有用的公众人物参与政治生活的一种基本手段。不过这种对宪制原则和代表原则的粗野违背，只是在一段相当短的时间内，通过对地方自治体制真正积极的功效进行打压，才变得必要的。对于任何要求给予某些无法找到的贤者以推选所有其他贤者——这些人在各种选举方法中也同样无法找到——之权的提案，我们不在此处对其展开批评。在此只需说明，真正的地方自治体制提供了迅捷完美而且是唯一的方法，既可以让每个人的权力和才能得到全面发展——与此同时还能最真切地教导所有人承担公共责任，又可以让那些在特殊管理或者行政职能方面最有天分的人，为其自由人同胞们所熟知和接纳。

这些体制不仅仅是让公共事务变得专业规范化。最主要的一点是，当人们在自治中养成了自我激励的习惯之后，他们再也不会满足于遵循传统与"权威"的要求而活，而是要根据真实的意见和实际情况而活。当他们发觉——他们迟早会发觉的——这些传统不过是个幌子的时候，他们也同样不会骤然采取过激举动，或是被一时的头脑发热和危险的不满所支配。在这样真正有活力的体制下，每个人都必将感受到，他本人始终都是国家独一无二的一员。当某些人想要靠阿谀奉承来勾起听众的虚荣与冲动时，他也不会产生一丝一毫的自负心理，那种勇于担当的雄健品格已经成为他生命中习以为常的一个部分，支配着他言行举止的方方面面。这样广泛存在的特权如果只是偶尔能得以行使，那是不可能取代其对手的。对于那些有思想的人而言，阿谀奉承永远无法造就独立之人格，只能产生一种令人难堪的反思，即他已经变成了一件工具，以便更轻易地建立一个事实上不负责任的寡头政治。与之相反，前文所述的自治体制会培养出一种永不磨灭的意识，即每个自由人的言论和观点不仅有权被别人听到，而且一定会被别人听到；他能通过迅速与合法的手段，将他所发现的每件事实公之于众；他个人以及地方的活力，并非为任何遥不可及而又不负责任的人的好恶与怪想所决定，他们对真实情况一无所知，而且无论他们多么好心，也只能了解到片面的观点和偏颇的表述。

如果地方自治在实际生活中不存在的话，任何人都能以政治上的不满为借口，来掩盖欲行不轨的图谋。而如果一切政治事务都有机会得到充分讨论，这种借口就完全站不住脚了。任何人都可以自由地表达观点。这样表达的大部分观点都具有正规的明确形式。只有在合理的前提下，通过合理的手段，才能形成真正的观点。这样一来，就能产生内容真实、表达正当的公共观点。所谓表达正当，是指其不是通过不自然的方式，例如在讲坛上见风使舵地展开诡辩，或者让利益相关的"权威人士"捏造出一些片面失实的"报道"。

最后，由于人们始终能感受到这种体制的重要价值，因此所有人都会在生活中对本国制度产生依恋之情，对长久以来都得到可靠认定的法律保持敬畏；而不是相反，使大部分人生活在阴森的服从、沉闷的不满和压抑的革命怒火中。不会出现要求快速变革的病态追求，也不会有经验主义的灵丹妙药误导无知的群众。一种合理的保守主义精神将会成为每个人天性中的一部分；人们对那些他们觉得在日常运作中有价值，而且为真正健康的进步提供了充分发展空间的法律和制度相当谨慎；人们会保持关键制度的实质，而不是这些制度拙劣的仿制品；人们会保留自由和独立的实质内容，而不是仅仅保留其名义和形式。

其次是社会方面的实际效果。

如上所述可知，所有在真正的地方自治体系下召开的会议，都是由邻近的全体自由人组成的公共会议，这样的会议没有暗箱操作。无需多想就能明白，这种经常举行的会议使大家都能以自由人的身份，对涉及所有人共同利益的问题展开讨论，最终必定会产生人道的善意的影响。在这样的体系中，没有人会因贫穷困苦无人问津而被迫独坐泣血。每个人都可以在合法的民众大会上倾吐怨言，而且总能在会上得到慰藉，无论他有多么穷困。

如果地方自治政府培养出的人，既没有能力又没有意愿去开创新的有价值的事业，那么该政府就不可能存在下去并持久地开展定期活动，因此也就只能是有名无实。只有确保人们有充足的空间，能够对任何有关公益的议题展开公正的讨论，才能鼓励每个人各尽其力，根据自己拥有的知识为好的方案建言献策。或许他还会因此而得到邻居的赞许，这是他在付出了努力之后应得的奖赏。

地方自治还能持久地滋养真正的爱国主义精神。那种让所有人进行频繁持久的沟通，进而使人们紧密联系在一起的手段，也是让所有人与国家和体制建立联系的最有效方法，这样国家和体制的重要价值在平日里就能得以体现。这样的爱国主义并不是狭隘的偏见；这样的爱国主义不仅让人们满心欢喜地为每一片自由土地上的每一个自由人欢呼，还会使人们愿意将自己在家庭中享受到的真挚祝福分享给其他人。人们对自由的真挚热爱受到鼓舞，因而不再执着于少数人才享有的特权，不再因其排外性而将其视若至宝。

地方自治与少数几个城市或个别地区保有的排他性特权截然不同，这一点再清楚不过了。无论是在市镇还是在各郡的乡村，地方自治都意味着所有人要求自由的实际主张，以及对自由人之全部权利的充分享有，与此同时人们还意识到，他们肩负着不可分割的责任。它简明地宣示要实实在在地作为自由人而生活的决心，而不是仅在名义上如此；它还宣称要通过持续不断的活动建立相应的机制，通过这些机制来行使权利与履行义务。

地方自治不会挑动阶级对抗和利益冲突，而此二者恰恰是从各种特殊的政治方针中结出的恶果。地方自治也不会激化商业阶层和贵族阶层、佃户和地主、手工业工人和制造商之间的矛盾。恰恰相反，地方自治具有人道主义的功效，让邻里之情和共同体利益成为人们之间的共识。它让所有阶级在日常交往中更加团结友爱，还用实际行动向所有人传授"己所不欲，勿施于人"的观念。它不会让特权阶级光鲜亮丽的表象掩盖社会机体中的溃烂部分。各种谬误都必将很快为人所知：若没有地方自治，那些被掩藏的苦难常会如火山喷发一般爆发出来，而地方自治能提早发现这一爆发，而且能立刻采取必要的补救措施。它让每个人都成为真正的人，进入与世无争的更高境界。它使每个人都觉得自己参与了社会框架的建构，而且无论是出于他个人利益还是为了其他所有同胞的利益,他都必须如此。它珍视一切慈善机构和慈悲善心;阻止一切纯粹源于私心的冲动;还能让每个人都意识到,除了赚钱和单纯地满足一己私利之外,真的还有些其他的东西,值得为之而活,为之而死。

地方自治将所有人的利益和活力汇聚在一起,在大家共同关心的事务中为所有人谋福利,与此同时,每个人还都能享受到自主活力带来的硕果,而这种活力能得到最广泛的保障。正是在这里,这种健康的体系与另一种方案之间出现了巨大而又至关重要的分歧,后者以公共利益无处不在的观点为基础,然后由此而得出结论,认为所有的利益最好都转化为公共利益;如此一来,它就不是鼓励发展个人的活力与权力,而是明确地转而束缚和窒息个人活力。

此外,还应当注意到,不论一个人属于什么阶层,身处何种境况,如果每个人的合法影响力在国内都有一个体面而实用的作用范围,那么他一定会不遗余力地为国履职,希望给邻居留下个好印象;他也不会想通过有悖于自尊与独立的途径,来获得荣誉和尊严。

交流沟通的渠道越是得到拓展,地方自治的建设也就越充分有益,这一点是不言自明的。毫无疑问,如果在道路坎坷交流困难的情况下,都可以进行卓有成效的沟通,那么在道路条件得以改善,交流沟通频繁便利的情况下,不知又能取得多少更辉煌的成效呢。不仅是每个市镇中的每个人都会感到自己在国家中拥有直接发声的权利和切身的利益,而且邻近乡镇之间还会形成有益的竞争精神。只要有一个地方取得了进步,其他地方肯定都会立即知晓;而其他地方一旦知晓,距离人们在当地采取同样的措施也就为时不远了,这些人充分了解各项相关情况,明白应该在何种程度上、经多少改动后再采用这些措施。同样地,每一名行政官员也不仅了解自己的职责,而且还知道在自己的周围与其他市镇中的官员,也肩负着相似的职责,甚至还知道如果他不能尽职尽责,那邻镇的官员会准备找他当面对质。

前述观点涉及人们的集体能力这一问题。该问题和人们的个人能力也密切相关。可以从这个角度考虑地方自治政府。

再次是道德方面的实际效果。

如前所述，独立之精神、对义务和责任的认识、自尊自重与自强不息的精神，以及慈善精神，这些经常为人所提及的精神品质，都是真正地方自治体系的重要活动带来的必然结果，这一点无需赘言。不过，仍值得特别注意的一点是，一种以无私和责任感为主要特征的体系，能够赋予每个人的道德情感以一种洪亮的语调。这种体系能让每个人都感觉到，自己的确是一个有法律价值的人。这种体系需要人们经常集会，需要人们在充分讨论之后共同做出决策，同时也能培养出各种弥足珍贵的心理品格——包括自尊、自控、自制，还有尊重他人，等等。

经过这些训练的人们，永远不会被那些妄图利用他们偏见或冲动的人玩弄于股掌之间，变成那些人手中奴颜婢膝的工具。他们也绝不会低三下四地跑去求人——不论是议会还是掌权者，而这些事本应是他们有能力自主完成的。任何类似的建议都该遭到唾弃。每个人都应该时刻准备着，为了维护个人利益和公共利益而贡献力量。这样一来，人们就会理解，最高的个人利益和公共利益其实是并行不悖，紧密结合的。

最后是智识方面的实际效果。

地方自治能提供唯一真实的教育。学校和大学永远无法提供这样的教育。学校和大学有可能变成束缚与限制心灵的手段；它们可能让人接受不当的训练，使半数的官能变得迟钝；它们可能反复灌输繁文缛节和陈规戒律；它们甚至还可能传授所谓的高雅和礼仪；但是它们永远不会，也永远不能帮助人们为人生大事做好准备。正因如此，才有必要建立一所规模更大、覆盖面更广的学校——一所通过积极有效的活动，在现实生活最重要的工作中锤炼各种能力的学校。在这种学校存在的前提下，其他学校和大学还应当系统地讲授有关国家法律、宪制之原理和程序的知识，传授一些其他领域的入门知识——这些知识应帮助人们在今后的生活中更好更全面地履行义务与承担责任。这样一来,这些学校才有可能真正地发挥作用。不过,真要说能够用各种有效的方式唤醒心智力量、塑造个人智慧的伟大工具,那还是当属由雄辩和交流构成的自由学校,而地方自治机构将始终对这样的活动保持开放并参与其中。

不论是在思想方面还是行动方面,这都是培养才能的最佳学校:就思想而言,充分自由的讨论是使思维得到锻炼,不断进步的最佳保障;就行动而言,应当为了对全体人最有好处最有价值的东西而奋斗,而不应屈从于少数人的命令和胡思乱想。

人们要想展开讨论,就必须首先关注讨论的主旨。如果自己的每件事都已经由别人为他们做完了,他们就根本没有机会思考,很快也就会丧失思考能力。反之,如果人们能够调动自己手头的资源,如果自力更生成为他们的人生中不可或缺的一部分,他们也就从麻木中苏醒过来,激发自己的活力,唤起自己的潜能。他们必须要行动,为了行动他们就必须要思考。

必须指出的是,各种公开的出版物,无论其多么开放、多么规范,都永远无法取代地方自治而成为一种真切可行的教育手段。无论实际交流中的消息是多么准确,那也仅仅是消息,对这些消息的评论也不过是个人意见。它不能取代那种塑造智识的伟大力量——讨论。

当人们没有公开出版物却拥有地方自治的时候,所有信息都能在后者之中互通有无,这也就为讨论提供了素材。这样一来,即便没有言论和出版自由,也可以很好地保全自由;相反,若仅仅依靠所谓的言论和出版自由,就永远无法保持自由。另一方面,相较于其他社会政治背景,言论和出版自由在充分运作的地方自治体制下更有价值。它将提供一种宝贵的沟通渠道,进而促进思想发展和人类进步。

至此,地方自治的性质已经分析完毕,其实用价值和重要意义也已得到说明。

事实证明,地方自治体系为民众接受政治教育做了充足的准备,让人们能够合理地建构观点；更重要的是，它也做了充足的准备，为合理的公共观点提供了合法的表达途径。要想实现这些目标，就不能盲目地放弃地方性或全国性的一切权威和决断力，以致其落入寡头集团或私党派系手中，哪怕它们是通过普选上位的也不行；要想实现这些目标，就要让每个人都意识到，他肩负着处理共同体事务、监督公职人员履职义务和责任，这些责任和义务与他的权利对等。

事实证明，若没有地方自治，所有政治"改革"都必将——哪怕在最好的情况下——变成虚妄的幻想，空洞无物、根基不牢、毫无效果。事实证明，若没有地方自治，就不会有真正的代表体系，纵使名义上存在，也有名无实，其形式不过是一种伪装、一个圈套，为寡头统治提供最可靠的手段。有了地方自治，就能产生真实、持久、成果丰硕而又富于人性化的进步。人们会感受到自己是自由人，会按照自由人的方式思考与行动，还会明白如何评价、如何运作那经由他们的父辈传承下来的高尚的宪制体制，这种宪制已经悄无声息地流逝得太久。

在捍卫真理与进步和进取方面，定期的自由交流和讨论已经显示了其重要意义，它们与讲坛上的诡辩和残暴迂腐的中央集权截然不同。另外，在地方自治中，尽管真理与进步和进取不受人为限制的困扰，但同时也没有恶行——无论是真实的还是想象的——能逃脱法网，这些恶行都能很快得到矫正。事实证明，这种体系掌握着唯一缓和阶级矛盾的明确方法，能够用同情的纽带将社会上层和下层联结起来，反观当前的各种政治运动，它们不仅放任阶级对立，还对其大加利用。这样一来，就可以用唯一有效的解药，来医治那种压抑着很多人的精神痛苦，而眼下各个阶级却始终都对这种解药的疗效心存恐惧。如果地方自治的各项机制能够按照前述建议得到贯彻，那么所有人的合法愿望都将得到全面的表达，都将为目前尚不了解这些愿望的人所知，都将伴着最真挚的同情而得到落实，而不至于走到极端，需要用最仁慈的愿望引导人们提出方案，那样的方案只能暂时地部分地缓解困难，而不能触动问题的根源。每个人都会明白，他可以自由地在同胞面前站出来，倾吐他自己或他的阶级中的任何怨言，并要求同胞施以人道的同情和慷慨的帮助。

事实证明，只要这种体系有实际的活力，就能引导所有人对其同胞和永恒的真理产生鲜活的信仰；对不受束缚的活力、进取心和努力抱有坚定的希望；对所有人——不分宗教、不看地位，不论境况——怀有始终不渝的善念。最高权威告诉我们，信仰、希望和仁爱是存在的；但在三者中最伟大的是仁爱。只有地方自治能够产生出信仰、希望和仁爱。而如果三者中最伟大的是仁爱，那么也正是地方自治真正为人类福祉提供了最高贵的体制。

事实证明，地方自治体系提供了最高级也最真实的教育；不是在督导员管制下的教育，也不是强制所有人接受国家规训的教育，而是一种名副其实的教育——引导人们去理解他们的权利、义务和责任，并在理解的基础上加以实践。这样一来——也唯有如此——人们才能真正成为自由人，担当起作为社会成员的职责。

显然，无论从我们分析的哪个方面——政治方面、社会方面、道德方面和智识方面——来看，地方自治体系都是我们一切基本法律和制度的重要基石。这些都毫无夸张。对每一个有思想的人来说，他应该尊重自己的同胞，把自己的同胞视为具有法律地位的人，因此也是不断进步的人，同时也是享有权利、履行义务、承担社会责任、需要陶冶情操的人。很显然，要想真正地陶冶情操，彻底地承担责任，充分地享有权利并履行义务，使进步得到保障，使本国法律与制度得以维持，使每个人都真正地具有法律地位，那么唯一的办法就是满怀热情身体力行地建立地方自治体系。

中央集权的基本理念是不信任。它使人放弃信仰，不相信希望和永恒的真理，视宽容为空洞无物的字眼。

中央集权的同义词包括不负责任的控制、胡乱的干预以及专横的税收。

地方自治的体系和效果在前文中已经有了充分的说明，因此也就没有必要再对一个与之完全相反的东西耗费那么多篇幅。另外，由于后文中还将谈到在英格兰出现过的几种中央集权模式，所以在此只需按照分析地方自治的顺序，概述这一体系的某些实际效果即可。

首先是政治方面的实际效果。

前文已经分析过地方自治如何借助其内在力量，为稳定发展提供必要的引导。而在中央集权之下，那些作用于这一目标的力量都被压垮了。即便掌权者能为别人谋福利而不是只贪图私利，但若要他们采取真正的进步举措，也依然是于情于理都不可能的。他们无论做什么事都是三天打鱼两天晒网。沃土就这样被白白荒废。长此以往，有些积重难返的巨大灾难就会突然爆发，激起不可收拾的愤慨——这种愤慨还会因愚昧而加剧，进而引发一场革命。而革命又可能引发下一场革命，直到地方自治——这是唯一能够让自由人参与其中，还能够给民众灌输责任和义务观念的体系——将中央集权连根拔起。在彻底根除专横独裁的支柱与根基之前，要想保持和平安宁，维持社会状况，或是取得稳定进步，都绝无可能。那些无法按照常例安享幸福的人，要自己为各种需求而奋斗，结果他们的心智和活力都逐渐萎缩甚至衰亡了。尽管人民的力量还能得到间歇性的宣示，但这些冲动很快都会平息下去，而且还会让其他人趁虚而入，前来发号施令或是维持秩序。

中央集权的目标和结果，就是不负责任的官员们用手中的套索拴住所有人，用粗陋迂腐的作风指导一切。这样做的结局就是，一旦套索崩断，无限的狂怒和正义的愤慨将一股脑地扑向中央集权的支持者们，这正是法国历史向我们展示的悲惨图景。类似的情景在英国历史上也曾反复出现。

没有被中央集权榨干的最热情的人都会明白，靠着坚持不懈的努力和执着于真理的信念，一定能取得成功。正是那些意志最消沉的人，才会希望借助议会法案来实现目标，而议会法案只会对自由的思想和行动加以管控。

那些由不称职的篡权者所委任只知道溜须拍马的公职人员，他们对这个国家或国家中的任何一部分，都既不会有深入的了解，也不会有任何的责任感。他们装腔作势有时还公开发表的"报告"，既不能对进步起到任何帮助，也不能使其作者更负责任，而仅仅是一种权宜之计，用来宣传捏造的证据，歪曲事实真相，几乎毫无可信之处。它们只能进一步误导那些早已对这个体系屈膝投降的人。它们是不断收紧圈套的阴谋诡计。

中央集权的目标是要剥夺每个人基于私有财产的自由活动，阻碍每个人自由地运用自己的资源和才智，抑制每个人的自由行动和进取心。人们认为，全盘接受几个密室理论家提出的迂腐计划，比传播真理更有益于人类进步，而这些真理都是由成千上万人用持久而巨大的活力和进取心锻造而成的，这些人积极活跃、深思熟虑而又脚踏实地，每天都要通过面对面交流的方式处理问题，而且他们都明白自己有责任找出并解决这些问题；此外他们所关心的只是能否获得最好的结果。一旦剥去了其支持者一直试图掩盖本质的伪装，中央集权就露出面目可憎的真相。那些与个人利益相关的经验性且未被讨论的计划，就成为实行于全国的法律，但不是反映人民群众意见和共识的法律。每个人都只能搭上自己的财产和精力，去做那些不负责任的官员允许他做的事。

那些已经篡权或准备篡权的人，使权力与自由人权利和义务之间的和谐丧失殆尽，而这种情况是中央集权的体制乐于看到的。为了强化自己掌握的权力，他们通过社会的各个分支传播一种最为阴险强大的贪污腐败体制。具体而言，就是要通过加官晋爵来诱惑人们，这些官职都以牺牲公共利益为代价换来闲适的生活；借助这种手段，能在社会各个阶层中形成一支自私自利的势力集团，这些人支撑着这个腐败衰朽的体系。在这种体系下的公职人员，并不是为人民的利益而存在，反倒是人民为了公职人员的利益而存在。大量公职被创造出来，这些职务依靠人民履行义务来维持生计，有些毫无作用，还有些为具有公共精神之人所不屑；此外，还会有一种扩展到他们的私人事务中的监督和干涉，一个人只要对自由和个人权力稍有看重，就不会容忍这样的行为。

中央集权的后果在于"破坏每个人的灵魂，使之变得暴戾"。在运行过程中，它会"以多疑的耳目，监听最隐秘的言语、行动甚至思想；用不可抗拒的力量，迅速将一切顺应上帝和自然旨意的人类智识与愿望扼杀在摇篮里"。他们为干涉所找寻的似是而非的借口，实际上不过是"服从虚荣、狡诈和贪婪的指令"；取得的所有结果，也"不过是做些缓和矛盾的表面功夫，而没有动摇任何罪恶的根源"。"经过实践检验可以发现,那些设计师和冒险家提出的绝大部分方案，要么是有害而无益，要么是毫无可行性。"

在任何一种学究式的政府模式中，都有可能出现这一体系。独裁制、贵族制或民主制都有可能变成中央集权茁壮生长的沃土；因为这些名头都不过是伪装形式罢了。在各种名义的体制之下，国家的自由都可能遭到践踏，而官僚主义都可能甚嚣尘上。在19世纪上半叶的欧洲，各种形式的中央集权都不乏例证。当民主制以普选方式建立起寡头统治时，这个国家也就像在独裁统治或世袭贵族制统治下一样，被套上了沉重而又不可靠的枷锁，这正是在法国出现的情况。

一旦中央集权的精神在前述任何一种体制的名义下得到认可，政府的真实职能就会消失殆尽；地方和国内事务的细枝末节都将遭到胡乱干预；法定程序将被无视被违反；某一阶级的利益将成为其他阶级利益的牺牲品。一切罪恶、疏忽和暴行都将在政府权威之下得到庇护。再也不会有责任心，再也不会有补救措施。因为自由人参与立法过程、批准法律通过的权利与责任，连同与之相对应的、也是同等重要的平等参与执法的权利与责任，都一并被剥夺了。

现在，让我们将地方自治与中央集权的结果做一对比。二者之间的差别是一个社会与民族共同体健康与否的差别：前者能够保护个人隐私，保障人身和财产安全，保护人们自力更生，还能鼓舞人们的进取心和活力；后者则将这些全部剥夺，让每个人都拜倒在不负责任的权威面前。到目前为止,无论中央集权带来的损害多么微小，它都终将使全部有思想的人产生一种不安全感和不确定感,终将无理地干涉个人和私有财产权,终将任性地束缚人们的进取心和活力。中央集权始终不变的倾向一定是培植不满和怨怒,使社会越来越陷入崩溃的危险中,尽管有时情况似乎并不危急。

其次是社会方面的实际效果。

任何人的利益都不可能总是偏安一隅,事实证明,地方自治能够促进培养人们进取心的良性竞争。而在一个中央集权的体系下,各种观点除非事先经过删减,符合那些自认为有能力领导这一体制少数人的意志,否则就没有任何观点能传播开来。

即便在地方自治体制还未发展得尽善尽美的地方,只要个人的活力能免于粗暴干涉,就一定能闯出一条路来,在这个国家中创造奇迹。然而,一旦每项提议都必须交给一个与此事毫不相干的机构,而且必须根据私人利益、片面看法或投机性的意见来处理,那么从本质上说,每个人的活力和努力都将丧失。在中央集权的体系下,一个人的精神越是高尚,抱负越是远大——这样的人本应做出一番大事业,他就越是能感受到中央集权的堕落,越是对这种体系产生叛逆之心。

没有一个自由国家会让整个社会或部分的福祉,取决于任何部门领导人——或在部门中说一不二的人——的个人品性。只要存在一个特殊的法律分支,其组织形式或执法方式由两个人的品格决定的情况,那么就没有人能够声称自己是自由的、有法律地位的人。

在真正的地方自治体制下,每个人的心智和活力都能得到充分的发展机会。如果有新的更好的改良方式出现,它既不会被暗中镇压,也不会被利益受损的少数自私自利之人公开否决。这种改良方案肯定能由那些一心期望天下大同的人们进行自由与公正的论证;只要这一方案符合真理,最终就一定会被采纳;因为如果所有人都采纳最佳方案,也就等同于所有人都从中获益。不会出现体系化的徇私枉法。如果任何公共工程都是在所有人了解并同意的基础上进行,而且每个人都可以表示反对,那么徇私枉法就不可能出现。没有任何派系、个人或黑恶势力的诡计能够得逞。然而，中央集权会让所有良性竞争的氛围彻底消失，把每一种追求进步的动机完全摧毁，将全部不断开发资源的热情统统浇灭。即使能设计出最优秀的公共工程，或是能勾画出持续进步的蓝图，人们的进取心和才干也依然得不到激励，反倒是那一两个人的奇谈怪论变成了强制性的法律；无论多么精妙的建议，只要不能与这些奇谈怪论相适应，就会被彻底封禁。所有的心灵尚未成熟就会枯死，所有的思想成果也都终会凋零。

会存在这样的借口：中央集权能够将最优秀的天才和最宝贵的资源，集中起来并好生利用。还真有不少人被这种花言巧语蒙骗了。然而事实真相却恰恰相反：所有这些借口连同其前提都荒谬透顶。事实是：在这样的公共权威之下完成的任何工作，都不会像私企那样高效低耗地完成。最杰出的天赋和技艺从来都不是源自政府的激励，而是源自那些锐意进取注重实效的人，他们可以发现完善的机制和优秀的才能中蕴含的真正价值，而为了找出并得到这些机制和才能，他们可以不惜一切代价。

已有证据表明，所有友善的宽容都能在地方自治中得以实现并受到鼓舞。这种体系践行基督教的理想，即如果你的邻居在忍饥挨饿，或是病痛缠身，又或是身无长物身陷囹圄，那些觉得自己对邻居负有责任的人，都应当向他伸出援手。然而中央集权将这些行动和善念赶尽杀绝。即使还有这样的行为出现，政府也绝不放过，一定要让那些不负责任的公职人员对这些行为进行刻板的引导。宽容和善念只能由代理人来执行。那些需要帮助的人只能被交到这个理事会或者那个督导员的手中，还要按照要求接受规训。

1850年发生的两件事很好地说明中央集权在社会方面产生的实际影响；而且，由于类似的事情在我们身边经常发生，所以它们比冗长的争论更能使人们对中央集权残暴不仁的影响产生深刻印象。

在这一年中发生的两起案件，激起了大家对于青少年横遭暴行却又求助无门的广泛同情。正如任何社会和道德责任感都会要求的那样,其中一起案件由地方当局立即提起申诉。然而在申诉结束后,济贫委员会却拒绝报销教区账目中的诉讼费。这样的教训——之前早就或多或少有过类似的教训了——再一次让我们认识到,每一种人道的同情、每一种社会慈善事业以及每一种道德义务,都被抹杀殆尽;它再一次让我们认识到,哪怕是孩子也会遭到凌辱,也要承受荒唐的恶行;然而当地福利名义上的监护人却毫无动作,保持沉默。此后不久,又发生了另一起更令人痛心疾首的案子。可是这次,因为有了上一次的教训,地方当局就没有再上诉,其理由是——正如一位仁慈且极富同情心的人公开坦言的那样——担心济贫委员会不能报销诉讼费。

对于任何一个人来说,只要他胸中还保留着哪怕一点人情或社会责任感,难道这些还不足以让他拍案而起,去彻底推翻这种丑陋且有辱人格的体制吗?

中央集权永远有百害而无一利,然而倘若它再得到感伤主义的掩护,那就最糟糕、最恶劣不过了。如果真的是这样,那它将最难以抗拒,也最容易得逞。每当一天过去,它对这种手段的运用就更安全一分。在健康的人道基调与责任感趋于麻木的地方,都能看到感伤主义带着伪善的面具出现,而与之对抗的道德勇气则日渐衰微;即便是道德勇气还存在的地方,他要面临的也是一项越来越艰巨,而且还是出力不讨好的任务。

还应当指出这种结合的另一个后果,那就是它会孕育社会背叛。这种奸诈体系的组成部分之一,就是存在于社会各个角落的间谍活动。并不是所有人都生活在以共同利益为纽带的邻里关系之中,总有一部分人以公职人员的身份享受其他方面的利益,另外还有很多想要获取公职的人,他们希望通过秘密手段和暗箱操作来达成自己的目的。有些人会向一些不负责任的政府部门打小报告并以此牟利,这些政府部门也乐于了解此类信息。垂涎公职之人盼望着这些部门推出一刀切的计划,借此作为实现个人目标的手段;公众仅仅被双方当作满足公职人员利益、实现公职人员利益诉求的东西。这不是单纯的例外,而是该体系可以预料的必然后果。这种后果在英国早已出现,现在其波及面越来越广。

再次是道德方面的实际效果。

中央集权必然导致的后果包括奴性、谄媚、自私和冷漠这些道德品质。

当某个体系接受了那些实际上不负责任的少数人的意见或最终决议,而不鼓励独立和自尊,这样一来奴性和谄媚就会潜滋暗长。只有那些足够顺从或对高官投其所好的人,才会受到鼓励。要获得健康的进取心和稳定的进步,就必须在各个方面将每个人的不同才干充分调动起来。而这又必须让每个人都有机会获得自由思考的空间,使每个人的思想不会因服从规训的顾虑而萎缩受限,这些规训有的是借助正式条例,有的则只需要与权威人物的观点保持一致。中央集权压垮了一切独立之思想与行动、一切个人活力以及一切自立自强之精神;中央集权阻碍着对于上述任何内容的接受。人类天性中一切高尚品格的发展均受到约束。而一切粗陋、肮脏、低劣和卑贱的东西却能茁壮生长。

更加不幸的是,那些以中央集权为手段来达到目的的人,都缺乏道德上的尊严和真正的自我意识,因此也只能通过贬低他人来实现目标。他们自负而不自立,听不进任何不同意见。独立自主不等于妄自尊大,这两种品格实际上是对立的。自负中充盈着自大之情,而少有那种感知真理的先天意识,而恰恰是这种意识为个人努力注入了活力,使人不懈地追求目标。自立意味着懂得自强不息的责任和义务,意味着坚信自力更生的努力就是表明真挚诚恳的最好方式,还意味着拒绝接受一切嗟来之食。

自负总是伴随着自认为高人一等的想法。实际上,对于自由人的精神而言,没有什么比中央集权的吹鼓手们那种多愁善感而又妄自尊大的腔调,更令人生厌了。

中央集权总是倾向于诱导人们卑躬屈膝地崇拜人类天性中的物欲因素,而贬低其中的道德和精神因素。它使物质上的享受、舒适与便利成为统辖一切的最高考量,进而试图将所有人拉入他们设计的那种唯物的狭窄领域之中。它引导人们将物质上的便利视为人生的目标,而不是将其当作从道德和智识力量的健康活动中,自然流溢出的结果。后面这种崇高的论调坚持认为,应当以道德和智识追求为最高目标。达成目的所需的自我奋斗越少,目标就越好。人们还受到教导,认为最好让大部分人保持较低的道德和精神水平,而公职人员群体只需要考虑满足他们的物质需求即可。

但是,道德和智识是不能与物欲混为一谈的,一旦混淆就会造成极坏的后果。无论如何,道德独立都不应该因为物质文明的增长而受损。不幸的是,这样的事情经常发生;在英国就有此类情况出现。不过在英国这样一个国家中,这种罪孽还是能够较为轻松地得到合理补救。

说到底,尽管对物质文明的关注值得鼓励,但这毕竟还是言过其实了。铁路和蒸汽机或许能创造奇迹,但大部分人却未能平等地分享由此产生的福利。除非让普罗大众都通过地方自治而理解器具的实用性和价值,并将它们运用到实际生活之中,否则就永远都不能出现真正的物质文明。

由于中央集权的影响,单纯的物质享受以及所谓的"高雅",总能在整个社会中获得不健康的突出地位,这种情况还会带来另一个不容小觑的恶果。它会使过分关注外表的倾向愈演愈烈,这样一来就引起了浮夸炫耀之风,让人们不仅忽视勤俭朴实的优秀品德,而且还将朴实和文雅视为两种截然对立的生活方式。人们追逐的是浮华的表象,而不再珍视踏实、直接而又令人愉快的真实和淳朴。

曾有人说过,"风雅教化既能增进人们的智慧,改良共同体的礼俗,又会使人们放松对自由的热爱,为侵犯人们权益的行为铺平道路"。其实在很久以前,塔西佗就已经更为确切地指出,尽管"它或许由于无知而被称作文明,但实际上这就是奴隶制的标志"。而为了让人们把注意力转移到对物质便利的关注上,为了让人们把物质利益当做人生的主要目标,这种所谓的文明采用的手段不外乎借助阴谋诡计奴役整个民族。任何承受这种奴役的国家都必将走向堕落，除非能爆发一场革命。一种真正有价值的文明和物质进步，应该是与真正的地方自治制度下的各种活动相伴相生的。如果物质进步能成为履行了义务、承担了责任之后所获的奖赏，那这种认识就会更加鲜活。

中央集权体系最为重视也最为仰赖的，是一种冷漠无情、工于心计的个人自私。人们被教导说他们只需交一笔钱，就能甩掉对国家和同胞的所有义务，然后用顽固的私心将自己层层包裹，并将自私自利视为最高的目标和最大的利益。而当他们面临厄运时，人们又受到教导，去寻求中央控制下的济贫院、卫生委员会以及其他各项政策的帮助，因为他们曾经为这些东西付过钱，所以他们也就不再多想，只等着它们解决问题。

在涉及真实利益与真正重要性的问题时，消极冷漠之情就会广泛地流传开来。在任何情况下，要使人们认识到公益的需求，或是为了公益的目标而做出任何自我牺牲，都变得相当艰难。这些都是伴随着中央集权进程出现的自然而又不幸的后果。让少数人变得金玉其外、败絮其中，而让大部分群众在肉体和精神两方面都日益贫乏，这都是中央集权带来的亘古不变的结果。在这样的社会条件下，只要人们的私利不受触动，他们就满足于洋洋自得地袖手旁观。这对人类社会来说并不是一幅美好的情景；然而只要中央集权站稳了脚跟，就必定出现这样的情景。

最后是智识方面的实际效果。

一种消灭了独立自主、窒息了自尊自重、毁掉了深谋远虑的体系，其对智识的影响只有一个特征。一种企图控制而不是促进每个人活力的制度，其影响只能是让每一种才能、智识和道德都变得萎缩与迟钝。

人类社会的真正目标只能是培养每个人的每项才能，使其与人们健康和谐的活动达成最大程度的协调一致。事实证明，真正的地方自治一定能带来这种成果。而制约智识或道德进步最明显的方法，就是鼓励人们对他人养成依附心理，始终仰他人的鼻息，依靠他人制定的各项规则办事。制约智识或道德进步最明显的方法，还包括培养惯性思维，使人们总以为别人会替我们做每一件事，而不是觉得应该自己动手，自力更生。

要一个人去学习与要一个人去服从，两者天壤之别。尽管在达成特定目标方面，二者的短期效果是一样的，但如果从永久性的道德和智识方面来考虑，二者的长远影响可谓天差地别。在听命于人时，人的心中会产生驯顺、依赖和毫无道理的仿效等品质。若是通过学习来达成目标，得到的品质将是自尊、独立以及勤于反思的好习惯。我们需要的是这种真正的学习方式：有了这种学习方法，最终总能实现那些特殊目标。事实证明，唯有地方自治体制能为这样的学习搭建课堂。中央集权只能湮灭教育。中央集权会建立一种矫正体系：这种体系窒息一切原创思维、思想自由和探索精神，让人们的心理和思想都堕落到一种濒死的状态中，却仍以教育之名自诩。这种体系会用虚伪的条条框框束缚人的心灵，这种体系是真正教育的宿敌。只有具备合法资格的教育才是有益的，而中央集权只能靠剥夺合法资格维生。反复讨论与自由提问是产生有益教育的唯一途径，而在中央集权之下这些都得不到允许。事实上，中央集权使人的心理和道德变得荒芜，还美其名曰和平和文明。在中央集权大行其道的地方，对于那些坚信人并非生而遭受奴役的人来说，唯有革命这一条出路。为了避免人们的心灵荒芜，为了避免让革命成为人们唯一的出路，就只能诚挚地、和平地为建立真正的地方自治体系大声疾呼。

综上，中央集权是一种在政治、社会、道德和智识的领域中，对人们的活力、行动和进取精神造成束缚和拖累的体系，不仅反复无常，而且容易受到少数不负责任公职人员的粗暴干涉。它令人丧气，有辱人格，既无法与自由之精神调和，又无法同自由体制共存。这种体系的必然影响和整体趋势就是要窒息真理，阻挠调查和真正意义上的质询，传播并加强某些个人和利益集团的阴谋怪想，而不是鼓励传播认真的、理性的、精致的真理。这种体系的必然结果，虽由于其根基不同而在影响上不同，但始终阻碍人类才能的发展，限制人类活力的解放。而人类的才能和活力，只有在那种始终与中央集权正面对抗的体系，也就是在真正的地方自治体制带来的个性化、地方化的普遍自决体系中，才有自由活动的余地。

亚当·斯密在分析彩票买卖时讲得好，如果你"冒险购买全部彩票，那么你肯定会亏。你购买彩票的数量越多，你就越接近于上述损失。冒险购买的彩票越多，你损失的可能性就越大，这是数学上再确定不过的原则"。这种真知灼见同样适用于中央集权。实行中央集权体系的人总会使用狡计，先对个别的琐碎事务下手，来软化最初抵制这一体系的力量。如此这般，步步为营，得寸进尺，每一步举措都在为下一步推进铺平道路。但是，如果那些诚实的自由民都拒不接受全面的、纯粹的道德与智识奴役所带来的惨状，绝不放弃自由与独立的人性尊严，那么每一个诚实的人都应谨记，他对中央集权每一步发展的纵容，其原理都是一样的，造成损害的程度也是一样的。他就像是从国家手里买彩票，而全部彩票组成的奖池，就是暗无天日的悲惨和无懈可击的奴役。今日以济贫法为借口，明日又拿公共卫生说事，再之后是警察制度，每个步骤都不断铸牢枷锁，又使下一步更加无可避免，直到最后将自由人和自由体制的每种特征都逐一抹杀，使其只能残留在历史的故纸堆中。

然而永远不要忘记，取代中央集权的另一种选择并不是，也绝不应该是纯粹自由放任。自由人的真情实感会永远将自治原则视为他们固有的权利、宝贵的遗产和最高的尊严；但也要记住，这些权利只能与义务和责任相对应而存在。自由人不仅不会允许他人干涉自己与自己的事务，而且他们还会自觉地意识到自己的义务和责任，不会在最能促进共同体福祉的事情中袖手旁观。正因为这样的情感在真正的地方自治下是自然必要的产物，所以"集权是暴君的技艺和把戏，而分权是热爱善治之人所必备的智慧"。

附录三 《欧洲地方自治宪章》*

（1985年10月15日开放签字，1988年9月1日生效）

序 言

兹签署本宪章的欧洲委员会各成员国，

考虑到欧洲委员会的目标是在各成员国之间实现更紧密的团结，以便捍卫和实现那些作为他们共同遗产的理想和原则；

考虑到行政领域的协调一致是实现该目标的方法之一；

考虑到地方公共团体是任何民主政体的主要根基之一；

考虑到公民对公共事务管理的参与权是欧洲委员会所有成员国共同的民主原则之一；

考虑到该权利只有在地方的层次才能被最直接地行使；

笃信真正承担职责的地方公共团体的存在能够提供更有效和更贴近公民的管理；

明白地意识到在各欧洲国家维护和加强地方自治极有利于建立一个以民主和地方分权原则为基础的欧洲；

断言这使得地方公共团体的存在成为必需，而地方公共团体应被授权民主地组织其决策机构，并且就其责任而言拥有范围广阔的自治权、履行这些责任的手段以及实现该责任所需的资源；

---

* 资料来源：王建学著《作为基本权利的地方自治》，第245—250页。

同意如下条款：

第一条

缔约各国承诺使其按本宪章第十二条所规定的方式和程度受以下条款的约束。

第一部分

第二条（地方自治的宪法与法律基础）

地方自治的原则应由国内立法确认，或者在可行的情况下在宪法中确认。

第三条（地方自治的概念）

1. 地方自治系指地方公共团体在法律范围内的权利和有效能力，从而地方公共团体在其权责之下和出于当地居民的利益支配和管理公共事务的重要部分。

2. 该权利应由委员会或大会行使，委员会或大会之成员应基于自由、秘密、直接、平等和普遍原则选举产生，并得设置一个对其负责的执行机关。本规定不损害公民集会、复决或法律所允许的其他直接民主形态的使用。

第四条（地方自治的范围）

1. 地方公共团体的基本权能与职责应由宪法或法律予以规定。但本规定不妨碍出于特定目的对地方公共团体的依法授权。

2. 在法律的界限内，地方公共团体应有充分的自由裁量权来处理任何未排除于其能力以外或赋予任何其他团体的事务。

3. 公共职责的履行应优先交由最贴近公民的团体。将职责分配给其他组织应衡量任务的范围和性质以及效率和经济的要求。

4. 授予地方公共团体的权限通常应为充分和排他的。非有法律规定，此类授权不受其他团体的侵害和限制，无论该团体是中央性的还是区域性的。

5. 中央政府或区域性团体授予地方公共团体的权限，地方公共团体应尽可能享有自由裁量之权从而根据当地条件予以行使。

6.在计划或决定所有直接涉及地方公共团体的事务的过程中，应当尽可能在适当的时间并以适当的方式听取地方公共团体的意见。

第五条（对地方公共团体的地理界线的保护）

非经事先咨询地方公共团体之意见，不得变更地方公共团体的地理界线。在法律允许的情形下，应尽可能以公民投票的方式咨询地方公共团体的意见。

第六条（与地方公共团体之任务相符的行政组织与资源）

1.若未违反法律更为一般的规定，地方公共团体得决定其自身的内部行政结构以使其自身适应地方需要和确保有效管理。

2.地方公共团体的服务条件，应保证以德行和能力为基准招募高素质的职员。为实现此目的，充分的培训机会、报酬和职业前景应予保证。

第七条（地方职责行使的条件）

1.地方民选代表的地位应保证其职能的自由行使。

2.地方民选代表因行使职能产生的费用应予适当的财政补贴，以及在恰当的条件下，对其收入的损失或已完成工作也应予适当的财政补贴并提供相应的社会福利保障。

3.非依法律或基本法律原则，不得认定任何与地方民选职务不符的职能或活动。

第八条（地方公共团体之活动的行政监督）

1.任何对地方公共团体的行政监督仅在符合宪法和法律规定的程序和条件下方得进行。

2.对地方公共团体的行政监督通常仅得针对地方公共团体的活动的合法性以及是否符合宪法原则。地方公共团体的任务若属上级组织所委托时，上级组织得监督其合理性。

3.对地方公共团体的行政监督应使监督机构的介入程度与它试图保护的利益的重要性成比例。

第九条（地方公共团体的财政收入）

1. 地方公共团体有权在国家经济政策内获得其自身的充分的财政收入，并得在其权限范围内自由使用。

2. 地方公共团体的财政收入应与宪法和法律为其确定的职责相当。

3. 地方公共团体的财政收入至少应部分地来源于地方税费，在法律所规定的范围内，地方公共团体有权决定其税费的比率。

4. 适用于地方公共团体的财政收入制度应尽可能具有多样和灵活的性质，以尽可能保证地方公共团体之收入与实现职能所需开支的真正变化保持一致。

5. 对财政收入较低的地方公共团体的保护，要求财政制度的平等化程序或者同类的措施，这些措施被设计来矫正财政资源或必需财政负担的潜在不平等分配。此类程序或措施不得减损地方公共团体在其职责范围内得行使的自由裁量权。

6. 在向地方公共团体重新分配财政资源时，应以恰当的方式听取其关于分配方式的意见。

7. 给予地方公共团体的财政援助应尽可能不指定为特定用途。财政援助不得减损地方公共团体在其管辖权范围内行使裁量权的基本自由。

8. 为获得其投资费用，地方公共团体有权在法律范围内进入全国性资本市场。

第十条（地方公共团体的联合权）

1. 地方公共团体在行使权力的过程中有权相互合作，以及在法律框架内与其他地方公共团体组成联合体，以便执行其共同利益所需的任务。

2. 地方公共团体加入某一联合体以保护和促进其共同利益的权利，以及加入某一地方公共团体国际组织的权利，应受到各缔约国之承认。

3. 地方公共团体有权按法律规定的条件与外国之地方公共团体

展开合作。

第十一条（地方自治的法律保护）

为保证地方自治权的自由行使以及宪法和国内立法所铭记的地方自治诸原则得到遵守，地方公共团体应有权诉诸司法救济。

第二部分　杂项规定

第十二条（承诺）

1. 各缔约国承诺使自己受本宪章第一部分至少 20 个款的约束，其中至少 10 款应选自以下条款：

第二条，

第三条之第 1 款和第 2 款，

第四条之第 1 款、第 2 款和第 4 款，

第五条，

第七条之第 1 款，

第八条之第 2 款，

第九条之第 1 款、第 2 款和第 3 款，

第十条之第 1 款，

第十一条。

2. 各缔约国在交存其批准文件时均应将其依本条第 1 款所作的选择通知欧洲委员会秘书长。

3. 各缔约国在缔约之后的任何时间均得通知秘书长其愿受原根据本条第 1 款未同意的宪章任何条款之约束。这样的承诺将被认为是其批准的必不可少的部分，自秘书长收到声明之月起第五个月的第一天发生同等效力。

第十三条（宪章所适用的团体）

本宪章所包含的地方自治诸原则适用于缔约国领土范围内存在的所有种类的地方公共团体。然而，每个缔约国在交存其批准文件时得列举特定种类的地方公共团体或区域组织，从而限制宪章的适

用范围或排除宪章的适用，亦得通过其后向欧洲委员会秘书长的声明将某些种类的地方或区域组织纳入宪章的适用范围。

第十四条（有关信息的规定）

各缔约国为遵守本宪章之规定而通过的法律规定和采取的其他措施，其一切相关信息应提交欧洲委员会秘书长。

第三部分

第十五条（签字、批准和生效）

1. 本宪章对欧洲委员会的所有成员国开放签字。宪章以批准为准。批准文件应交存于欧洲委员会秘书长。

2. 在有四个欧洲委员会成员国依前述条款表示受宪章约束时，本宪章应于其同意之月起的第五个月的第一天生效。

3. 对于其后承诺受宪章约束的缔约国，宪章应于其交存批准文件之月起的第五个月的第一天生效。

第十六条（领土条款）

1. 在签字或交存批准文件之时，各缔约国均得列举宪章在该国适用的领土区域。

2. 在签字或交存批准文件之后，各缔约国均得通过对欧洲委员会秘书长的声明将本宪章之适用扩大至声明所列举的任何其他领土区域。对于此类区域，宪章应于秘书长收到声明之月起第五个月的第一天生效。

3. 依前述两款所作的任何声明就其所列举的领土区域而言均得通过向秘书长声明的方式撤销。撤销应于秘书长收到此类撤销声明之月起第八个月的第一天生效。

第十七条（退出）

1. 各缔约国在本宪章对其生效之日起满五年均得在任何时间退出本宪章，但应提前六个月通知欧洲委员会秘书长。若缔约国不少于四个，此类退出不影响宪章在其他缔约国之间的效力。

2. 各缔约国均得在受第十二条第 1 款规定的数量与种类之条款的约束下，按前款规定退出其已接受的本宪章第一部分的任何条款，但若退出宪章条款致使不再满足第十二条第 1 款的要求，则应被认为同时退出宪章本身。

第十八条（通报）

欧洲委员会秘书长应将下列事项向欧洲委员会成员国通报：

　　a. 任何签字；

　　b. 任何批准文件的交存；

　　c. 符合第十五条的宪章生效的任何日期；

　　d. 适用第十二条第 2 款和第 3 款规定所收到的任何声明；

　　e. 适用第十三条规定所收到的任何声明；

　　f. 与本宪章相关的任何法案、声明或信息。

经正当授权谨签字于本宪章，以兹信守。

1985 年 10 月 15 日，以英文和法文订立于斯特拉斯堡，两种文本同一作准，单一正本保存于欧洲委员会档库，欧洲委员会秘书长应将正式复本送达欧洲委员会各成员国。

参考文献

Acheson, Eric, *A Gentry Community Leicestershire in the Fifteenth Century c1422-1485*, Cambridge: Cambridge University Press, 1992.

Alexander, Michael Van Cleave, *The First of the Tudors*, London:Croom Helm, 1980.

Allen, Carleton Kemp, *Law in the Making*, Oxford:Clarendon Press, 1964.

Amin, Ash, (ed.), *Post-Fordism: A Reader*, Oxford:Blackwell, 1995.

Archer, Margaret S., *Social Origins of Education Systems*, London: Sage, 1979.

Astill, Grenville and Grant, Annie, (ed.), *The Countryside of Medieval England*, Oxford: Blackwell, 1988.

Aston, Trevor Henry, (ed.), *Landlords, Peasants and Politics in Medieval England*, Cambridge: Cambridge University Press, 1987.

Atkinson, Hugh and Wilks-Heeg, Stuart, *Local Government from Thatcher to Blair*, Cambridge: Polity Press, 2000.

Ault, Warren Ortman, *Open-field Farming in Medieval England: A Study of Village By-laws*, London: Allen and Unwin, 1972.

Bache, Ian, *The Politics of European Union Regional Policy*, Sheffield: Sheffield Academic Press, 1998.

Bagnasco, Arnaldo and Galès, P. Le, (eds.), *Cities in Contemporary Europe*, Cambridge: Cambridge University Press, 2000.

Bailey, Mark, *Medieval Suffolk*, Woodbridge: Boydell Press, 2007.

Bailey, Stephen J., *Local Government Economics*, Basingstoke: Palgrave Macmillan UK, 1999.

Baine, Sean, Benington, J. and Russell, J., *Changing Europe: Challenges Facing the Voluntary and Community Sectors in the 1990s*, London: NCVO Publications, 1992.

Baker, John Hamilton, *An Introduction to English Legal History*, London: Butterworths, 1990.

Baker, John Hamilton, *Sources of English Legal History: Private Law to 1750*, Oxford: Oxford University Press, 2010.

Baker, Nigel, *Urban Growth and the Medieval Church*, Aldershot: Ashgate, 2003.

Balleisen, Edward, *Government and Markets*, Cambridge: Cambridge University Press, 1998.

Barzelay, Michael, Armajani, Babak, *Breaking Through Bureaucracy: A New Vision for Managing in Government*, Berkeley: University of California Press, 1992.

Batley, Richard, Stoker, G., (eds), *Local Government in Europe*, Basingstoke: Macmillan Education UK, 1991.

Baylis, John, Smith, Steve, *The Globalization of World Politics*, Oxford: Oxford University Press, 1997.

Bennett, Michael John, *Community, Class and Careerism*, Cambridge: Cambridge University Press, 1983.

Bennett, Robert John, (ed.), *Local Government in the New Europe*, London: Belhaven, 2003.

Bennett, Robert John, (ed.), *Territory and Administration in Europe*, London: Frances Pinter, 1989.

Benz, Arthur and Goetz, Klaus, (eds), *A New German Public Sector?*, Aldershot: Dartmouth, 1996.

Berry, Jeffrey, Portney, Kent and Thomson, Ken, *The Rebirth of Urban Democracy*, Washington, DC: Brookings, 1993.

Bianchini, Franco and Parkinson, Michael, (eds), *Cultural Policy and Urban Regeneration: The West European Experience*, Manchester: Manchester University Press, 1993.

Black, John Bennett, *The Reign of Elizabeth 1558-1603*, Oxford: Clarendon Press, 1987.

Blair, Peter Hunter, *An Introduction to Anglo-Saxon England*, Cambridge: Cambridge University Press, 1988.

Bongers, Paul N., *Local Government and 1992*, Harlow: Longman, 1990.

Bossy, John, (ed.), *Disputes and Settlement*, Cambridge: Cambridge University

Press, 1983.

Boyer, George R., *An Economic History of the English Poor Law*, Cambridge: Cambridge University Press, 2006.

Boyer, Robert, *The Regulation School: A Critical Introduction*, New York: Columbia University Press, 1990.

Bracey, Howard Edwin, *English Rural Life*, London:Routledge & Kegan Paul, 1959.

Bradbury, Jonathan and Mawson, John, (eds.), *British Regionalism and Devolution*, London: Jessica Kingsley, 1996.

Broad, John, *Transforming English Rural Society*, Cambridge: Cambridge University Press, 2004.

Brown, Alfred L., *The Governance of Late Medieval England 1272-1461*, Stanford: Stanford University Press, 1989.

Bulpitt, Jim, *Territory and Power in the United Kingdom*, Manchester: Manchester University Press, 1983.

Burns, Danny, *The Politics of Decentralisation*, London: MacMillan, 1994.

Burton, Elizabeth, *The Early Tudors at Home, 1485-1558*, London: Allen Lane, 1976.

Butler, David, Adonis,Andrew and Travers, Tony, *Failure in British Government: the Politics of the Poll Tax*, Oxford: Oxford University Press, 1994.

Cam, Helen Mand, *Liberties and Communities in Medieval England*, London: Merlin Press, 1963.

Cam, Helen Maud, *England before Elizabeth*, London: Hutchinson, 1967.

Campbell, Mildred, *The English Yeoman Under Elizabeth and the Early Stuarts*, London: Merlin Press, 1983.

Carpenter, Christine, *Locality and Polity:A Study of Warwickshire Landed Society, 1401-1499*, Cambridge: Cambridge University Press, 1992.

Castells, Manuel and Godard, F., *Monopolville*, Paris: Mouton, 1974.

Castells, Manuel, *City, Class and Power*, London: Macmillan, 1978.

Castells, Manuel, *The Urban Question: A Marxist Approach*, London: Edward Arnold, 1977.

Castles, Francis Geoffrey, *The Impact of Parties: Politics and Policies in Democratic Capitalist States*, London: Sage, 1982.

Castles, Geoffrey Francis, (ed.), *The Comparative History of Public Policy*,

Oxford: Polity Press, 1989.

Cecchini, Paolo, *The European Challenge, 1992: The Benefits of a Single European Market*, Aldershot: Wildwood House, 1988.

Clark, Jonathan Charles Douglas, *English Society 1660-1832*, Cambridge: Cambridge University Press, 2000.

Clark, Peter, *English Towns in Transition 1500-1700*, Oxford: Oxford University Press, 1976.

Clark, Peter, *Europe Cities and Towns 400-2000*, Oxford: Oxford University Press, 2009.

Clark, Terry Nichols and Martinot, Vincent Hoffmann, (eds.), *The New Political Culture*, Boulder, CO: Westview, 1998.

Clark, Terry Nichols and Rempel, Michael, *Citizen Politics in Post Industrial Societies*, Boulder, CO: Westview Press, 1997.

Clarke, Susan, Gaile, Gary, *The Work of Cities*, Minneapolis: University of Minnesota Press, 1998.

Coleby, Andrew M., *Central Government and the Localities*, Cambridge: Cambridge University Press, 1987.

Contamine, Philippe, *War in the Middle Age*, Oxford: Basil Blackwell, 1986.

Cooke, Philip and Morgan, Kevin, *The Associational Economy*, Oxford: Oxford University Press, 1998.

Coss, Peter, *The Origin of the English Gentry*, Cambridge: Cambridge University Press, 2003.

Cromartie, Alan, *The Constitutionalist Revolution*, Cambridge: Cambridge University Press, 2000.

Crouch, Colin and Marquand, David, (eds.), *The New Centralism*, Oxford: Blackwell, 1990.

Crozier, Michel, *The Bureaucratic Phenomenon*, Chicago: University of Chicago Press, 1964.

Cutts, Edward Lewes, *Parish Priests and Their People in the Middle Ages in England*, New York: AMS Press, 1970.

Dahl, Robert A., (ed.), *Political Oppositions in West Democracies*, New Haven: Yale University Press, 1966.

Davies, Norman, *Europe: A History*, Oxford: Oxford University Press, 1997.

Dente, Bruno and Kjellberg, Francesco, *The Dynamics of Institutional Change:*

Local Government Reorganization in Western Democracies, London: Sage, 1988.

Dietz, Frederick Charles, *English Government Finance 1485-1558*, Urbaba: University of Illinois, 1921.

Digaetano, Alan and Klemanski, J. S., *Power and City Governance*, Minneapolis: Minnesota University Press, 1999.

Doe, Norman, *Fundamental Authority in Late Medieval English Law*, Cambridge: Cambridge University Press, 1990.

Downs, William, *Coalition Government Subnational Style*, Columbus: Ohio State University Press, 1998.

Duggan, Anne J., *Kings and Kingship in Medieval Europe*, London: King's College, 1993.

Dunleavy, Patrick, *The Politics of Mass Housing in Britain*, Oxford: Oxford University Press, 1981.

Dyer, Alan, *Decline and Growth in English Towns, 1400-1640*, Cambridge: Cambridge University Press, 1995.

Dyer, Christopher, *Everyday Life in Medieval England*, London: Hambledon, 2000.

Dyer, Christopher, *Lords and Peasants in a Changing Society*, Cambridge: Cambridge University Press, 1980.

Dyer, Christopher, *Making a Living in the Middle Ages*, London: Penguin, 2003.

Dyson, Kenneth, *The State Tradition in Western Europe*, Oxford: Robertson, 1980.

Eisgruber, Christopher L., *Constitutional Self-government*, Cambridge: Harvard University Press, 2001.

Elcock, Howard and Keating, Michael, (eds.), *Remaking the Union: Devolution and British Politics in the 1990s*, London: Frank Cass, 1998.

Eldersveld, Samuel James, Strömberg, L. and Derksen, W., *Local Elites in West Democracies*, Colorado: Westview, 1995.

Elkin, Stephen L., *City and Regime in the American Republic*, Chicago: University of Chicago Press, 1987.

Elton, Geoffrey Rudolph, (ed.), *The Tudor Constitution: Documents and Commentary*, Cambridge: Cambridge University Press, 1982.

Elton, Geoffrey Rudolph, *The Tudor Revolution in Government*, Cambridge: Cambridge University Press, 1969.

Eoffrey S. Holmes, *British Politics in the Age of Anne*, London: Hambledon,

1987.

Epstein, Stephan R., *Freedom and Growth*, London and New York: Routledge, 2000.

Finer, Samuel Edward, *The History of Government from the Earliest Times*, Oxford: Oxford University Press, 1997.

Fletcher, Anthony and Stevenson, John, (ed.), *Order and Disorder in Early Modern England*, Cambridge: Cambridge University Press, 1987.

Fraser, Derek, *The Evolution of the British Welfare State*, London: The Macmillan Press, 1973.

French, Henry R., *The Middle Sort of People in Provincial England 1600-1750*, Oxford: Oxford University Press, 2007.

French, Katherine L., *The People of the Parish*, Philadelphia: University of Pennsylvania Press, 2001.

Galès, Patrick Le and Lequesne, C., (eds.), *Regions in Europe*, London: Routledge, 1998.

Gamble, Andrew, *Regionalism and World Order*, New York: St. Martin's Press, 1996.

Garrett, Geoffrey, *Partisan Politics in the Global Economy*, Cambridge: Cambridge University Press, 1998.

Gidlund, Janerik and Jerneck, M., (eds.), *Local and Regional Governance in Europe*, Cheltenham: Edward Elgar, 2000.

Gierke, Otto Friedrich Von, *Political Theories of the Middle Age*, Cambridge: Cambridge University Press, 1987.

Goetz, Edward and Clarke, Susan, (eds.), *The New Localism*, London: Sage, 1993.

Goldsmith, Michael and Klausen, K., (eds.), *European Integration and Local Government*, Cheltenham: Edward Elgar, 1997.

Gordon, Scott, *Controlling the State*, Cambridge: Harvard University Press, 1999.

Gorski, Richard, *The Fourteenth-Century Sheriff*, Woodbridge: Boydell Press, 2003.

Greve, Bent, (ed.), *Comparative Welfare Systems: The Scandinavian Model in a Period of Change*, New York: Palgrave Macmillan UK, 1996.

Guenée, Bernard, *States and Rulers in Later Medieval Europe*, Oxford: Basil Blackwell, 1985.

Gunlicks, Arthur B., *Local Government in the German Federal System*, Durham: Duke University Press, 1986.

Gyford, John, *The Politics of Local Socialism*, London: Allen and Unwin, 1985.

Hallam, Herbert Enoch, *Rural England 1066-1348*, Brighton:The Harvester Press, 1981.

Hambleton, Robin and Stewart, M., *Leadership in Urban Governance: The Mobilisation of Collective Advantage*, Urban Leadership Working Paper 1, Bristol: University of West of England, 2000.

Hanawalt, Barbara A., *Crime and Conflict in English Community 1300-1348*, Cambridge: Harvard University Press, 1979.

Hanf, Kenneth and Scharpf, Fritz Wilhelm, (eds.), *Interorganizational Policy Making*, London: Sage, 1978.

Hanham, Harold John, *The Nineteenth Century Constitution*, Cambridge: Cambridge University Press, 1969.

Harding, Alan and Parkinson, Michael (eds.), *European Cities Towards 2000*, Manchester: Manchester University Press, 1994.

Harding, Alan, *Is There a 'Missing Middle' in English Governance?* London: New Local Government Network, 2000.

Harding, Alan, *The Law Courts of Medieval England*, London: Allen & Unwin, 1973.

Hardy,Sally, Hart, Mark, Albrechts, Louis and Katos, A., (eds.), *An Enlarged Europe: Regions in Competition?* London: Routledge, 2000.

Harloe, Michael, Pickvance, Chris, Urry, John, (eds), *Place, Policy and Politics: Do Localities Matter?* London: Unwin Hyman, 1990.

Harrison, David, *The Bridges of Medieval England*, Oxford: Oxford University Press, 2004.

Harvey, David, *The Conditions of Post-Modernity*, Oxford: Blackwell, 1989.

Harvie, Christopher, *The Rise of Regional Europe*, London: Routledge, 1994.

Haughton, Graham and Williams, C., (eds.), *Corporate City*, Aldershot: Avebury, 1996.

Hayward, Jack Ernest Shalom, Watson,M., *Politics, Planning and Public Policy*, Cambridge: Cambridge University Press, 1975.

Hazell, Robert, (ed.), *The State and the Nations*, Devon: Imprint Academic, 2000.

Hazell, Robert, *Constitutional Futures*, Oxford: Oxford University Press, 1999.

Heath, Anthony, *Understanding Political Change*, Oxford: Pergamon Press, 1991.

Heinelt, Hubert, Smith, R., (eds.), *Policy Networks and European Structural Funds*, Aldershot: Avebury, 1996.

Hesse, Joachim Jens, (ed.), *Local Government and Urban Affairs in International Perspective: Analyses of 20 Western Industrialised Countries*, Baden-Baden: Nomos Verlagsgesellschaft, 1991.

Hine, David and Kassim, H., *Beyond the Market: The EU and National Social Policy*, London: Routledge, 1998.

Hintze, Otto, *The Historical Essays of Otto Hintze*, Oxford: Oxford University Press, 1975.

Hix, Simon, *The Political System of the European Union*, London: Macmillan, 1999.

Hoggett, Paul and Hambleton, R., (eds.), *Decentralisation and Democracy: Localising Public Services*, Bristol: School for Advanced Urban Studies, 1987.

Hogwood, Brian W. and Press, Policy, *Mapping the Regions: Boundaries, Coordination, and Government*, York: Joseph Rowntree Foundation, 1997.

Holdsworth, William Searle, *A History of English Law*, London: Methuen, 1923.

Holt, James Clarke, *Magna Carta and Medieval Government*, London: Hambledon Press, 1985.

Holt, James Clarke, *Magna Carta*, Cambridge: Cambridge University Press, 1965.

Holton, Robert, *Globalization and the Nation State*, Basingstoke: Macmillan, 1998.

Homans, George Caspar, *English villagers of the Thirteenth Century*, Cambridge: Harvard University Press, 1942.

Hooghe, Liesbet, (ed.), *Cohesion Policy and European Integration*, Oxford: Oxford University Press, 1996.

Hoskins, William George, *Provincial England*, London: Macmillan, 1963.

Hudson, John, *The Formation of the English Common Law*, London: Longman, 1996.

Hull, Chris and Rhodes, Rod A. W., *Intergovernmental Relations in the European Community*, Farnborough: Saxon House, 1977.

Humes, Samuel and Martin, E., *The Structure of Local Government*, International

Union of Local Authorities: The Hague, 1969.

Humes, Samuel, *Local Governance and National Power*, London: Harvester Wheatsheaf, 1991.

Jacob, Ernest Fraser, *The Fifteenth Century 1399-1485*, Oxford: Clarendon Press, 1978.

Jeffery, Charlie, *Recasting German Federalism*, London: Pinter, 1999.

Jobson, Adrian, *English Government in the Thirteenth Century*, Woodbridge: Boydell & Brewer Press, 2004.

John, Peter and Cole, Alistair, *Local Governance in England and France*, London: University College Press, 2001.

John, Peter, *Analysing Public Policy*, London: Cassell, 1998.

John, Peter, *Local Governance in Western Europe*, London: Sage, 2001.

Jolliffe, John Edward Austin, *The Constitutional History of Medieval Engand*, London: Adam and Charles Black, 1948.

Jones, Anthea, *A Thousand Years of the English Parish*, Gloucestershire: Windrush Press, 2000.

Jones, Barry and Keating, Michael, (eds.), *The European Union and the Regions*, Oxford: Oxford University Press, 1995.

Judd, Dennis and Parkinson, Michael (eds.), *Leadership and Urban Regeneration*, Newbury Park, CA: Sage, 1990.

Judge, David, Stoker Gerry and Wolman, Harold (eds.), *Theories of Urban Politics*, London: Sage, 1995.

Jupp, Peter, *The Governing of Britain, 1688-1848*, London: Routledge, 2006.

Karvonen, Lauri and Kuhnle, Stein, *Party Systems and Voter Alignments Revisited*, London: Routledge, 2001.

Kassim, Hussein and Menon, A., (eds.), *The European Union and National Industrial Policy*, London: Routledge, 1996.

Kassim, Hussein, Peters, B., and Wright, V., (eds.), *The National Coordination of European Policy: The Domestic Level*, Oxford: Oxford University Press, 2000.

Keen, Maurice, *England in the Later Middle Age*, London: Routledge, 2003.

Keith, Kissack, *The Lordship, Parish and Borough of Monmouth*, Hereford: Lapridge Publications, 1996.

Kent, Joan R., *The English Village Constable 1580-1640*, Oxford: Clarendon

Press, 1986.

Kickert, Walter, (ed.), *Public Management and Administrative Reform in Western Europe*, Cheltenham UK: Edward Elgar, 1997.

King, David, *Fiscal Tiers: The Economics of Multi-Level Government*, London: George Allen and Unwin, 1984.

King, Desmond and Pierre, John, (eds.), *Challenges to Local Government*, London: Sage, 1990.

King, Desmond and Stoker Gerry, (eds.), *Rethinking Local Democracy*, Basingstoke: Macmillan Education UK, 1996.

King, Peter, *Crime and Law in England 1750-1840*, Cambridge: Cambridge University Press, 2006.

Landau, Norma, (ed.), *Law, Crime and English Society, 1660-1830*, Cambridge: Cambridge University Press, 2004.

Lander, Jack Robert, *Government and Community:England, 1450-1509*, Cambridge: Harvard University Press, 1980.

Lane, Jan-Erik, (ed.), *Public Sector Reform: Rationale, Trends and Problems*, London: Sage, 1997.

Leach, Steve and Wilson, David, *Local Political Leadership*, Bristol: The Policy Press, 2000.

Leach, Steve, Stewart, J. and Walsh, K., *The Changing Organisation and Management of Local Government*, Basingstoke: Macmillan, 1994.

Leemans, Arne, *Changing Patterns of Local Government*, The Hague: International Union of Local Authorities, 1970.

Leonardi Robert and Nanetti,R., (eds.), *The Regions and European Integration*, London: Pinter, 1990.

Lloyd, David W., *The Making of English Towns*, London: Gollancz, 1992.

Loades, David, *Tudor Government:Structures of Authority in the Sixteenth Century*, Oxford: Blackwell, 1997.

Lorrain, Dominique and Stoker, Gerry, (eds.), *The Privatization of Urban Services in Europe*, London: Pinter, 1997.

Lovenduski, Joni and Stanyer, J., (eds), *Contemporary Political Studies*, Belfast: Political Studies Association, 1995.

Loyn, Henry Royston, *The Governance of Anglo-Saxon England*, London: Edward Arnold, 1984.

Lyon, Bryce Dale, *A Constitutional and Legal History of Medieval England*, London: Norton, 1980.

Lyon, Bryce Dale, *Law, Custom, and the Social Fabric in Medieval Europe: Essays in Honor of Bryce Lyon*, Kalamazoo: Western Michigan University, 1990.

M. Sbragia, Albert, (ed.), *Euro-Politics*, Washington, DC: The Brookings Institution, 1992.

Macfarlane, Alan, *The Culture of Capitalism*, Oxford: Oxford University Press, 1987.

Marks, Gary, Scharpf, F., Schmitter P. and Streeck, W., (eds.), *Governance in the European Union*, London: Sage, 1996.

Mazey, Sonia and Richardson, Jeremy, (eds.), *Lobbying in the European Community*, Oxford: Oxford University Press, 1993.

McCormick, John, *The Uniting of Europe: Political, Social, and Economic Forces, 1950-1957*, London: Stanford University Press, Stevens & Sons Ltd. 1958.

McFarlane, Kenneth B., *The Nobility of Later Medieval England*, Oxford: Clarendon Press, 1973.

Mcintosh, Marjorie Keniston, *A Community Transformed the Manor and Liberty of Havering, 1500-1620*, Cambridge: Cambridge University Press, 2002.

Mcintosh, Marjorie Keniston, *Autonomy and Community*, Cambridge: Cambridge University Press, 1986.

Mckisack, May, *The Fourteenth Century 1307-1399*, Oxford: Oxford University Press, 1991.

Meekings, Cecil Anthony Francis, *Studies in 13th-Century Justice and Administration*, London: Hambledon Press, 1981.

Mény, Yves and Knapp,A., *Government and Politics in Western Europe*, Oxford: Oxford University Press, 1990.

Michelman, Hans and Soldatos, Panayotis, (eds), *Federalism and International Relations: The Role of Subnational Units*, Oxford: Clarendon Press, 1990.

Mill, John Stuart, *Considerations on Representative Government in Utilitarianism, Liberty, and Representative Government*, London: J. M. Dent, 1993.

Millar, John, (ed by Mark Salber Phillips and Dale R.Smith), *An Historical View of the English Government*, Liberty Fund, 2006.

Miller, Helen, *Henry VIII and the English Nobility*, Oxford: Basil Blackwell, 1986.

Milner Everitt, Alan, *Change in the Provinces: The Seventeenth Century*, Leicester: Leicester University Press, 1969.

Milner Everitt, Alan, *Suffolk and the Great Rebellion 1640-1660*, Ipswich: Suffolk Records Society, 1960.

Milner Everitt, Alan, *The County Committee of Kent in the Civil War*, Leicester: The University College of Leicester, 1957.

Milner Everitt, Alan, *The Pattern of Rural Dissent:the Nineteenth Century*, Leicester: Leicester University Press, 1972.

Milsom, Stroud Francis Charles, *Studies in the History of the Common Law*, London: Hambledon Press, 1985.

Milsom, Stroud Francis Charles, *The Legal Framework of English Feudalism*, Cambridge: Cambridge University Press, 1976.

Mollat, Michel, *The Poor in the Middle Ages*, New Haven: Yale University Press, 1986.

Moravcsik, Andrew, *The Choice for Europe*, Ithaca: Cornell University Press, 1998.

Morgan, Roger, (ed.), *Regionalism in European Politics*, London: Policy Studies Institute, 1987.

Mouritzen, Poul Erik, (ed.), *Managing Cities in Austerity*, London: Sage, 1992.

Mueller, Dennis, *Perspectives on Public Choice: A Handbook*, Cambridge: Cambridge University Press, 1997.

Newman, Peter and Thornley, Andy, *Urban Planning in Europe*, London: Routledge, 1996.

Norman, Doe, *Fundamental Authority in Late Medieval English Law*, Cambridge: Cambridge University Press, 1990.

Norris, Pippa, (ed.) ,*Critical Citizens*, Oxford: Oxford University Press, 1999.

Norton, Alan, *International Handbook of Local and Regional Government*, Brookfield, VT: Edward Elgar, 1993.

Oates, Wallace, *Fiscal Federalism*, Cheltenham UK: Edward Elgar, 2011.

Osborne, David and Gaebler, T., *Reinventing Government*, New York: Plume, 1993.

Page, Edward and Goldsmith, M., (eds.), *Central and Local Government Relations*, London: Sage, 1987.

Page, Edward, *Localism and Centralism in Europe*, Oxford: Oxford University

Press, 1991.

Painter, Sidney, *Studies in the History of the English Feudal Barony*, New York: Octagon Books, 1943.

Palliser, David Michael, *The Cambridge Urban History of Britain*, Cambridge: Cambridge University Press, 2000.

Palmer, Robert, *The County Courts of Medieval England*, Princeton: Princeton University Press, 1982.

Paul A. B. Clarke, *The Autonomy of Politics*, Aldershot: Avebury, 1988.

Pennington, Kenneth, *The Prince and the Law, 1200-1600*, Berkeley: University of California Press, 1993.

Peter, John, *The Europeanisation of British Local Government: New Management Strategies*, Luton: Local Government Management Board, 1994.

Pickvance, Chris and Preteceille, Edmond, (eds.), *State and Locality*, London: Belhaven, 1989.

Platt, Colin, *Medieval England*, London: Routledge, 1978.

Pollitt, Christopher, *Managerialism and the Public Services*, Oxford: Blackwell, 1993.

Pollock, Frederick & Maitland, Frederic William, *The History of English Law before the Time of Edward I*, Cambridge: Cambridge University Press, 1968.

Poole, Austin Lane, *From Domesday Book to Magna Carta*, Oxford: Clarendon Press, 1958.

Poos, Lawrence Raymond, *A Rural Society after the Black Death: Essex 1350-1525*, Cambridge: Cambridge University Press, 1991.

Pound, Roscoe, *The Spirit of the Common Law*, Boston: Marshall Jones Lo, 1931.

Pounds, Norman John Greville, *A History of the English Parish*, Cambridge: Cambridge University Press, 2000.

Powell, Edward, *Kingship, Law and Society: Criminal Justice in the Reign of Henry V*, Oxford: Clarendon Press, 1989.

Powell, Ken and Cook, Chris, *English Historical Facts 1485-1603*, London: Macmillan Press, 1977.

Powicke, Frederic Maurice, *The Thirteenth Century 1216-1307*, Oxford: Clarendon Press, 1962.

Pratchett, Lawrence, (ed.), *Renewing Local Democracy*, London: Frank Cass, 2000.

Prescott, Andrew, *English Historical Documents*, London: The British Library, 1988.

Prestwich, Michael, *Armies and Warfare in the Middle Age*, New Haven: Yale University Press, 1996.

Putnam, Robert, *Making Democracy Work*, Princeton: Princeton University Press, 1993.

Ragin, Charles, *The Comparative Method: Moving beyond Qualitative and Quantitative Strategies*, Berkeley: University of California Press, 1985.

Razi, Zvi, *Life, Marriage and Death in a Medieval Parish*, Cambridge: Cambridge University Press, 1980.

Razi, Zvi, *Medieval Society and the Manor Court*, Oxford: Clarendon Press, 1996.

Reed, Michael, *The Age of Exuberance 1550-1700*, London: Routledge & Kegan Paul, 1986.

Renn, Ortwin, Webler, T. and Wiedemann, P., (eds.), *Fairness and Competence in Citizen Participation*, Dordrecht: Kluwer, 1995.

Reynolds, Susan, *An Introduction to the History of English Medieval Towns*, Oxford: Clarendon Press, 1977.

Reynolds, Susan, *Kingdoms and Communities in Western Europe 900-1300*, Oxford: Clarendon Press, 1984.

Rhodes, Rod A. W., *Beyond Westminster and Whitehall*, London: Unwin Hyman, 1988.

Rhodes, Rod A. W., *The National World of Local Government*, London: Unwin Hyman, 1986.

Rhodes, Rod A. W., *Understanding Governance: Policy Networks, Governance, Reflexivity and Accountability*, Buckingham: Open University Press, 1997.

Robin, Fleming, *Domesday Book and the Law*, Cambridge: Cambridge University Press, 2003.

Rose, Richard and Suleiman, Ezra, *Presidents and Prime Ministers*, Washington, DC: American Enterprise Institute, 1980.

Rose, Richard, *What is Europe?* New York: Harper Collins, 1996.

Rosenthal, Joel Thomas and Richmond, Colin, (eds.), *People, Politics and Community in the Later Middle Ages*, Alan Sutton: St. Martin's Press, 1987.

Round, John Horace, *Feudal England*, London: Allen and Unwin, 1964.

Sanders, Ivor John, (ed.), *Documents of the Baronial Movement of Reform and Rebellion 1258-1267*, Oxford:Clarendon Press, 1973.

Sassen,Saskia, *The Global City*, Princeton: Princeton University Press, 1991.

Saunders, Peter, *Urban Politics: A Sociological Interpretation*, Harmondsworth: Penguin, 1980.

Scott, Allen John, *Regions and the World Economy*, Oxford: Oxford University Press, 1998.

Sharpe, Laurence James, (ed.), *The Rise of Meso Government in Europe*, London: Sage, 1993.

Site, Anne Elizabeth, *Democratic Decision-Making in the EU*, New York: Routledge, 2012.

Skyrme, Thomas, *History of the Justice of the Peace*, Chichester: Barry Rose, 1991.

Smith, Brian, *Decentralization: The Territorial Dimension of the State*, London: George Allen and Unwin, 1985.

Stoker, Gerry, (ed.), *The New Politics of British Local Governance*, Basingstoke: Macmillan, 2000.

Stoker, Gerry, (ed.), *The New Management of British Local Governance*, Basingstoke: Macmillan, 2000.

Strayer, Joseph Reese, (eds.), *Dictionary of the Middle Ages*, New York: Scriber, 1982.

Stubbs, William, *The Constitutional History of England*, Oxford: Clarendon Press, 1898.

Styles, Philip, *The Borough of Stratford-upon-Avon and the Parish of Alveston*, Oxford: Oxford University Press, 1946.

Swanson, Heather, *Medieval British Towns*, London: Macmillan, 1999.

Tallett, Frank, *War and Society in Early-modern Europe 1495-1715*, London: Routledge, 1992.

Tarrow, Sidney, *Between Center and Periphery, Grassroots Politicians in Italy and France*, New Haven: Yale University Press, 1977.

Tawney, Richard Henry, *Religion and the Rise of Capitalism*, London: John Murray, 1926.

Taylor, Gerald, (ed.), *The Impact of New Labour*, Basingstoke: Macmillan, 1999.

Thomson, Robert, *The European Union Decides*, Cambridge: Cambridge

University Press, 2006.

Tilly, Charles and Blockmans,Wim, (eds.), *Cities and the Rise of States in Europe AD 1000 to 1800*, Boulder, CO: Westview, 1994.

Travers,Tony and Jones, George, *The New Government of London*, York: Joseph Rowntree Foundation, 1997.

Travers,Tony and Jones, George, *The Impact of Population Size on Local Authority Costs and Effectiveness*, York: Joseph Rowntree Foundation, 1993.

Ullmann, Walter, *Principles of Government and Politics in the Middle Ages*, London: Methuen, 1978.

Walsh, Kieron, *Public Services and Market Mechanisms*, Basingstoke: Macmillan, 1995.

Watson, Glyn, *Intergovernmental Relations in the Member State of the European Community*, Winteringham: Earlsgate Press, 1993.

Webb, Sidney and Beatrice, *English Local Government from the Revolution to the Municipal Corporations Act: The Parish and the County*, London: Longmans, 1906.

White, Albert, *Self-government at the King's Command*, Minneapolis: University of Minnesto Press, 1933.

Young, Charles R., *The Royal Forests of Medieval England*, Leicester: Leicester University Press, 1979.

陈文海：《权力之鹰：法国封建专制时期督办官制度研究》，吉林大学出版社1999年版。

陈晓律：《英国福利制度的由来与发展》，南京大学出版社1996年版。

陈晓律：《1500年以来的英国与世界》，生活·读书·新知三联书店2013年版。

陈晓律、陈祖洲、刘津瑜：《当代英国——需要新支点的夕阳帝国》，贵州人民出版社2000年版。

程汉大主编：《英国法制史》，齐鲁出版社2001年版。

程汉大、李培峰：《英国司法制度史》，清华大学出版社2007年版。

丁建弘：《德国通史》，上海社会科学院出版社2007年版。

封丽霞：《中央与地方立法关系法治化研究》，北京大学出版社2008年版。

马克垚主编：《中西封建社会比较研究》，学林出版社1997年版。

马克垚：《英国封建社会研究》，北京大学出版社2005年第2版。

龚祥瑞：《比较宪法与行政法》，法律出版社2003年第2版。

顾銮斋主编：《西方宪政史》，人民出版社 2013 年版。
顾銮斋：《中西中古税制比较研究》，社会科学文献出版社 2016 年版。
郭方：《英国近代国家的形成》，商务印书馆 2007 年版。
侯建新：《社会转型时期的西欧与中国》（第二版），高等教育出版社 2005 年版。
侯建新：《资本主义起源新论》，生活·读书·新知三联书店 2014 年版。
侯树栋：《德意志中古史——政治、经济社会及其他》，商务印书馆 2006 年版。
胡春惠：《民初的地方主义与联省自治》，中国社会科学出版社 2001 年版。
胡康大：《欧盟主要国家中央与地方的关系》，中国社会科学出版社 2000 年版。
黄艳红：《法国旧制度末期的税收、特权和政治》，社会科学文献出版社 2016 年版。
蒋劲松：《德国代议制》，中国社会科学出版社 2009 年版。
金志霖：《英国行会史》，上海社会科学院出版社 1996 年版。
雷海宗：《中国文化与中国的兵》，商务印书馆 2001 年版。
李红海：《普通法的历史解读》，清华大学出版社 2003 年版。
李猛：《韦伯——法律与价值》，上海人民出版社 2001 年版。
刘城：《英国中世纪教会研究》，首都师范大学出版社 1996 年版。
刘城：《英国教会史论文集》，首都师范大学出版社 2014 年版。
刘建飞、刘启云、朱艳圣：《英国议会》，华夏出版社 2002 年版。
刘景华：《西欧中世纪城市新论》，湖南人民出版社 2000 年版。
刘新成：《英国议会研究：1485—1603》，人民出版社 2016 年版。
楼邦彦：《各国地方政治制度 法兰西篇》，商务印书馆 2012 年版。
孟广林：《英国封建王权论稿——从诺曼征服到大宪章》，人民出版社 2002 年版。
倪世光：《中世纪骑士制度探究》，商务印书馆 2007 年版。
吕一民：《法国通史》，上海社会科学院出版社 2007 年版。
齐延平：《自由大宪章研究》，中国政法大学出版社 2007 年版。
钱乘旦主编：《英国通史》，江苏人民出版社 2016 年版。
钱乘旦、陈晓律：《在传统与变革之间——英国文化模式溯源》，浙江人民出版社 1991 年版。
施诚：《中世纪英国财政史研究》，商务印书馆 2010 年版。
孙娴：《法兰西第二共和国史》，社会科学文献出版社 1995 年版。
田芳：《地方自治法律制度研究》，法律出版社 2008 年版。
童建挺：《德国联邦制的演变：1949—2009》，中央编译出版社 2010 年版。
阎照祥：《英国政治思想史》，人民出版社 2010 年版。
应松年主编：《四国行政法》，中国政法大学出版社 2005 年版。
王建学：《作为基本权利的地方自治》，厦门大学出版社 2010 年版。

王晋新、姜德福：《现代早期英国社会变迁》，上海三联书店2008年版。

王名扬：《英国行政法》，北京大学出版社2007年版。

王名扬：《法国行政法》，北京大学出版社2007年版。

汪伟全：《地方政府竞争秩序的治理：基于消极竞争行为的研究》，上海人民出版社2009年版。

王振华主编：《撒切尔主义——80年代英国内外政策》，中国社会科学出版社1992年版。

吴于廑：《吴于廑文选》，武汉大学出版社2007年版。

熊文钊：《大国地方——中国中央与地方关系宪政研究》，北京大学出版社2005年版。

许崇德主编：《各国地方制度》，中国检察出版社1993年版。

薛波主编：《元照英美法词典》，法律出版社2003年版。

张立荣：《中外行政制度比较》，商务印书馆2002年版。

张千帆：《国家主权与地方自治——中央与地方关系的法治化》，中国民主法制出版社2012年版。

张芝联主编：《法国通史》，辽宁大学出版社2000年版。

张中秋：《中西法律文化比较研究》，南京大学出版社1999年第2版。

赵文洪：《私人财产权利体系的发展》，中国社会科学出版社1998年版。

朱孝远：《近代欧洲的兴起》，学林出版社1997年版。

〔意〕阿利盖里，但丁：《论世界帝国》，朱虹译，商务印书馆1985年版。

〔英〕安德森，佩里：《绝对主义国家的系谱》，刘北成、龚晓庄译，上海人民出版社2001年版。

〔英〕柏克：《法国革命论》，何兆武、许振洲、彭刚译，商务印书馆1998年版。

〔美〕鲍尔，特伦斯、〔英〕理查德·贝拉米主编：《剑桥二十世纪政治思想史》，任军锋、徐卫翔译，商务印书馆2016年版。

〔英〕贝利，斯蒂芬：《地方政府经济学：理论与实践》，左昌盛、周雪莲、常志霄译，北京大学出版社2006年版。

〔英〕波格丹诺，韦农：《新英国宪法》，李松锋译，法律出版社2014年版。

〔英〕波考克，J.G.A.：《古代宪法与封建法》，翟小波译，译林出版社2014年版。

〔美〕伯班克，简、库珀，弗雷德里克：《世界帝国史：权力与差异政治》，柴彬译，商务印书馆2017年版。

〔英〕伯恩斯，J. H. 主编：《剑桥中世纪政治思想史》，郭正东等译，三联书店 2009 年版。

〔美〕伯尔曼，哈罗德·J.：《法律与革命：西方法律传统的形成》，贺卫方、高鸿钧、张志铭、夏勇译，中国大百科全书出版社 1993 年版。

〔美〕伯尔曼，哈罗德·J.：《法律与宗教》，梁治平译，生活·读书·新知三联书店 1991 年版。

〔英〕布赖斯，詹姆斯：《神圣罗马帝国》，孙秉莹、谢德风、赵世瑜译，商务印书馆 2000 年版。

〔英〕布朗，L. 赖维乐、S. 贝尔，约翰：《法国行政法》（第五版），高秦伟、王错译，中国人民大学出版社 2006 年版。

〔英〕布里格斯，阿萨：《英国社会史》，陈叔平、陈小惠、刘幼勤、周俊文译，商务印书馆 2015 年版。

〔法〕布罗代尔，费尔南：《菲利普二世时代的地中海和地中海世界》，唐家龙、曾培耿等译，商务印书馆 1998 年版。

〔法〕布罗代尔：《15 至 18 世纪的物质文明、经济和资本主义》，顾良译，生活·读书·新知三联书店 1993 年版。

〔法〕布洛赫，马克：《法国农村史》，余中先、张朋浩、车耳译，商务印书馆 2008 年版。

〔法〕布洛赫，马克：《封建社会》，张绪山等译，商务印书馆 2004 年版。

〔英〕戴尔，克里斯托弗：《转型的时代：中世纪晚期英国的经济与社会》，莫玉梅译，社会科学文献出版社 2010 年版。

〔美〕德瓦尔德·乔纳森：《欧洲贵族：1400—1800》，姜德福译，商务印书馆 2014 年版。

〔英〕狄金森，H. T.：《十八世纪英国的大众政治》，陈晓律、宋涛等译，商务印书馆 2015 年版。

〔法〕杜比，乔治主编：《法国史》，吕一民、沈坚、黄艳红等译，商务印书馆 2014 年版。

〔法〕伏尔泰：《巴黎高等法院史》，吴模信译，商务印书馆 2015 年版。

〔英〕富勒，J. F. C.：《西洋世界军事史》，钮先钟译，广西师范大学出版社 2004 年版。

〔比利时〕冈绍夫，弗朗索瓦：《何为封建主义》，张绪山、卢兆瑜译，商务印书馆 2017 年版。

〔美〕戈定，罗伯特·E. 主编：《牛津比较政治学手册》，唐士其等译，人民出版社 2016 年版。

〔英〕格林伍德，约翰、威尔逊，戴维：《英国行政管理》，汪淑钧译，商务印书馆1991年版。

〔德〕格隆德曼，赫伯特：《德意志史》，张载扬等译，商务印书馆2009年版。

〔英〕哈德森，约翰：《英国普通法的形成》，刘四新译，商务印书馆2006年版。

〔英〕哈耶克：《法律、立法与自由》，邓正来等译，中国大百科全书出版社2000年版。

〔德〕黑格尔：《历史哲学》，王造时译，上海书店出版社1999年版。

〔美〕亨廷顿，塞缪尔·P.：《变化社会中的政治秩序》，王冠华、刘为等译，上海人民出版社2008年版。

〔英〕霍布斯鲍姆，艾瑞克：《革命的年代：1789—1848》，王章辉等译，中信出版社2014年版。

〔法〕基佐，弗朗索瓦：《欧洲代议制政府的历史起源》，张清津、袁淑娟译，复旦大学出版社2008年版。

〔法〕基佐：《欧洲文明史》，程洪逵、沅芷译，商务印书馆2005年版。

〔西〕卡尔，雷蒙德：《西班牙史》，潘诚译，东方出版中心2009年版。

〔美〕科特金，乔尔：《全球城市史》，王旭等译，社会科学文献出版社2010年版。

〔英〕克拉克，J. C. D.：《1660—1832年的英国社会》，姜德福译，商务印书馆2014年版。

〔英〕克拉克，彼得：《欧洲城镇史：400—2000年》，宋一然、郑昱、李陶、戴梦译，商务印书馆2015年版。

〔英〕肯尼迪，保罗：《大国的兴衰：1500—2000年的经济变革与军事冲突》，天津编译中心译，四川人民出版社1988年版。

〔德〕兰克，利奥波德·冯：《德国史稿：1555—1618》，王顺君译，吉林出版集团有限责任公司2016年版。

〔德〕里夏德·范迪尔门：《欧洲近代生活》，王亚平译，东方出版社2004年版。

〔英〕马尔萨斯：《人口原理》，朱泱、胡企林、朱和中译，商务印书馆2001年版。

〔意〕马基雅维里，尼科洛：《君主论》，潘汉典译，商务印书馆1985年版。

〔法〕芒图，保尔：《十八世纪产业革命——英国近代大工业初期的概况》，杨人楩、陈希秦、吴绪译，商务印书馆1983年版。

〔美〕梅里曼，约翰：《欧洲现代史》，焦阳、赖晨希、冯济业、黄海枫译，上海人民出版社2015年版。

〔英〕梅特兰：《普通法的诉讼形式》，王云霞、马海峰、彭蕾译，商务印书馆2010年版。

〔英〕梅因：《古代法》，沈景一译，商务印书馆1959年版。

〔法〕孟德斯鸠：《论法的精神》，张雁深译，商务印书馆1961年版。

〔美〕孟禄：《欧洲市政府》，应天心译，上海社会科学院出版社2016年版。

〔英〕米勒、戴维、波格丹诺、韦农主编：《布莱克维尔政治学百科全书》，邓正来译，中国政法大学出版社2002年版。

〔英〕密尔，J. S.：《代议制政府》，汪瑄译，商务印书馆1982年版。

〔英〕密尔，约翰：《论自由》，许宝骙译，商务印书馆1959年版。

〔英〕密尔松，S. F. C.：《普通法的历史基础》，李显冬等译，中国大百科全书出版社1999年版。

〔美〕庞德，罗斯科：《普通法的精神》，唐前宏、廖湘文、高雪原译，法律出版社2001年版。

〔英〕庞兹，诺尔曼：《中世纪城市》，刘景华、孙继静译，商务印书馆2015年版。

〔比利时〕皮朗，亨利：《中世纪欧洲经济社会史》，乐文译，上海人民出版社2001年版。

〔比利时〕皮雷纳，亨利：《中世纪的城市》，陈国樑译，商务印书馆1985年版。

〔德〕森哈斯，迪特：《欧洲发展的历史经验》，梅俊杰译，商务印书馆2015年版。

〔美〕施特劳斯，列奥：《自然权利与历史》，彭刚译，生活·读书·新知三联书店2003年版。

〔美〕斯通纳：《普通法与自由主义理论》，姚中秋译，北京大学出版社2005年版。

〔古罗马〕塔西佗：《阿古拉可拉传 日耳曼尼亚志》，马雍、傅正元译，商务印书馆1959年版。

〔英〕汤普森，E. P.：《英国工人阶级的形成》，钱乘旦等译，译林出版社2001年版。

〔英〕汤普森，爱德华：《共有的习惯》，沈汉、王加丰译，上海人民出版社2002年版。

〔美〕汤普逊：《中世纪经济社会史》，耿淡如译，商务印书馆1997年版。

〔德〕腾尼斯：《共同体与社会》，林荣远译，商务印书馆1999年版。

〔法〕托克维尔：《旧制度与大革命》，冯棠译，商务印书馆1992年版。

〔法〕托克维尔：《论美国的民主》，董果良译，商务印书馆2007年版。

〔英〕威尔逊，戴维、盖姆·克里斯：《英国地方政府》（第三版），北京大学出版社2009年版。
〔德〕韦伯，马克斯：《经济与社会》，林荣远译，商务印书馆1997年版。
〔德〕维瑟尔，乌维：《欧洲法律史》，刘国良译，中央编译出版社2016年版。
〔德〕沃尔曼，赫尔穆特：《德国地方政府》，陈伟、段德敏译，北京大学出版社2005年版。
〔英〕沃克，戴维·M.：《牛津法律大辞典》，李双元等译，法律出版社2003年版。
〔法〕西蒙，德尼：《欧盟法律体系》，王玉芳、李滨、赵海峰译，北京大学出版社2007年版。
〔法〕西耶斯：《论特权 第三等级是什么？》，冯棠译，商务印书馆1990年版。
〔英〕休谟：《休谟政治论文选》，张若衡译，商务印书馆2010年版。

索 引

A

阿拉贡 60，80，193，206，207

爱德华一世 54，74，75，121，126，187，192，194，211，214

爱德华三世 153，187

盎格鲁－撒克逊 12，46，69，73，112，159，166，167，168，171，172，173，179，185，229，332

B

巴黎高等法院 87，201，203—205，235，426

百年战争 65，68，72，84，85，197，198，199，209

伯尔曼 30，31，73，75，99，117，123，124，130，136，141，146，158，159，178，372，426

伯爵 34，53，66，67，72，80—82，84，117，123，138，141，148，165—168，178，179，201，293，318，337，341

伯明翰 218，237，279，325，326，327，328，355，356

勃艮第 34，52，81—83，85—88，165，197—200，203

不列颠 14，33，81，84，237，273，292，308

不列颠尼亚（找不到页码）

C

查理七世 59，60，64，68，69，71，85，197—199，201，203，209，210

查理八世 64，65，72，139，200，201

查德威克 248，257，282，287，290—293，304，320—323

常备军 66，69，77，88，209，211，212，

敞田制 91，94，101，222

法庭 42，57，58，87，91—94，96，98—103，105—108，111，116，119，120，123，126，127—130，134，135，140，145，146，163，167，169—175，178，179，181—187，196，207，215—218，222，223，228—230，236，239，251，258，299，300，309，319，330，334，335，340，354，363，373，374

城市 13，14，16，18，19，24，35，

46，49，52，61—63，71，72，
81，83，87，91，110—131，
133—165，204，207，208，215，
216，218—221，223，225，236，
237—239，244，245，254—259，
268，272—274，277—280，284—
286，288，291—293，298，308，
310—312，314，322，323，325—
328，330，332—335，337—339，
346，348，350，360，363，364，
370，372—376，384，424，427，
428

城市共和国 49，137—139，273

城市公章 124，143

村警 94，95，105，229

村法 105，230

村庄共同体 89—91，93—97，99，
101，103，105，107，109，220—
222，224，225，241

D

大宪章 39，47，48，56，141，167，
172，185—188，424

代理人 8—10，23，24，39，42，47，
87，102，104，134，140，141，
143，165，208，213，222，394

代议制 17—20，41，47，218，286，
313—316，319，332，336，337，
378，424，427，428

单一制 6，8，9，29，36，343

德意志 51，71，82，114，166，234，
244，271，272，274，277，347，
348，424，427

地方自治 1，2，6—9，12—16，18—
23，29，34，36，37，38，39，
41，42，45，47，66，69，75，
82，89，159，163，164，171—
174，178，208，213，219，220，
281，282，284，309，313，314，
316，318，319，323—325，328，
329，333，339，340，342，345，
348，351，354，355，359，362，
363，367—370，372，377—390，
392—394，397—402，405，424，
425

地方政府 1，2，5—11，14—16，25—
27，29，33，36—38，41，45—
50，157，165，169，176，218，
219，232，238，241，244，245，
247，248—250，254，257，258，
260，262，268，281—283，285，
286，293，294，308，309，313—
316，319，322，324—333，336—
344，347，348，350—359，362，
364—366，368—371，425，429

地方政府改革 37，285，328，332，
333，337，340，341

地方政府法 14，36，37，324，333，
336—339，358

地方共同体 1，2，5，7，35，41—
44，137，177，220，317，345，
360，362—365，368

地方主义 14，15，36，38，62，87，
88，234，249，260，319，329，
330，331，355，424

地方政府部 282

都铎王朝 54，76，156，171，174，
192，195，196，205，211，216，

232，236，288

F

法兰西 34，36，63，64，82，83，84—88，115，122，196，197，198，200，201，204，205，210，224，226，276，310，311，340，342，343，346，424

法兰西岛 34，64，83，224

法兰西斯一世 204，210

法国大革命 18，193，267，278，368

方志 45，222

封建制度 1，17，18，31，33，35，39，42，43，50，53，55，57，64，67，70，80，90，97，110，277，340，341

封建社会 17，32，33，35，36，39，40，43，51，52，60，77，78，79，80，81，82，88—92，98，109，111，117，125，127，144，145，147，163，167，179，186，192，193，194，221，332，334，341，423，424，426

封建领主 17，24，97，138，173，202，334

封建王权 51，58，66，160，424

分权 2，8—11，16，18—20，29，32，36，37，41，45，51，77，80，82，168，193，314，316，317—319，329，340—343，345—347，359—363，366，400，401

福利国家 1，26，32，37，339，351

G

个人主义 16，20，21，27，31，35，42—45，50，225

工业革命 220，236，237，254，267—271，273—275，280，284，286，288，294—297，312，326

工业文明 44，220

公益同盟 86

公共卫生法 260，291，293，323，338

雇佣军 66，71，72，73，88

贵族 12，17，22，32—34，36，39，43，48，51，55，56，58，59，61—71，74，76—81

国王命令下的地方自治 38，39

国务秘书 196，213，218，219，293，294，352

H

行会 43，114，123，124，128—134，139，145，146，148，153—156，199，374—376

亨利二世 39，53，70—75，84，127，167，168，180，181，182，184，185，186

亨利八世 74，76，195，211，232，243，335

霍尔特 39，167

J

济贫法 46，95，226，227，243—250，252，254，260，288—291，305，316，320—322，330，332，338，400

索 引

济贫税 148，156，216，229，244，246，251，288—290，330，356

济贫委员 246—249，253，254，290，291，320—322，336—338，395

济贫院 24，239，240，244—248，250—253，288—291，320—322，398

基佐 16—19，30，31，41，427

基督教 18，31，98，206，207，215，225，226，321，379，394

即决法庭 215，216，299，334

集权 1，2，8—10，16，18，19，21—25，27—29，41—43，45，47，49，50，192，193，195，197，201，219，220，234，238，260，281，282，285，286，287，290，313，314，316—320，322—326，328，329，340，341，343—346，351，353，354，359，362，363，365，377，388—400

加佩王朝（找不到页码）

郡共同体 165，175，176

郡守 38，73，74，96，100，108，134，140，141，145，147，159，167—173，176，177，182，184，185，194，211，213，214，217，238，240，262，332

绝对主义国家 36，66，69，71，159，192，196，198，202，212，220，234，425

K

卡斯提尔 206，207

克吕尼修道院 81

L

朗格多克 34，36，61，62，99，136，193，222

联邦制 6—9，29，36，318，424

李斯特令状（找不到页码）

领主权 89，97，171

领主法庭 96，99，340

流民 141，149，156，157，227，242，243

路易十一 36，60，61，64，69，86，87，199，200，235

路易十四 36，205，210

律师会馆 177，234

M

梅特兰 40，91，94，96，97，98，99，111，112，121，122，168，172，174，319，428

美第奇 139

密尔 19，47，282，286，287，313—316，319，331，332，336，337，428

米迦勒节 76，104，106，133，143，154，169，175

民族国家 1，15，16，25，31，32，35，36，64，85，189，191—193，195—198，201，213，218—220，233，277

民团 66，73—75，112，114，126，135，214

命运共同体 35，90

N

男爵 34，63，66，70，78，96，175，

433

178，179，192，341

诺曼人 32，33，67，80—83，98，113，115，168

诺曼征服 47，53，55，69，73，75，112，116，160，167，168，172，179，185，424

O

欧洲地方自治宪章 15，367，368，369，370，401

欧洲文明 1，2，14，16，17，18，19，23，30—33，42，47，427

P

陪审团 39，84，93，96，102，103，105，107，147，169，176，184，217，240，309，315

普通法 29，40，43，47，48，49，95，103，147，171，172，174，185，188，369，424，427，428

Q

骑士 33，39，63，66—71，74，78—80，83，96，113，125，136，175—178，183，184，210，211，424

骑士制度 66，70，79，424

卡斯提尔 206，207

强大政府论 2，49，50

R

日耳曼 17，18，31，42，43，83，90，91，98，111，112，125，165，171，172，428

日耳曼尼亚志 42，90，91，428

S

撒切尔主义 352，425

三级会议 36，61—66，68，193，201，204，209

社会治理 36，96，171，178，226，272

神圣罗马帝国 347，426

枢密院 157，174，195，196，217，282，283，324

四季法庭 171，215，216，217，230，236，239，251，334

市法 112，116，119，126，128，129，134，140，142—146，149，150—154，334

市镇法 36，335—337，340，345，347

司法自治 108，119，120，137，144，334

市长 131，134，135，140—145，147，149—151，153—157，159，218，326，327，335，341，343，345—347，351，355，363

十字军东征 78，79，86

省长 317，343—348，363，364，365

森林法 178—188

森林宪章 183，185—188

T

堂区 90，216—218，221，224—233，237，239，243—249，251—253，255，258，262，288，289，290，291，297，299，321，322，330—

332，337—339
堂区会议 217，231，321，322，338
堂区执事 228，229，231，232，243，244，249，338
托克维尔 16，19—25，27，46，62，226，316，317，428，429
团体自治 13，333，334
特许状 12，14，19，108，109，116—125，127，129，133，135，140，141，145，163，164，187，334，372—375

W

王室领地 54，56，58，60，61，64，83，84，87，159，200，348
文艺复兴 30，72，138
温切斯特法案 435
武装敕令 74，127
王权 17，32，34，36，46，48，51—54，58，60，62—67，77，78，80，83，87，88，109，160，165，166，168，177—179，185，188，192，193，195，197，199，200，202—208，213，220，234，235，334，341，372，424

X

新君主制 192，206
修道院 24，34，81，92，99，104，105，156，163，184，204，206，241，433
行政集权 21，22
乡绅 36，76，94，160，167，169，175—178，195，196，208，211，214，215，230，233—239，247，251，252，262，299，336
巡食 51，52，53
巡回法庭 93，96，126，169—171，181—183，187

Y

伊丽莎白一世 76，211，233，299
伊普斯维奇 123，124，129，136，142，143，145，149，334，372—376
约曼 76，175，225，230
议会 14，27，28，40，45，46，49，54，55，56，61，62，64，66，126，137—139，142，143，148，157，173，174，176，177，187，188，192，193，195，207，212，218，230，243，245，246，259，263，264，277，278，279，280，282，283，284，285，290，293，299—304，311，312，315，317—320，322—325，327，328，330，333，335—339，341—343，345—348，352—354，356—359，361，363—366，370，386，390，424

Z

征服者威廉 38，53，56，69
自由主义 20，21，25，26，28，281，282，287，290，301，303，304，307，313，319，326，337，428
自然权利 44，49，50，428
主体权利 2，42，43，48
自治城市 13，19，63，118—120，

126，147，285，333

中央政府 1，2，5，6，8—15，20，23—25，29，37，39—42，45，46，47，50—52，55，67，80—82，96，136，160，169，170，173，193，195，196，202，211，218，220，233，234，238，245，249，254，257，260，268，281—286，288，290，291，293，294，314—318，320，323，324，328，329，332，341，343—348，351—354，356，359，362，365—368，370，402

政府革命 195，196，281，282，286，287

庄园 40，52，67，89—109，111，120，121，125，162，164，170，180，185，217，218，222，225—228，230，231，233，241，295，330，332

庄园法庭 91—93，98—103，105，106，107，111，218，222，228

治安法官 38，46，97，170，171，174，175，177，213—219，227，232，236，238，239，240，244，248，258，284，290，297，299，300，301，305，319，332，334，336，337，339